高等院校经济管理类专业“互联网+”创新规划教材
辽宁省“十二五”普通高等教育本科省级规划教材

基础会计

（第3版）

主　编 ◎ 李秀莲　贾兴飞
副主编 ◎ 孙志梅　黄婉霞
参　编 ◎ 曲家奇　林燕飞　刘　云
杨柳青　钟璐遥

内容简介

本书的编写以相关法律法规及现行《企业会计准则》为依据，充分注重了应用型人才的培养要求，不仅系统地论述了基础会计学的知识体系，而且结合会计学专业普通本科应用型人才培养的特点，从培养学生实际操作技能的角度出发，每章内容都注重从会计实务的角度阐述理论、解释问题。本书内容主要包括会计学基本理论和“七大”会计核算方法(设置会计科目与账户、复式记账、填制和审核会计凭证、登记会计账簿、成本计算、财产清查、编制会计报表)的理论与具体操作方法，并在每章后附有应用案例和思考与练习。

本书不仅可以作为会计学及相关专业本科院校的教材用书，也可以作为会计实务工作者或者自学会计学人士的参考用书。

图书在版编目(CIP)数据

基础会计/李秀莲，贾兴飞主编．—3版．—北京：北京大学出版社，2020.6
高等院校经济管理类专业“互联网+”创新规划教材
ISBN 978-7-301-26845-2

Ⅰ．①基…　Ⅱ．①李…　②贾…　Ⅲ．①会计学—高等学校—教材　Ⅳ．①F230

中国版本图书馆CIP数据核字(2020)第086959号

书　　名　基础会计（第3版）
　　　　　JICHU KUAIJI (DI-SAN BAN)
著作责任者　李秀莲　贾兴飞　主编
策划编辑　罗丽丽
责任编辑　罗丽丽
数字编辑　金常伟
标准书号　ISBN 978-7-301-26845-2
出版发行　北京大学出版社
地　　址　北京市海淀区成府路205号　100871
网　　址　http://www.pup.cn　新浪微博：@北京大学出版社
电子信箱　pup_6@163.com
电　　话　邮购部 010-62752015　发行部 010-62750672　编辑部 010-62750667
印 刷 者　河北滦县鑫华书刊印刷厂
经 销 者　新华书店
　　　　　787毫米×1092毫米　16开本　19.5印张　468千字
　　　　　2007年8月第1版　2012年8月第2版
　　　　　2020年6月第3版　2021年6月第2次印刷
定　　价　49.00元

第3版前言 PREFACE

教育工作者的基本职责是传道授业、教书育人，这其中教材是重要的知识载体，也是教与学的重要工具。能够把自己的专业知识、教学理念和教学经验写入教材，让众多学生受益，应该是教师毕生追求的理想。教材内容随着相关专业法律和规范的修订与完善而不断更新，也是教育工作者的职责。为了满足用书者的需求，我们结合我国最新的会计准则及相关规范，从培养学生可持续学习能力的角度出发，科学处理好会计学基础知识和后续专业知识的关系，重新精心编排了各章内容，修订了本书。

1. 基本原则

本书编写内容主要遵循了以下原则。

（1）面向“应用型”人才培养的需求。

为了适应本科“应用型”人才培养的教学需求，书中每章后的知识应用案例设计力求贴近实际，并能反映我国当前热点和会计前沿内容。同时，每章后的知识链接（二维码中），既是期望学生汲取新知识，也是对本章所学知识的拓展，为培养学生在发展变化的经济环境中认识问题和解决问题的能力助力。

（2）满足“入门知识”学习的需求。

基础会计学是会计学知识的“入门”课程，本书在系统地阐述会计学基础知识体系的基础上，尽力做到趣味性、知识性和实用性相结合。书中每章前的学习目标与要求说明本章的核心内容和学习要求，每章后的本章小结启发学习者对本章内容的总体把握，力求深入浅出、通俗易懂、生动有趣，使学习者在轻松的状态下学会枯燥的会计学入门知识。

（3）体现“会计基础”实务的特点。

本书以“七大”会计核算方法为主线，全面地阐述了会计学基础的实务操作过程，并力求把教学实践及会计实务的有效成果体现出来。书中举例力求真实再现企业的经营活动过程，充分体现会计学基础技术性、应用性、操作性强的特点，并在每章后附有思考与练习题目，便于自学和练习。

2. 修订内容

本书按照会计理论与实务知识体系的内在关系，全面整合了有关内容，重新调整了章节内的结构，力求全书内容与我国实际应用和最新法律法规保持一致。在保持原有教材基本风格的基础上，较大幅度地修订了相关内容。

（1）调整了章节顺序。为了更符合实务操作的规律，也为了让学习者更容易理解相关内容的知识体系，对书中几个章节顺序进行了调整。

（2）按现行会计准则修改了全部相关内容，如：财务报表的项目、会计科目的名称等。

（3）按现行税法修改了相关全部内容，如：增值税的表述以及相关税目税率的变化，营业税相关内容修改为增值税处理等。

（4）调整了会计凭证、会计账簿格式，使其更贴近实务。

（5）对主要经济业务核算部分做了较多修改。本章是基础会计的重点也是难点，考虑初学者的特点，按照企业业务发生的顺序，以及企业筹资活动、投资活动、经营活动的特点，安排业务顺序，使业务的发生更具真实感。

（6）更新了各章所附的知识链接，选用最新的相关资料。

3. 编写特色

本次修订在内容的编写上，除了保持第一、第二版的主要特色外，更突出了以下特色。

（1）注重现代技术的运用。采用“互联网＋”模式，书中对应的知识点都有主编主讲录制的教学视频和拓展知识，作为课堂教学的补充，方便教师教学参考，也帮助学生自学时对本书内容的理解。

（2）注重新知识的增加。整本书体现了新思想、新内容、新知识。特别是《企业会计准则》的新内容、税法的修订以及企业会计实务的新变化，都在教材中得到了体现。同时每章相关链接内容和互联网作业也都运用了最新知识。

本书由李秀莲和贾兴飞担任主编，孙志梅和黄婉霞担任副主编。本次修订由李秀莲教授负责制定整体修改思路和要求以及最后的统纂、修改和定稿，贾兴飞博士协助校订。本书由下列人员执笔：李秀莲撰写并修订第1章、第2章和第8章，修订第4章、第5章和第6章；贾兴飞撰写并修订第3章；杨柳青撰写第4章；刘云撰写第5章；林燕飞撰写第6章；曲家奇撰写并修订第7章；孙志梅撰写并修订第9章；黄婉霞撰写并修订第10章；钟璐遥编写各章关键术语和在线题库题目与答案。

会计的发展离不开经济的发展，适应经济发展的会计改革在不断深入。高等教育的发展也离不开经济的发展，适应经济发展的人才培养需求在不断变化，教育改革也在不断深入。教材的内容也必然伴随着时代的发展变化需要不断更新和完善，恳请读者提出批评和建议，我们将不断修订和完善书中的内容以满足读者的需要。

编　者

2020年3月

目 录
CONTENTS

会计基本理论

学习目标与要求

会计基本理论

关键术语

基础会计学是会计学的入门课程，其主要内容是以“七大”会计核算方法为主线，强调以会计的基本理论来指导基本方法和操作技术。

本章是会计学的基本理论部分，通过本章的学习，要求概括了解会计学的基本理论体系，理解会计的职能、会计目标、会计对象、会计要素、会计核算的基本前提等理论问题，重点掌握并理解会计核算的基础及“七大”会计核算方法。在本课程及会计学的后续课程中，核算基础及核算方法都是非常重要的专业基础知识。

导入案例

艺超股份有限公司

艺超股份有限公司（以下简称艺超公司）主要产品是西装系列，年服装综合生产加工能力达500万件/年。其20多个服装系列产品出口欧、亚、美、澳四大洲30多个国家和地区，畅销国内20多个省区市。其生产过程严格质量把关，面、辅料到厂入库前，要经过技术部门质量检验，合格品直接入库，不合格品做质量检测，依检验报告确定面、辅料可用或与厂家联络进行退换。仓库分为面料库、辅料库、机物件仓库。由生产科下达出库指令，面、辅料出库进入裁剪车间。裁好的毛坯料进入西装上衣生产线、西裤生产线。西装成品、半成品经过定型车间定型后，由检品科根据客户要求进一步质检。最后，合格品进入包装车间进行挂牌、配套、整理。

艺超公司拥有健全的组织机构，下设人力资源部、财务部、采购部、产品设计与研发部、营销部、生产车间等。其中财务部设有出纳、记账、成本核算、审核、财务管理等岗位，由1名具有实际工作经验的会计师任财务主管。

问题：

1. 你认为艺超公司会计的目标是什么？运用了什么会计核算基础？
2. 艺超公司的会计人员应该具备会计学的哪些理论知识？
3. 如果你是艺超公司的会计人员，你将如何保证公司的会计信息质量？

本章是会计学的基本理论部分，其内容几乎涵盖了会计学课程入门的全部基础理论知识。从会计的产生与发展到会计的目标与职能，从会计要素到会计核算基础等理论知识都是学习会计学专业知识的必备理论基础。学习本章不仅要理解这些理论本身的概念，还要能够结合企业经济活动过程，理解其在会计知识体系中的作用和重要性。同时要明确从事会计工作既要有理论知识还要有会计工作技能，艺超公司之所以必须由有实际会计工作经验的会计师作为财务负责人也正是基于这种考虑。因此，在本章学习会计基本理论的同时还要了解会计有哪几种基本核算方法，这些方法的意义与作用是什么，它们在基础会计学中构成怎样的完整体系，在以后的各章内容中我们将会“各个击破”。

会计学概述（一）

1.1 会计学概述

会计学是以货币为主要计量单位，对各会计主体的经济活动进行连续、系统、全面的核算和监督，定期为信息使用者传送会计信息，以达到反映会计主体经营管理效益的目的，为决策者提供决策依据的一门学科。

任何一门学科，都有与其相应的基本理论与方法问题，会计学也不例外，如什么是会计，会计是怎样产生与发展的，会计的对象、内容、职能是什么，会计采用什么程序、方法与技术等，这些都是会计学基础应当加以研究的方面。

1.1.1 会计的产生与发展

社会生产活动是人类赖以生存和发展的基础。在生产过程中，人们利用劳动工具对劳动对象进行加工使其成为产品，生产实践使人们认识到如何能用最少的劳动消耗获取最大的劳动成果。社会生产不仅要靠生产技术的进步，而且应把各种消耗（人、财、物的消耗）和所得成果记录下来，并对其进行计算、汇总、传送、分析比较等，于是产生了会计。人们运用会计来管理经济已有几千年的历史，但是，会计作为一种专业知识成为一门独立的学科大致经历了如下几个阶段。

1. “官厅会计”（古代会计）阶段

第一部会计著作的问世

古代会计一般是指从会计产生到复式簿记开始应用这段时间。在奴隶社会和封建社会以农业和手工业为主的生产经营方式中，生产规模小，技术手段简单，而且是大量的分散经营，商品经济很不发达。统治者以“进贡赋”和“交租税”的方式获取财富，所以，当时的会计主要用于钱物收支的记录和计算。随着生产力的发展，出现了剩余产品，这就为组织生产、管理产品和进行产品分配提供了物质条件；同时，生产开始了社会化，直接的生产过程一般已经采取共同劳动的协作形式，不再是个体劳动。当这两个条件具备时，会计就作为一项单独的管理职能由脱离生产的人来担任。

2. “企业会计”（近代会计）阶段

近代会计是从运用复式簿记开始的。资本主义生产方式的出现和发展，生产日益社会化，以大规模的机器生产手段为主，工厂企业为中心的生产经营方式代替了分散经营，每个企业都要运用会计来管理经济业务，使会计从内容到方法都发生了巨大变化。商品经济的日益繁荣要求人们广泛利用货币作为价值尺度，企业更注重用价值量来衡量企业的所耗与所得之比，更注重采用较科学的记账方法。特别是 1494 年意大利科学家卢卡·帕乔利的

《数学大全》（又名《算术、几何、比及比例概要》）成为有史以来第一部论述“簿记论”的著作，卢卡·帕乔利第一次把“复式记账法”以文字的形式全面而详细地进行总结并记载下来，从而使复式簿记在全世界得以广泛流传，开创了近代会计的新局面，标志着现代会计史的开始。因此，近代的会计已广泛利用货币作为计量标准，广泛采用复式记账法，对生产经营过程的各种消耗及成果进行记录、计算、分析、考核，不断追求最大经济效益，已具备了一整套比较完整的会计核算方法体系，并形成了以企业会计为中心的局面。

3. “现代会计”阶段

《簿记论》简介一

现代会计是指 20 世纪 50 年代以后，生产社会化的程度不断提高，股份公司的出现，使现代企业组织形式发生了变化，与独资和合伙企业相比，公司筹集资本的渠道更多，数额更巨大，从事的经营活动范围更广泛，生产规模更庞大，债权债务关系更复杂。因此，在企业外部形成了庞大的利害关系集团（如投资人、债权人、政府监督部门、国家税收等），要求企业定期提供有关财务状况、经营成果和现金流量的会计信息。股份公司是以资本的所有权和经营权相分离为特征的，为保护那些不参与企业经营管理的所有者的利益，在传统会计的基础上，逐渐形成了以对外提供信息为主，接受公认会计原则约束的会计——财务会计。商品经济的进一步发展，企业面临更为激烈的市场竞争和瞬息万变的外部市场环境。为了在这种多变的市场环境中得以生存并不断发展壮大，就要求建立科学的管理体制与方法，管理会计逐渐地同传统财务会计相分离，并形成一个与会计相对独立的领域——管理会计。财务会计和管理会计成为现代企业会计的两大分支。

由于信息技术在会计工作中的应用，会计数据处理方法，甚至会计核算方法和程序都发生了很大变化，使会计工作进入了一个信息化和数字化的新阶段，会计信息系统理论也得到了进一步发展。应用现代信息技术来处理会计业务，不仅可以及时、准确、全面地处理和提供会计信息，而且可以把会计人员从繁重的手工记账、算账等劳动中解脱出来，使他们有较多的时间和精力从事财务管理工作，充分发挥会计人员的管理作用。因而，计算机、大数据、人工智能及互联网技术已经成为现代会计工作的重要手段。

在我国，中华人民共和国成立后，会计在适应国民经济有计划按比例发展的要求中发挥了一定的作用，形成了一套适合我国经济体制要求的会计核算体系。但是，随着市场经济的发展和逐步完善，会计改革也势在必行。从 1993 年 7 月 1 日起正式实施的《企业会计准则》和《企业财务通则》表明了我国在会计核算法规体系、宏观会计管理模式、会计核算的重要原则和一些主要的会计核算方法等方面都做出了大幅度的改革，并逐步与国际会计惯例接轨。随着经济的全球化，会计的国际化也已经是大势所趋，2006 年 2 月我国对《企业会计准则》进行全面的修订和完善，使中国的会计从理论到实务都迈入了国际化的轨道。

综上所述，会计是社会生产发展的产物。随着社会经济的发展，人类的各种经济活动日趋复杂，企业组织形式在不断发展与变化，会计也在不断发展并逐步完善，以满足人们对经济活动进行核算和监督的需要。会计的发展离不开社会环境和经济环境，会计伴随着经济的发展而发展，在经济全球化的今天，会计工作在经济活动中发挥着越来越重要的作用。

1.1.2　会计职能

会计的职能是会计固有功能本质的体现。现代会计的职能一般包括核算经济业务（核算职能)、监督经济活动过程(监督职能)、评价经营业绩(分析职能)、预测经营前景(预测职能)、提供决策依据(决策职能)5个方面。其中，会计的核算(反映)和监督(控制)职能是会计的基本职能。

1. 会计的核算职能

会计的核算职能(反映职能)是以货币为主要计量单位，从价值量的角度反映企业经济活动的全过程。会计核算具有连续、系统、全面、综合的特点。

无论是企业，还是事业单位，它们在经济活动过程中的物资消耗、产品交换、劳动成果的计算等都可以利用价值量进行记录与计算。会计利用货币为计量单位，从价值量上反映经济活动的全过程，并通过提供完整、连续、系统的会计资料，使会计主体的生产经营活动过程及其结果以会计信息的形式展现在信息使用者的面前，为管理和决策提供依据。会计主要反映企业作为整体已形成的财务状况和经营成果。这些信息是企业经济活动及其结果的历史写照，它所描述的是历史和过去的经济事实，而这些事实已经不可改变，只要真实、可靠、公正并及时地予以反映，历史信息同样具有预测价值和反馈价值，对于决策仍是有用和必要的，会计的核算职能主要由财务会计工作来完成。

2. 会计的监督职能

会计的监督职能(控制职能)是以会计法规为依据，利用价值指标，按照一定的目的和要求对经济活动过程进行控制、考核和指导。会计监督伴随会计核算而进行，因此也具有连续、系统、全面、综合的特点。

会计利用一系列专门的方法，形成一个完整严密地提供会计信息的系统，在这个系统中，每个环节都互相制约、互相监督、互相控制。在会计信息进入系统之前要依据国家的有关法律、法规、制度予以辨别和确认，在事前控制经济活动的合法性与合理性。在会计信息进入系统后，要按照预期的目标控制经济活动按照规定的要求运行，即进行事中控制。经济活动的结果又要利用会计监督职能，揭示和分析实际执行结果与预定目标的差距，为今后制订计划和目标提供依据，进行事后监督和控制。

综上所述，会计的核算职能主要是为会计信息使用者提供会计信息，就这点而言，会计是一个信息系统；会计的监督职能则要对经济活动过程加以调节、控制和考核，就这点而言，会计又是一个控制系统。因此会计的核算职能与监督职能密切结合，相辅相成。会计的监督职能主要体现在审计和内部控制体系中。

3. 会计的分析职能

会计的分析职能是以会计核算资料为主要依据，通过分析比较，肯定成绩，找出差距，提出措施，总结过去，评价和分析企业的经济活动过程及结果，为预测和决策提供依据。

会计的分析职能主要是通过财务报表的分析来完成的，这种分析可以从总体上对企业的经营活动、投资活动和筹资活动进行评价，肯定成绩、发现问题并提出改进工作的对策。会计的分析职能主要由财务分析来完成。

4. 会计的预测职能

会计的预测职能是指在对会计提供的核算资料分析评价的基础上，利用科学的预测方法，对企业的经济活动前景进行描述和规划。

传统的观点认为，会计就是对经济活动的事后反映。但是，随着对企业经济管理水平要求的日益提高，以及企业经济活动情况的日趋复杂，企业所面临的是日趋激烈的竞争和瞬息多变的市场情况，这就要求企业建立科学的管理体制和方法，并利用会计所提供的信息预测企业经济活动的前景，对企业的经营风险起到预警作用。会计利用具有预测价值的历史信息预测企业的经营前景，这种预测信息通常在财务报表以外的其他财务报告中揭示。例如，管理会计报表、财务情况说明书或专门的分析评价报告也会对整个企业未来的发展前景做出描述。

5. 会计的决策职能

决策是在预测结果的基础上，拟订几种可以达到的目标和方案，通过评价各方案的经济效果，从中选出最优方案的过程。

决策过程要利用大量的会计信息作为决策的依据，广义的决策包括从收集数据、提供信息、讨论各种备选方案，直到最后做出选择最优方案的全过程。因此，会计的决策职能是指会计实质上起到了提供有助于决策的信息、支持和参与决策的作用。会计的决策职能主要体现在管理会计中，会计人员是决策的直接参与者。

1.1.3 会计目标

《企业会计准则——基本准则》对会计核算的基本内容做了规定，如规定了会计核算的基本前提与基础，会计信息质量要求，会计要素的确认和计量，财务报告的目标、种类及格式等。

会计目标又称为财务报告目标，《企业会计准则——基本准则》对财务报告目标的界定是："企业应当编制财务会计报告（又称财务报告，下同）。财务会计报告的目标是向财务会计报告使用者提供与企业财务状况、经营成果和现金流量等有关的会计信息，反映企业管理层受托责任履行情况，有助于财务会计报告使用者作出经济决策，财务会计报告使用者包括投资者、债权人、政府及其有关部门和社会公众等。"概括地讲，会计的目标包括了反映企业管理层受托责任的履行情况和提供会计信息两个方面。同时企业提供的会计信息要满足会计信息的质量要求。

1. 反映企业管理层受托责任的履行情况

企业经营管理水平高低直接影响着企业的经济效益、经营风险、竞争能力和发展前景，在一定程度上决定着企业的前途和命运。在现代企业制度下，企业的所有权与经营权高度分离，企业管理层受托于企业的所有者经营和管理企业。会计信息如实反映企业各项经营活动、投资活动和筹资活动，以及关于企业财务状况、经营业绩和现金流量的信息，有助于反映管理层受托责任的履行情况，也为所有者评价管理者的经营业绩和管理水平提供依据，以便所有者为是否对企业继续投资、是否更换管理层，以及对企业的经营管理提出有针对性的建议与措施等做出决策。

2. 提供会计信息

企业会计提供的信息主要涉及两个方面：一是会计信息使用者；二是会计信息使用者需要什么样的信息。企业会计主要通过包括财务报表在内的财务报告对使用者提供信息。

会计信息使用者一般区分为国家宏观经济管理部门、企业内部管理者和企业外部使用者3个方面。国家宏观经济管理部门如财政、税收、统计等相关部门；企业内部管理者主要包括企业的权力机构及其管理者，如董事会、监事会、总经理等；企业外部的会计信息使用者有投资人、债权人、客户、供应单位等，他们是会计提供信息的主要服务对象。

会计信息使用者需要什么样的信息，取决于信息使用者的目的及需求。

（1）国家对社会经济的管理监督和宏观调控是社会主义市场经济体系的重要环节，会计信息应当保证国家执行管理监督和宏观调控的需要，企业应当提供诸如企业法律、法规的执行情况，税收管理、资源的优化配置、价格等经济政策的制定，为国家制定和实施财政经济政策服务。

（2）企业外部的会计信息使用者需要的信息包括：①关于资产、负债和所有者权益状况，企业现金流动等方面反映企业财务实力、变现能力和偿债能力的信息；②关于收入、利润及其分配等方面反映和预测企业盈利能力、支付现金股利能力的信息等。会计信息有助于信息需求者做出合理的信贷决策、投资决策；有助于企业的供货单位和客户评价经营风险，进行商业决策，以期取得最佳经济利益。

（3）会计信息应当满足企业加强内部经营管理的需要。财务报告中有关企业财务状况、经营成果和现金流量的信息，有助于企业管理者对投资战略、技术创新、市场营销等在内的企业发展战略的研究和制定；也有助于促使企业管理者加强成本、资金、人才、质量等各方面的管理工作。会计的目标是为各项职能管理提供必要信息，充分发挥会计信息的预警作用。

企业会计提供的信息，必须有助于信息使用者理解并做出科学的决策，虚假信息会导致错误的决策，其后果和影响更恶劣。所以，对决策有用的信息在质量上须达到一定的要求。

会计学概述（二）

什么是会计信息质量？

3. 会计信息质量要求

（1）可靠性。

可靠性要求企业应当以实际发生的交易或者事项为依据进行会计确认、计量和报告，如实反映符合确认和计量要求的各项会计要素及其他相关信息，保证会计信息真实可靠、内容完整。可靠性要求企业的会计核算应当做到资料真实、数字准确、结果可检验。会计工作应当正确运用会计原则和方法，准确反映企业的实际情况；会计信息应当能够经受验证，真实反映企业的财务状况和经营成果，保证会计信息的真实性、可靠性和可验证性。

例如，永正会计公司在为客户代理记账时，有一位客户为了偷逃税款，制作了若干虚假的费用支出凭证，并确认为本期费用以减少利润的实现。如果会计公司的专业人员不认真审核就进行会计处理，而不以其实际发生的交易事项为依据，即会计公司协同客户虚构交易事项，因此违背了会计信息质量要求中的可靠性原则，也违背了《中华人民共和国会计法》（以下简称《会计法》）的规定。

（2）相关性。

相关性要求企业提供的会计信息应当与财务报告使用者的经济决策需要相关，有助于财务报告使用者对企业过去、现在或者未来的情况做出评价或者预测。相关性要求企业提供的会计信息要有助于信息使用者据以做出各种经济决策，满足有关方面的信息需要。这就要求会计信息不但要满足国家宏观经济管理的需要，满足有关各方了解企业财务状况和经营成果的需要，还要满足企业内部经营管理的需要。因此，会计工作在收集、加工、处理和提供会计信息过程中应当考虑各方面的信息需求。如果企业提供的会计信息不能满足会计信息使用者的需要，不能提供决策支持，就不具有相关性。

例如，艺超公司的股票持有人（投资人）每期末都会关注并获得艺超公司的盈利能力、现金流量、支付现金股利能力等信息，为其是否继续持有公司的股票，或再买进或卖出公司的股票做出决策。这说明艺超公司提供了与股票持有人决策相关的会计信息，也说明公司提供的会计信息符合会计信息质量要求中的相关性原则。

（3）可理解性。

可理解性要求企业提供的会计信息应当清晰明了，便于财务报告使用者理解和使用。可理解性要求企业的会计记录必须清晰，财务报告必须清晰、简明、易懂，会计信息能够简单明了地反映企业的财务状况、经营成果和现金流量，从而有助于会计信息使用者的正确理解和利用。

（4）可比性。

可比性要求企业提供的会计信息应当具有可比性。

可比性要求同一企业不同时期发生的相同或者相似的交易或者事项，应当采用一致的会计政策，不得随意变更，以便于同一企业不同时期会计信息的前后期纵向对比。如果现行会计处理方法确有必要改变，应当将变更的情况、原因以及对企业财务状况与经营成果的影响，在财务报告中向使用者揭示，以消除信息使用者可能产生的误解。同时，按国家统一的会计制度对会计政策变更进行恰当的会计处理。

可比性要求不同企业发生的相同或者相似的交易或者事项，应当采用规定的会计政策，确保会计信息口径一致，利于企业与企业之间的横向比较分析。可比性要求企业应当严格按照国家统一的会计制度的规定选择会计政策。对于所有企业发生的相同类型的经济业务，采用相同或类似的会计程序和方法，以便于比较不同企业的财务状况和经营成果。

（5）实质重于形式。

实质重于形式要求企业应当按照交易或者事项的经济实质进行会计确认、计量和报告，不应仅以交易或者事项的法律形式为依据。如果企业的会计核算仅仅按照交易或事项的法律形式进行，而其法律形式又没有恰当地反映其经济实质和经济现实，那么，最终结果不仅不利于会计信息使用者的决策，反而会误导会计信息使用者。

会计实务中，由于交易或事项的法律形式并不总能完全真实地反映其实质内容，实质重于形式被运用在许多方面。

例如，以融资租赁方式租入的固定资产，虽然从法律形式来讲企业并不拥有其所有权，但是由于租赁合同中规定的租赁期相当长，一般接近于该资产的使用寿命，租赁期结束时承租企业有优先购买该资产的选择权，在租赁期内承租企业有权支配资产并从中受益。从其经济实质来看，企业能够获得或控制其带来的经济利益，所以，会计核算上将以融资租赁方式租入的固定资产视为企业自有的固定资产。

（6）重要性。

重要性要求企业提供的会计信息应当反映与企业财务状况、经营成果和现金流量等有关的所有重要交易或者事项。重要性要求在财务报告全面地反映企业财务状况和经营成果的前提下，对于那些可能对经济决策产生重大影响的事项，应单独反映，重点说明。而对次要的经济事项，可简化会计核算，合并反映，有助于提高工作效益。

在评价某些项目的重要性时，应当从质和量两个方面进行分析。从性质来说，当某一事项有可能对决策产生一定影响时，就属于重要项目；从数量方面来说，当某一项目的数量达到一定规模时（一般为10%），就可能对决策产生影响。

(7) 谨慎性。

谨慎性要求企业对交易或者事项进行会计确认、计量和报告时应当保持应有的谨慎，不应高估资产或者收益，不应低估负债或者费用。谨慎性要求在企业经营存在不确定因素的情况下做出判断时，保持必要的谨慎，既不抬高资产或收益，也不压低负债或费用。对于可能发生的损失和费用，应当加以合理估计。企业经营对存在的风险加以合理估计，就能在风险实际发生之前化解风险，并对防范风险起到预警作用，有利于企业做出正确的经营决策，有利于保护所有者和债权人利益，有利于提高企业在市场上的竞争力。

例如，艺超公司的某种库存商品在2019年7月31日入库时的成本为20万元，在2019年12月31日结账时，经过测算其可变现净值为18万元，低于成本2万元，这2万元应计提存货跌价准备，减记库存商品的账面价值，并将减记金额计入当期资产减值损失，从而减少了当期利润2万元。该公司没有按该种库存商品的成本20万元计入期末存货，而是按18万元计入期末存货，同时增加了本期损失2万元。这就是谨慎性原则的运用。

当然，谨慎性并不意味着可以任意提取各种秘密准备，否则，应当按照重大会计差错进行会计处理。

(8) 及时性。

及时性要求企业对于已经发生的交易或者事项，应当及时进行会计确认、计量和报告，不得提前或者延后。及时性要求企业对于应提供给会计信息使用者的信息要做到及时收集、及时加工处理、及时提供。会计信息具有时效性，只有能够满足经济决策的及时需要的信息才有价值。

1.1.4 会计学科体系

会计学是人们在长期会计工作的实践中，经过不断的总结，逐渐形成的，专门研究会计的理论与方法的一门应用性管理类学科。通过会计实践，会计学所研究的内容不断丰富和发展，因而可以把会计学划分为不同门类的分支学科，各门学科相互联系构成了一个完整的会计学知识体系。按照不同的分类标志，可进行如下分类。

1. 按会计学研究的内容分类

会计学按其研究的内容分类，可分为会计学原理（基础会计学）、财务会计学（中级财务会计）、高级会计学（高级财务会计）、成本会计学和管理会计学等分支。

(1) 会计学原理是会计学的基础学科，也是会计学知识的入门课程，其内容主要是阐述会计的基本理论、基本方法和基本技能，通过该课程的学习，加强学生在会计基本理论、基本方法和基本技能方面的训练。学生在领会会计基本概念的同时，还要熟练运用会计的基本方法和基本技能，为学习后续专业课程奠定基础。其中，基本理论部分主要介绍会计的职能、对象、目标、基本准则、会计核算基本前提等理论问题；基本方法部分介绍设置账户，复式记账，设置和填制凭证、账簿，财产清查、编制财务报表等一整套会计核算方法；基本技能部分是在介绍基本理论和基本方法的基础上，掌握填制会计凭证、登记会计账簿（包括记账、结账、对账、改正错账等）、编制财务报表等有关技能。

（2）财务会计学也称中级财务会计，财务会计是在企业传统会计的基础上所形成的一个受公认会计准则所支配的，以提供企业外部利害关系集团所需要的通用财务报表为主要目标的会计系统。

（3）高级会计学也称高级财务会计，高级会计是建立在传统财务会计基础之上，对一些新出现、有特殊性、打破一般财务会计观念且必须处理的业务进行反映和控制的财务会计。它与中级财务会计互相补充，共同构成财务会计的完整体系。

（4）成本会计学是以成本管理为核心论述企业成本的会计，一般包括工业产品成本核算、其他行业成本核算、成本预测和成本控制、成本报表及成本分析等。

（5）管理会计学是以为企业内部各级管理者提供进行经营决策所需信息为主要目标的现代企业会计。它所提供的信息和内部报告，并不一定受公认会计准则的约束。

2. 按会计学的行业性质分类

会计学按其行业性质分类，可分为预算会计和企业会计。

（1）预算会计也称非营利组织会计，包括财政会计和行政事业单位会计。财政会计也称总预算会计，是核算、反映和监督各级财政机关国家预算资金的收支及其结果的会计；行政事业单位会计是核算、反映和监督各级各类行政事业单位的单位预算资金的收支及其结果的会计。

（2）企业会计，按照不同应用行业经济活动的特点和经济管理的不同要求分别设立各相应的专业会计，如制造业企业会计、商品流通企业会计、农业企业会计、交通运输企业会计、施工企业会计、金融企业会计等。

现代企业会计分为财务会计与管理会计两大分支。需要说明的是，尽管各行业的经济业务特点有所不同，但是，会计的原理以及会计的基本理论和基本方法是相同的，各行业企业的会计依据统一的企业会计准则体系进行会计业务的处理。

会计学按其他标志还可以进行分类，如按业务的特点分为租赁会计、所得税会计、合并会计等；按会计学的研究方向分为物价变动会计、人力资源会计、环境会计、社会责任会计等，这里不再一一列举。

1.2　会计核算前提与会计要素

会计核算的基本前提

1.2.1　会计核算前提

会计核算前提又称会计基本前提或会计假设，它是指由会计所处的经济环境所决定的进行会计处理的若干前提条件。离开了这些条件，就不能有效地开展会计工作。会计基本前提也是会计确认、计量、记录和报告的前提。在《企业会计准则——基本准则》中，将会计核算基本前提归纳为如下4个方面的内容。

会计基本假设是什么？

1. 会计主体

会计主体又称会计实体、会计个体，是指会计信息所反映的特定单位。它规范了会计工作的空间范围。会计主体核算的前提为会计人员在日常的会计核算中对各项交易或事项做出正确判断、对会计处理方法和会计处理程序做出正确选择提供了依据，也是产生其他基本前提的基础。

会计主体核算前提严格划清了会计工作的空间范围，使得会计主体不仅独立于其他会计主体，而且也独立于其所有者之外，会计提供的信息仅是该主体经济活动所产生的数据。

例如，永正会计公司必须明确会计公司本身作为一个会计主体的各项交易或事项，如给公司的员工发工资、为公司购置办公设备等；也必须明确为客户代理的会计业务应以客户本身作为一个会计主体进行处理；如果公司老板为自己购置一套住房则属于所有者自己的个人业务，必须与公司的业务严格区分开。

会计主体不同于法律主体。一般来说，法律主体往往是一个会计主体。例如，一个企业作为一个法律主体，应当建立会计核算体系，独立地反映其财务状况、经营成果和现金流量。但是，会计主体不一定是法律主体。例如，企业集团中一个母公司拥有若干个子公司，为了全面反映这个企业集团的经营情况，就有必要将这个企业集团作为一个经济意义上的会计主体，通过编制合并财务报表，反映企业集团整体的财务状况、经营成果和现金流量信息。

2. 持续经营

持续经营是指在可以预见的将来，企业将会按当前的规模和状态继续经营下去，不会停业，也不会大规模削减业务。在持续经营前提下，企业会计确认、计量和报告应当以持续、正常的生产经营活动为前提。

例如，致远公司在 2003 年 1 月 1 日设立时，购入一幢办公楼，购入时该办公楼的价值是 3 000 万元，使用寿命为 30 年，该公司必须在持续经营的前提下，对办公楼进行相应的会计核算，假设不考虑残值按平均年限计提折旧，每年应提取 100 万元。又假设购置该办公楼向银行借入 2 000 万元 5 年期贷款，也必须在持续经营的前提下，按期支付利息和归还本金。如果该公司预计经营 20 年后破产，则对上述办公楼的折旧计提的会计处理就应当改变方法和原则。

可见，企业是否持续经营直接影响对会计政策的选择，只有在企业持续经营的条件下，才能进行正常的会计处理。作为一个会计主体的经济活动只有按既定目标持续不断地经营下去，企业拥有的资产才能按原定的用途使用、出售或转换，并按原先承诺清偿债务。它解决了企业有关资产计量、收益确定和费用分配等问题。由于持续经营是根据企业发展的一般情况所做的假设，企业在生产经营过程中缩减经营规模乃至停业的可能性总是存在的。为此往往要求定期对企业持续经营这一前提做出分析和判断。如果企业被判定不符合持续经营前提，就应当改变会计核算的原则和方法，并在企业财务报告中做相应披露。

3. 会计分期

会计分期又称会计期间，是指将一个企业持续经营的生产经营活动划分为一个个连续的、长短相同的期间（如年、季、月），以便定期、及时提供企业的会计信息。

会计分期的目的是将持续经营的生产经营活动划分成连续、相等的期间，据以结算盈亏，按期编报财务报告，从而及时地向各方面提供有关企业财务状况、经营成果和现金流量的信息。由于会计分期，才产生了当期与其他期间的差别，从而出现了权责发生制和收付实现制的区别，才使不同类型的会计主体有了记账的基础，也为分期结算账目和编制财务报告提供了条件。

例如，致远公司是一家设计、建造各类数控机床及机电配套产品的企业，它生产不同型号的机床，从开始投入材料到完工检验合格所需要的时间（生产周期）不同（从几个月到一年多不等）。如果致远公司的会计核算按生产周期结账和报表，则不能做到按期（如年、季、月）结算账目和提供会计信息，只有等到生产完工一台机床才能结账和报表，这样就违背了会计分期的核算前提。

企业会计应当划分会计期间，按一定期间结算账目并编制相应的财务报告。会计期间分为年度和中期，中期是指短于一个完整的会计年度报告期间，包括半年度、季度和月度等。年度和中期的起讫日期采用公历日期。

4. 货币计量

货币计量是指会计主体在会计核算过程中采用货币作为计量单位，计量、记录和报告会计主体的生产经营活动。

在货币计量前提下，企业会计也应当以货币计量，并假定货币的价值（购买力）保持稳定不变。在确立货币为主要计量尺度外，还须确立记账本位币，即按何种统一的货币来反映企业的财务状况与经营成果。企业会计应当以货币计量为基础，以综合反映企业发生的各项交易或者事项的财务结果与影响。

1.2.2　会计对象

一般的会计对象是指企业的经济活动过程。企业会计应当以企业发生的各项交易或者事项为对象，记录和反映企业的各项经济活动，企业的经济活动一般可以分为“三大”活动，即筹资活动、投资活动和经营活动。可见，会计的对象是指会计所反映和监督的内容，一般的会计对象可以定性为社会再生产过程中用货币表现的经济活动过程。社会再生产过程中的生产、交换、分配、消费各环节是通过各企事业单位的经济活动过程实现的，会计要利用价值量确认、计量、传送企事业单位经济活动过程的各种事项、交易，以此反映经济活动过程的价值运动。

具体的会计对象是指会计要素。会计要对企业的经济活动过程进行核算和监督，就必须要对企业的经济活动过程进行分类。因此，具体的会计对象是可以计量、加工成有用会计信息的会计要素。会计为了进行分类核算，提供分门别类的会计信息资料，客观上要求对会计对象的具体内容进行分类，体现为各个会计要素。这样，不仅有利于依据各个要素的性质和特点分别制定与之对应的确认、计量、记录、报告的标准和方法，而且还可以为合理建立会计科目体系和设计财务报表提供依据和基本框架。

会计核算前提与会计要素

1.2.3　会计要素

会计要素是会计对象的具体化，是对会计对象按照其经济特征所做的基本分类，是设定财务报表结构和内容的依据，也是进行确认和计量的依据。对会计要素加以严格定义，就能为会计核算奠定坚实的基础。通常将会计对象分为资产、负债、所有者权益、收入、费用和利润6项基本要素。

1. 资产

资产是指企业过去的交易或者事项形成的、由企业拥有或者控制的、预期会给企业带来经济利益的资源。

一个企业从事生产经营活动，必须具备一定的物质资源，或者说物质条件。这些必要的物质条件表现为货币资金、厂房场地、机器设备、原料、材料等，称为资产，它们是企业从事生产经营活动的物质基础。资产按其流动性通常被划分为流动资产和非流动资产，流动资产是指可以在一年（包含一年）或者超过一年的一个营业周期内变现或者耗用的资产，包括现金、银行存款、应收及预付款项、存货等；非流动资产是指在一年以上或长于一年的一个营业周期以上变现或者耗用的资产，包括长期投资、固定资产、无形资产和其他非流动资产等。

资产具有以下主要特征。

(1) 资产是企业在过去发生的交易或事项中获得的。资产的确认必须是已经实现的资产，而不能是预期或计划将要得到的资产。这里的“过去”是指已经发生，只有过去发生的经济业务事项才能增加或者减少企业的资产。例如，已经发生的购置固定资产或原材料的交易，会形成企业的资产，而准备购买或计划购买某项固定资产或原材料，是尚未发生的交易，不能确认为企业的资产。

(2) 资产是为企业所拥有或者控制的。这里的“拥有”是指拥有资产的所有权；这里的“控制”是指控制资产的使用权。企业拥有资产，就能够排他性地从资源中获得经济利益；有些资产虽然不为企业所拥有，但是企业能够支配这些资产，而且同样能够排他性地从资产的使用中获得经济利益。例如，融资租入固定资产，企业并不拥有该资产的所有权，但是由于租赁合同条款中规定的租期接近于该资产的使用寿命，到租期结束时，承租企业还有优先购得这些资产的权力，在租期内企业有权支配和控制资产，并从中受益，所以融资租入固定资产应当视为企业的自有资产进行管理和核算。而企业没有购买工厂周围的空气、阳光等，空气及阳光的能源等都不能作为企业的资产。

(3) 资产预期能够给企业带来经济利益。这里的经济利益是指直接或间接流入企业的货币资金或非现金资产。资产为企业带来的经济利益可以是多种表现形式，如以资产交换资产，以资产偿还债务；货币资金可以用于购买需要的商品或用于利润分配；厂房机器、原材料等可以用于制造商品或提供劳务，商品出售后收回货款，货款即为企业所获得的经济利益。

2. 负债

负债是指企业过去的交易或者事项形成的、预期会导致经济利益流出企业的现时义务。

如果把资产理解为企业的权利，那么负债就可以理解为企业所承担的义务。负债是企业所承担的，由已经发生的经济业务形成的、能以货币计量的、需要以资产或者劳务偿付的债务。负债一般按偿还期长短分为流动负债和非流动负债。流动负债是指将在一年（包含一年）或长于一年的一个营业周期内偿还的债务，包括短期借款、应付票据、应付及预收款项、应付职工薪酬、应交税费及应付股利等；非流动负债是指偿还期在一年以上或长于一年的一个营业周期以上的债务，包括长期借款、应付债券、长期应付款和其他非流动负债。

负债具有如下主要特征。

（1）负债是由于过去的交易或事项形成的。负债是过去已经发生的交易或事项所产生的需要企业承担清偿义务的债务。只有过去发生的经济业务事项才能增加或者减少企业的负债，企业预期在将来要发生的经济业务事项可能产生的债务不能作为负债。例如，已经向银行借入的款项会形成企业的负债，而计划或准备向银行借款不能确认为企业的负债。

（2）负债是企业承担的现时义务。现时义务是指由企业过去已经发生的交易或事项所产生的企业当前所承担的义务，而不是潜在的义务。例如，银行借款是因为企业接受了银行贷款而已经形成的企业必须承担偿还义务的负债，是一种现时义务。企业不能或很少可以回避现时义务，如果企业能够回避该项义务，则不能确认为企业的负债。

（3）负债的清偿预期会导致经济利益流出企业。清偿债务导致经济利益流出企业的形式有多种，企业为了清偿债务往往需要在将来转移资产或提供劳务，如用现金偿还或者实物资产清偿，或者通过提供劳务来偿还，或同时转移资产和提供劳务偿还，也有可能将债务转为所有者权益。这些偿还债务的方式，都会减少企业的经济利益。

3. 所有者权益

所有者权益是指企业资产扣除负债后由所有者享有的剩余权益。公司的所有者权益又称为股东权益。

所有者权益的来源包括所有者投入的资本、直接计入所有者权益的利得和损失、留存收益等。直接计入所有者权益的利得和损失，是指不应计入当期损益、会导致所有者权益发生增减变动的、与所有者投入资本或者向所有者分配利润无关的利得或者损失。利得是指由企业非日常活动所形成的、会导致所有者权益增加的、与所有者投入资本无关的经济利益的流入。损失是指由企业非日常活动所发生的、会导致所有者权益减少的、与向所有者分配利润无关的经济利益的流出。

所有者权益是指所有者在企业资产中享有的经济利益，其金额为资产减去负债后的余额，又称为净资产。会计等式可以表示为：

资产－负债＝净资产

所有者权益相对于负债而言具有以下主要特征。

（1）所有者权益不需要定期偿还。企业的负债需要定期偿还，除非发生减资、清算；企业不需要偿还其所有者权益。

（2）所有者权益无优先清偿权。企业清算时，负债往往优先清偿而所有者权益只有在清偿所有的负债之后才返还给所有者。因此，会计等式不可以表示为：

资产－所有者权益＝负债

（3）所有者权益有参与企业利润分配的权利。所有者有参与企业利润分配的权力，而债权人则不能参与企业利润的分配。所有者权益金额取决于资产和负债的计量。所有者权益项目应当列入资产负债表，具体包括企业投资者对企业的投入资本，即实收资本（或股本)、资本公积金、其他综合收益、盈余公积金和未分配利润。其中，盈余公积金和未分配利润又合称为留存收益。

4. 收入

收入是指企业在日常活动中形成的、会导致所有者权益增加的、与所有者投入资本无关的经济利益的总流入。

收入可以有不同的分类，按企业所从事的日常活动的性质，可将收入分为：①销售商品收入，是指工商企业通过销售商品取得的收入；②提供劳务收入，是指企业通过提供劳务实现的收入，如餐饮、旅游、软件开发、安装等企业劳务取得的收入；③让渡资产使用权收入，主要表现为商业银行对外贷款、租赁公司出租资产等取得的收入；④建造合同收入，是指企业承担建造合同工程取得的收入。

按照企业从事日常活动在企业的重要程度，可将收入划分为主营业务收入和其他业务收入。主营业务收入是指企业为完成其主要经营活动以及经常性活动取得的收入；其他业务收入是指企业为完成其主要经营活动而发生的相关活动而取得的收入。

收入具有如下主要特征。

(1) 收入是从企业的日常活动中产生。这里的日常活动取得的收入主要为营业收入，而不包括非经营活动所取得的收入。营业收入包括主营业务收入和其他业务收入，企业应当合理确认营业收入的实现，如工商企业销售商品、提供劳务的收入。有些经济业务事项也能为企业带来经济利益，但由于不是从企业的日常活动中产生的，就不属于企业的收入，而作为利得。例如，出售固定资产、无形资产所取得的收益就不能作为企业的营业收入，而作为营业外收入（利得）。

(2) 收入通常表现为企业资产的增加或负债的减少。收入是企业在销售商品或者提供劳务等经营业务中所形成的新资产的取得或负债的清偿。收入可能表现为企业资产的增加，如增加银行存款、形成应收账款；也可能表现为企业负债的减少，如以预收货款方式销售商品或提供劳务；也可能同时引起资产的增加和负债的减少，如采用预收部分货款方式销售商品，同时收取部分现金。

(3) 收入最终能导致企业所有者权益的增加。企业获得收入后，收入与相关的成本费用相配比后再计算企业的损益。企业获得的净利润会增加所有者权益，如果企业发生亏损，也会减少企业的所有者权益。

(4) 收入只包括本企业经济利益的流入，该流入不包括所有者投入的资本。收入不包括为第三方或客户代收的款项，如企业销售货物收取的增值税、代收代缴的税金、代收的利息等，这些代收款项不属于企业的经济利益，因此，不能作为本企业的收入确认。但是，企业经济利益的流入有时是由所有者投入资本的增加所导致的，所有者投入资本的增加不应当确认为收入，应当将其直接确认为所有者权益。

5. 费用

费用是指企业在日常活动中发生的、会导致所有者权益减少的、与向所有者分配利润无关的经济利益的总流出。

费用是企业在生产经营过程中为获取收入而发生的营业费用。根据费用的经济用途，一般将费用划分为：①计入生产经营成本的费用，指企业为生产销售商品和提供劳务等而发生的费用，如企业计入产品生产成本的直接材料、直接人工和制造费用，当产品因销售而获得收入时，该部分产品的生产成本转入营业成本而形成费用类项目；②计入当期损益的期间费用，指企业行政管理部门为组织管理生产经营活动而发生的管理费用和财务费用，为销售商品和提供劳务而发生的销售费用或经营费用。

费用相对于收入而言具有如下主要特征。

(1) 费用是企业在日常活动中发生的。费用和收入对应，是企业在销售商品、提供劳务等日常活动中发生的经济利益的流出，指计算营业利润的扣除费用。固定资产出售、报废等损失不是日常活动发生的经济利益的流出，所以不应确认为费用，而应计入资产处置收益和营业外支出，属于损失。

(2) 费用可能表现为资产的减少或负债的增加。费用的发生通常表现为资产的减少，如生产耗用存货；费用的发生也可能引起负债的增加，如预计负债最终也会导致资产的减少。

(3) 费用应当会导致经济利益的流出，该流出不包括向所有者分配的利润，其表现形式包括现金或者现金等价物的流出，存货、固定资产和无形资产等的流出或者消耗等。企业向所有者分配利润也会导致经济利益的流出，如向股东发放现金股利。而该经济利益的流出属于所有者权益的抵减项目，因而不应确认为费用。

(4) 费用最终会导致所有者权益的减少。费用与收入配比的结果才能确定企业的利润，费用始终是利润的扣除项目，费用的发生会减少企业的净利润，因此，费用的发生最终会导致企业所有者权益的减少。例如，某企业本期用银行存款 10 万元购买原材料，该购买行为尽管使企业的经济利益流出了 10 万元，但并不会导致本期企业所有者权益的减少，所以这 10 万元不是企业本期的费用。

6. 利润

利润是指企业在一定会计期间的经营成果。利润包括收入减去费用后的净额、直接计入当期利润的利得和损失等。直接计入当期利润的利得和损失是指应当计入当期损益、会导致所有者权益发生增减变动的、与所有者投入资本或者向所有者分配利润无关的利得或者损失。利润金额的计量取决于收入和费用、直接计入当期利润的利得和损失金额的计量。

1.3 会计基本程序与会计方法

1.3.1 会计基本程序

会计基本程序与方法指的是会计的数据处理与加工信息的程序与方法。随着企业生产经营活动的不断进行，伴随而来的是物质流、能量流和信息流，会计要能从无数的经济数据中认出含有会计信息的数据，使之能够进入会计信息系统，通过加工处理，转换成有助于决策和与之相关的其他信息，再输送给会计信息的使用者，经过会计理论与实务长期不断地总结和完善，形成了今天的以确认、计量、记录、报告为主的会计基本程序及相应的方法。

1. 会计确认

会计确认是指将某一项目作为资产、负债、收入、费用等正式地记入或列入会计主体财务报表的过程。某一项目能否作为会计要素记入资产负债表或利润表，应当满足基本的确认条件。

会计确认几乎涉及会计整个加工处理程序。作为会计对象的资本运动数量方面，可以具体化为资产、负债、所有者权益、收入、费用和利润的信息，只要符合它们的定义和特性，都可以进入会计信息系统。因此，会计确认是指会计要素的确认，会计确认过程是将某一项目作为一项会计要素（如资产、负债、收入、费用等）正式列入企业财务报表的过程。会计要素的确认也是会计信息系统输入信息的过程，在正确的时间、以正确的标准将企业的经济业务产生的原始数据进行记录，以正确的会计要素和报表项目的形式列入财务报表是保证会计信息真实、准确的重要程序。

2. 会计计量

会计计量这一程序主要解决会计的计量单位和计量属性两个方面的问题。抽象地看，会计计量是一个将具体会计要素按货币量度进行量化的程序。

会计计量单位也称计量尺度，凡是计量都必须有计量的尺度，会计的计量也不例外。现代会计所提供的财务信息，都是用金额即货币作为计量单位。会计计量基础，又称会计计量属性，根据《企业会计准则——基本准则》的规定，会计计量属性主要有历史成本、重置成本、可变现净值、现值和公允价值。企业在对会计要素进行计量时，一般应当采用历史成本，采用重置成本、可变现净值、现值、公允价值计量的，应当保证所确定的会计要素金额能够取得并可靠计量。

会计计量贯穿于会计核算的全过程，在会计的确认、记录和报告过程中如何正确选择计量基础，也是保证会计信息质量的重要环节。企业应当按照规定的会计计量属性进行计量，确定相关金额。

3. 会计记录

会计记录就是通过账户、会计凭证和账簿等载体，运用复式记账等手段，对确认和计量的结果进行记录；也就是指对已经过确认而进入会计系统的各项会计要素，利用复式记账法对有关数据和会计资料进行分类、加工处理的过程。

记录是指对资本运作的过程中经过确认而进入会计信息系统处理的每项数据，运用设计的账户和有关文字及金额，按复式记账的要求，在账簿上加以登记。它是会计核算的一个重要环节，形成会计核算的一个子系统——复式簿记系统。通过会计的记录既对企业的经济活动进行详细、具体的描述与量化，又起到了对数据进行分类、汇总及加工等方面的作用。只有经过这一程序，会计才能生成有助于经济决策的会计信息。

4. 会计报告

会计报告是指把会计信息系统的最终产品——会计信息传递给会计信息使用者的过程。

运用会计报告的方式传递会计信息是会计的专门方法。通过记录生成的信息量多而且分散，还必须压缩数量、提高质量，使其形成财务指标体系，以便于信息使用者的使用。

会计作为一个信息系统，输出环节是系统运行的最终目标，是生成最终会计信息的环节，会计要素经过确认（初次确认）、计量和记录最终在会计报告中再确认从而生成最终会计信息。

1.3.2　会计方法

会计方法一般是指会计核算方法、会计检查方法和会计分析方法的总和。

1. 会计核算方法

会计核算方法、会计检查方法和会计分析方法之间既有密切联系，又相对独立，它们所应用的方法各不相同。其中，会计核算方法是会计方法体系的基础，会计作为一个信息系统，要由各种核算方法巧妙结合和有机配合。基础会计学就是在介绍会计基本理论、基本概念的基础上，围绕会计的核算方法形成本课程的特有体系。具体的会计核算方法与会计的基本程序相适应，一般有以下几个方面的内容。

(1) 设置会计科目与账户。

设置会计科目与账户是根据会计对象的具体内容和会计主体经济业务的需求，事先规定分类核算的项目（即会计科目），并在账簿中据以开设账户，以便取得所需要的核算指标，它是会计记录过程中的主要运用的专门方法。

(2) 复式记账。

复式记账是会计记录经济业务的一种方法，采用复式记账法记录各项经济业务，可以相互联系地反映经济业务的全貌及经济活动的来龙去脉，也便于核对账簿记录是否正确。

(3) 填制和审核会计凭证。

会计凭证是记录经济业务、明确经济责任的书面证明，是登记账簿的重要依据。填制会计凭证是会计记录过程的主要方法之一。审核会计凭证可以通过对凭证外表形式及实质方面的检查，反映凭证是否能够真实、合法、准确、完整，这是会计确认程序的重要方法。

(4) 登记会计账簿。

登记会计账簿就是把会计主体发生的所有经济业务按其发生的顺序，分门别类地记入各有关账簿，以便提供全面系统的会计核算资料，也是会计记录的重要方法之一。

(5) 成本计算。

成本计算主要是指对会计主体的产品成本进行核算和计算。通过产品成本计算可以考核企业对原材料和人工的消耗及其他费用支出是否合理。成本计算方法与会计计量的要求有关，企业对资产的计价、对产品成本计量都是成本计算方法的具体内容。

(6) 财产清查。

财产清查就是盘点实物，核对账目。财产清查对于保证会计核算资料的正确性，监督财产的安全与合理使用具有重要作用，是会计核算必不可少的方法。在编制财务报表之前，为了保证报表数字真实可靠，必须做到账证、账账、账实相符，因而必须进行财产清查。因此它是会计报告过程必要运用的会计核算方法。

(7) 编制财务报表。

编制财务报表是将账簿记录的内容及日常核算的资料定期加以分类整理、汇总，编制成财务报表，为有关各方面提供完整、综合的会计信息。由于编制报表的过程不是把复式簿记所形成的资料重新罗列一次，而是对账簿资料的再加工，也就是哪些数据应进入报表及如何进入报表的问题。因此编制财务报表既是会计报告过程的主要手段，又是对会计信息的第二次确认。

上述会计核算的各种方法与会计程序是相互联系、密切配合的，构成一个完整的方法体系，如图 1.1 所示。

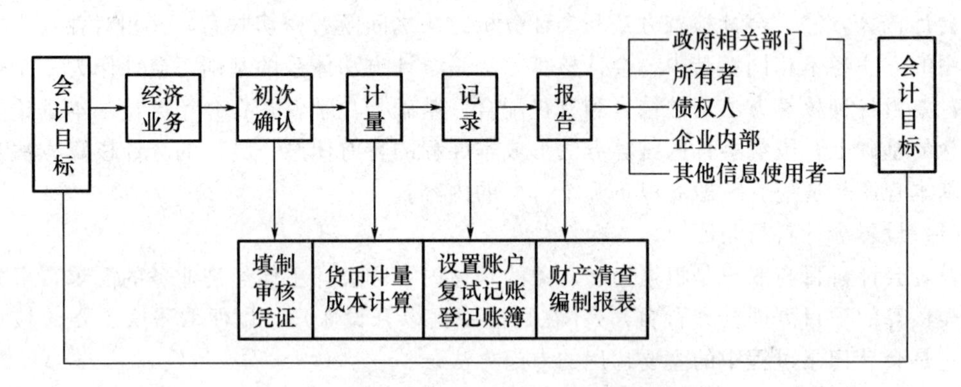

图 1.1　4 个基本程序与所运用的会计核算方法

2. 会计检查方法

会计检查方法主要是依据法律法规，利用会计核算资料，检查各会计主体的经济活动是否合理合法，同时也检查会计核算资料是否正确。所以，会计检查是会计核算的必要补充。

3. 会计分析方法

会计分析方法主要是利用会计核算资料和专门的分析方法，对会计主体的经济活动过程及结果进行分析，考核并评价会计主体经济活动的效果，以寻求改善经营管理、提高经营效益的途径。所以，会计分析是会计核算的继续和深入。

1.3.3　会计循环

企业的会计程序总是包括依次完成的一些基本步骤，通过这些步骤，使会计人员能把数量繁多的日常经济业务分类归集，最终总括为相当简明的财务报表，我们把以下这些依次继起的步骤称为会计循环。

(1) 编制会计分录，即根据原始凭证分析经济业务，确定应借记和贷记的账户与金额，登记在记账凭证或日记账中。

(2) 记账，即根据登记在记账凭证中的会计分录，将借记和贷记的金额分别转记于分类账中的相应账户。

(3) 编制试算平衡表，即根据总分类账户余额编制试算平衡表，以验证日常记账及过账是否正确，以便及时更正。

（4）调账，即企业到期末要编制各种财务报表，以反映企业在一定时期的财务状况和一定期间的经营成果，这就需要在编制报表之前，在日常会计记录的基础上，对于应计、预计等账项做必要的调整，也即根据权责发生制原则，调整一些账户中的有关记录，借以处理在会计期末需要递延或预计的收入和费用项目。

（5）编制报表，即根据调整后的账户余额，编制财务报表。

（6）结账，即在期末编制财务报表后，结清各项收入、费用类账户，并把本期净收益转入所有者权益类账户。

会计核算基础

1.4　会计核算基础

会计核算基础是指会计主体在进行会计业务处理时对会计要素的确认所采用的原则。《企业会计准则——基本准则》规定，企业应当以权责发生制为基础进行会计确认、计量和报告。

阅读案例

李薇是会计学专业的本科毕业生，2019年7月应聘艺超公司做出纳，老王是艺超公司的财务部负责人，按照公司的规范管理，新员工需要进行3个月的专业培训，老王作为培训老师也出于职业的责任感，对新来的员工要求严格并在专业方面进行指导与考核。在一次培训考试中，老王出了如下考题。

本公司按照《企业会计准则——基本准则》的规定，企业各期发生的收入和费用按照权责发生制进行确认与计量。8月公司销售产品2 000件，销售额110 000元，其中现销货款90 000元已存入银行，其余为赊销，货款尚未收到；8月还收到6月和7月货款200 000元；8月应该负担广告费支出20 000元；公司已于本年1月支付了一年的广告费共计240 000元；本月还发生办公费用16 000元，款项都在本月支付。要求计算8月的收入、费用。

问题：如果你是李薇，你能算出艺超公司8月的收入、费用分别是多少吗？

1.4.1　权责发生制

企业会计应当以权责发生制为基础进行会计确认、计量和报告。

权责发生制原则要求企业的会计核算应当以权责发生制为基础。凡是在当期已经实现的收入和已经发生或应当负担的费用，无论款项是否已经收付，都应当确认为当期的收入或费用；凡是不属于当期的收入和费用，即使款项已经在当期收到或已经在当期支付，也不能确认为当期的收入和费用。根据权责发生制要求，本期收入和费用的确认应当以是否应该确认为标准，而不以款项的实际收付为标准，才能更真实地反映企业特定会计期间经营活动的成果。

例如，艺超公司采取预收货款方式销售产品，2019年12月预收致远公司货款10万元，该批产品于2020年1月发出销售给致远公司。尽管艺超公司是在2019年12月收到这笔10万元货款，但是实际销售行为是发生在2020年1月。因此，该10万元货款不可以确认为艺超公司2019年12月的收入，而应该确认为2020年1月的收入。即凡是不属于当期（2019 年 12 月份）的收入，即使款项已经在当期收到，也不能确认为当期的收入。

又如，艺超公司 2020 年 1 月向零售商赊购了一批办公用品共计 2 万元，款项于 2020 年 3 月支付给零售商。艺超公司购买这批办公用品的款项是在 2020 年 3 月支付的，但是实际购买行为是在 1 月发生的。因此，该 2 万元应该确认为艺超公司 2020 年 1 月的费用，而不能确认为 3 月的费用。即凡是在当期（2020 年 1 月）已经发生或应当负担的费用，无论款项是否已经支付，都应当确认为当期的费用。

权责发生制要求一切会计要素的确认，特别是收入和费用的确认，均以权力已经形成或义务（责任）真正发生为基础进行。为了较准确地考核各时间的经营业绩，企业的会计确认应当选择权责发生制作为时间确认的基础。

1.4.2 收付实现制

收付实现制是与权责发生制相对应的一种确认基础。收付实现制是以实际收到或支付现金作为确认收入和费用的依据，凡是在当期已经实际收到款项的收入和已经支付款项的费用，都应当确认为当期的收入或费用；凡是不属于当期实际收付款项的收入和费用，就不能确认为当期的收入和费用。

例如，上述艺超公司采取预收货款方式销售产品的 10 万元收入，按照收付实现制原则应确认为艺超公司 2019 年 12 月的收入，即凡是在当期（2019 年 12 月）已经实际收到款项的收入，都应当确认为当期的收入；凡是不属于当期（2020 年 1 月）实际收到款项的收入，就不能确认为当期的收入。而上述艺超公司赊购一批办公用品的 2 万元费用，按照收付实现制原则应确认为艺超公司 2020 年 3 月的费用，即凡是在当期（2020 年 3 月）已经实际支付款项的费用，都应当确认为当期的费用；凡是不属于当期（2020 年 1 月）实际支付款项的费用，就不能确认为当期的费用。

收付实现制也称现收现付制，收付实现制要求一切会计要素的确认，特别是收入和费用的确认，均以现金流入或现金流出的时间作为确认的标准。

☆ 阅读案例分析

艺超公司应该按照权责发生制会计核算基础确认收入和费用，因此，李薇算出的艺超公司 2019 年 8 月的收入、费用应该分别是 111 000 元和 36 000 元。

收入＝110 000 元，由于公司本月销售额是 110 000 元，尽管还有 20 000 元的货款尚未收到，但是按权责发生制确认收入的要求，无论款项是否收到，在销售实质上已经实现的情况下，就应该确认为本期收入；而 8 月收到的 6 月和 7 月货款 200 000 元，应该确认为 6 月和 7 月的收入，因为销售是在 6 月和 7 月实现的。

费用＝36 000 元，公司 8 月发生广告费支出 20 000 元，尽管款项已于本年 1 月支付，但是费用应该分月负担，因此 8 月确认的广告费是 20 000 元。还应该确认为 8 月的费用是办公费用 16 000 元，款项都在本月支付。

■ 课堂练习

如果按照收付实现制核算，艺超公司 2019 年 8 月的收入和费用应该分别是多少？

本章小结

本章内容是介绍会计的基本理论，学习本章内容要为“基础会计学”课程的深入学习奠定基本理论基础，这也是学习会计知识既要知道是什么，又要知道为什么的必备理论知识。

本章首先阐述了会计的概念、会计的产生与发展以及会计的职能和会计的对象，考虑到基础会计学是会计学知识的入门课程，初学者需要了解会计学科体系，以便于后续课程的学习，因此，对会计学科体系进行了概括介绍。

其次，以《企业会计准则——基本准则》为依据，重点地介绍了会计的目标、核算前提以及会计要素的概念及特征。

再次，在对会计的程序和方法体系介绍的基础上，重点说明了会计程序、会计核算方法、会计循环的内在联系及各自在会计实务中的作用。

最后，对会计的核算基础进行了阐述，尤其是权责发生制、收付实现制的含义及其区别是后续学习中对会计业务处理的基本依据。

应用案例

会计行业发展40年的观察与思考

权责发生制和收付实现制的对比

大连渔轮公司创建于1907年，是我国渔船渔机行业的较大厂家，也是我国远洋渔业渔船建造和维修的基地。公司现有职工1 300余人，东西两区总占地面积20余万平方米，资产总额2亿余元，拥有各类生产设备及生产装备700余台，公司具备建造12 000吨级以下各类船舶的能力。公司经过百年的发展建设，已形成了相当规模的设计、建造、修理各类船舶、柴油机、船舶机电配套产品的能力。2020年3月发生如下经济业务。

1. 收到上月销售柴油机的货款50 000元。
2. 本月销售冷藏运输船5 888 000元，其中5 000 000元已收到现款存入银行，其余货款尚未收到。
3. 预收销售船舶机电配套产品的货款120 000元。
4. 支付第一季度借款利息共计360 000元。
5. 支付本月的水电费260 400元。
6. 本月对外提供修理船舶的劳务收入20 000元，尚未收款。
7. 预付购买材料款700 000元。
8. 上月预收8176型渔船的货款6 000 000元，本月发出销售。

问题：

1. 大连渔轮公司经历了会计发展变化的哪几个阶段？
2. 你认为大连渔轮公司的会计核算基础应该采用权责发生制还是收付实现制？为什么？
3. 大连渔轮公司的会计主体是什么？
4. 大连渔轮公司的会计核算能否按其产品的生产周期进行结账和报表？为什么？
5. 用权责发生制和收付实现制，列表计算大连渔轮公司2020年3月的收入、费用和利润，将结果填入表1-1。

表 1-1　　2020 年 3 月份收入、费用和利润

单位：元

业务序号	权责发生制		收付实现制	
	收　　入	费　　用	收　　入	费　　用
1				
2				
3				
4				
5				
6				
7				
8				
合　　计				
利　　润				

思考与练习

一、思考题

1. 企业财务报告的目标是什么？如何理解其内涵？

2. 企业财务报告中提供的会计信息应当具备哪些质量要求？这些质量要求的具体含义是什么？

3. 会计信息质量的可靠性和相关性是否存在矛盾？为什么？

4. 试述会计的对象，会计的一般对象和具体对象之间有什么联系？

5. 会计要素有哪些？各自的含义是什么？

6. 从会计发展的历史看，社会环境变化对会计有什么影响？

二、单项选择题

1. 配比原则是指（　　）。

A. 收入与支出相互配比　　B. 收入与利润相互配比
C. 收入与产品成本相互配比　　D. 收入与其相关的成本费用相配比

2.《企业会计准则——基本准则》规定，企业的会计核算应以（　　）为基础。

A. 永续盘存制　B. 权责发生制　C. 收付实现制　D. 实地盘存制

3. 关于会计主体，正确的表述是（　　）。

A. 会计主体是一个法律主体
B. 会计主体可以不是一个法律主体，但必须是一个企业集团
C. 会计主体可以不是一个法律主体，也不能是企业集团
D. 会计主体可以是一个法律主体，也可以是一个企业集团

4. 企业应当以实际发生的交易或者事项为依据进行会计确认、计量和报告，是会计信息质量（　　）的要求。

A. 可靠性　B. 一致性　C. 及时性　D. 明晰性

5. 会计的职能一般包括 5 个方面，其中，会计的核算职能和（　　）是会计的基本职能。

A. 反映职能　B. 监督职能　C. 分析职能　D. 预测职能

三、多项选择题

1. 财务报告的目标就是企业会计应当向会计信息使用者（　　）。

A. 提供会计信息　　B. 报告账目

C. 反映企业管理层受托责任履行情况　　D. 报告会计工作情况

2. 无论在权责发生制还是在收付实现制下均应作为本期收入和费用的有（　　）。

A. 上月售货，价款本月收到　　B. 以银行存款支付本月保险费

C. 本月售货，价款已收到　　D. 以银行存款预付下月办公楼租金

3. 资产应具备3个基本特征，即（　　）。

A. 企业拥有或控制的　　B. 由于过去的交易和事项所产生的

C. 必须具有实物形态　　D. 预期能给企业带来未来经济利益

4. 下列各项中属于会计信息质量要求的是（　　）。

A. 相关性　　B. 及时性　　C. 谨慎性　　D. 可比性

5. 下列各项中属于会计核算基本前提的是（　　）。

A. 会计主体　　B. 持续经营　　C. 会计分期　　D. 货币计量

四、判断题

1. 会计期间的划分是配合企业生产经营的自然过程，而不是人为地划分。（　　）

2. 谨慎性是指对于具有估计性质的会计事项应当谨慎从事，应当预计可能发生的损失和费用，但不预计或少预计可能带来的收益，可以设置秘密准备。（　　）

3. 企业会计准则一般分为两个层次：一是基本准则；二是具体准则。（　　）

4. 由于会计分期才产生了权责发生制和收付实现制。（　　）

5. 会计主体与法律主体是同一个概念，一般来说，法律主体必然是会计主体，会计主体也就是法律主体。（　　）

五、业务题

目的：理解与掌握会计要素的含义。

要求：用直线连接，说明下列项目应归属哪个会计要素。

项目	会计要素
1. 库存商品	A. 资产
2. 向银行借入的借款	B. 负债
3. 库存现金	C. 所有者权益
4. 房屋、建筑物	D. 收入
5. 投资者投入资本	E. 费用
6. 购买办公用品的支出	F. 利润
7. 销售产品的收入	

六、互联网作业

1. 登录教育部网站，查阅目前我国有多少所高等财经院校，有哪些（至少10所）在招收财会类专业的硕士研究生。

2. 在互联网上查找上市公司的定义，并查找我国最早的上市公司的名称及上市时间。

3. 在互联网上查找美国等国家的会计准则中规定的会计要素有哪些，以及和我国会计要素的区别是什么？

第1章
在线题库

第2章

账户与复式记账

账户与
复式记账

关键术语

学习目标与要求

账户和复式记账是基础会计学课程的核心内容。本章包括了“七大”会计核算方法的两种方法。一是设置会计科目与账户，二是复式记账法。这两种会计核算方法是会计核算的前提条件。通过本章的学习，要求了解会计科目、会计账户、会计等式、复式记账的概念及其内在联系；深刻理解会计等式中各个会计要素之间的关系以及经济业务发生后对会计等式中各会计要素的影响；熟练掌握借贷记账法记账规则的具体运用、会计分录的编制、试算平衡的原理，为以后各章的学习奠定坚实的基础。

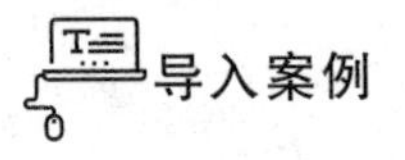

导入案例

永正会计公司

卢安是一名刚毕业的大学生，在大学里学的是会计学专业，而且通过了注册会计师的“会计”和“税法”考试。在长达半年的求职过程中，他总在思考一个问题：为什么不用所学专业特长自己创业呢？于是他与几位朋友策划开办一家自己的公司。有一位会计学专业的毕业生林丽提出应该办一家会计公司，因为学校所处的经济技术开发区，外资企业、中小企业多，可以为他们提供企业会计制度、法规、记账、理财等方面的技术咨询。另一位财务管理专业的毕业生蓝天认为学校周边还有几所大学和中学，每年参加各类考试的学生人数多，应该开办一家考试书店。大家经过充分酝酿，根据自己的经济实力和专业特长，决定聘请两位有实际工作经验的会计师，办一家会计公司，他们给公司取名为“永正会计公司”。

经过各种审批手续，工商注册登记后，2019 年 10 月公司开业了，其组织形式为有限责任公司。公司面临对本公司业务的会计核算，以及为客户进行会计业务处理与咨询的工作。他们能胜任吗？

问题：

1. 永正会计公司将可能承揽哪些会计业务？

2. 永正会计公司作为一个会计主体，自身的会计核算应该采用什么记账方法？设置哪些账户？运用哪些会计科目？

3. 如何解释永正会计公司运用的会计账户和会计方法的理论依据？

从本章开始，将进入对“七大”会计核算方法的具体和详细论述。本章将介绍两种核算方法（设置会计科目与账户、复式记账法）。在基础会计学的学习过程中，要先分别掌握各种核算方法，然后掌握核算方法的综合应用。

在第 1 章中，我们已经知道了会计要素的分类及含义，那么，会计要素、会计等式、会计科目、会计账户之间有什么联系与区别呢？应用什么记账方法来处理永正会计公司发生的经营业务呢？本章将在主要介绍会计恒等式、会计科目与账户设置的基础上，重点阐述复式记账（即借贷记账法）的基本理论和方法，这是基础会计这门课程的核心内容。同时，掌握会计账户的结构和分类也是会计学专业的必备知识。

2.1 会 计 等 式

会计等式

会计的六大要素是资产、负债、所有者权益和收入、费用、利润两组，六大会计要素之间的数量关系，称为会计等式。会计等式又称会计恒等式或会计平衡公式。

2.1.1 资产、负债、所有者权益之间的关系

任何一个经济组织从事正常的生产经营活动，都要筹集一定数量的资金，拥有一定的经济资源。筹集资金的渠道：一是吸引投资者投资，二是举借债务。企业筹得的资金必然要投入营运，从而形成企业所持有的各种资产。投资者对投入企业的资金要视投资额的多少及所负风险的大小，等比例地获取投资所得，这就是投资人对企业资产的要求权（所有者权益）；债权人有要求企业偿还债务的权力，这就是债权人对企业资产的要求权（债权人权益），企业拥有的每一样资产，都是债权人或投资人所提供。所以，上述两项权益之和等于企业的资产总额，用公式表示为：

资产＝权益

或　资产＝负债＋所有者权益

这个等式称为会计恒等式，等式的一边是资产，表明资金占用的形态，另一边是负债和所有者权益，表明企业的资产来自何处，即资金的来源。一个企业有多少资产，就一定要有其相应的来源。反之，有多少来源，也就必然表现为多少资产。企业的每项交易不会破坏会计恒等式。

【例 2－1】 永正会计公司经批准于 2019 年 10 月 1 日设立，5 位发起人共投入现金 300 000元作为实收资本存入银行，则该公司 2019 年 10 月 1 日的资产、负债与所有者权益的数量关系如表 2－1 所示。

表 2－1　**资产负债表（简化）1**

2019 年 10 月 1 日　单位：元

资产		负债	0
银行存款	300 000		
		所有者权益	300 000
		实收资本	
合　计	300 000	合　计	300 000

用会计等式表示为：

资产(300 000)＝负债(0)＋所有者权益(300 000)

【例 2-2】 永正会计公司在 2019 年 11 月向银行借款 100 000 元存入银行；用银行存款 50 000 元购入一辆微型面包汽车，则该公司 2019 年 11 月 30 日资产、负债及所有者权益的数量关系如表 2-2 所示。

用会计等式表示为：

资产(400 000)＝负债(100 000)＋所有者权益(300 000)

表 2-2 资产负债表（简化）2

2019 年 11 月 30 日 单位：元

资产		负债	
银行存款	300 000 +100 000 −50 000 350 000	短期借款	100 000
		所有者权益	
固定资产	50 000	实收资本	300 000
合 计	400 000	合 计	400 000

【例 2-3】 永正会计公司在 2019 年 12 月用银行存款 20 000 元归还银行借款。则该公司 2019 年 12 月 31 日资产、负债及所有者权益的数量关系如表 2-3 所示。

表 2-3 资产负债表（简化）3

2019 年 12 月 31 日 单位：元

资产		负债	
银行存款	300 000 +100 000 −50 000 −20 000 330 000	短期借款	100 000 −20 000 80 000
		所有者权益	
固定资产	50 00	实收资本	300 000
合 计	380 000	合 计	380 000

用会计等式表示为：

资产(380 000)＝负债(80 000)＋所有者权益(300 000)

通过以上例子可以看出，经济业务发生的记录均未破坏资产、负债、所有者权益之间的平衡关系。而且，所列示的数据是资产、负债、所有者权益在某一时点（如上例中的 10 月 1 日、11 月 30 日、12 月 31 日）的静态状况。其中，11 月 30 日和 12 月 31 日是经过增减平衡后的期末数，会计上也称其为“期末余额”。

上述资产、负债、所有者权益的平衡关系公式也可以表示为：

所有者权益＝资产－负债＝净资产

即所有者权益也称净资产，它是企业的资产扣除了债务后留给所有者的权益。也就是说，债权人对企业资产的要求权优先于投资人对资产的要求权，体现了在经济关系中保护债权人利益的要求。因此，从经济含义上讲，上述会计等式各要素的先后顺序不能颠倒。

2.1.2 收入、费用、利润之间的关系

企业的业务经营活动过程也是提供商品或劳务的过程。随着企业商品或劳务的提供，一方面取得各类收入，另一方面为取得收入会发生相关的各种耗费（即费用）。在一定会计期间内，企业获得的总收入扣除相关的总费用就形成了企业的利润，用公式可表示为：

收入－费用＝利润

可见，当总收入大于总费用时，企业的资金流入大于流出，则形成利润；反之，当总收入小于总费用时，企业的资金流入小于流出，形成负利润（即亏损）。

【例 2－4】 永正会计公司在 2019 年开业后，全年共取得业务收入 60 000 元；发生职员工资 30 000 元；办公费、税金及其他费用 10 000 元。这样，该公司本年获得利润 20 000元。其收入、费用、利润的数量关系如表 2－4 所示。

表 2－4　　**利润表（简化）**

2019 年　　单位：元

项　目	金　额
收入	60 000
费用	40 000
利润	20 000

用公式可表示为：

收入(60 000)－费用(40 000)＝利润(20 000)

从上述例子可以看出，收入、费用、利润所列示的数据是企业在某一会计期间内（如例中 2019 年全年）累计的实际发生数，是收入、费用、利润在这一年的动态状况。三者的关系是企业计算最终经营成果的依据，也是会计信息使用者最为关注的内容。

2.1.3　会计六要素之间的关系

如前所述，经济业务的发生虽然会导致资产、负债、所有者权益的增减变动，但不会打破三要素之间的平衡关系。那么，如果将引起收入、费用、利润三要素增减变动的经济业务与会计等式联系起来，会计等式的平衡关系是否仍然恒等呢？

【例 2－5】 如例 2－4，永正会计公司 2019 年的 60 000 元业务收入已收到款项存入银行；工资费用已从银行提取现金后发放给职工；除 5 000 元税金尚未交纳，其余 5 000 元费用都已用银行存款支付。则 2019 年 12 月 31 日资产、负债、所有者权益的数量关系如表 2－5 所示（参见表 2－3）。

用会计等式可表示为：

资产(405 000)＝负债(85 000)＋所有者权益(300 000)＋利润(20 000)

表 2－5　　**资产负债表（简化）4**

2019 年 12 月 31 日　　单位：元

资产	300 000	负债	100 000
银行存款	＋100 000	短期借款	－20 000
	－50 000	应交税费	5 000
	－20 000		
	＋60 000	所有者权益	300 000
	－30 000	实收资本	20 000
	－5 000	利润	
	355 000		
固定资产	50 000		
合　计	405 000	合　计	405 000

因此，六大会计要素的数量关系存在内在的联系，把它们结合起来，会计等式可表示为：

资产＝负债＋所有者权益＋利润

资产＝负债＋所有者权益＋(收入－费用)

综合后的会计等式的含义：在某一时点（如例 2－1 中的 10 月 1 日）的资产、负债、所有者权益平衡的基础上，经过某一时期的经营，资产、负债、所有者权益的增减变动曾打破了旧的平衡关系又建立了某一时点上新的平衡关系（如例 2－2、例 2－3）；而且，在此期间，发生了收入和费用并取得了利润。通过例 2－5 可以看出，增加收入的同时也增加了资产，费用发生的同时也减少了资产或增加了负债，利润的取得增加了所有者权益。因此，资产、负债、所有者权益又建立了新的平衡关系。

由此得出结论：任何经济业务的发生，都不会破坏会计恒等式，在任何一个时点上观察资产、负债、所有者权益的静态状况，其数量关系总是保持平衡。因此，会计恒等式既能反映资本运动的起点，又能反映资本运动的终点。它是设置账户、复式记账以及编制资产负债表的理论基础。

阅读案例 2－1

王晨宇是某大学计算机专业大三的学生，他为了锻炼自己的社会实践能力，在学校附近的新玛特超市租了一间格子间，于 2019 年 3 月 1 日用 10 000 元银行存款投资开办了一个电脑维修部，维修部的名称是“晨宇电脑维修部”，主要从事电脑维修，并附带销售电脑配件。

3 月 1 日，他租赁了柜台，每月租金 1 000 元，第一个月租金已经支付。

3 月 3 日，花费 2 500 元购买了一些修理用的工具和配件。

3 月 6 日，为了方便出行花费 300 元买了一辆自行车。

3 月 12 日，在报纸上做了广告，广告费 750 元，其中 250 元的广告费尚未支付。

3 月 15 日，从银行提取现金 1 000 元备用。

3 月 31 日，收到水电费缴费单，共计 100 元尚未支付。

3 月 31 日，支付请来帮助修理电脑的同学的报酬 300 元。

当月电脑维修全部收入 3 000 元已存入银行，3 月 31 日银行账户余额 7 400 元。

金萍是会计学专业大二的学生，是王晨宇的同乡。有一天同乡聚会，王晨宇说起了他的电脑维修部的经营情况，金萍以崇拜的表情认真听着，王晨宇说：“我认为我第一个月经营情况不错，尽管亏了 2 600 元，但是打开了市场。”金萍问道：“你怎么计算是亏了2 600元呢?”王晨宇很神气地说：“那还不简单吗！我开始投资 10 000 元，而现在我的银行存款账户有 7 400 元，少了 2 600 元啊。”金萍正在学习“基础会计学”课程。如果你是金萍，你将如何回答如下问题：

1. 依据哪些数据计算晨宇电脑维修部 3 月的盈亏?

2. 晨宇电脑维修部 3 月末有哪些资产和负债?

☆ **阅读案例 2－1 分析**

在上述案例中，王晨宇计算的亏损 2 600 元（10 000－7 400）应该是银行存款账户 3 月的发生额增减变动结果（详见 2.2.2　会计账户）。金萍依据本月收入和费用计算了晨宇电脑维修部 3 月的盈亏。

1. 晨宇电脑维修部 3 月的费用计算如下。

支付本月租金 1 000 元；2 500 元的工具和配件假设预计可用 4 个月，平均每月分摊 625 元（资产减少 625 元，费用增加 625 元）；300 元的自行车假设预计可用 1 年，平均每月分摊 25 元（资产减少 25 元，费用增加 25 元）；发生广告费 750 元；发生水电费 100 元；支付工资报酬 300 元。费用共计 2 800 元。

2. 晨宇电脑维修部 3 月的利润计算如下。

由于　　　　　　　　　　收入－费用＝利润

所以　　　　　　　　　3 000－2 800＝200(元)

3. 晨宇电脑维修部 3 月末的资产计算如下。

资产增加：投资 10 000 元存入银行存款；购买 2 500 元的工具和配件；购买 300 元的自行车；从银行提现金 1 000 元；本月收入 3 000 元存入银行。共计 16 800 元。

资产减少：支付租金 1 000 元；用 2 500 元购买工具和配件；花费 300 元买自行车；支付广告费 500 元；从银行提款 1 000 元；支付报酬 300 元；工具和配件每月分摊 625 元；自行车每月分摊 25 元。共计 6 250 元。

资产＝16 800－6 250＝10 550(元)

4. 晨宇电脑维修部 3 月末的负债计算如下。

250 元的广告费尚未支付，水电费 100 元尚未支付，负债增加共计 350 元。

5. 晨宇电脑维修部 3 月末的所有者权益计算如下。

投入资本 10 000 元，本月获得利润 200 元，共计 10 200 元。

或　　　　所有者权益＝资产－负债＝10 550－350＝10 200(元)

2.2　会计科目与账户

会计科目与账户

2.2.1　会计科目

1. 设置会计科目的意义

会计科目是指对会计要素的内容进行具体分类的标志或项目。设置会计科目是会计的核算方法之一，是会计核算的基础。

如前所述，会计要素只是按会计对象具体内容进行的一种概括性的分类和汇总，诸要素中包含了很多性质相同、内容各异的项目。例如，资产要素中包括货币资金、各项债权、投资、存货、固定资产等；负债要素中有各种银行的借款，应付未付的账款、税金，未兑付的票据等；成本费用要素中有生产耗费形成的成本、日常经营中的管理费用、销售费用、财务费用、税金及附加、所得税等。而且，企业在日常生产经营过程中经济业务的种类繁多，这些经济业务的发生有的只引起某一会计要素内部结构的变动，有的也可引起两个或两个以上会计要素的变动。随着企业资本运动的进行，各会计要素内部及相互间的结构也在发生相应的变化，相互间旧的平衡不断被打破，新的平衡相应建立。例如，某企业以银行存款（支票）10 000 元购入一批原材料。这项业务使得资产类要素两项不同的项目发生增减变动，货币资金中银行存款金额减少 10 000 元，存货中原材料的价值增加10 000元，这种变动并未影响资产总价值量。又如，企业以现金 950 元支付所欠货款。这项经济业务同时引起资产和负债两个会计要素的变动，资产要素现金减少 950 元，负债要素应付账款减少 950 元。总体而言，资产和负债同时减少。因此，仅以会计要素进行会计核算不能反映出其内部结构的变动情况和具体的经济活动内容。以此为基础提供的会计信息就不能全面、具体、综合反映企业生产经营及财务状况，也不能满足会计信息使用者的需要。

鉴于以上原因，应按经济业务的内容、特点和会计信息使用者的要求对会计要素做进一步分类和汇总。这种对会计要素内容进一步具体分类的项目就称为会计科目，它是对会计核算内容的事先界定。无论企业发生何种经济业务，均可按其内容、特点和有关要求归入相应会计科目进行核算。因此，设置会计科目对会计工作实务有着重要意义。

（1）设置会计科目作为会计核算方法之一，是会计核算体系的基础和前提。

（2）通过设置会计科目，可以对纷繁复杂、性质不同的经济业务进行科学的分类。

（3）通过设置会计科目，使每个会计科目名称的项目下，都有明确的含义和核算范围。

2. 设置会计科目的原则

会计的具体对象分类为六大会计要素，会计要素又细分为会计科目。分类是会计的特点，分类的正确与否决定着会计信息的科学性。因此，科学而合理地设置会计科目是正确进行会计核算、提供会计信息的前提。设置会计科目应遵循以下原则。

（1）结合会计对象的特点。

会计科目的设置应能够全面、系统地反映会计对象的全部内容，能够根据不同行业、各经济组织的特点和经济业务的内容确定设置哪些会计科目，如工业企业以产品生产为主营业务，金融企业以资金信贷和管理为主营业务。因此，在设置会计科目时就要考虑各行业的特点和经济业务的内容，如工业企业需设立“生产成本”“制造费用”等反映主营业务耗费的科目，而金融企业则无须设置此类科目，其他行业会计科目设置也不尽相同。

（2）统一性和灵活性相结合的原则。

尽管不同的经济组织有不同的经济活动内容，但会计信息作为国际通用商业语言，必须符合信息质量要求准则的一致性和可比性，以便于利用会计信息对企业的经济活动过程及财务状况进行综合分析、评价。为使会计信息适应这一特点和要求，各行业部门会计制度中对会计科目做了统一的规范。各企业必须在符合这一规范的条件下设置和运用会计科目。由于各行业内各经济组织之间的经济活动过程千差万别、错综复杂，各有其特点。因此，各经济组织在遵守统一性的前提下，允许在一定范围内增加或减少一些会计科目。例如，工业企业预收、预付业务不多可不设置“预收账款”“预付账款”科目，将其内容并入“应收账款”“应付账款”科目的核算范围；采用定额备用金制企业可增设“备用金”科目。所以，遵循统一性和灵活性相结合的原则设置会计科目有利于会计核算工作的实施。

（3）能满足会计信息使用者的需要。

设置会计科目进行核算的直接目的就是提供有用的经济信息，而其输出形式就是会计报表和报告。这种形式体现了信息使用者的需要，因此，必须根据会计报表的内容设置会计科目，对日常经济活动所产生的数据信息分类处理和储存。会计报表构成内容基本决定了会计科目的设置数量及核算内容。

（4）设置会计科目时要含义明确、通俗易懂并保持相对稳定。

会计科目设置时，文字要尽可能简短并含义明确。例如，“库存现金”科目，就表明是存放在现金库中可直接用于结算的货币资金，“银行存款”科目表示存放在银行的货币资金等。如把耗费简单设置为“费用”科目，则其含义就比较模糊。科目名称应简明，文字要使用经济生活中常用的，避免使用晦涩难懂的专业术语，便于会计信息使用者理解和分析。此外，会计科目设置后应保持相对稳定，不能经常变动会计科目的名称、核算内容，使核算指标保持可比性。

3. 会计科目的名称和分类

会计科目体系是科学、系统和可操作的。会计科目的名称应与其核算内容相一致，并进行分类编号，编制成会计科目表。《企业会计准则》规定的基本会计科目如表2-6所示。

表2-6　会计科目表（部分）

顺序号	编号	名　称	顺序号	编号	名　称
		一、资产类	32	2221	应交税费
1	1001	库存现金	33	2231	应付利息
2	1002	银行存款	34	2232	应付股利
3	1012	其他货币资金	35	2241	其他应付款
4	1121	应收票据	36	2501	长期借款
5	1122	应收账款	37	2502	应付债券
6	1123	预付账款	38	2701	长期应付款
7	1131	应收股利			三、共同类
8	1132	应收利息			四、所有者权益类
9	1221	其他应收款	39	4001	实收资本（或股本）
10	1231	坏账准备	40	4002	资本公积
11	1401	材料采购	41	4101	盈余公积
12	1402	在途物资	42	4103	本年利润

续表

顺序号	编号	名　　称	顺序号	编号	名　　称
13	1403	原材料	43	4104	利润分配
14	1404	材料成本差异			五、成本类
15	1405	库存商品	44	5001	生产成本
16	1411	包装物	45	5101	制造费用
17	1412	低值易耗品			六、损益类
18	1511	长期股权投资	46	6001	主营业务收入
19	1601	固定资产	47	6051	其他业务收入
20	1602	累计折旧	48	6101	公允价值变动损益
21	1604	在建工程	49	6111	投资收益
22	1605	工程物资	50	6301	营业外收入
23	1606	固定资产清理	51	6401	主营业务成本
24	1701	无形资产	52	6402	其他业务成本
25	1702	累计摊销	53	6403	税金及附加
26	1901	待处理财产损溢	54	6601	销售费用
		二、负债类	55	6602	管理费用
27	2001	短期借款	56	6603	财务费用
28	2201	应付票据	57	6701	资产减值损失
29	2202	应付账款	58	6711	营业外支出
30	2203	预收账款	59	6801	所得税费用
31	2211	应付职工薪酬	60	6901	以前年度损益调整

会计科目还要根据所提供会计信息的详细程度进一步分为总分类科目和明细分类科目。总分类科目是对会计要素按不同经济内容所做的总括分类；明细分类科目是对总分类科目包含的内容所做的具体分类，如“原材料”总分类科目下按材料的类别、品种或规格设置明细分类科目。

2.2.2 会计账户

1. 会计账户概述

会计账户是指按照会计科目设置的具有一定结构的，用以记录各项经济业务的内容、数量、金额的一种簿记形式。

会计科目与账户既有联系又有区别。会计科目是账户的名称，它具体界定了账户核算的内容，而账户是反映、记录经济业务内容的具体格式。二者均是对会计要素内容所做的具体分类，每一个科目和账户只反映经济业务的一个特定方面。会计科目是这种分类的项目或标志，账户则是对这种分类产生的项目增减变动情况进行全面、系统、连续记录的形式，由于二者的设置及所反映的经济内容是一致的，因此，在会计理论与实务中，一般可对会计科目与账户不加严格区别，互相通用。

设置会计账户是会计核算的专门方法，它能够提供经济业务发生后会计要素的增减变动情况及其结果的具体数据。所以，设置会计科目后，必须根据规定的会计科目开设相应的会计账户，用以分类、记录、整理和汇总会计资料，并对各项经济业务进行分类核算和序时核算。

2. 会计账户的结构

会计账户的结构是指账户的基本组成部分，即每个部分怎样进行登记。要使用账户进行记账，就必须了解账户的结构。

(1) 账户的基本结构。

不同性质的账户，由于反映的经济业务特点和内容不同，其账户的具体结构不同，但是就账户总体而言，经济业务发生引起的各会计要素的变动，从数量上看，不外乎是增加和减少两种情况，因此，账户一般可以分为两方，一方登记增加额，一方登记减少额。

账户格式的设计一般包括以下内容。

① 账户的名称：即会计科目。

② 日期和凭证编号：记录经济业务的日期和依据。

③ 摘要：对账户所记录经济业务内容的概要说明。

④ 增加和减少金额。

账户的结构是与记账方法联系在一起的。借贷记账法下账户的基本结构如表 2-7 所示。

表 2-7 账户名称（会计科目）

年		凭证编号	摘　　要	借方金额	贷方金额	余额
月	日					

为方便教学，通常采用简化的“T”形账户（又叫“丁”字形账户）结构的格式，如图 2.1 所示。

借方	账户名称（会计科目）	贷方

图 2.1 “T”形账户的结构

(2) 账户记录内容及其相互关系。

经济业务发生后，在账户中主要记录其发生额和余额。

① 发生额。发生额是指经济业务发生后，在账户中记录的增加额或减少额，会计上

统称为本期发生额。本期发生额反映本会计期间内会计要素的增减变动情况，又进一步分为本期增加发生额和本期减少发生额。就某个具体账户而言，其一方记录增加额，另一方记录减少额，不同性质的账户，记录增加和减少的方向可能也不同。借贷记账法下，本期发生额又可分为本期借方发生额和本期贷方发生额。账户的发生额提供动态资料。

② 余额。余额是指本期增加额和本期减少额相抵后的金额。账户中记录的某会计期间的增加额和减少额是经济业务发生后记入账户的初始信息。为输出最终会计信息，期末都对其增减两方的发生额进行汇总比较，得出变动的总体结果，即余额。余额反映某一个时点会计要素增减变动的结果。会计上，按余额表示的时点不同，分为期初余额和期末余额，上一期的期末余额就是本期期初余额。无论期初余额还是期末余额一般都出现在账户中记录增加额的一方。账户的余额提供静态资料。

理论上讲，每天的每个时点都可以计算出账户的余额。但在会计实务中，一般只是到期末（日末、月末、季末、半年末、年末，一般是在月末、半年末和年末）才需要计算余额。这是“会计分期”基本前提的要求，也是会计报告会计信息的要求。

综上所述，账户记录的发生额、余额之间有着内在的联系，可以用公式表示如下：

期末余额＝期初余额＋本期增加发生额－本期减少发生额

上述公式表示：计算每个账户的期末余额，都是在期初余额（上期的期末余额）的基础上，加减本期发生额的结果，反映了会计核算以持续经营和会计分期为提前的特点。每期期末余额的计算也反映了相关会计数据的连续和累计过程。

借贷记账法（一）

2.3 借贷记账法

2.3.1 记账法概述

记账法是指会计核算工作中在簿记系统中登记经济业务的方法。在设置账户的基础上，对大量的经济业务在账户中进行记录，需要运用科学的记账方法。在会计的发展过程中，曾采用过单式记账法与复式记账法。而复式记账法已成为现代会计工作中普遍采用的记账方法。本节将主要从单式记账法与复式记账法的比较来说明复式记账法的科学性，并重点介绍借贷记账法。

1. 单式记账法

单式记账法是指对发生的经济业务只在一个账户中进行登记的记账方法。单式记账法是一种比较简单、不完整的记账方法，一般只适用于现金及债权债务账户的记录。例如，以现金 1 000 元购入生产用材料，只在“现金”账户中登记减少现金 1 000 元，销售产品一批 5 000 元未收到货款，则只在“应收账款”账户中登记增加应收账款 5 000 元。这种记账方法，既不能反映现金减少的原因，又不能反映应付账款增加的原因，各账户之间的记录没有直接的联系，形不成相互对应的关系，没有一套完整的账户体系，所以不能全面、系统地反映经济业务的来龙去脉，不能提供完整、客观的会计信息，也不便于检查账户记录的正确性，是一种简单却并不科学的记账方法。单式记账法已被现代会计所淘汰。

2. 复式记账法

复式记账法是指一项经济业务发生后，要在两个或两个以上相互联系的账户中，以相等的金额进行全面、连续、系统登记的一种记账方法。这种记账方法可以系统地反映经济活动的过程和结果。如前述例中，以现金 1 000 元购入生产用材料。在复式记账法下，在“现金”账户中登记减少 1 000 元，同时在“原材料”账户中登记增加 1 000 元，这就说明现金减少的原因是用于购买了原材料；销售产品一批 5 000 元未收到货款，则在“应收账款”账户登记增加 5 000 元，同时在“收入”账户登记增加 5 000 元，说明应收账款的增加是销售产品的货款收入尚未收到，形成债权。这样的记录才能全面、系统地反映经济业务的发生过程及结果，满足会计信息输出的需要，复式记账法是一种科学的记账方法，它已成为现代企业会计普遍采用的记账方法。

综上所述，与单式记账法相比，复式记账法具有以下特点。

(1) 在两个或两个以上相互联系的账户中记录一项经济业务，以反映资本运动的来龙去脉，尽管经济业务是多种多样的，但每次资本运动都表现为不同来源或不同资产。对于每项经济业务，要在两个或两个以上相互联系的账户中登记，不仅可以反映每项经济业务的来龙去脉，而且可以将某一会计期间发生的全部经济业务作为一个有机的整体在整个账户体系中进行反映。也可以通过账户记录，全面、系统地了解资本运动的过程及其结果。

(2) 以相等的金额记入相应的账户，以便于检查账簿记录的正确性。

运用复式记账，账户的记录以及账户之间的关系不再孤立，每项经济业务发生时，以相等的金额进行记录，对账户记录的内容及结果可以利用账户之间的相互关系进行试算平衡，以检查账簿记录的正确性。

复式记账法是在大量的会计实践和发展的基础上产生的，与单式记账法相比更具合理性、科学性和可操作性。在我国，复式记账法按其采用的记账符号、记账规则等有所不同又具体地分为：借贷记账法、收付记账法和增减记账法。其中的借贷记账法经过数百年的实践已被世界各国普遍接受。为了统一记账方法，促进国际间经济往来，规范会计核算工作和方法，《企业会计准则》中就明确规定：“企业应当采用借贷记账法记账。”目前，我国企业、行政、事业单位的会计核算工作都已采用借贷记账法。

阅读案例 2-2

晨宇电脑维修部为了节约经费支出，没有雇用专职的会计人员，由于王晨宇在大学里没有选修过会计学专业知识，也未接受过会计知识培训，他认为只要把每天发生的业务记录下来就可以了，于是他对电脑维修部 2020 年 3 月的业务做了如下记录。

3 月 1 日，刷银行卡 1 000 元，支付租金。

3 月 3 日，刷银行卡 2 500 元，购买工具和配件。

3 月 6 日，刷银行卡 300 元，购买自行车。

3 月 12 日，刷银行卡支付广告费 500 元。

3 月 12 日，修理电脑收到 600 元。

3 月 13 日，修理电脑收到 600 元。

3月15日，从柜员机取款1 000元。

3月15日，修理电脑收到1 200元。

3月17日，修理电脑收到600元。

3月31日，从柜员机取款支付请来帮助修理电脑的同学的报酬300元。

3月31日，存入银行现金3 000元。

金萍把晨宇电脑维修部3月的收入、费用及盈亏进行分析计算后，又把晨宇电脑维修部3月末的资产、负债进行了计算，并向王晨宇做了说明。王晨宇的表情由神气转变成了对金萍的崇拜，请金萍把他的上述流水账进行整理，并对金萍说："你是否可以利用业余时间，为我的电脑维修部做兼职会计，报酬咱们可以商量。"你认为金萍将如何记账？

请通过认真学习以下内容，为晨宇电脑维修部做正确的会计处理，也许你也会被聘为兼职会计，从而为自己挣得一笔生活费。

2.3.2 借贷记账法

借贷记账法是以会计恒等式为理论基础，以借、贷二字作为记账符号，记录经济业务的复式记账方法。

借贷记账法起源于13世纪意大利借贷资本家对业务的会计处理，在这个时期，资本主义商品经济有了较快的发展，会计工作为满足借贷资本家和商业资本家对财务情况记录和监督的要求以及适应商品经济日益发展的客观需要，逐步形成以"借""贷"二字为记账标志的记账方法。在初期阶段，"借"字表示借贷资本家放出的资本，在账务中反映其债权的增加；"贷"字表示借贷资本家收进的存款，反映其债务的增加。而借贷记账法之记账标志与自身的含义直接相联系。随着商品经济的进一步发展，经济业务发生种类日益增多，范围不断扩大，借贷资本家与业主之间，业主与业主之间的经济业务已不仅局限于相互之间债权、债务和直接交易关系，会计核算的内容也随之扩大，"借""贷"二字作为记账标志，其表示的经济含义适应客观需要逐渐脱离了其本身的含义，演变成一对纯粹的记账符号，到15世纪日臻完善，并总结出科学的理论基础，借贷记账法从而成为被普遍采用的会计核算方法。

如前所述，借贷记账法的理论基础就是会计恒等式：

资产＝负债＋所有者权益

在这一理论基础上，无论发生何种资本运动，在进行会计核算时，利用复式记账法（借贷记账法）在会计账户登记的结果必然满足这一平衡关系，由此提供的会计信息才具有系统性和完整性。

1. 借贷记账法的记账符号

借贷记账法以"借""贷"二字作为记账符号表示不同经济业务的增减变动情况，具体的含义则取决于账户的不同属性。

借贷记账法是复式记账法，故其账户的基本结构也分为左右两方：左方为借方；右方为贷方。通过对各类不同属性账户具体结构及记录内容的分析，可以归纳出借贷记账法"借""贷"二字表示的含义如下。

(1) 表示已登记在账户"借方"和"贷方"的数字是增加或是减少。"借方"记录资产、成本和费用的增加，负债、所有者权益的减少及收益的结转；“贷方”记录资产的减少，成本和费用的结转，负债、所有者权益及收益的增加。

(2)“借”“贷”二字表示应记入账户的方向。“借方”表示记入账户的借方；“贷方”表示记入账户的贷方。

(3)根据余额出现在借方或贷方判断账户属性。一般而言，余额出现在借方的账户属于资产类、成本类、费用(结转后无余额)类账户；余额出现在贷方的账户属于负债类、所有者权益类、收益(结转后无余额)类账户。

上述含义如表2-8所示，这也就是借贷记账法下各类账户的结构。

表2-8　各类账户结构

借　方	贷　方	余　额
资产增加	资产减少	借方
负债减少	负债增加	贷方
所有者权益减少	所有者权益增加	贷方
成本增加	成本结转	借方
收益结转	收益增加	无
费用增加	费用结转	无

2. 借贷记账法的记账规则

借贷记账法(二)

借贷记账法建立在复式记账原理的基础之上，具体的记账规则可概括为“有借必有贷，借贷必相等”。利用这一记账规则在对经济业务进行记录时有以下两个方面的要求。

(1)对于任何一项经济业务必须同时在两个或两个以上相互联系的账户中以相反的方向进行登记。如在一个账户中记入借方(或贷方)，则在另一个或几个相联系的账户中记入贷方(或借方)。

(2)以相等的金额同时记入借方账户与贷方账户。由于借贷记账法的理论基础是“资产＝负债＋所有者权益”，因此，反映因经济业务的发生而引起各项目变动时，只有以相等的金额登记，才能保持会计恒等式两端要素之间的平衡关系。

运用借贷记账法“有借必有贷，借贷必相等”的记账规则记录时，涉及的经济业务的种类是多种多样的，经济业务的发生可能只引起一项要素内部各项目的变动，也可能影响到会计恒等式两端要素的变动，归纳起来，经济业务发生的类型主要有如下4种。

第一种类型：一项经济业务的发生，同时引起会计恒等式两端不同属性账户增加的变动。例如，投资者投入现金10 000元，这项业务的发生，使现金这一流动资产项目和资本这一所有者权益项目同时增加10 000元。资产增加记借方，所有者权益增加记贷方，有借有贷，借贷金额相等。

第二种类型：一项经济业务的发生，同时引起会计恒等式两端不同属性账户减少的变动。例如，用银行存款30 000元归还短期借款，这项业务的发生，使银行存款这一流动资产项目和短期借款这一流动负债项目同时减少30 000元，负债减少记借方，资产减少记贷方，有借有贷，借贷金额相等。

第三种类型：一项经济业务的发生，引起等式左端资产类账户内部之间增加和减少的变动。例如，用银行存款1 000元购买材料，这项业务的发生使银行存款和材料两个流动资产项目一增一减，金额是1 000元，资产增加记借方，资产减少记贷方，有借有贷，借贷金额相等。

借贷记账法（三）

第四种类型：一项经济业务的发生，引起等式右端负债或所有者权益账户增加和减少的变动。例如，向银行借入短期借款8 000元直接偿还应付账款，这项业务的发生，使短期借款和应付账款两个流动负债项目一增一减，金额是8 000元，负债减少记借方，负债增加记贷方，有借有贷，借贷金额相等。

以上四种类型的业务都能满足“有借必有贷，借贷必相等”的记账规则，如图2.2所示。

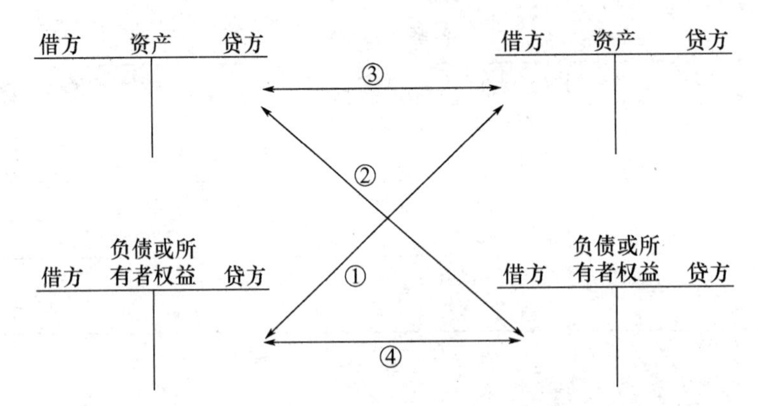

图2.2 记账规则示意

注：图中①、②、③、④分别表示前述4种类型的经济业务。

借贷记账法（四）

《簿记论》简介二

3. 借贷记账法的应用与会计分录

会计分录简称分录，是按借贷记账法记账规则的要求，分别列示出记录经济业务应借、应贷账户名称及其金额的一种记录形式。借贷记账法的记账规则要求以相反的方向、相等的金额对发生的经济业务在两个或两个以上相互联系的账户中登记。在有关的账户之间就发生了应借应贷的相互关系，这种关系称为账户的对应关系，发生对应关系的账户，就叫作对应账户，通过账户的对应关系，可以了解经济业务的内容。在会计教学中，常以会计分录来表示账户之间的对应关系，会计分录按其对应账户的多少又分为简单会计分录和复合会计分录。简单会计分录是指只涉及两个账户，一借一贷对应关系的会计分录；复合会计分录是指同时涉及两个以上账户，一借多贷或多借一贷对应关系的会计分录。复合会计分录可以分解为简单会计分录。在会计实务中有时也需要编制多借多贷会计分录，但是，不能把不同的经济业务合并在一起编制多借多贷的会计分录。

会计分录的编制，一般分以下3步。

第一步：确定账户名称，分析确定经济业务涉及的账户类别、特点及其名称。

第二步：确定借贷方向，分析确定每个对应账户应记录的借贷方向。

第三步：确定记录金额，分析计算记入每个对应账户的金额。

借贷记账法记账规则在会计实务中的运用及会计分录的编制方法，举例说明如下。

【例2-6】 艺超公司2020年5月发生下列经济业务，有关账户的期初余额、本期发生额及期末余额“T”形账图示如图2.3所示。

借方	库存现金		贷方
期初余额	1 000		
			（3）980
	（7）5 000		（8）820
本期发生额	5 000		1 800
期末余额	4 200		

（1）

借方	银行存款		贷方
期初余额	335 000		
	（1）150 000		（4）50 000
	（2）100 000		（5）24 000
			（7）5 000
			（10）30 000
本期发生额	250 000		109 000
期末余额	476 000		

（2）

借方	应收账款		贷方
	（9）70 000		
本期发生额	70 000		
期末余额	70 000		

（3）

借方	原材料		贷方
期初余额	36 000		
	（5）24 000		
	（10）40 000		
本期发生额	64 000		
期末余额	100 000		

（4）

借方	应付账款		贷方
		期初余额	36 000
	（3）980		（10）10 000
本期发生额	980		10 000
		期末余额	45 020

（5）

借方	短期借款		贷方
	（4）50 000		（2）100 000
本期发生额	50 000		100 000
		期末余额	50 000

（6）

借方	股本		贷方
		期初余额	300 000
			（1）150 000
			（6）30 000
本期发生额	0		180 000
		期末余额	480 000

（7）

借方	资本公积		贷方
		期初余额	360 00
	（6）30 000		
本期发生额	30 000		
		期末余额	6 000

（8）

借方	管理费用		贷方
	（8）820		（11）820
本期发生额	820		820

（9）

借方	主营业务收入		贷方
	（11）70 000		（9）70 000
本期发生额	70 000		70 000

（10）

借方	本年利润		贷方
	（11）820		（11）70 000
本期发生额	820		70 000
		期末余额	69 180

（11）

图 2.3 期初余额、本期发生额及期末余额“T”形账图示

(1) 5月1日公司收到投资者的投资150 000元，存入银行。

分析：投资者投入150 000元，则投资者对构成公司总资本额中的这部分资金拥有所有权，显然所有者权益增加，相应的把这笔款项存入银行，使公司以货币资金表现的资产增加150 000元；股份公司核算所有者投资的账户是“股本”，存入银行的货币资金账户为“银行存款”，股本的增加记贷方，对应的银行存款应记入借方，二者增加的金额为150 000元。编制会计分录如下。

借：银行存款　　150 000

　　贷：股本　　150 000

(2) 5月3日，公司向银行借款100 000元，款项已转入公司的存款户。

分析：该业务是向银行借入款项，则使公司的债务增加，即负债增加，对应地把款划入公司存款户，使公司货币资金增加。涉及负债类的“短期借款”和资产类的“银行存款”两个相互对应的账户，其金额均为100 000元，银行存款的增加记入借方，短期借款的增加记入贷方。编制会计分录如下。

借：银行存款　　100 000

　　贷：短期借款　　100 000

(3) 5月6日，公司以现金支付以前所欠的货款980元。

分析：该项业务是以公司的资产偿还债务，引起货币资金的减少，对应的债务被偿还，负债减少，涉及的账户是资产类中的“库存现金”账户和负债类中的“应付账款”账户，库存现金的减少应记入其账户的贷方，应付账款的减少记入其账户借方。编制会计分录如下。

借：应付账款　　980

　　贷：库存现金　　980

(4) 5月9日，公司以银行存款偿还到期的短期借款50 000元。

分析：该业务的发生同时引起公司资产的减少和公司负债的减少，对应的在资产类中“银行存款”和负债类中“短期借款”两个账户中核算，短期借款的减少记入账户借方，银行存款的减少记入账户的贷方，其金额均为50 000元。编制会计分录如下。

借：短期借款　　50 000

　　贷：银行存款　　50 000

(5) 5月11日，向某公司购买材料一批，已验收入库价款24 000元，以银行转账支票付讫。

分析：该业务的发生引起资产类要素内部结构发生增减变化，材料和货币资金均属公司资产，具体账户为“原材料”账户和“银行存款”账户。材料验收入库，应记入“原材料”账户的借方，以支票付款应记入“银行存款”的贷方，其金额均为24 000元。编制会计分录如下。

借：原材料　　24 000

　　贷：银行存款　　24 000

(6) 5月15日，公司以资本公积30 000元转增资本。

分析：此项业务是增加资本金，必然引起所有者权益中股本的增加。同时减少另一项所有者权益资本公积，应在股本和资本公积账户中登记。资本的增加记入“股本”账户贷方，减少资本公积记入“资本公积”账户的借方，两个账户登记的金额均为30 000元。

编制会计分录如下。

借：资本公积　　30 000

　　贷：股本　　30 000

(7) 5月18日，公司从银行提取现金5 000元，以备使用。

分析：这笔业务从银行提取现金，引起资产类内部结构的变化，涉及资产类中“库存现金”和“银行存款”两个账户。提取现金使公司库存现金增加，相应的银行存款余额减少。现金的增加记入该账户借方，银行存款减少记入其贷方，记入对应账户的金额均为5 000元。编制会计分录如下。

借：库存现金　　5 000

　　贷：银行存款　　5 000

(8) 5月19日，公司以现金820元支付行政管理部门零星开支。

分析：该项业务支付行政管理部门的日常耗费，使费用增加，支付的现金又引起资产的减少，所涉及的账户是费用类中的“管理费用”账户和资产类中“库存现金”账户。管理费用的增加记入该账户的借方，现金的减少记入“库存现金”账户的贷方，记入对应账户的金额均为820元。编制会计分录如下。

借：管理费用　　820

　　贷：库存现金　　820

(9) 5月25日，公司销售产品一批70 000元，货款尚未收到。

分析：此项业务是销售产品，其直接目的是为取得收入，因此引起收入的增加，收入的增加又使公司的资产增加，这里的资产表现为债权的增加，涉及的账户是收入类中“主营业务收入”和资产类中“应收账款”两个账户。收入的增加记入账户贷方，债权的增加记入账户的借方，记入这两个对应账户的金额均为70 000元。编制会计分录如下。

借：应收账款　　70 000

　　贷：主营业务收入　　70 000

以上9笔经济业务中每笔业务发生只有单一的对应关系。会计处理方式也只是简单会计分录。这是会计处理的基础。在会计实务中为简化记账处理程序，常把一笔业务中发生的多种对应关系账户的增减变动做成复合会计分录。举例说明如下。

(10) 5月26日，购入原材料一批40 000元，用银行存款30 000元支付货款，余款暂欠。

分析：该业务中购入原材料一方面使资产类存货增加，另一方面支付货款使货币资金减少；同时，部分货款未付使公司负债增加，涉及的账户有资产类中的“原材料”“银行存款”账户和负债类中“应付账款”账户。原材料增加记入该账户借方，银行存款减少记入该账户贷方，而未付账款的增加记入“应付账款”贷方。该业务中有两种对应关系，即“原材料”账户和“银行存款”账户、“原材料”账户和“应付账款”账户。而记入借方账户和贷方账户的金额是相等的，均为40 000元，会计处理既可以做成简单分录，也可做成复合分录。简单分录如下。

借：原材料　　30 000

　　贷：银行存款　　30 000

借：原材料　　10 000

　　贷：应付账款　　10 000

复合分录如下。

借：原材料　　40 000
　　贷：银行存款　　30 000
　　　　应付账款　　10 000

在实际工作中，这类业务一般都作为复合分录处理。

(11) 5 月 31 日，公司将本月费用和收入转入“本年利润”账户，以计算本月利润额。

分析：此项业务是月末结转收入和费用，将其转入“本年利润”账户，其直接目的是计算本月经营成果，因此收入和费用账户结转后无余额，收入的结转使公司的本年利润增加，记入“主营业务收入”账户的借方和“本年利润”账户的贷方；费用的结转使公司的本年利润减少，记入“管理费用”账户的贷方和“本年利润”账户的借方。编制会计分录如下。

借：主营业务收入　　70 000
　　贷：本年利润　　70 000
借：本年利润　　820
　　贷：管理费用　　820

通过对以上 11 笔业务类型经济业务的分析和会计处理方法可以看出：无论发生什么样的经济业务，在采用借贷记账法进行会计处理时均适用于“有借必有贷、借贷必相等”的记账规则，也符合会计恒等式的平衡关系。这种账务处理规律如图 2.4 所示。

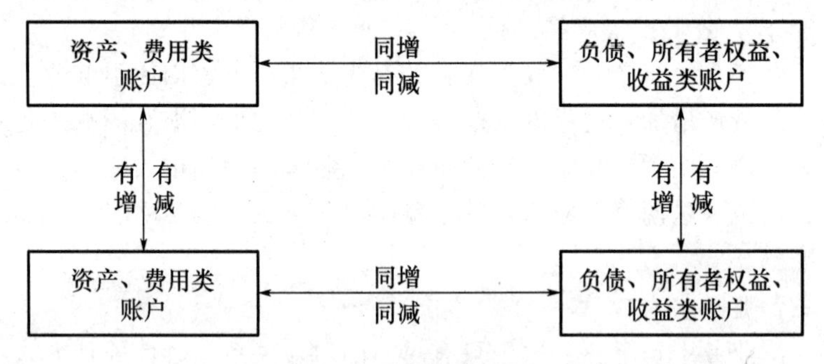

图 2.4　财务处理规律

通过对以上经济业务的分析还可以看出：按照借贷记账法的记账规则，记入借方账户金额和记入贷方账户的金额是相等的。简单分录因其只有单一对应关系，其记录的等量性比较直观，而复合分录由于具有多重对应关系，如多借一贷、多贷一借或多借多贷，所以其等量性不是很明确。但无论是哪种复合分录，记入借方账户的合计数与记入贷方账户的合计数是相等的。复合分录尽管较为复杂一些，但可以简化记账手续，并可较为集中地反映经济业务。

鉴于以上总结，我们说借贷记账法的记账规则是建立在实践基础上的科学理论。

☆ 阅读案例 2-2 分析

金萍应该按照借贷记账法的规则，对晨宇电脑维修部 2020 年 3 月的业务做如下处理。

3 月 1 日，刷银行卡 1 000 元，支付租金。

借：管理费用　　1 000
　　贷：银行存款　　1 000

3月3日，刷银行卡2 500元，购买工具和配件。

借：周转材料　　2 500
　　贷：银行存款　　2 500

3月6日，刷银行卡300元，购买自行车。

借：固定资产　　300
　　贷：银行存款　　300

3月12日，刷银行卡支付广告费500元。

借：销售费用　　500
　　贷：银行存款　　500

3月12日，修理电脑收到600元。

借：银行存款　　600
　　贷：主营业务收入　　600

3月13日，修理电脑收到600元。

借：银行存款　　600
　　贷：主营业务收入　　600

3月15日，从柜员机取款1 000元。

借：库存现金　　1 000
　　贷：银行存款　　1 000

3月15日，修理电脑收到1 200元。

借：银行存款　　1 200
　　贷：主营业务收入　　1 200

3月17日，修理电脑收到600元。

借：银行存款　　600
　　贷：主营业务收入　　600

3月31日，从柜员机取款支付修理电脑同学的报酬300元。

借：管理费用　　300
　　贷：银行存款　　300

3月31日，存入银行现金3 000元。

借：银行存款　　3 000
　　贷：库存现金　　3 000

4. 借贷记账法的试算平衡

(1) 试算平衡的意义。

借贷记账法的试算平衡是会计工作中经常使用的一种方法。它是根据会计恒等式“资产＝负债＋所有者权益”这一平衡关系检查某一会计期间内对每一经济业务的会计处理及全部账户记录内容是否正确、完整的方法。按其检查对象不同可分为会计分录试算平衡、发生额及余额试算平衡。

在日常会计工作中，采用借贷记账法对发生的经济业务进行会计处理必须严格遵守其“有借必有贷，借贷必相等”的记账规则。编制的会计分录及记账方式必须方向相反而变动的金额相等。因此，某一会计期间全部账户本期借、贷方发生额及其余额合计数应分别相等，从而维护会计恒等式的平衡。但在实际会计工作中因各种原因而人为地影响会计恒等式的平衡关系进而影响会计信息的正确性的现象时有发生。例如，某一经济业务发生额为 10 000 元，在一个账户中误记为 1 000 元，而在其对应账户中记为 10 000 元。这样就导致会计恒等式失去了平衡。因此会计实务中进行试算平衡是保证账务处理和会计信息完整性和正确性不可缺少的一环。

（2）试算平衡公式。

在会计核算实务中使用的试算平衡公式有 3 个。

① 会计分录试算平衡公式：

借方账户金额＝贷方账户金额　　（2－1）

② 发生额试算平衡公式：

全部账户本期借方发生额合计数＝全部账户本期贷方发生额合计数　　（2－2）

③ 余额试算平衡公式：

全部账户期末借方余额合计数＝全部账户期末贷方余额合计数　　（2－3）

（3）试算平衡表。

试算平衡公式的运用事实上也是严格按借贷记账法的记账规则来进行账务处理的。式（2－1）应用在日常账务的处理中，式（2－2）、式（2－3）通常应用在会计期末，用试算平衡表的方式进行本期发生额及期末余额的试算平衡。常用的试算平衡表有 3 种：①总分类账本期发生额试算平衡表；②总分类账期末余额试算平衡表；③总分类账本期发生额及期末余额试算平衡表，现列示第 3 种，如表 2－9 所示。

表 2－9　总分类账本期发生额及期末余额试算平衡表

2020 年 5 月 31 日　　单位：元

账户名称	期初余额		本期发生额		期末余额	
	借方	贷方	借方	贷方	借方	贷方
库存现金	1 000		5 000	1 800	4 200	
银行存款	335 000		250 000	109 000	476 000	
应收账款			70 000		70 000	
原材料	36 000		64 000		100 000	
应付账款		36 000	980	10 000		45 020
短期借款			50 000	100 000		50 000
股本		300 000		180 000		480 000
资本公积		36 000	30 000			6 000
主营业务收入			70 000	70 000		
管理费用			820	820		
本年利润			820	70 000		69 180
合计	372 000	372 000	541 620	541 620	650 200	650 200

下面以前述 11 项经济业务所提供的资料来说明试算平衡表的编制。表内“会计科目”一栏是账户的名称，一般按资产负债表的排列顺序填写，其他有关栏次则根据各账户记录

的发生额及余额填列。首先，应结出各账户本期借方发生额、贷方发生额和期末余额；其次，将每一账户期初、期末余额和借贷方发生额过入试算平衡表的对应行次，分别累加后得出合计数，即完成了试算平衡表的编制。如借、贷方合计数相等，则说明账务处理结果基本正确；如果不相等，则肯定账务处理有错。但试算平衡并非表示账务处理和记录绝对正确，因为它不是检验账务处理正确性的唯一方法。有些错误是试算平衡不能发现的，如借贷方向性错误，对应账户同时多记或少记相等金额以及漏记某项经济业务等错误。

■ 课堂练习

根据阅读案例2-1和案例2-2的资料，做出晨宇电脑维修部2020年3月经济业务的发生额及期末余额的“T”形账及总分类账本期发生额及期末余额试算平衡表。

本章小结

本章的内容正式进入“七大”会计核算方法的学习，本章首先结合第1章所讲会计要素的概念，解释会计要素与会计科目、会计要素与会计恒等式的内在联系。并通过实例具体阐述了会计恒等式的内涵，为借贷记账法的学习奠定了理论基础。

其次，介绍了会计科目的设置和会计账户的基本结构，并具体列出我国现行《企业会计准则》规定使用的会计科目类别及名称。

最后，详细地阐述了借贷记账法记账规则的具体运用，通过各种业务类型，进一步解释了会计恒等式。同时重点教授学生编制会计分录与试算平衡表的技能，把前面所学知识融会贯通，真正理解并掌握借贷记账法。

复式记账法在中国

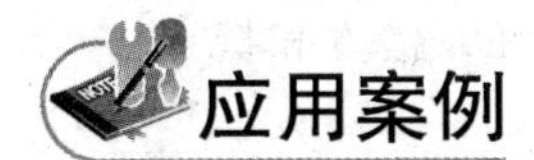

应用案例

张亮的书店

张亮是一家书店的老板，书店地处大学城南端的一幢商业用楼临街店铺，于2020年1月1日开业，面积约50平方米，雇用员工3人。在进行工商注册登记时，张亮得知：按照《会计基础工作规范》的规定，在企业不具备单独设置会计机构的情况下，应当委托经批准设立从事会计代理记账业务的中介机构代理记账。于是张亮找到了永正会计公司，永正会计公司接受了张亮书店的代理记账业务。书店在1月份发生了下列业务。

1月1日，张亮及其合伙人给书店共投入资本100 000元，存入银行。

1月1日，购买货架、柜台价值20 000元，货款尚未支付。

1月4日，向银行借入短期借款50 000元，存入银行。

1月6日，以现金支付购买零星办公用品费80元。

1月15日，用银行存款支付1月1日购货款。

1月31日，本月共取得销售款20 000元存入银行。

1月31日，上交营业税款700元，以现金支付。

1月31日，以银行存款支付店铺租金5 000元。

1月31日，从银行提取现金2 400元，以备发放职工工资。

1月31日，以现金支付本月职工工资2 400元。

问题：

1. 该书店适用何种会计制度？
2. 应该为书店开设哪些账户？
3. 应采用哪种记账方法处理书店的业务？
4. 编制上述业务的会计分录。

思考与练习

一、思考题

1. 会计对象、会计要素、会计科目、会计账户之间有什么关系？
2. 什么是会计账户？其结构如何？
3. 什么是会计恒等式？如何理解会计恒等式的内涵？
4. 借贷记账法的记账规则是什么？
5. 借贷记账法的记账规则与会计恒等式有什么必然联系？
6. 列举4种业务类型，并解释其对会计恒等式的影响，做出会计分录。
7. 试算平衡的作用是什么？试算平衡公式有哪几种？

二、单项选择题

1. 经济业务发生仅涉及资产这一会计要素时，只引起该要素中某些项目发生（　　）。

A. 同增变动　B. 同减变动　C. 一增一减变动　D. 一增二减变动

2. 资产类账户的余额一般在（　　）。

A. 借方　B. 借方或贷方　C. 贷方　D. 借方和贷方

3. 会计科目与账户的关系是（　　）。

A. 二者完全一样　B. 会计科目是账户的名称

C. 不相关　D. 二者都表示结构

4. 试算平衡不能保证（　　）。

A. 余额平衡　B. 发生额平衡　C. 记账正确　D. 借贷必相等

5. 记账规则的表现载体是（　　）。

A. 记账符号　B. 会计分录　C. 记账方法　D. 会计科目

三、多项选择题

1. 账户的基本结构一般包括（　　）。

A. 账户的名称　B. 日期和摘要　C. 增减金额　D. 凭证号数

2. 下列项目中，能同时引起资产和负债发生增减变化的项目有（　　）。

A. 投资者投入资本　B. 向银行借入款项　C. 购买材料未付款　D. 把现金存入银行

3. 企业计算某账户本期期末余额，要依据以下有关项目的内容才能计算出来（　　）。

A. 本期增加发生额　B. 本期增减净额　C. 本期期初余额　D. 本期减少发生额

4. 以下（　　）时应记在账户的借方。

A. 资产类账户金额增加　B. 资产类账户金额减少

C. 负债类账户金额减少　D. 收入类账户金额增加

5. 在借贷记账法中，账户期末余额在贷方的有（　　）。

A. 资产类账户　　B. 负债类账户　　C. 所有者权益类账户　　D. 费用类账户

四、判断题

1. 资产、负债与所有者权益的平衡关系是反映企业资金运动的静态状况。如考虑收入、费用等动态因素，则会计恒等式的平衡关系必然被打破。（　）

2. 如果试算平衡表中借贷不平衡，说明记账或算账有错误；如果借贷平衡，则说明记账正确无误。（　）

3. 任何一笔会计分录都必须同时具备记账符号、账户名称和金额3项要素。（　）

4. 为了保持账户对应关系清楚，一般不宜把不同经济业务合并在一起，编制多借多贷的会计分录。但在有些情况下，只要账户对应关系清楚，也可以编制多借多贷的会计分录。（　）

5. 收入往往表现为货币资金流入。因此，所有货币资金的流入都是收入。（　）

五、业务题

业务题一

目的：熟悉与掌握会计恒等式。

资料：

1. 甲股份有限公司2020年1月31日资产总额为95 000 000元，负债总额为32 000 000元，所有者权益总额为63 000 000元。

2. 公司2020年2月发生如下经济业务。

(1) 从银行提取现金200 000元。

(2) 用银行存款偿还原购买材料所欠货款（应付账款）1 000 000元。

(3) 向银行借款3 000 000元，存入银行。

(4) 新加入的投资者投资5 000 000元，存入银行。

(5) 用银行存款850 000元购买设备一台。

要求：

1. 说明上述经济业务的发生对资产、负债、所有者权益项目增减变动的影响。

2. 计算并列出等式说明每笔经济业务的发生对会计恒等式“资产＝负债＋所有者权益”的具体影响。

业务题二

目的：理解与掌握借贷记账法。

资料：乙公司2020年1月发生下列经济业务。

1. 收到投资者投资350 000元，存入银行。

2. 购入机器设备一台，货款200 000元开出转账支票付讫。

3. 向某公司购入材料一批，货款170 000元尚未支付，材料已验收入库。

4. 从银行提取现金50 000元备用。

5. 向银行借款1 170 000元，存入银行。

6. 采购员李力预借差旅费900元，现金付讫。

7. 销售产品一批，货款150 000元尚未收到。

8. 以银行存款支付水电费7 600元。

9. 开出现金支票20 000元支付销售产品的广告费。

10. 收回应收的销货款150 000元，存入银行。

要求：

1. 根据上述经济业务解释借贷记账法的记账规则。
2. 根据上述经济业务编制会计分录。
3. 以“T”形账表示其记账形式。
4. 编制本月发生额试算平衡表。

业务题三

目的：练习从账户的对应关系了解经济业务内容。

资料：乙公司 2020 年 3 月有关账户记录如图 2.5 所示。

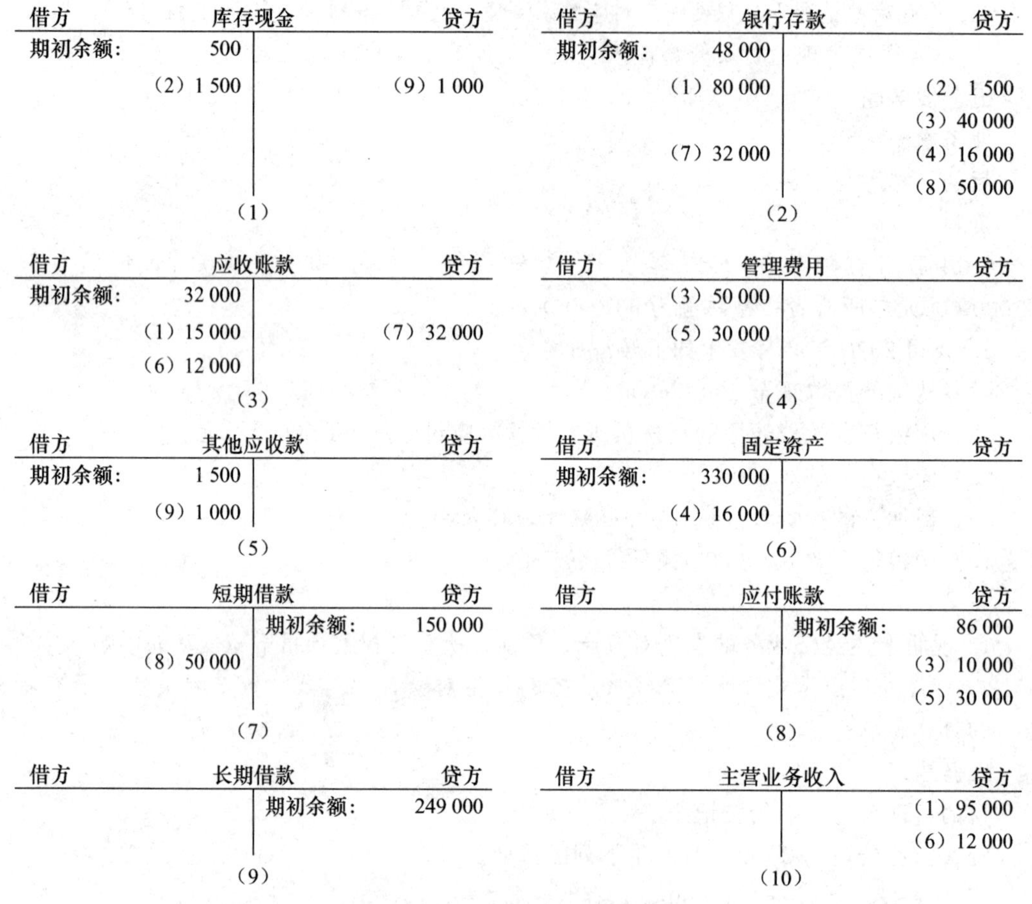

图 2.5 乙公司 2020 年 3 月有关账户

要求：

1. 根据账户的对应关系，用文字叙述以上账户中登记的 1 ～ 9 项经济业务的内容。
2. 写出会计分录。

六、互联网作业

1. 在互联网上搜索“四大”会计师事务所的网站，记录下“四大”会计师事务所的名称和概况。

2. 登录中国注册会计师协会网站，查阅注册会计师的考试有什么要求，需要学习哪些课程。

3. 登录财政部网站，查阅其主要职能。

第3章 主要经济业务核算

学习目标与要求

本章主要以制造业企业为例，具体介绍制造业企业生产经营活动的主要业务，系统呈现制造业企业基本经济业务的会计核算方法。通过本章的学习，要求学生理解和掌握制造业企业筹资、供应、生产、销售以及经营成果形成与分配等业务的具体核算内容，从而提高运用账户和复式记账方法处理企业各种经济业务的实际操作能力。

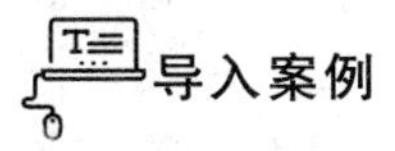

导入案例

百力智能机电有限责任公司

百力智能机电有限责任公司（以下简称百力公司）是一家智能机器设备制造企业，于2007年9月成立，位于大连市甘井子区黄浦路66号，其注册资本总额为1 000万元，为增值税一般纳税人。公司主营业务为柔性智能化生产装备的系统集成和工业机器人再制造，为全国制造行业客户提供一站式智能化整体解决方案和交钥匙项目。公司建立事业部模式，业务主要划分为4大板块：机械加工智能化、工业机器人再制造、焊装智能化和环保设备智能化。2018年第一季度该公司购置生产设备、厂房等生产性固定资产300多万元，支付生产中所需要的直接材料、直接人工、制造费用及销售费用等计60多万元，实现主营业务收入100多万元。

问题：

1. 百力公司的组织结构与职能制的区别是什么？
2. 你认为百力公司主要涉及哪些经济活动？
3. 通过主营业务的分析，你认为百力公司的未来发展前景如何？

在第2章中，我们已经知道了账户和借贷记账法，那么如何运用上述记账方法来对企业的经济业务进行会计核算呢？从本章开始，将对这一问题展开详细论述。

本章将以制造业企业为例，介绍企业的主要经济业务类型和不同类型经济业务的会计核算。在基础会计学的学习过程中，要先了解企业的主要经济业务类型，然后掌握不同类型经济业务的会计核算。本章是基础会计学这门课程最为重要的内容，掌握主要经济业务的账户设置和账务处理也是分析和解决实际会计问题的必备前提。

资金筹集业务的核算（一）

3.1 制造业企业主要经济业务概述

一般而言，企业是指以盈利为目的，运用各种生产要素（土地、劳动力、资本、技术和企业家才能等），向市场提供商品或服务的经济组织。企业能够将初始的投入转变为符合市场需求的有效产出，投入与产出之间的对比与差异决定了企业的盈利能力和发展前景。而会计是计量企业投入与产出进而确定企业盈利状况的有效工具，能够通过对企业过去的交易或事项的结果和未来经营的可能效果进行分析、判断和评价，进而帮助企业在激烈的市场竞争中求得发展。

制造业企业是以产品的生产和销售为主要活动内容的经济组织，是一种重要的企业组织类型。制造业企业的经济业务内容最为完整，能够系统地呈现资金筹集、供应、生产、销售和经营成果形成与分配等资金运动的全过程。企业要获得利润，需要生产出适销对路的产品，而产品的生产则必须拥有一定数量的经营资金。这些经营资金可以从不同的渠道取得，在不同的生产阶段以不同的形态发挥着不同的作用，而且随着生产经营过程的不断进行，经营资金的形态可以不断转化，形成经营资金的循环和周转。

企业要从各种渠道筹集生产经营所需的资金，其筹资的渠道主要包括吸收投资者的投资和向债权人借款，分别形成所有者权益和负债。资金筹集到位意味着资金投入企业，企业便可以运用筹集到的资金开展正常的经营业务，进入供产销过程。

企业筹集到的资金先是进入供应过程。供应过程是企业产品生产的准备过程，在这个过程中，企业用筹集的资金购买原材料、机器设备等生产产品所需的劳动对象和劳动资料，资金的形态由货币资金转化为储备资金。供应过程完成后企业就可以进入生产过程，生产过程是制造业企业经营过程的重要环节，在这个过程中，劳动者借助劳动资料对劳动对象进行加工，生产出不同种类的产品。生产过程既是产品的制造过程，也是物化劳动和活劳动的耗费过程，即费用、成本的发生过程，随着劳动对象和劳动资料由原材料到在产品再到产成品的转化，资金的形态也由储备资金转化为生产资金再转化为成品资金。生产过程完成后企业又进入销售过程，销售过程是企业产品的价值实现过程，在这个过程中，企业通过对生产产品的销售，收回货款或者形成债权，资金的形态又由成品资金转化为货币资金，回到资金运动的起点，完成一次资金循环。企业在生产经营过程中所获得的各项收入抵偿所发生的各项成本、费用之后的差额，就形成了企业的利润或亏损。如果收不抵支就会发生亏损，则要按照法定的程序进行弥补；如果收大于支就会产生利润，企业实现的利润，一部分以税收的形式上缴国家，一部分要按照法定的程序在相关各方之间进行合理分配。通过利润分配，一部分资金要退出企业，一部分资金要以公积金等形式重新进入企业，继续参与企业的资金循环。上述这些业务内容综合在一起，形成制造业企业的会计核算的全部内容。

综上所述，企业在经营过程中发生的主要经济业务包括：①资金筹集业务；②供应过程业务；③生产过程业务；④销售过程业务；⑤经营成果形成与分配业务。

为了全面、连续、系统地反映和监督制造业企业生产经营过程中资金运动的具体内容，会计必须根据经济业务的具体内容和经营管理的要求相应地设置账户，并运用借贷记账法，对企业发生的经济业务进行相关账务处理。

3.2　资金筹集业务的核算

资金筹集业务的核算（二）

资金筹集是企业开展经营活动的前提，也是资金运动的起点。企业的资金来源主要有两条渠道：一是吸收投资者的投资，二是向债权人借款。吸收投资者的投资形成了投资者投入的资本，属于企业的所有者权益；向债权人借款形成了借入资金，属于企业的负债。因此，资金筹集业务主要介绍投资者投入的资本的核算和借入资金的核算。

3.2.1　投资者投入的资本的核算

我国《企业会计准则》规定："所有者权益的来源包括投资者投入的资本、直接计入所有者权益的利得和损失、留存收益等。"可见，投资者投入的资本是企业所有者权益的重要组成部分。投资者投入的资本既包括构成企业注册资本的金额，也包括投入资本超过注册资本的金额。构成注册资本的金额用实收资本反映，超过注册资本的金额用资本公积反映。因此，投资者投入的资本的核算主要包括实收资本的核算和资本公积的核算。

1. 实收资本的核算

实收资本是指企业所有者按照企业章程、合同或协议的约定，实际投入企业的资本金，即企业在设立时向工商行政管理部门登记的资本总额。在股份有限公司，实收资本表现为实际发行股票的面值，也称为"股本"。按照投资者的不同，实收资本可分为国家资本、法人资本、个人资本和外商资本等；按照投入资本的形式不同，实收资本可以分为货币投资、实物投资和无形资产投资等。

不同投资者可能以不同的形式向企业投资，投入资本入账价值的确定是实收资本核算中的重要问题。具体来看，企业收到投资者货币资金投资的，应以实际收到的货币资金额入账；企业收到投资者实物资产等其他形式投资的，应以投资各方确认的价值入账。需要注意的是，对于实际收到的货币资金额或投资各方确认的资产价值超过其在注册资本中所占的份额部分，作为超面额缴入资本，记入资本公积。

为了反映实收资本的增减变动及其结余情况，在会计核算上应设置"实收资本"账户（适用于非股份制公司，股份制公司应使用"股本"账户）。"实收资本（或股本）"账户属于所有者权益类账户，用来核算所有者投入资本的变动情况，其贷方登记所有者投入资本的增加额，借方登记所有者投入资本的减少额，期末余额在贷方，反映所有者投入资本的结余额。该账户可按投资人、投资单位进行明细核算。

【例3-1】 百力公司为增值税一般纳税人，由A、B、C 3位股东于2007年9月1日共同设立，注册资本总额为1 000万元，所占股份分别为49%、32%和19%。3位股东的出资方式及出资额如表3-1所示。

表3-1　　**股东出资明细表**

单位：万元

出资者	货币资金	实物资产	无形资产	合　计
A	490			490
B		320（设备）		320
C			190（专利技术）	190

分析：百力公司收到投资后，一方面使得公司银行存款增加490万元，固定资产增加320万元，无形资产增加190万元，另一方面使得股东对公司的投资增加1 000万元。银行存款、固定资产、无形资产等资产的增加应分别记入“银行存款”账户、“固定资产”账户、“无形资产”账户的借方，股东对公司投资的增加应记入“实收资本”账户的贷方。会计分录如下。

借：银行存款　　4 900 000
　　固定资产——设备　　3 200 000
　　无形资产——专利权　　1 900 000
　　贷：实收资本——A　　4 900 000
　　　　　　　　——B　　3 200 000
　　　　　　　　——C　　1 900 000

实收资本和资本公积的确认基础

2. 资本公积的核算

资本公积是投资者或者他人投入到企业、所有权归属投资者且金额上超过法定资本部分的资本，是企业所有者权益的重要组成部分。资本公积从本质上讲属于投入资本的范畴，由于我国采用注册资本制度，限于法律的规定而无法将资本公积直接以实收资本（或股本）的形式入账，进而导致了资本公积的产生。由此可见，资本公积与实收资本既相互联系，又相互区别。联系在于资本公积从实质上来看是一种准资本，是资本的一种储备形式；区别在于实收资本（或股本）是公司所有者为获得价值增值而对公司的一种原始投入，从法律上讲属于公司的法定资本，而资本公积则主要来源于投资者的额外投入。

《中华人民共和国公司法》（以下简称《公司法》）等法律规定，资本公积的用途主要是转增资本，即增加实收资本（或股本）。资本公积转增资本，一方面可以改变企业投入资本的结构，体现企业稳健、持续发展的潜力；另一方面，对股份有限公司而言，它会增加投资者持有的股份，从而提高股票的流通量，提升资本的流动性。

公司的资本公积一般都有其特定的来源。不同来源形成的资本公积，其核算的方法也不一样。为了反映和监督资本公积金的增减变动及其结余情况，在会计核算上应设置“资本公积”账户，并设置“资本溢价（或股本溢价）”“其他资本公积”等明细账户。“资本公积”账户属于所有者权益类账户，其贷方登记资本公积的增加数，借方登记资本公积的减少数，期末余额在贷方，反映资本公积的期末结余数。

【例3-2】 2019年1月1日，百力公司接受某投资者的投资2 000 000元，占公司注册资本比例为15%，公司收到该投资者的投资后存入银行，其他手续已办妥。

分析：这是一项接受投资而又涉及超过法定份额资本的业务，其中属于法定份额部分1 500 000元（10 000 000×15%＝1 500 000）应记入实收资本，超过部分500 000元（2 000 000－1 500 000＝500 000）记入资本公积。银行存款的增加是资产的增加，应记入“银行存款”账户的借方，实收资本和资本公积的增加是所有者权益的增加，应分别记入“实收资本”“资本公积”账户的贷方。会计分录如下。

借：银行存款　　2 000 000
　　贷：实收资本　　1 500 000
　　　　资本公积——资本溢价　　500 000

【例3-3】 2019年6月30日，百力公司经股东大会批准，将公司的资本公积200 000元转增资本。

分析：这是一项所有者权益内部转化的业务。这项经济业务的发生，一方面使得公司的资本公积减少200 000元，另一方面使得公司的实收资本增加200 000元。资本公积的减少是所有者权益的减少，应记入“资本公积”账户的借方，实收资本的增加是所有者权益的增加，应记入“实收资本”账户的贷方。会计分录如下。

借：资本公积　　200 000

　　贷：实收资本　　200 000

3.2.2　借入资金的核算

借入资金是通过发行债券、向银行或其他金融机构借款等方式筹集的资金。企业在经营过程中，为了满足资金需求，除了可以吸收投资人的投资以外，还可以向银行或其他金融机构借入资金。企业从银行取得的借款按照偿还时间的长短，可分为短期借款和长期借款。因此，本节主要以短期借款和长期借款为例介绍借入资金的核算内容。

1. 短期借款的核算

短期借款是指企业向银行或其他金融机构借入的偿还期限在1年以内（含1年）的各种借款，一般用于企业生产经营临时周转需要。短期借款的核算主要包括三个方面的内容：①取得借款的核算；②借款利息的核算；③归还借款的核算。短期借款一般期限不长，通常在取得借款日，按取得的金额入账。短期借款利息支出，是企业为筹集资金而发生的耗费，应作为一项财务费用计入当期损益。由于利息支付的方式不同，其会计核算也不完全一样。若短期借款的利息按月计收，或还本付息一次进行，但利息数额不大时，利息费用可直接计入当期损益；若短期借款的利息按季度（或半年）计收，或还本付息一次进行，但利息数额较大时，则可采用预提的方式按月预提、确认费用。

为了反映和监督短期借款本金和利息的增减变动及其结余情况，在会计核算上应设置“短期借款”“应付利息”“财务费用”等主要账户。

“短期借款”账户属于负债类账户，其贷方登记取得的短期借款，借方登记归还的短期借款，期末余额在贷方，反映企业尚未偿还的短期借款。该账户可按借款种类、贷款人和币种进行明细核算。

“应付利息”账户属于负债类账户，用来核算企业按照合同约定应支付的利息。其贷方登记应付未付的利息，借方登记实际支付的利息，期末余额在贷方，反映企业应付未付的利息。该账户可按债权人进行明细核算。

“财务费用”账户属于损益类账户，其借方登记发生的各种筹资费用，包括利息支出、佣金以及相关的手续费等，贷方登记发生的应冲减财务费用的利息收入、汇兑损益以及期末转入“本年利润”账户的财务费用净额，期末结转后应无余额。该账户可按照费用项目进行明细分类核算。

【例3-4】 2019年10月1日，百力公司从中国银行高新支行借入为期3个月的借款500 000元，款项已存入银行。该笔借款年利率6%，借款合同约定借款期满一次还本付息，利息采用每月预提方式进行处理。

分析：短期借款的核算主要包括取得借款、期末计息和到期还款 3 个阶段的相关账务处理。

(1) 取得借款。该笔经济业务的发生，一方面使得公司的银行存款增加 500 000 元，另一方面使得公司的短期借款增加 500 000 元。银行存款的增加应记入“银行存款”账户的借方，短期借款的增加应记入“短期借款”账户的贷方。证明该笔经济业务发生的原始凭证主要有借款申请书和借款合同书（略），还有中国银行借款凭证，如表 3-2 所示。

表 3-2 **中国银行借款凭证**

日期：2019 年 10 月 1 日　　凭证号码：0154980

<table>
<tr><td>借款人</td><td colspan="2">百力智能机电有限责任公司</td><td>账号</td><td colspan="10">0708001809245550576</td></tr>
<tr><td rowspan="2">贷款金额</td><td colspan="2" rowspan="2">人民币(大写)伍拾万元整</td><td>千</td><td>百</td><td>十</td><td>万</td><td>千</td><td>百</td><td>十</td><td>元</td><td>角</td><td>分</td></tr>
<tr><td></td><td>¥</td><td>5</td><td>0</td><td>0</td><td>0</td><td>0</td><td>0</td><td>0</td><td>0</td></tr>
<tr><td rowspan="2">用途</td><td rowspan="2">生产周转借款</td><td>期限</td><td colspan="5">约定还款日期</td><td colspan="6">2019 年 12 月 31 日</td></tr>
<tr><td>3 个月</td><td>借款利率</td><td colspan="4">6%(年)</td><td colspan="2">借款合同号码</td><td colspan="4">20180110</td></tr>
<tr><td colspan="14">上列贷款已转入借款人指定的账户
银行盖章　　复核 张校成　　记账 李梅</td></tr>
</table>

中行高新办 2019年10月1日 转讫

此联代收款人收账通知

根据中国银行借款凭证等相关原始凭证，编制取得短期借款的会计分录。

借：银行存款　　500 000

　　贷：短期借款　　500 000

(2) 期末计息。这项经济业务的发生，首先应该按照权责发生制的要求，在 2019 年 10 月 31 日计算本月应负担的利息额为：500 000×6%÷12=2500 元。借款利息属于企业的一项财务费用，由于利息是按照每月预提方式处理，所以本月的利息虽然在本月计算并由本月负担，但却不在本月实际支出。因此，这项经济业务的发生，一方面使得公司的财务费用增加 2 500 元，另一方面使得公司应该支付的利息增加 2 500 元。财务费用的增加应记入“财务费用”账户的借方，应该支付利息的增加应记入“应付利息”账户的贷方。会计分录如下。

借：财务费用　　2 500

　　贷：应付利息　　2 500

11 月末和 12 月末预提当月利息的处理和上述分录相同。

(3) 到期还款。短期借款到期还款时，支付最后到期本金和利息，一方面使得企业的银行存款减少 507 500 元，另一方面使得企业的短期借款、应付利息分别减少 500 000 元、7 500 元。银行存款的减少应记入“银行存款”账户的贷方，短期借款、应付利息的减少应分别记入“短期借款”“应付利息”账户的借方。会计分录如下。

借：短期借款　　500 000

　　应付利息　　7 500

　　贷：银行存款　　507 500

2. 长期借款的核算

长期借款是企业向银行或其他金融机构借入的偿还期限在1年以上或者超过1年的一个营业周期以上的各种借款，主要是为了购建固定资产、购置大型设备等。在会计核算中，应当区分长期借款的性质按照申请获得贷款时实际收到的贷款数额进行确认和计量，按照规定的利率和使用期限定期计息并确认为长期借款入账。

为了核算长期借款本金及利息的增减变动及结余情况，需要设置“长期借款”账户。“长期借款”账户属于负债类账户，其贷方登记取得的长期借款（包括本金和各期的未付利息），借方登记偿还的长期借款（包括本金和各期的利息），期末余额在贷方，反映尚未偿还的长期借款。该账户可按贷款银行进行明细分类核算。

企业取得长期借款时，借记“银行存款”账户，贷记“长期借款”账户；计算利息时借记“财务费用”等账户，贷记“长期借款”账户；支付利息或本金时借记“长期借款”账户，贷记“银行存款”账户。

【例3-5】 2020年1月1日，百力公司为满足生产资金所需，向中国银行高新支行借入1 500 000元，该笔借款年利率8%，期限为2年，合同规定借款期满一次还本付息，单利计息。

分析：长期借款的核算主要包括取得借款、期末计息和到期还款3个阶段的相关账务处理。

（1）取得借款。企业取得长期借款时，一方面使得公司的银行存款增加1 500 000元，另一方面使得公司的长期借款增加1 500 000元。银行存款的增加应记入“银行存款”账户的借方，长期借款的增加应记入“长期借款”账户的贷方。会计分录如下。

借：银行存款　　1 500 000
　贷：长期借款　　1 500 000

（2）期末计息。单利计息的情况下，其利息的计算方法与短期借款利息的计算方法相同，即每月的利息为：1 500 000×8%÷12=10 000元。所以，这项经济业务的发生，一方面使得公司的财务费用增加10 000元，另一方面使得公司的长期借款利息增加10 000元。财务费用的增加应记入“财务费用”账户的借方，长期借款利息的增加应记入“长期借款”账户的贷方。2020年至2021年各月月末，长期借款利息的会计分录如下。

借：财务费用　　10 000
　贷：长期借款　　10 000

（3）到期还本付息。该笔借款在存续期间的利息共计240 000元，借款本金1 500 000元，合计为1 740 000元。所以，该项经济业务的发生，一方面使得公司的银行存款减少1 740 000元，另一方面使得公司的长期借款（包括本金和利息）减少1 740 000元。银行存款的减少应记入“银行存款”账户的贷方，长期借款的减少应记入“长期借款”账户的借方。会计分录如下。

借：长期借款　　1 740 000
　贷：银行存款　　1 740 000

筹集资金业务核算程序如图3.1所示。

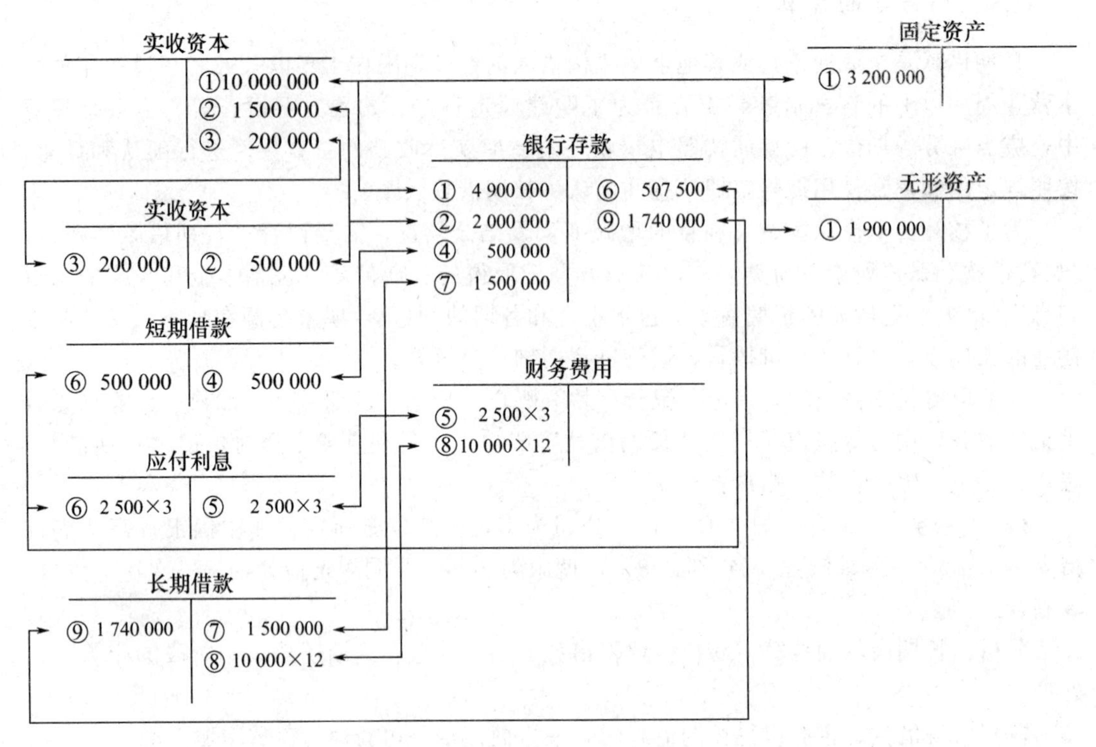

图 3.1 筹集资金业务核算程序

资产购置业务的核算（一）

3.3 供应过程业务的核算

企业筹资任务完成后，就可以用筹集的资金为生产经营活动的正常进行做必要的生产准备，其中较为重要的是劳动资料和劳动对象的准备。劳动资料的准备主要是指建造厂房、购置机器设备等固定资产；劳动对象的准备主要是指材料采购。为此，企业会计部门要进行固定资产购置的核算和材料采购的核算。

3.3.1 固定资产购置的核算

固定资产是指同时具有为生产商品、提供劳务、出租或经营管理而持有的，使用寿命超过一个会计年度的有形资产。使用寿命，是指企业使用固定资产的预计期间，或者该固定资产所能生产产品或提供劳务的数量。固定资产同时满足与固定资产有关的经济利益很可能流入企业，该固定资产的成本能够符合可靠计量的条件，才能予以确认。

企业取得固定资产的入账价值按固定资产取得时的实际成本确定。固定资产取得时的实际成本是指企业购建固定资产达到预定可使用状态前所发生的一切合理的、必要的支出，既有直接发生的，如支付的固定资产的买价、包装费、运杂费、安装费等，也有间接发生的，如固定资产建造过程中应予以资本化的借款利息等。

固定资产取得的方式不同，其价值构成的具体内容也不同。企业外购固定资产的成本，包括购买价款、进口关税和其他税费（通常不包括支付的增值税）、使固定资产达到预定可使用状态前所发生的可归属于该项资产的运输费、装卸费、安装费和专业人员服务费。例如，国安股份有限公司为购买一台设备支付价款 200 000 元，还支付运输费 10 000 元，装卸费 2 000 元，安装费 4 800 元，这台设备应以 216 800 元入账。自行建造的固定资产的成本由建造该项资产达到预定可使用状态前所发生的必要支出构成，包括工程用物资成本、人工成本、交纳的相关税费、应予资本化的借款费用以及应分摊的间接费用等。例如，欧珂公司建造一栋房屋供本公司使用，公司投入材料费 400 000 元，参与建房的工人工资 1 600 000 元，以及相关服务费 600 000 元。因此，这栋房屋应以 2 600 000 元的实际成本入账。

在中华人民共和国境内销售货物或者提供加工、修理修配劳务，销售服务、无形资产、不动产以及进口货物的单位和个人，为增值税的纳税人，应当依照《中华人民共和国增值税暂行条例》缴纳增值税。增值税是以商品（含应税劳务）在流转过程中产生的增值额作为计税依据而征收的一种流转税。实行价外税，也就是由消费者负担，有增值才征税，没增值不征税。我国目前增值税的计税方法采用购进扣税法，是指不直接计算增值额，而是以销售应税货物而收取的销项税额，扣除购进货物或应税劳务已纳或应支付的进项税额，其余额即纳税人应纳的增值税税额。自 2010 年 1 月 1 日起，一般纳税人购进（包括接受捐赠、实物投资）或者自制（包括改建、安装）固定资产发生的进项税额（简称“固定资产进项税额”），凭增值税专用发票、海关进口增值税专用缴款书和运输费用结算单据简称“增值税扣税凭证”，从销项税额中抵扣。此外，按照规定，运费可以按照适用税率计算进项税额。应纳税额具体计算公式如下：

应纳税额＝销项税额－进项税额

＝应税销售额×增值税税率－购进货物或劳务价款×增值税税率

为了核算固定资产的增减变动及其结余情况，在会计处理上应设置“固定资产”账户、“在建工程”账户和“应交税费”等账户。

“固定资产”账户属于资产类账户，用来核算企业持有固定资产的原始价值的增减变动及其结余情况。其借方登记固定资产原价的增加数，贷方登记固定资产原价的减少数，期末余额在借方，反映固定资产原价的结余额。该账户可按照固定资产的种类进行明细分类核算。

“在建工程”账户属于资产类账户，用来核算企业为进行固定资产基建、安装、技术改造以及大修理等工程而发生的全部支出，并据以计算确定该工程成本。其借方登记工程支出的增加数，贷方登记结转完工工程的成本数，期末余额在借方，反映未完工工程的成本。该账户可按工程内容进行明细分类核算。

“应交税费”账户属于负债类账户，用来核算企业应交纳的各种税费的计算与实际缴纳情况。其贷方登记计算出的各种应交而未交的税费，包括计算出的增值税、消费税、城市维护建设税、所得税、教育费附加等；借方登记实际缴纳的各种税费，包括支付的增值税进项税额。期末余额方向不固定，如果在贷方，反映未交税费的结余额；如果在借方，反映多交的税费。该账户可按照税费品种进行明细分类核算。

企业购买的固定资产，有的购买之后不需要经过安装就可投入使用，而有的在购买之后还需要经过安装方可投入使用，这两种情况在核算上是有区别的。在对固定资产进行核算时，一般将其区分为不需要安装的固定资产和需要安装的固定资产分别进行处理。企业购置的固定资产，对于其中需要安装的部分，在达到预定可使用状态之前，由于没有形成其完整的取得成本，必须通过“在建工程”账户进行核算，在购建过程中所发生的全部支出，都应先归集在“在建工程”账户，待工程达到预定可使用状态，再将该工程成本从“在建工程”账户转入“固定资产”账户。

【例 3-6】 2019 年 12 月 1 日，百力公司从天津机电设备有限公司购入（生产用不需安装）设备一台，价款 200 000 元，增值税 26 000 元，运费 2 000 元（不考虑税费），转账付讫。经验收后设备交由车间使用。

分析：这是一台不需要安装的设备，购买之后就意味着达到了预定可使用状态，在购买过程中发生的货款和运费支出 202 000 元形成固定资产的取得成本，支付的增值税 26 000 元属于增值税进项税额。该笔经济业务的发生，一方面使得公司固定资产增加202 000元，增值税进项税额增加 26 000 元，另一方面使得公司的银行存款减少 228 000 元。固定资产的增加应记入“固定资产”账户的借方，支付的增值税进项税额应记入“应交税费——应交增值税（进项税额）”账户的借方，银行存款的减少应记入“银行存款”账户的贷方。证明该笔经济业务发生的原始凭证主要有增值税专用发票联和抵扣联、运输费发票、转账支票存根及固定资产验收单，如表 3-3～表 3-7 所示。

表 3-3 天津增值税专用发票

发票联

№ 01434901

开票日期：2019 年 12 月 01 日

购货单位	名称	百力智能机电有限责任公司	纳税人登记号	2	1	0	7	0	1	0	1	2	6	8	0	3	6	0
	地址电话	大连市甘井子区黄浦路66号 2326988	开户银行及账号	中国银行高新支行 0708001809245550576														

商品或劳务名称	计量单位	数量	单价	金额										税率 %	税额									
				千	百	十	万	千	百	十	元	角	分		千	百	十	万	千	百	十	元	角	分
设备	台	1	200 000			2	0	0	0	0	0	0	0	13				2	6	0	0	0	0	0
合计					¥	2	0	0	0	0	0	0	0				¥	2	6	0	0	0	0	0

价税合计(大写)零仟零佰贰拾贰万陆仟零佰零拾零元零角零分 ¥ 226 000.00

销货单位	名称	天津机电设备有限公司	纳税人登记号	2	1	0	7	0	8	9	8	2	8	1	6	8	8	8
	地址电话	4569520	开户银行及账号	中国银行滨海支行 0708002809225000256														
备注																		

销货单位(章) 收款人：李小娇 复核：王丹 开票人：王茜

第二联 购货方记账凭证

表 3－4 天津增值税专用发票

抵扣联

开票日期：2019 年 12 月 01 日　　　　№ 01434901

购货单位	名称	百力智能机电有限责任公司	纳税人登记号	2	1	0	7	0	1	0	1	2	6	8	0	3	6	0
	地址电话	大连市甘井子区黄浦路 66 号 2326988	开户银行及账号	中国银行高新支行 0708001809245550576														

商品或劳务名称	计量单位	数量	单价	金额 千	百	十	万	千	百	十	元	角	分	税率 %	税额 千	百	十	万	千	百	十	元	角	分
设备	台	1	200 000			2	0	0	0	0	0	0	0	13				2	6	0	0	0	0	0
合计					¥	2	0	0	0	0	0	0	0				¥	2	6	0	0	0	0	0

价税合计(大写)零仟零佰贰拾贰万陆仟零佰零拾零元零角零分　　¥ 226 000.00

销货单位	名称	天津机电设备有限公司	纳税人登记号	2	1	0	7	0	8	9	8	2	8	1	6	8	8	8
	地址电话	4569520	开户银行及账号	中国银行滨海支行 0708002809225000256														
备注																		

第三联 购货方作扣税凭证

销货单位(章)　　收款人：李小娇　　复核：王丹　　开票人：王茜

表 3－5 天津运输费专用发票

运输号码 6667　　2019 年 12 月 01 日

发站		到站		车种车号		货车自重	
集装箱型		运到期限		保价金额		运价里程	

收货人 全称	百力智能机电有限责任公司	发货人 全称	天津机电设备有限公司	现付费用	
收货人 地址	大连市甘井子区黄浦路 66 号	发货人 地址	天津市滨海路 603 号	项目	金额

货物名称	件数	货物重量	计费重量	运价号	运价率	附记	运费	2 000 现金付讫
设备	1	2 吨	2					
发货人声明事项								
铁路声明事项							合计	¥ 2 000.00

天津货运公司 结算专用章

发站承运日期戳　　发站经办人：张

表 3－6 中国银行

转账支票存根

支票号码 2132566

科　　目

对方科目

签发日期 2019 年 12 月 01 日

收款人：天津机电设备有限公司
金　额：¥ 228 000.00
用　途：购买设备
备　注：

单位主管：　　会计：

复　　核：　　记账：

表 3-7

固定资产验收单

2019 年 12 月 01 日 № **04131**

固定资产名称		型号	计量单位		数量	供货单位		
起重机			台		1	天津机电设备有限公司		
总价	设备费	安装费	运杂费	包装费	其他	合计	预计年限	净残值率
	200 000.00		2 000.00			¥202 000.00	10	4%
验收意见		合格	验收人签章	张大勇		保管人使用人签章	王一民	

会计主管： 审核： 制表：

根据上述原始凭证，编制购入固定资产的会计分录。

借：固定资产——设备 202 000
　　应交税费——应交增值税（进项税额） 26 000
　　贷：银行存款 228 000

【例 3-7】 2019 年 12 月 5 日，百力公司用银行存款购入一台需要安装的设备，价款为 300 000 元，增值税为 39 000 元，包装运杂费为 5 000 元，设备投入安装。上述设备在安装过程中发生的安装费如下：领用本企业原材料 3 000 元，应付本企业安装工人的薪酬 5 000 元。

分析：由于这是一台需要安装的设备，因而在购买过程中发生的各项支出构成固定资产安装工程成本，在设备达到预定可使用状态前，这些支出应先在“在建工程”账户中进行归集。这项经济业务的发生，一方面使得公司的在建工程支出增加 305 000 元，增值税进项税额增加 39 000 元，另一方面使得公司的银行存款减少 344 000 元。在建工程支出的增加应记入“在建工程”账户的借方，支付的增值税进项税额应记入“应交税费——应交增值税（进项税额）”账户的借方，银行存款的减少应记入“银行存款”账户的贷方。会计分录如下。

借：在建工程 305 000
　　应交税费——应交增值税（进项税额） 39 000
　　贷：银行存款 344 000

设备在安装过程中发生的安装费也构成固定资产安装工程支出。这项经济业务的发生，一方面使得公司固定资产安装工程支出增加 8 000 元，另一方面使得公司的原材料减少 3 000 元，应付职工薪酬增加 5 000 元。固定资产安装工程支出的增加应记入“在建工程”账户的借方，原材料的减少应记入“原材料”账户的贷方，应付职工薪酬的增加应记入“应付职工薪酬”账户的贷方。会计分录如下。

借：在建工程 8 000
　　贷：原材料 3 000
　　　　应付职工薪酬 5 000

上述设备安装完毕，达到预定可使用状态，并经验收合格办理竣工决算手续，现已交付使用，结转工程成本。

工程安装完毕，交付使用，意味着固定资产的取得成本已经形成，就可以将该工程全部支出转入“固定资产”账户，其工程的全部成本为 313 000 元。这项经济业务的发生，一方面使得公司的固定资产取得成本增加 313 000 元，另一方面使得公司的在建工程成本减少 313 000 元。固定资产的增加应记入“固定资产”账户的借方，在建工程成本的结转应记入“在建工程”账户的贷方。会计分录如下。

借：固定资产　　　　　　　　　　313 000

　　贷：在建工程　　　　　　　　　　313 000

固定资产购置业务核算程序如图 3.2 所示。

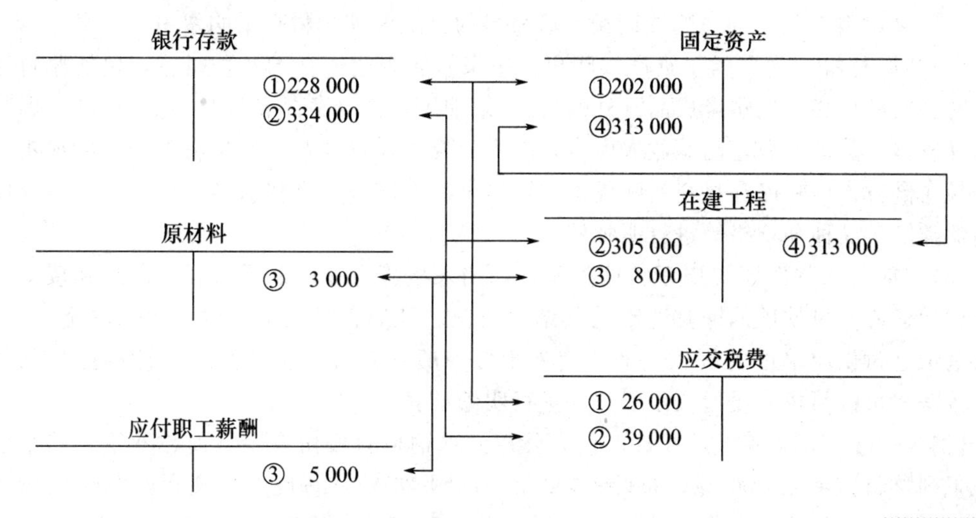

图 3.2 固定资产购置业务核算程序

资产购置业务的核算（二）

3.3.2 材料采购的核算

企业要进行正常的生产经营活动，除了购买固定资产外，还需要购买和储存一定种类和数量的材料物资。不同方式取得的材料，其成本的确定方法不同，成本构成内容也不同。在材料采购过程中，企业一方面需要按经济合同和结算制度与供应商办理货款结算，另一方面要核算由于购货而发生的运输费、装卸费、相关税费等可归属于材料采购成本的费用。

材料日常核算有实际成本和计划成本两种。实际成本适用于企业经营规模较小，原材料的种类不是很多，且原材料的收发业务也不是很频繁的企业；计划成本适用于原材料的种类较多，原材料的收发业务较为频繁的企业。

1. 原材料按实际成本计价的核算

原材料按照实际成本计价，应设置“在途物资”“原材料”“应付账款”等账户进行会计核算。

(1)“在途物资”账户属于资产类账户，用来核算尚未验收入库的在途物资的成本，包括购买价款、相关税费、运输费、装卸费、保险费以及其他可归属于材料采购成本的费用。其借方登记购入材料的买价和采购费用，贷方登记结转完成采购过程、验收入库材料的实际采购成本，期末余额在借方，反映尚未运达企业或者已经运达企业但尚未验收入库的在途材料的成本。该账户可按供应单位和物资品种进行明细核算。

企业对于购入的在途材料，不论是否已经付款，一般都应该先记入“在途物资”账户，在材料验收入库结转成本时，再将其成本转入“原材料”账户。购入材料过程中发生的除买价之外的采购费用，如果能够分清是某种材料直接负担的，可直接计入该材料的采购成本，否则就应进行分配。分配时，首先根据原材料的特点确认分配的标准，一般来说可以选择的分配标准有材料的重量、体积、买价等，然后计算材料采购费用分配率，最后计算各种材料的采购费用负担额。即：

材料采购费用分配率＝共同性采购费用额÷分配标准的合计数

某材料应负担的采购费用额＝该材料的分配标准×材料采购费用分配率

(2)“原材料”账户属于资产类账户，用来核算企业库存的各种材料，包括原料及主要材料、辅助材料、外购半成品（外购件）、修理用备件（备品备件）、包装材料、燃料等的实际成本。其借方登记已验收入库材料的实际成本，贷方登记发出材料的实际成本，期末余额在借方，反映库存材料实际成本的期末余额。该账户可按材料的保管地点（仓库）、材料的类别、品种和规格等进行明细核算。

(3)“应付账款”账户属于负债类账户，用来核算企业因购买材料、商品和接受劳务等经营活动应支付款项的增减变动及其结余情况。其贷方登记应付供应单位的货款金额，借方登记已付供应单位的货款金额，期末余额一般在贷方，反映尚未偿还的应付账款余额。该账户可按债权人设置明细账户，进行明细核算。

【例 3-8】 2019 年 4 月 6 日，百力公司向本钢板材股份有限（简称本钢公司）公司购入下列材料：生铁 100 吨，每吨3 400元；黄铜 50 吨，每吨 5 200 元，增值税税率为13%。账单、发票已到，货款及税金暂欠，材料还未验收入库。

分析：这项经济业务的发生，一方面使得公司的材料采购成本增加 600 000 元（340 000＋260 000＝600 000），增值税进项税额增加 78 000 元（600 000×0.13＝78 000），另一方面使得公司应付款项增加 678 000 元。材料采购成本的增加应记入“在途物资”账户的借方，增值税进项税额的增加应记入“应交税费——应交增值税（进项税额）”账户的借方，应付账款的增加应记入“应付账款”账户的贷方。表明该笔采购业务成立的原始凭证有增值税专用发票，如表 3-8 所示。

表 3-8 **辽宁增值税专用发票**

发票联

开票日期：2019 年 04 月 06 日 № 01520901

<table>
<tr><td rowspan="2">购货单位</td><td>名称</td><td colspan="2">百力智能机电有限责任公司</td><td colspan="6">纳税人登记号</td><td>2</td><td>1</td><td>0</td><td>7</td><td>0</td><td>1</td><td>0</td><td>1</td><td>2</td><td>6</td><td>8</td><td>0</td><td>3</td><td>6</td><td>0</td></tr>
<tr><td>地址电话</td><td colspan="2">大连甘井子区黄浦路 66 号 2326988</td><td colspan="6">开户银行及账号</td><td colspan="15">中国银行高新支行 0708001809245550576</td></tr>
<tr><td rowspan="2">商品或劳务名称</td><td rowspan="2">计量单位</td><td rowspan="2">数量</td><td rowspan="2">单价</td><td colspan="10">金 额</td><td rowspan="2">税率%</td><td colspan="10">税 额</td></tr>
<tr><td>千</td><td>百</td><td>十</td><td>万</td><td>千</td><td>百</td><td>十</td><td>元</td><td>角</td><td>分</td><td>千</td><td>百</td><td>十</td><td>万</td><td>千</td><td>百</td><td>十</td><td>元</td><td>角</td><td>分</td></tr>
<tr><td>生铁</td><td>吨</td><td>100</td><td>3 400.00</td><td></td><td></td><td>3</td><td>4</td><td>0</td><td>0</td><td>0</td><td>0</td><td>0</td><td>0</td><td>13</td><td></td><td></td><td></td><td>4</td><td>4</td><td>2</td><td>0</td><td>0</td><td>0</td><td>0</td></tr>
<tr><td>圆钢</td><td>吨</td><td>50</td><td>5 200.00</td><td></td><td></td><td>2</td><td>6</td><td>0</td><td>0</td><td>0</td><td>0</td><td>0</td><td>0</td><td>13</td><td></td><td></td><td></td><td>3</td><td>3</td><td>8</td><td>0</td><td>0</td><td>0</td><td>0</td></tr>
<tr><td></td><td></td><td></td><td></td><td></td><td></td><td></td><td></td><td></td><td></td><td></td><td></td><td></td><td></td><td></td><td></td><td></td><td></td><td></td><td></td><td></td><td></td><td></td><td></td><td></td></tr>
<tr><td>合计</td><td></td><td></td><td></td><td></td><td>¥</td><td>6</td><td>0</td><td>0</td><td>0</td><td>0</td><td>0</td><td>0</td><td>0</td><td></td><td></td><td></td><td>¥</td><td>7</td><td>8</td><td>0</td><td>0</td><td>0</td><td>0</td><td>0</td></tr>
<tr><td colspan="25">价税合计(大写) 零仟零佰陆拾柒万捌仟零佰零拾零元零角零分 ¥678 000.00</td></tr>
<tr><td rowspan="2">销货单位</td><td>名称</td><td colspan="2">本钢板材股份有限公司</td><td colspan="6">纳税人登记号</td><td>8</td><td>5</td><td>5</td><td>6</td><td>6</td><td>8</td><td>9</td><td>8</td><td>2</td><td>8</td><td>1</td><td>6</td><td>8</td><td>8</td><td>8</td></tr>
<tr><td>地址电话</td><td colspan="2">47823862</td><td colspan="6">开户银行及账号</td><td colspan="15">中国银行本钢支行 0408001809225852963</td></tr>
<tr><td colspan="2">备注</td><td colspan="23"></td></tr>
</table>

第二联 购货方记账凭证

销货单位(章) 收款人：李想 复核： 开票人：高高

此项经济业务，会计分录如下。

借：在途物资——生铁　　340 000

　　　　　　——圆钢　　260 000

　　应交税费——应交增值税（进项税额）　　78 000

　　贷：应付账款——本钢公司　　678 000

【例 3-9】 2019 年 4 月 7 日，百力公司用银行存款支付上述生铁和圆钢的运杂费 60 000元，按照材料的重量比例进行分配。

首先对两种材料应共同负担的运费进行分配：

运杂费的分配率＝60 000÷(100＋50)＝400(元/吨)

生铁应分配的运杂费为：100×400＝40 000(元)

圆钢应分配的运杂费为：50×400＝20 000(元)

这项经济业务的发生，一方面使得公司的材料采购成本增加 60 000 元，其中生铁采购成本增加 40 000 元，圆钢采购成本增加 20 000 元；另一方面使得公司的银行存款减少 60 000 元。材料采购成本的增加应记入“在途物资”账户的借方，银行存款的减少应记入“银行存款”账户的贷方。会计分录如下。

借：在途物资——生铁　　40 000

　　　　　　——圆钢　　20 000

　　贷：银行存款　　60 000

【例 3-10】 2019 年 4 月 8 日，百力公司开出银行电汇凭证，委托银行将款项汇给本钢公司，即用银行存款支付欠本钢公司的货款 678 000 元。

分析：当企业收到银行盖章退回的电汇凭证回单如表 3-9 所示时，表明企业的银行存款和应付账款同时减少，银行存款的减少应该记入“银行存款”账户的贷方，应付账款的减少应该记入“应付账款”账户的借方。

表 3-9　　**中国银行电汇凭证（回单）**

汇款单位编号：　　2019 年 4 月 8 日　　第　号

<table>
<tr><td rowspan="3">收款人</td><td>全称</td><td colspan="3">本钢板材股份有限公司</td><td rowspan="3">汇款人</td><td>全称</td><td colspan="3">百力智能机电有限责任公司</td></tr>
<tr><td>账号或地址</td><td colspan="3">0408001809225852963</td><td>账号或地址</td><td colspan="3">0708001809245550576</td></tr>
<tr><td>汇出地点</td><td>大连</td><td>汇出行名称</td><td>中国银行高新支行</td><td>汇入地点</td><td>本溪市</td><td>汇入行名称</td><td>中国银行本钢支行</td></tr>
</table>

<table>
<tr><td rowspan="2">金额</td><td rowspan="2">人民币
(大写)陆拾柒万捌仟元整</td><td>千</td><td>百</td><td>十</td><td>万</td><td>千</td><td>百</td><td>十</td><td>元</td><td>角</td><td>分</td></tr>
<tr><td></td><td>¥</td><td>6</td><td>7</td><td>8</td><td>0</td><td>0</td><td>0</td><td>0</td><td>0</td></tr>
<tr><td colspan="2">汇款用途：购料款</td><td colspan="10" rowspan="3">汇出行盖章

2019 年 4 月 8 日</td></tr>
<tr><td colspan="2"></td></tr>
<tr><td colspan="2"></td></tr>
</table>

单位主管：　　会计：　　复核：　　记账：

根据电汇凭证回单等原始凭证，编制的会计分录如下。

借：应付账款——本钢公司　　678 000

　　贷：银行存款　　678 000

【例 3-11】 购入的生铁、圆钢材料已经到达并验收入库，结转入库材料的成本。

首先计算生铁、圆钢的实际采购成本：

生铁实际采购成本＝340 000＋40 000＝380 000(元)

圆钢实际采购成本＝260 000＋20 000＝280 000(元)

这项经济业务的发生，一方面使得公司的验收入库材料的实际采购成本增加 660 000 元，另一方面使得公司的材料采购支出结转 660 000 元。验收入库材料实际成本的增加应记入“原材料”账户的借方，材料采购支出的结转应记入“在途物资”账户的贷方。会计分录如下。

借：原材料　　660 000

　　贷：在途物资　　660 000

2. 原材料按计划成本计价的核算

(1) 计划成本计价下材料采购的核算。

原材料按照实际成本进行计价核算，能够比较全面、完整地反映材料资金的实际占用情况，可以准确地计算出所生产产品的成本中的材料耗费。但是当企业材料的种类比较多，收发次数又比较频繁的情况下，其核算的工作量就比较大，不便于分析材料采购计划的完成情况。所以在一些大中型制造业企业，材料按照计划成本计价进行核算，通过增设“材料成本差异”账户来核算材料实际成本与计划成本之间的差异额，并在会计期末对计划成本进行调整，以确定库存材料的实际成本和发出材料应负担的差异额，进而确定发出材料的实际成本。

原材料按计划成本组织收、发核算时，应设置“材料采购”“材料成本差异”等账户。

“材料采购”账户属于资产类账户，用来核算企业购入材料的实际成本和结转入库材料的计划成本，并据以计算确定购入材料的成本差异额。其借方登记购入材料的实际成本和结转入库材料实际成本小于计划成本的节约差异，贷方登记入库材料的计划成本和结转入库材料的实际成本大于计划成本的超支差异。期末余额在借方，反映在途材料的实际成本。该账户可按供应单位和材料品种进行明细核算。

“材料成本差异”账户，该账户属于备抵附加调整账户，用以核算材料计划成本与实际成本的差额。其借方登记结转验收入库材料的超支差异额和结转发出材料应负担的节约差异额，贷方登记结转验收入库材料的节约差异额和结转发出材料应负担的超支差异额。期末余额如果在借方，表示库存材料的超支差异额；如果在贷方，表示库存材料的节约差异额。入库材料发生的材料成本差异，实际成本大于计划成本的差异，借记本账户，贷记“材料采购”账户；实际成本小于计划成本的差异做相反的会计分录。结转发出材料应负担的材料成本差异，按实际成本大于计划成本的差异，借记“生产成本”等账户，贷记本账户；实际成本小于计划成本的差异做相反的会计分录。

材料按计划成本计价核算，除上述两个账户外，其他账户与材料按实际成本计价核算所涉及的账户相同。

【例 3－12】 2019 年 12 月 10 日，百力公司购入热轧钢板 4 000 千克，发票注明其价款为 100 000 元，增值税税额为 13 000 元，用银行存款支付。另用现金 4 000 元支付该批材料的运杂费（假设没有取得增值税专用发票，不能抵扣进项税）。

分析：这项经济业务的发生，一方面使得公司的材料采购支出共计 104 000 元（其中包括买价 100 000 元，运杂费 4 000 元），增值税进项税额 13 000 元；另一方面使得公司的银行存款减少 113 000 元，现金减少 4 000 元。材料采购支出的增加应记入“材料采购”账户的借方；增值税进项税额的增加应记入“应交税费——应交增值税（进项税额）”账户的借方；银行存款的减少应记入“银行存款”账户的贷方；现金的减少应记入“库存现金”账户的贷方。会计分录如下。

借：材料采购——热轧钢板 104 000
　　应交税费——应交增值税（进项税额） 13 000
　　贷：银行存款 113 000
　　　　库存现金 4 000

【例 3 - 13】 承前例，上述材料验收入库，其计划成本为 100 000 元，结转该批材料的计划成本和差异额。

分析：由于该批材料的实际成本为 104 000 元，计划成本为 100 000 元，因而可以确定材料成本的超支差异额为 4 000 元。结转验收入库材料的计划成本时，使得公司的材料采购支出结转 100 000 元和库存材料计划成本增加 100 000 元；结转入库材料成本超支差异额，使得库存材料成本超支差异额增加 4 000 元和材料采购超支差异额结转 4 000 元。库存材料成本的增加应记入“原材料”账户的借方，材料采购成本的结转应记入“材料采购”账户的贷方。会计分录如下。

借：原材料——热轧钢板 100 000
　　贷：材料采购——热轧钢板 100 000
借：材料成本差异 4 000
　　贷：材料采购——热轧钢板 4 000

假如本例中甲材料的计划成本改为 108 000 元，则可以确定甲材料成本的节约差异额为 4000 元，会计分录如下。

借：原材料——热轧钢板 108 000
　　贷：材料采购——热轧钢板 108 000
借：材料采购——热轧钢板 4 000
　　贷：材料成本差异 4 000

（2）分配结转材料成本差异的核算。

为了计算产品的实际生产成本，在会计期末，就需要将计划成本调整为实际成本，其方法是运用材料成本差异率对计划成本进行调整，以求得实际成本。发出材料应负担的差异额必须按月分摊，不得在季末或年末一次分摊。材料成本差异率的计算方法：

本月材料成本差异率＝(月初库存材料差异额＋本月购入材料差异额)÷(月初库存材料计划成本＋本月购入材料计划成本)×100％

发出材料应负担的差异额＝发出材料的计划成本×成本差异率

【例 3 - 14】 百力公司本月生产产品领用热轧钢板计划成本总额为 75 000 元。月末计划确定发出热轧钢板应负担的差异额，并予以结转。假设期初库存热轧钢板计划成本为 250 000 元，成本差异额为超支差异 7 500 元（假定本月热轧钢板按照计划成本 100 000 元验收入库）。

根据本例资料，采用本月差异率，计算如下：

本月材料成本差异率＝(7 500＋4 000)÷(250 000＋100 000)×100％≈3.3％

发出材料应负担的差异额＝75 000×3.3％＝2 475(元)

结转发出材料应负担的差异额，一方面应记入“生产成本”等账户的借方，另一方面应记入“材料成本差异”账户的贷方，会计分录如下。

借：生产成本　　2 475

　　贷：材料成本差异　　2 475

材料采购业务核算程序如图 3.3 所示。

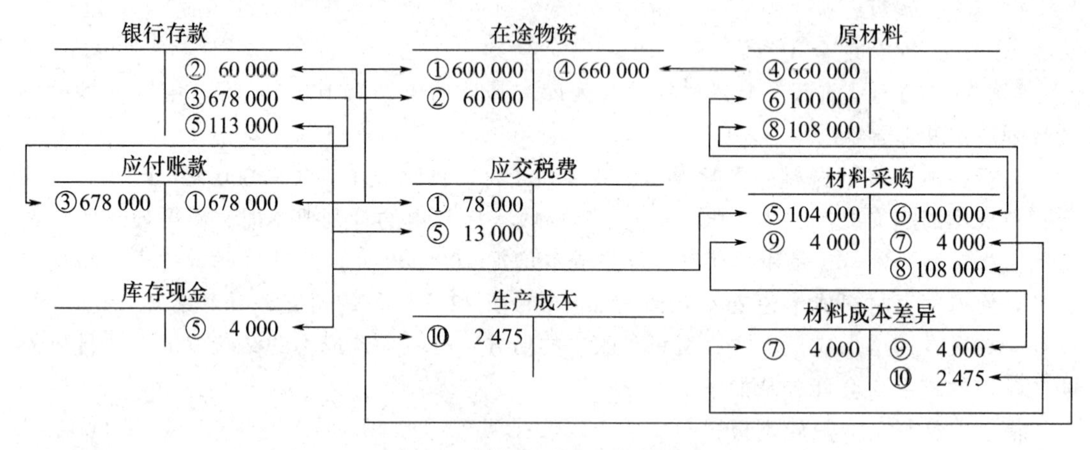

图 3.3　材料采购业务核算程序

3.4　生产过程业务的核算

在购置完固定资产、原材料等劳动资料和劳动对象后，企业便可以进入生产过程。生产过程是制造业企业经营活动的重心环节。制造业企业从材料投入生产起，到产品完工入库为止的过程称为生产过程。生产过程既是产品的制造过程，又是物化劳动和活劳动的耗费过程。一方面劳动者借助于劳动资料对劳动对象进行加工制造，以满足社会需要；另一方面为了制造产品，必然要发生各种耗费，如消耗的各种材料，支付员工工资，以及由于使用厂房、机器设备等固定资产所发生的折旧费等费用。

3.4.1　生产过程核算的内容

企业在进行产品生产过程中的一个重要环节就是确认产品的生产成本，而生产成本的确认又离不开生产费用的归集。生产费用是企业在一定时期产品生产过程中发生或者支出的各项费用。这些费用最终都要归集、分配到一定种类和数量的产品上去，从而形成各种产品的生产成本。生产费用按照其计入产品成本的方式不同，可以分为直接费用和间接费用。直接费用是指企业生产产品过程中实际消耗的直接材料和直接人工，间接费用是指企业为生产产品和提供劳务而发生的各项间接支出，通常称为制造费用。因此，企业生产过程业务的核算主要就是归集已发生的直接材料、直接人工等直接费用以及分配制造费用等间接费用，进而将生产费用计入有关的成本核算对象，合理计算产品的生产成本。此外，企业产品生产过程的正常运行还需要企业行政管理部门的科学管理，对于企业行政管理部门为组织和管理生产经营活动而发生的各种耗费，应计入管理费用。

阅读案例 3-1

杨帆 2019 年 7 月毕业于某大学会计学专业，在大学里学习会计知识的过程中，他就了解到制造业企业拥有较为完整的业务流程，相关会计工作也较为系统。为了全面地掌握企业会计实务，毕业时他决定应聘一家制造业企业做会计工作，于是他选择了百力公司。百力公司是一家智能机电制造企业，其产品注重集成和智能化，具有良好的发展前景。2019 年 9 月杨帆应聘成功，正式成为百力公司财务部的员工，在半年的试用期里，杨帆被安排跟随会计主管张会计熟悉业务。转眼到了 12 月，公司的各项工作显得异常繁忙，杨帆也有了更多参与和学习会计业务处理的机会，他特别关注了企业从生产到销售再到利润核算的全过程，尤其是生产成本的计算，使杨帆真正体会到了制造业企业会计的特点和难点。你认为制造业企业会计和其他行业的生产成本核算有何差异？

3.4.2 材料费用的核算

制造业企业领用各种原材料用于生产产品及相关业务就形成了材料费用。不同的部门，其材料耗费的确认与归集也不同，应根据领料凭证区分车间、部门和用途，将发出材料的成本，分别记入“生产成本”“制造费用”和“管理费用”等账户。对于直接用于某种产品生产的材料费用，应直接记入该产品生产成本明细账中的“直接材料”账户；对于由几种产品共同耗用、应由这些产品共同负担的材料费用，应选择适当的标准在各种产品之间进行分配之后，记入各有关成本计算对象；对于为创造生产条件等需要而间接消耗的各种材料费用，应先在“制造费用”账户中进行归集，然后再同其他间接费用一起分配计入有关产品成本中。

为了反映和监督产品在生产过程中各项材料费用的发生、归集与分配情况，应设置“生产成本”“制造费用”“管理费用”等账户。

“生产成本”账户属于成本类账户，用来核算企业为生产产品或提供劳务而发生的各项生产费用。其借方登记应计入产品生产成本的各项费用，包括直接材料、直接人工和期末计入产品生产成本的制造费用；贷方登记结转完工验收入库产成品的生产成本。期末如有借方余额，反映尚未完工产品（在产品）的成本。该账户可按产品种类进行明细核算。

“制造费用”账户属于成本类账户，用来核算企业生产车间（或部门）为生产产品和提供劳务而发生的各项间接费用，包括车间管理人员的薪酬、车间用固定资产的折旧费、办公费、水电费、机物料消耗等。其借方登记实际发生的各项制造费用，贷方登记期末经分配转入“生产成本”账户借方的制造费用转出额，期末结转后应无余额。该账户可按不同的生产车间、部门和费用项目进行明细核算。

“管理费用”账户属于损益类账户，用来核算企业行政管理部门为组织和管理生产经营活动而发生的各种费用，包括企业董事会和行政管理部门在企业经营管理中发生的，或者应当由企业统一负担的公司经费、工会经费、待业保险费、劳动保险费、董事会费、聘请中介机构费、咨询费、诉讼费、业务招待费、办公费、差旅费、邮电费、绿化费、管理人员工资及福利费等。其借方登记发生的各项管理费用，贷方登记期末转入“本年利润”账户的管理费用，结转后本账户应无余额。该账户可按费用项目进行明细核算。

企业生产部门在生产过程中需要材料时，应填制有关的领料凭证，向仓库办理手续领料。月末会计部门根据领料凭证按领用材料的部门、类别、用途编制领料凭证汇总表，作为发出材料的核算的原始凭证。

【例3-15】 2019年12月31日，百力公司会计部门根据当月的领料单，编制材料领用汇总表，如表3-10所示，进行材料发出的核算。

表3-10 领用材料汇总表

2019年12月31日 单位：元

项目	产品用料		车间一般耗用	行政管理部门日常耗用	合计
	液压机	焊装机			
圆钢	120 000	100 000			220 000
钢板	60 000	90 000			150 000
辅助材料			50 000	10 000	60 000
合计	180 000	190 000	50 000	10 000	430 000

会计主管： 记账： 审核： 制单：

分析：根据领用材料汇总表可知，该企业的材料费用可以分为三个部分，一部分为直接用于产品生产的直接材料费用为370 000元，其中液压机耗用180 000元，焊装机耗用190 000元，一部分为车间一般性耗用50 000元，还有一部分为行政管理部分日常耗用10 000元。这项经济业务的发生，一方面使得公司生产产品的直接材料耗用增加370 000元，间接材料费用增加50 000元，行政费用增加10 000元，另一方面使得公司的库存材料减少430 000元。生产产品的直接材料费、间接材料费用、行政部门费用的增加应分别记入“生产成本”“制造费用”“管理费用”账户的借方，库存材料的减少应记入“原材料”账户的贷方。会计分录如下。

借：生产成本——液压机 180 000
　　　　　——焊装机 190 000
　　制造费用 50 000
　　管理费用 10 000
　　贷：原材料 430 000

生产过程业务的核算（二）

3.4.3 人工费用的核算

职工薪酬是企业为获得职工提供的服务或解除劳动关系而给予的各种形式的报酬或补偿，包括短期薪酬、离职后福利、辞退福利和其他长期职工福利等。企业提供给职工配偶、子女、受赡养人、已故员工遗属及其他受益人等的福利，也属于职工薪酬。企业为职工缴纳的社会保险费和住房公积金，以及按规定提取的工会经费和职工教育经费，应当在职工为其提供服务的会计期间，根据规定的计提基础和计提比例计算确定相应的职工薪酬金额，并确认相应负债，计入当期损益或相关资产成本。相关的会计处理将在以后的财务会计课程中讲述。

为了核算职工薪酬的发生和分配，需要设置“应付职工薪酬”账户。“应付职工薪酬”账户属于负债类账户，用来核算企业根据有关规定应付给职工的各种薪酬，包括工资、职工福利、社会保险费、住房公积金、工会经费、职工教育经费、非货币性福利、辞退福利、股份支付等。其贷方登记本月计算的应付职工薪酬，借方登记本月实际支付的职工薪酬，期末余额在贷方，反映企业应付未付的职工薪酬。该账户可按职工薪酬种类进行明细核算。

在对企业的职工薪酬进行核算时，企业会计部门要根据职工的考勤记录和产量记录，计算每位职工应得的职工薪酬，编制工资支付明细表、工资结算汇总表，进行工资发放的核算。

【例3-16】 百力公司会计部门12月31日编制工资费用分配表，如表3-11所示，并据此进行工资分配的核算。

表3-11　　**工资费用分配表**

2019年12月31日　　单位：元

车间或部门		应分配的工资额
生产车间	制造液压机的生产工人	50 000
	制造焊接机的生产工人	60 000
车间管理人员		20 000
行政管理人员		36 000
合　计		166 000

会计主管：　　审核：　　制表：

分析：由表3-11可以看出该企业在12月发生166 000元工资费用，这项经济业务的发生，一方面使得公司应付职工薪酬增加了166 000元，另一方面使得公司的生产费用和期间费用增加了166 000元。生产车间工人的工资作为直接人工应记入“生产成本”账户的借方，车间管理人员的工资作为间接生产费用应记入“制造费用”账户的借方，行政管理人员的工资作为期间费用应记入“管理费用”账户的借方。

根据“工资费用分配表”，编制工资分配的会计分录如下。

借：生产成本——液压机　　50 000
　　　　　　——焊接机　　60 000
　　制造费用　　20 000
　　管理费用　　36 000
　　贷：应付职工薪酬——工资　　166 000

【例3-17】 百力公司会计部门于2020年1月5日签发转账支票一张，如表3-12所示，到银行办妥代发工资的转账业务。该企业以银行卡方式共支付职工工资166 000元。

表 3-12

中国银行

转账支票存根

支票号码 2132559
科　　目
对方科目
签发日期 2020年01月05日

收款人：中国银行高新支行
金　额：¥ 166 000.00
用　途：发放工资
备　注：

单位主管：　　会计：
复　　核：　　记账：

分析：这项经济业务的发生，一方面使企业的负债减少166 000元，另一方面使得企业的银行存款减少166 000元。负债的减少应记入“应付职工薪酬”账户的借方，银行存款的减少应记入“银行存款”账户的贷方。会计分录如下。

借：应付职工薪酬　　166 000
　　贷：银行存款　　166 000

生产过程业务的核算（三）

3.4.4 制造费用的核算

企业在产品生产过程中除了发生材料费、工资费用等费用外，还要发生折旧费、水电费、办公费等制造费用。制造费用是制造业企业为了生产产品和提供劳务而发生的各种间接费用，主要是企业的生产部门为组织和管理生产活动以及为生产活动服务而发生的费用。这些费用不能直接计入产品成本，要经过归集、分配后，才能按成本核算对象计入产品的成本。这里主要介绍折旧费、水电费、办公费的核算。

企业制造费用的核算应该设置“累计折旧”账户。“累计折旧”账户属于资产类账户，用来核算企业固定资产的累计折旧。其借方登记因减少固定资产而减少的折旧额，贷方登记按月提取的折旧额，期末余额在贷方，反映已提折旧的累计额。

1. 折旧费的核算

（1）固定资产折旧。固定资产折旧，是指固定资产在使用过程中逐渐损耗而转移到商品或费用中去的那部分价值，也可理解为在固定资产的使用期限内分期计算固定资产的耗用价值。具体来说，固定资产应在其使用寿命内，按照确定的方法对应计折旧额进行系统分摊。应计折旧额，是指应当计提折旧的固定资产的原价扣除其预计净残值后的金额。已计提减值准备的固定资产，还应当扣除已计提的固定资产减值准备累计金额。预计净残值，是指假定固定资产预计使用寿命已满并处于使用寿命终了时的预期状态，企业目前从该项资产处置中获得的扣除预计处置费用后的金额。

（2）固定资产提取折旧的确认。企业应当对所有固定资产计提折旧。但是，已提足折旧仍继续使用的固定资产和单独计价入账的土地除外。企业计提的固定资产折旧，应根据固定资产用途，分别计入相关资产的生产成本或当期费用。企业应按月提取折旧，当月增加的固定资产，当月不提折旧，从下月起计提折旧；当月减少的固定资产，当月照提折旧，从下月起不提折旧。固定资产提足折旧后，均不再提取折旧；提前报废的固定资产，不再补提折旧。

（3）固定资产折旧计算方法。企业应当根据与固定资产有关的经济利益的预期实现方式，合理选择固定资产折旧方法。可选用的折旧方法包括年限平均法、工作量法、双倍余额递减法和年数总和法等。固定资产的折旧方法一经确定，不得随意变更。这里只介绍年限平均法。

年限平均法也称使用年限法或直线法。它是以固定资产的预计使用年限为分摊标准，将固定资产应计提折旧总额分摊到各使用年度的一种折旧计算方法。采用这种方法计算的每期折旧额是等额的。年限平均法计算折旧的公式如下：

$$\text{年折旧额}=\frac{\text{原始价值}-\text{预计净残值}}{\text{预计使用寿命}}$$

在日常核算中，固定资产的折旧额，是按固定资产的折旧率来计算的。固定资产折旧率是折旧额与固定资产价值的百分比。固定资产折旧率通常是按年计算的。在按月计算折旧时，可将年折旧率除以12，折合为月折旧率，再与固定资产价值相乘计算。固定资产年限平均法的折旧率和折旧额的计算公式如下：

$$\text{年折旧率}=\frac{\text{年折旧额}}{\text{固定资产原始价值}}\times 100\%$$

或

$$\text{年折旧率}=\frac{(1-\text{预计净残值率})}{\text{预计使用寿命}}\times 100\%$$

$$\text{月折旧率}=\frac{\text{年折旧率}}{12}$$

$$\text{月折旧额}=\text{固定资产原价}\times\text{月折旧率}$$

【例3-18】 百力公司有一设备，原价600 000元，预计使用年限为20年，预计净残值率为5%。假设百力公司没有为该厂房计提减值准备。则该厂房的折旧率和折旧额的计算如下：

$$\text{年折旧率}=\frac{(1-5\%)}{20}\times 100\%=4.75\%$$

$$\text{月折旧率}=\frac{4.75\%}{12}\approx 0.40\%$$

$$\text{月折旧额}=600\ 000\times 0.40\%=2\ 400(\text{元})$$

采用年限平均法计提折旧，计算程序比较简便，而且由于折旧是按固定资产的折旧年限平均提取的，每年每月提取的折旧额相同，这就可使单位产品成本负担的折旧费的大小，同固定资产的利用情况密切联系起来，固定资产的利用率高，完成产品多，单位产品成本分摊的折旧费就少，就可降低产品成本，这有利于促使企业关心固定资产的利用。但如果各个时期固定资产的使用程度不同，各个时期的折旧额就不符合实际情况，因此，它只适用于各个时期使用程度大致相同的固定资产。

【例3-19】 2019年12月31日，会计部门编制固定资产折旧计算表（表3-13），据此进行计提固定资产折旧的核算。车间固定资产应计提折旧额10 000元，行政管理部门的固定资产应计提折旧额 4 500 元。

表 3 - 13 **固定资产折旧计算表**

2019 年 12 月 31 日 单位：元

固定资产使用部门	固定资产项目	本月应计提折旧额
生产车间	房屋建筑物	2 500
	机器设备	7 500
	小计	10 000
行政管理部门	房屋建筑物	2 000
	设备	2 500
	小计	4 500
合计		14 500

会计主管： 审核： 制表：

分析：这项经济业务的发生，一方面使得车间使用固定资产的折旧费增加 10 000 元，行政管理部门固定资产的折旧费增加 4 500 元，另一方面使得固定资产的消耗价值增加 14 500元。车间使用固定资产的折旧费应记入“制造费用”账户的借方，行政管理部门固定资产的折旧费应记入“管理费用”账户的借方；同时固定资产的消耗价值应记入“累计折旧”账户的贷方。会计分录如下。

借：制造费用 10 000
　　管理费用 4 500
　　贷：累计折旧 14 500

2. 水电费的核算

【例 3 - 20】 2019 年 12 月 26 日，百力公司收到银行转来付款通知，付市自来水公司水费 1 600 元，其中生产车间用水 1 100 元，厂部用水 500 元。该笔经济业务发生时涉及“委托收款”付款通知、“专用发票”发票联、抵扣联（略）等原始凭证。其中“委托收款”付款通知如表 3 - 14 所示。

表 3 - 14 **委托银行收款结算凭证（付款通知）**

付款期限 年 月 日

委托日期：2019 年 12 月 26 日 延期期限 年 月 日

收款单位	全称	大连自来水公司	付款单位	全称	百力智能机电有限责任公司
	账号	0708001809221000687		账号	0708001809245550576
	开户银行	中国银行中山支行		开户银行	中国银行高新支行

委托金额	人民币	千	百	十	万	千	百	十	元	角	分
	(大写)壹仟陆佰元整				¥	1	6	0	0	0	0

款项内容	水费	委托收款凭据名称	水费收据、发票	附寄单证张数	3
备注：					

单位主管： 会计： 复核： 记账： 付款单位开户银行盖章：12 月 26 日

分析：这笔经济业务的发生，一方面使公司的银行存款减少 1 600 元，另一方面使得公司的车间生产耗费、管理部门耗费分别增加 1 100 元、500 元。银行存款的减少应记入“银行存款”账户的贷方；车间生产耗费、管理部门耗费应分别记入“制造费用”账户、“管理费用”账户的借方。

根据付账通知等原始凭证，编制支付水费的会计分录如下。

借：制造费用　　1 100

　　管理费用　　500

　　贷：银行存款　　1 600

【例 3－21】 2019 年 12 月 26 日，银行转来付款通知，支付大连电业公司电费 7 500 元，其中车间生产用电 5 500 元，厂部用电 2 000 元。该笔经济业务发生时涉及“委托收款”付款通知和“专用发票”发票联、抵扣联（略）等原始凭证，其中“委托收款”付款通知如表 3－15 所示。

表 3－15　　委托银行收款结算凭证（付款通知）

付款期限　　年　月　日

委托日期：2019 年 12 月 26 日　　延期期限　　年　月　日

<table>
<tr><td rowspan="3">收款单位</td><td>全称</td><td>大连电业公司</td><td rowspan="3">付款单位</td><td colspan="5">全称</td><td colspan="5">百力智能机电有限责任公司</td></tr>
<tr><td>账号</td><td>0708000809222000773</td><td colspan="5">账号</td><td colspan="5">0708001809245550576</td></tr>
<tr><td>开户银行</td><td>中国银行中山支行</td><td colspan="5">开户银行</td><td colspan="5">中国银行高新支行</td></tr>
<tr><td rowspan="2">委托金额</td><td colspan="3" rowspan="2">人民币
(大写)柒仟伍佰元整</td><td>千</td><td>百</td><td>十</td><td>万</td><td>千</td><td>百</td><td>十</td><td>元</td><td>角</td><td>分</td></tr>
<tr><td></td><td></td><td></td><td>¥</td><td>7</td><td>5</td><td>0</td><td>0</td><td>0</td><td>0</td></tr>
<tr><td>款项内容</td><td>电费</td><td>委托收款凭据名称</td><td colspan="3">电费收据、发票</td><td colspan="3">附寄单证张数</td><td colspan="5">3</td></tr>
<tr><td colspan="2">备注：</td><td colspan="12"></td></tr>
</table>

单位主管：　会计：　复核：　记账：　付款单位开户银行盖章：12 月 26 日

分析：这项经济业务的发生，一方面使公司的银行存款减少 7 500 元，另一方面使得公司的车间生产耗费、管理部门耗费分别增加 5 500 元、2 000 元。银行存款的减少应记入“银行存款”账户的贷方；车间生产耗费应记入“制造费用”账户的借方，管理部门耗费应记入“管理费用”账户的借方。

根据付账通知等原始凭证，编制支付电费的会计分录如下。

借：制造费用　　5 500

　　管理费用　　2 000

　　贷：银行存款　　7 500

3. 办公费的核算

【例 3－22】 2019 年 12 月 27 日，生产车间张强购买办公用品，交来新玛特商场的发货票，金额 3 600 元。出纳员以现金支付。发票如表 3－16 所示。

表 3－16 **辽宁大连市商业零售发票**

发票联

客户名称：百力公司　　　　2019 年 12 月 27 日　　　　121070521061

产品名称	规格	数量	单位	单价	金额							
					十	万	千	百	十	元	角	分
打印纸	A4	件	20	130.00			2	6	0	0	0	0
签字笔		只	500	2.00			1	0	0	0	0	0
合计(大写)叁仟陆佰元整						¥	3	6	0	0	0	0

② 报销凭证

收款单位(章)：新玛特　　　　开票员：4065

分析：这项经济业务的发生，一方面使车间办公费增加 3 600 元，另一方面使得公司的库存现金减少 3 600 元。车间办公费的增加应记入“制造费用”账户的借方，库存现金的减少应记入“库存现金”账户的贷方。

根据“发货票”等原始凭证，编制购买办公用品的会计分录如下。

借：制造费用　　3 600

　　贷：库存现金　　3 600

制造费用是产品生产成本的组成部分，月末应将当月的各种间接生产费用从“制造费用”账户的贷方转出，转入“生产成本”账户的借方，以反映产品生产成本。

【例 3－23】 将本月发生的制造费用 90 200 元转入生产成本。

分析：月末汇总计算制造费用本月发生总额，如表 3－17 所示。

表 3－17 **制造费用汇总表**

12—31 直接材料	50 000	12—31　结转制造费用	90200
12—31 直接人工	20 000		
12—31 固定资产折旧	10 000		
12—26 水费	1 100		
12—26 电费	5 500		
12—27 办公费	3 600		
本月发生额	90 200	本月发生额	90 200

企业当期发生的制造费用在“制造费用”账户归集后，就应将其分配计入有关的成本核算对象，并进行结转制造费用核算。这项经济业务的发生，一方面使得公司的生产成本增加 90 200 元，另一方面使得公司的制造费用结转 90 200 元。生产成本的增加应记入“生产成本”账户的借方，制造费用的结转应记入“制造费用”账户的贷方。会计分录如下。

借：生产成本　　90 200

　　贷：制造费用　　90 200

生产过程业务的核算（四）

3.4.5 完工产品生产成本的核算

产品生产成本的计算，就是按照生产的各种产品，归集和分配在生产过程中所发生的各种生产费用，并按成本项目计算各种产品的总成本和单位成本。在计算产品生产成本时，应将生产过程中发生的各项生产费用，按产品的名称或类别分别进行归集和分配，以便分别计算各种（类）产品的生产总成本和单位成本。由于各企业的生产组织和工艺过程的特点不同，所以不同类型的企业可采用不同的成本计算方法。这里只介绍一般的成本计算方法，其他方法将在以后的专业会计中论述。具体来看，计算产品生产成本，首先应确定成本计算期，产品成本计算通常是定期按月进行的；其次，应按产品品种或批次确定成本计算对象，然后将生产过程中发生的应计入产品生产成本的生产费用分配计入各相应产品，计算其生产总成本和单位成本。企业应设置生产成本明细账，用以归集、分配生产过程中发生的应计入产品生产成本的生产费用。生产成本明细账应按产品品种、批别或类别分别设置，应采用一定的成本计算方法，计算、确定产品生产成本。

完工产品生产成本的核算需设置“库存商品”账户。“库存商品”账户属于资产类账户，用来核算企业库存商品的增减变化及其结余情况。其借方登记完工入库的产成品的实际成本，贷方记录发出产成品的实际成本，期末余额在借方，反映企业库存商品的实际成本。该账户可按库存商品的种类、品种和规格等进行明细核算。

【例3-24】 根据例3-11～例3-19的资料，整理百力公司生产液压机、焊装机所发生的各项生产费用，如表3-18所示。

表3-18　　**生产费用表**

2019年12月31日　　单位：元

产品名称	完工数量	直接材料	直接人工	制造费用	合　计
液压机	20台	180 000	50 000	90 200	
焊装机	—	190 000	60 000		
合　计	—	370 000	110 000	90 200	570 200

表3-18中的直接材料、直接人工可以直接计入各种产品生产成本，并记入生产成本明细账，而制造费用90 200元是液压机、焊装机共同负担的间接费用，需按一定标准在这两种产品之间进行分配，然后再分别计入各种产品的生产成本。制造费用分配标准一般有生产工人工资、生产工人工时、机器工时和直接材料成本等。下面以生产工人工资比例为例，列示制造费用的分配标准：

制造费用的分配率＝制造费用总额/生产工人工资总数

某种产品应负担的制造费用＝该种产品分配标准×分配率

假定百力公司以液压机、焊装机的生产工人工资比例作为分配标准分配制造费用：

制造费用的分配率＝90 200/(50 000＋60 000)＝0.82

液压机应分摊的制造费用＝50 000×0.82＝41 000(元)

焊装机应分摊的制造费用＝60 000×0.82＝49 200(元)

分配制造费用的明细核算会计分录如下。

借：生产成本——液压机　　41 000

　　　　　　——焊装机　　49 200

　　贷：制造费用　　90 200

经过分配后的制造费用已归属于各种产品，这样可以和直接费用一起记入生产明细账，如表 3－19 和表 3－20 所示。

表 3－19　　“生产成本”明细分类账——液压机

产品品种或类别：液压机　　单位：元

2019 年		凭证号码	摘　　要	借方（成本项目）				贷方	借或贷	余额
月	日			直接材料	直接人工	制造费用	合计			
12	31	略	生产耗用材料	180 000			180 000		借	180 000
	31		分配工资费		50 000		50 000		借	230 000
	31		分配制造费用			41 000	41 000		借	271 000
	31		结转完工产品生产成本					271 000	平	—
12	31		本期发生额和余额	180 000	50 000	41 000	271000	271 000	平	—

表 3－20　　“生产成本”明细分类账——焊装机

产品品种或类别：焊装机　　单位：元

2019 年		凭证号码	摘　　要	借方（成本项目）				贷方	借或贷	余额
月	日			直接材料	直接人工	制造费用	合计			
12	31		生产耗用材料	190 000			190 000		借	190 000
	31		分配工资费		60 000		60 000		借	250 000
	31		分配制造费用			49 200	49 200		借	299 200
12	31		本期发生额和余额	190 000	60 000	49 200	299 200		借	299 200

根据生产成本明细账的资料，编制 2019 年 12 月产品生产成本计算表，如表 3－21 所示。

表 3－21　　产品生产成本计算表

2019 年 12 月 31 日　　单位：元

成本项目	液 压 机	
	总成本（20 台）	单位成本
直接材料	180 000	9 000
直接人工	50 000	2 500
制造费用	41 000	2 050
产品生产成本	271 000	13 550

会计主管：　　审核：　　制表：

本月投产的 20 台液压机已全部完工，并已验收入库，一方面表示产品生产完成应按实际成本转账，记入“生产成本”账户的贷方；另一方面表示产成品增加，应记入“库存商品”账户的借方。结转完工入库产品成本的会计分录如下。

借：库存商品——液压机　　271 000

贷：生产成本——液压机　271 000

由于焊装机尚未完工，因此，月末生产成本总账账户的借方余额 299 200 元为在产品焊装机的实际成本。

生产过程业务核算程序如图 3.4 所示。

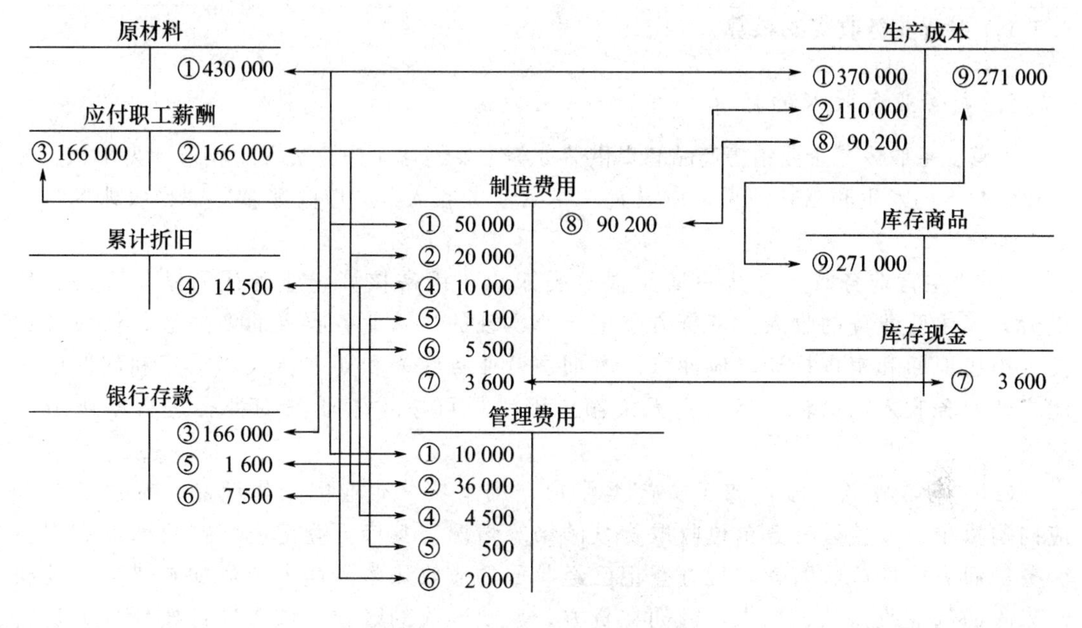

图 3.4　生产过程业务核算程序

阅读案例 3-2

经过一段时间的繁忙工作，杨帆对百力公司的生产过程业务有了比较全面的了解，他也认识到自己要把在学校里学习的会计知识运用到实际工作中必须熟悉企业的生产过程，将企业的业务与财务有效的融合在一起才能在工作中取得更好的进步。一天，张会计和杨帆聊天，她问杨帆："你认为生产过程的业务处理哪部分是难点?"杨帆毫不犹豫地回答："当然是生产成本的计算最麻烦，其实生产过程的业务处理最终都是为了计算产品的生产成本，所以在大学里还单独学习了'成本会计'这门课程。"杨帆的回答得到了张会计的认可，她知道杨帆已经理解了生产过程的业务核算。

问题：

1. 你认为张会计是从杨帆的哪句话得出的结论?
2. 你能根据表 3-21"产品生产成本计算表"做出相应的会计分录吗?

3.5　销售过程业务的核算

销售过程业务的核算

销售过程是制造业企业生产经营过程的最后一个阶段，是产品价值和使用价值的实现过程。在销售过程中，企业将产品销售给购买单位取得销售收入，并代收增值税销项税。同时，还要确定并结转已销产品的成本，支付为销售产品而发生的销售费用，还应当按照国家税法的相关规定，计算并缴纳各种销售税费。因此，销售收入的确认，计算并结转销售成本、销售税费、核算销售费用等就构成了企业销售过程业务核算的主要内容。

3.5.1 主营业务收支的核算

1. 主营业务收入的核算

主营业务收入是企业销售产品和提供劳务等主要经营业务所实现的收入。为了核算主营业务收入的发生和结转情况，应设置“主营业务收入”“应收账款”“预收账款”等账户。

(1)“主营业务收入”账户属于损益类账户，用来核算企业确认的销售商品、提供劳务等主营业务的收入。其贷方登记企业实现的主营业务收入的增加数，借方登记发生销售退回和销售折让时应冲减的本期主营业务收入和期末转入“本年利润”账户的主营业务收入，结转后期末应无余额。该账户可按主营业务的种类进行明细分类核算。

(2)“应收账款”账户属于资产类账户，用来核算企业因销售商品、提供劳务等应向购货单位或接受劳务单位收取货款的结算情况。其借方登记由于销售商品和提供劳务等而发生的应收账款，贷方登记已经收回的应收账款。期末余额如在借方，反映尚未收回的应收账款；期末余额如在贷方，反映预收的账款。该账户可按债务人进行明细核算。

(3)“预收账款”账户属于负债类账户，用来核算企业按照合同的规定预收购买单位订货款的增减变动及其结余情况。其贷方登记预收购买单位的订货款，借方登记销售实现时冲减的预收货款。期末余额如在贷方，反映企业预收款的结余额；期末余额如在借方，反映购货单位应补付给本企业的款项。该账户可按照购货单位进行明细核算。

【例3-25】 2019年12月15日，百力公司按合同向沈阳焊条厂售出液压机10台，单位售价20 000元，增值税额26 000元，价税合计226 000元。开出增值税专用发票，产品已托运，支付铁路代垫运费4 000元（取得运输部门的货物运单，未取得增值税专用发票，不能抵扣增值税的进项税），价款采用托收承付方式结算，已向银行办妥托收手续。

分析：这项经济业务的发生，一方面使得公司的应收账款增加230 000元，另一方面使得公司的商品销售收入增加200 000元，增值税销项税额增加26 000元，银行存款减少4 000元。应收款的增加应记入“应收账款”账户的借方，商品销售收入的增加应记入“主营业务收入”账户的贷方，增值税销项税额的增加应记入“应交税费——应交增值税(销项税额)”账户的贷方，银行存款的减少应记入“银行存款”账户的贷方。企业在销货、办理货款结算时，填制的原始凭证有增值税专用发票、托收承付结算凭证、货物运单等，如表3-22～表3-24所示。

表 3－22

辽宁增值税专用发票

记账联

开票日期：2019 年 12 月 15 日　　　　　　№ 1210736

购货单位	名称	沈阳焊条厂	纳税人登记号	2	1	0	1	0	5	1	1	4	7	8	5	2	3	6
	地址电话	沈阳市铁工街 196 号 82328769	开户银行及账号	中国银行铁工支行 2101032659456123369														

商品或劳务名称	计量单位	数量	单价	金额										税率%	税额									
				千	百	十	万	千	百	十	元	角	分		千	百	十	万	千	百	十	元	角	分
液压机	台	10	20 000			2	0	0	0	0	0	0	0	13				2	6	0	0	0	0	0
合计					¥	2	0	0	0	0	0	0	0				¥	2	6	0	0	0	0	0

价税合计(大写)	⊗贰拾贰万陆仟零佰零拾零元零角零分	¥226 000.00

销货单位	名称	百力智能机电有限责任公司	纳税人登记号	2	1	0	7	0	1	0	1	2	6	8	0	3	6	0
	地址电话	大连市甘井子区黄浦路 66 号 2326988	开户银行及账号	中国银行高新支行 0708001809245550576														
备注																		

销货单位(章)　　　收款人：　　　复核：　　　开票人：

第四联 记账联 销货方记账

表 3－23

中国银行托收承付结算凭证（回单）

托收号码：

㊞　　委托日期　2019 年 12 月 15 日

收款单位	全称	百力智能机电有限责任公司	付款单位	全称	沈阳焊条厂
	账号	0708001809245550576		账号	2101032659456123369
	开户银行	中国银行高新支行		开户银行	中国银行铁工支行

委托金额	人民币(大写) 贰拾叁万元整	千	百	十	万	千	百	十	元	角	分
			¥	2	3	0	0	0	0	0	0

附件		商品发运情况	合同名称号码
附寄单证张数或册数	3	已托运	
备注：		款项收妥日期 20 年 月 日	(收款单位开户银行盖章) 月 日

单位主管：　　　会计：　　　复核：　　　记账：

此联是收款人开户银行给收款人的回单

表 3－24

大连铁路局

货　物　运　单

货位：

计划号码或运输号码 №963456 号　　　发货人→发站→到站→收货人

运到期限　　日

铁路/发货人装车
铁路/发货人施封

发货人填写					铁路填写	货票第　号
发站	大连站	到站(局)沈阳		车种车号	货车标重	
到站所属省(市)自治区					施封号码	
发货人	名称	百力智能机电有限责任公司	经由		铁路发货篷布号码	
	住址	大连市甘井子区黄浦路 66 号				
收货人	名称	沈阳焊条厂	运价里程			
	住址	沈阳市铁工街 196 号				

件数	包装	发货确定重量(kg)	铁路确定重量(kg)	计费重量	运价号	运价率	现价 费别	现价 金额
8							运费	4 000.00
							合计	¥4 000.00

发货人记载事项：	铁路记载事项：

发货人签字或盖章　　　到站付日期戳　　　发站承日期戳

根据上述原始凭证，编制确认产品销售收入的会计分录如下。

借：应收账款——沈阳焊条厂　　230 000

　　贷：主营业务收入　　200 000

　　　　应交税费——应交增值税（销项税额）　　26 000

　　　　银行存款　　4 000

【例 3－26】 2019 年 12 月 19 日，百力公司按合同规定预收大连焊条厂货款 10 000 元，企业已经将大连焊条厂开来的转账支票送存银行。

分析：这项经济业务的发生，一方面使得公司银行存款增加 10 000 元，另一方面使得公司的预收款增加 10 000 元。银行存款的增加应记入“银行存款”账户的借方，预收款的增加应记入“预收账款”账户的贷方。通常企业在收到预收款时要开出收款收据给付款方，将支票存入银行后会收到进账单（回单），如表 3－25 所示。

根据“进账单”等原始凭证，编制预收货款的会计分录如下。

借：银行存款　　10 000

　　贷：预收账款——大连焊条厂　　10 000

表 3－25　　**中国银行进账单（回单）**

2019 年 12 月 19 日

收款人	全称	百力智能机电有限责任公司	付款人	全称	大连焊条厂
	账号	0708001809245550576		账号或地址	0708002809225000147
	开户银行	中国银行高新支行		开户银行	中国银行沙河口支行

人民币(大写)壹万元整	千	百	十	万	千	百	十	元	角	分
			¥	1	0	0	0	0	0	0

票据种类	转账	收款人开户银行盖章
票据张数	1 张	
单位主管　会计　复核　记账		

中行高新办 2019年12月19日 转讫

此联是收款人开户银行给收款人的回单

【例 3－27】 2019 年 12 月 25 日，收到银行转来的收账通知，如表 3－26 所示。沈阳焊条厂支付的货款已经收妥入账。

表 3－26　　**中国银行托收承付结算凭证（收账通知）**

托收号码：

邮　　委托日期　2019 年 12 月 25 日

收款单位	全　称	百力智能机电有限责任公司	付款单位	全　称	沈阳焊条厂
	账　号	0708001809245550576		账　号	2101032659456123369
	开户银行	中国银行高新支行		开户银行	中国银行铁工支行

委托金额	人民币(大写)贰拾叁万元整	千	百	十	万	千	百	十	元	角	分
			¥	2	3	0	0	0	0	0	0

附件		商品发运情况	合同名称号码
附寄单证张数或册数	3	已托运	
备注：		上列款项已由付款人开户行全额划回收入你方账户内。 此致 收款人 (收款人开户行盖章) 20　年　月　日	科目__________ 对方科目__________ 转账 20　年　月　日 单位主管　会计 复核　记账 月　日

付款单位开户行收到日期 20　年　月　日　　　　支付日期 20　年　月　日

此联是收款人开户银行在款项收妥后给收款人的收账通知

根据收账通知，编制收款的会计分录如下。

借：银行存款　　230 000

　　贷：应收账款——沈阳焊条厂　　230 000

【例 3-28】 2019 年 12 月 26 日，按合同规定向大连焊条厂销售液压机 7 台，单位售价 20 000 元，增值税额 18 200 元。这项销售业务时应填制增值税专用发票及办理存款的手续单据等，如表 3-27 和表 3-28 所示。

表 3-27　　**辽宁增值税专用发票**

记账联

开票日期：2019 年 12 月 26 日　　№ 1210736

购货单位	名称	大连焊条厂	纳税人登记号	2	1	0	7	1	2	3	6	9	8	7	4	1	5	6
	地址电话	大连市太原街 96 号 2365988	开户银行及账号	中国银行沙河口支行 0708002809225000147														

商品或劳务名称	计量单位	数量	单价	金额										税率%	税额									
				千	百	十	万	千	百	十	元	角	分		千	百	十	万	千	百	十	元	角	分
液压机	台	7	20 000			1	4	0	0	0	0	0	0	13				1	8	2	0	0	0	0
合计					¥	1	4	0	0	0	0	0	0				¥	1	8	2	0	0	0	0
价税合计(大写)⊗壹拾伍万捌仟贰佰零拾零元零角零分								¥158 200.00																

销货单位	名称	百力智能机电有限责任公司	纳税人登记号	2	1	0	7	0	1	0	1	2	6	8	0	3	6	0
	地址电话	大连市甘井子区黄浦路 66 号 2326988	开户银行及账号	中国银行高新支行 0708001809245550576														
备注																		

销货单位(章)　　收款人：　　复核：　　开票人：

第一联 记账联 销货方记账

表 3-28　　**中国银行进账单（回单）**

2019 年 12 月 26 日

收款人	全　称	百力智能机电有限责任公司	付款人	全　称	大连焊条厂
	账　号	0708001809245550576		账号或地址	0708002809225000147
	开户银行	中国银行高新支行		开户银行	中国银行沙河口支行

人民币(大写)壹拾肆万捌仟贰佰元整	千	百	十	万	千	百	十	元	角	分
		¥	1	4	8	2	0	0	0	0

票据种类	转账	收款人开户银行盖章
票据张数	1 张	
单位主管　会计　复核　记账		

此联是收款人开户银行给收款人的回单

根据增值税专用发票及进账单等原始凭证，编制产品销售收入实现的会计分录如下。

借：银行存款　　148 200

　　预收账款——大连焊条厂　　10 000

　　贷：主营业务收入　　140 000

　　　　应交税费——应交增值税（销项税额）　　18 200

2. 主营业务成本的计算

对于制造业企业而言，主营业务成本就是指企业销售商品、提供劳务等经营性活动所发生的成本。主营业务成本的计算，也可以称为产品销售成本的计算，其计算的对象是每种已经销售的产品。因而，产品销售成本的计算，实质上是已售产品成本的结转。

在通常情况下，各批完工产品的生产成本是不同的，所以，计算产品销售成本的关键是确定已售产品的单位生产成本。确定已售产品的单位生产成本，应采用先进先出法、加权平均法或个别计价法。本节以加权平均法计算已售产品的单位生产成本。

加权平均法的计算公式如下：

$$加权平均单位成本=\frac{期初库存产品的实际成本+本期完工入库产品的实际成本}{期初库存产品的数量+本期完工入库产品的数量}$$

$$产品销售成本=加权平均单位成本\times产品销售数量$$

为了核算主营业务成本的发生和结转情况，需要设置“主营业务成本”账户。“主营业务成本”账户属于损益类账户，用来核算企业从事主营业务而发生的实际成本及其结转情况。其借方登记主营业务发生的实际成本，贷方登记期末转入“本年利润”账户的主营业务成本，结转后期末应无余额。该账户可按主营业务的种类进行明细核算。

【例3-29】 2019年12月28日，计算并结转本月销售产品的成本。百力公司会计部门于12月28日根据计算的本月完工液压机成本和本月销售液压机的数量（依据成品库转来的产品出库单统计当月企业销售液压机17台）。

(1) 编制产品销售成本计算表，如表3-29所示。

表3-29 **产品销售成本计算表**

2019年12月28日 单位：元

产品名称	期初结存			本期完工入库			本期销售		
	数量	单位成本	总成本	数量	单位成本	总成本	数量	单位成本	总成本
液压机	4	13 450	53 800	20	13 550	271 000	17	13 533.33	230 066.61

会计主管： 审核： 制表：

加权平均单位成本=(53 800+271 000)÷(4+20)≈13533.33(元)

产品销售成本=13533.33×17=230 066.61(元)

(2) 结转本月销售产品的成本230 066.61元。

分析：该笔经济业务的发生，一方面使企业的产品销售成本增加230 066.61元，另一方面使得公司的库存产品成本减少230 066.61元。产品销售成本的增加应记入“主营业务成本”账户的借方，库存产品成本的减少应记入“库存商品”账户的贷方。

根据表3-29产品销售成本计算表，编制结转本月销售产品成本的会计分录如下。

借：主营业务成本 230 066.61

　　贷：库存商品——液压机 230 066.61

3.5.2 其他业务收支的核算

1. 其他业务收入的核算

其他业务收入是指企业主营业务收入以外的所有通过销售商品、提供劳务收入及让渡资产使用权等日常活动中所形成的经济利益的流入。

为了核算其他业务收入的发生和结转情况，需要设置“其他业务收入”账户。“其他业务收入”账户属于损益类账户，用来核算企业除主营业务以外的其他日常业务收入的实现及其结转情况。其贷方登记其他业务收入的增加，借方登记期末转入“本年利润”账户的其他业务收入，结转后期末应无余额。该账户可按其他业务的种类进行明细分类核算。

【例3-30】 百力公司销售一批原材料，价款为10 000元，增值税为1 300元。款项已收到并存入银行。

分析：按照规定，销售材料的收入属于其他业务收入。这项经济业务的发生，一方面使得公司的银行存款增加11 300元，另一方面使得公司的其他业务收入增加10 000元，增值税销项税增加1 300元。银行存款的增加应记入“银行存款”账户的借方，其他业务收入的增加应记入“其他业务收入”账户的贷方，增值税销项税额的增加应记入“应交税费——应交增值税（销项税额）”账户的贷方。会计分录如下。

借：银行存款	11 300	
贷：其他业务收入		10 000
应交税费——应交增值税（销项税额）		1 300

2. 其他业务成本的核算

企业在实现其他业务收入的同时，往往还要发生一些其他业务支出，即与其他业务有关的成本和费用，包括销售材料的成本、出租固定资产的折旧额、出租无形资产的摊销额、出租包装物的成本和摊销额等。

为了核算其他业务成本的发生和结转情况，需要设置“其他业务成本”账户。“其他业务成本”账户属于损益类账户，用来核算企业其他日常业务而发生的成本及其结转情况。其借方登记其他业务成本，贷方登记期末转入“本年利润”账户的其他业务成本额，结转后期末应无余额。该账户可按其他业务的种类进行明细分类核算。

【例3-31】 2019年12月31日，百力公司月末结转本月销售材料的成本8 000元。

分析：这项经济业务的发生，一方面使得公司的其他业务成本增加8 000元，另一方面使得公司的库存材料减少8 000元。其他业务成本的增加应记入“其他业务成本”账户的借方，库存材料成本的减少应记入“原材料”账户的贷方。会计分录如下。

借：其他业务成本	8 000	
贷：原材料		8 000

3.5.3 其他相关业务的核算

企业在销售产品过程中实现了销售收入，还需要向国家税务机关缴纳各种销售税金及附加，也要支付相关的销售费用。为了反映和监督企业销售商品的税金及附加以及销售费用，需设置“税金及附加”“销售费用”等账户。

“税金及附加”账户属于损益类账户，用来核算企业经营活动发生的消费税、城市维护建设税、资源税和教育费附加等相关税费。其借方登记按照有关的计税依据计算出的各种税金及附加额，贷方登记期末转入“本年利润”账户的税金及附加额，结转后期末应无余额。

“销售费用”账户属于损益类账户，用来核算企业在销售商品过程中发生的各项销售费用及其结转情况。其借方登记发生的各项销售费用，贷方登记期末转入“本年利润”账户的销售费用，结转后期末应无余额。该账户可按费用项目进行明细核算。

【例3-32】 2019年12月31日，经计算应交城市维护建设税2 545.76元，教育费附加1 091.04元。城市维护建设税和教育费附加的计算公式如下：

应交城市维护建设税=(应交增值税+应交消费税)×7%

应交教育费附加=(应交增值税+应交消费税)×3%

分析：该笔经济业务的发生，一方面使企业的销售税金增加3 636.80元，另一方面使企业应交税费增加3 636.80元。销售税金的增加应记入“税金及附加”账户的借方，企业应交税费的增加应记入“应交税费”账户的贷方。会计分录如下。

借：税金及附加　　3 636.80

　贷：应交税费——应交城市维护建设税　　2 545.76

　　　　　　——应交教育费附加　　1 091.04

【例3-33】 2019年12月28日，百力公司签发转账支票一张，支付本市企业销售机构设备维修费3 400元。

分析：该笔经济业务发生，一方面使得公司销售机构设备修理费增加3 400元，另一方面使企业的银行存款减少3 400元。销售机构设备修理费的增加应记入“销售费用”账户的借方，企业银行存款的减少应记入“银行存款”账户的贷方。这项经济业务涉及的原始凭证主要有修理公司开来的发票和企业签发的支票存根，如表3-30和表3-31所示。

表3-30　　大连市服务业专用发票

2019年12月28日　　№ 0705369

客户名称：百力公司

项目	单位	数量	单价	金额						
				万	千	百	十	元	角	分
维修费					3	4	0	0	0	0
合计金额（大写）⊗叁仟肆佰元整				¥	3	4	0	0	0	0

第三联 记账联

单位盖章　　收款人：　　开票人：东进

表3-31　　中国银行

转账支票存根

支票号码　2132560

科　　目

对方科目

签发日期　2019年12月28日

收款人：维佳修理公司
金　额：¥ 3 400.00
用　途：修理费
备　注：

单位主管　　会计

复　　核　　记账

根据修理公司的发票和支票存根，编制付销售机构设备维修费的会计分录如下。

借：销售费用 3 400

贷：银行存款 3 400

销售过程业务核算程序如图 3.5 所示。

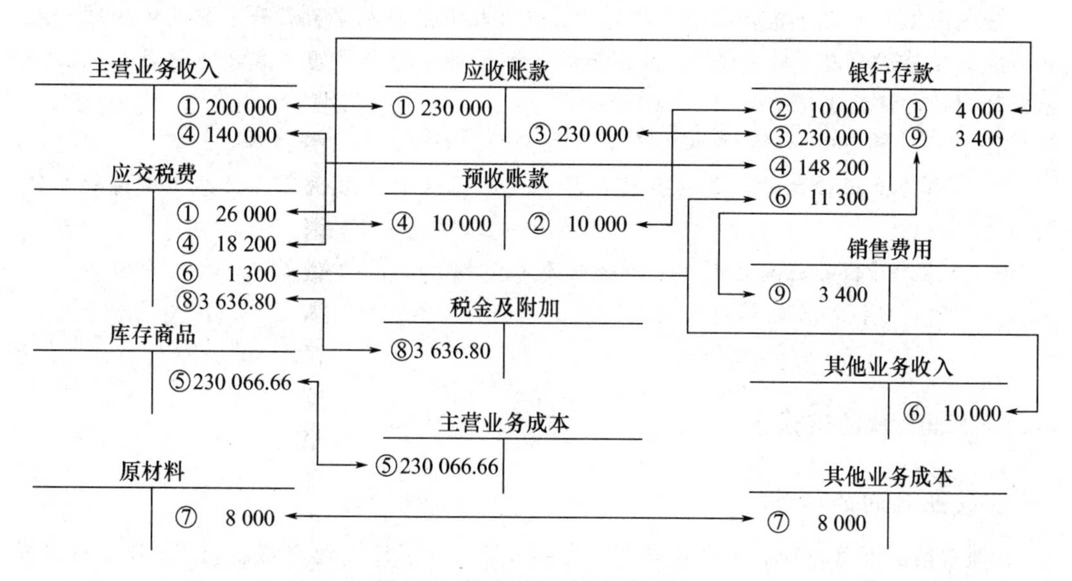

图 3.5 销售过程业务核算程序

3.6 经营成果形成与分配的核算

利润形成与分配的核算(一)

经营成果是企业在一定期间所实现的利润或者亏损总额，是企业经营效果的综合反映。利润包括收入减去费用后的净额、直接计入当期利润的利得和损失等。直接计入当期利润的利得和损失，是指应当计入当期损益、会导致所有者权益发生增减变动的与所有者投入资本或者向所有者分配利润无关的利得或者损失。

在利润表中，利润的计算被划分成以下 3 个层次。

第一是营业利润，营业利润＝营业收入－营业成本－税金及附加－管理费用－财务费用－销售费用－资产减值损失＋公允价值变动收益（损失以“－”号填列）＋投资收益（损失以“－”号填列）。

其中，营业收入包括主营业务收入和其他业务收入，营业成本包括主营业务成本和其他业务成本，税金及附加包括主营业务和其他业务应负担的消费税、城市维护建设税、教育费附加、资源税、房产税、城镇土地使用税、车船税、印花税等。

第二是利润总额，利润总额＝营业利润＋营业外收入－营业外支出。一般将利润总额称为税前会计利润。

第三是净利润，净利润＝利润总额－所得税费用。其中，所得税费用是根据企业会计准则的要求确认的应从当期利润总额中扣除的所得税费用，包括企业当期所得税费用和递延所得税费用。一般将净利润称为税后会计利润。

企业实现的净利润应按国家规定的程序进行分配。为此，企业应做好利润形成的核算和利润分配的核算工作。

▩ 阅读案例 3-3

杨帆知道，企业计算利润的过程会涉及计算应缴纳的所得税，他不露声色但胸有成竹地准备在前辈面前“露一手”，因为杨帆在大学里最感兴趣的课程之一就是“税法”。张会计为了考核杨帆，给他出了如下问题：

1. 公司计算应缴纳所得税的依据是营业利润、利润总额，还是净利润？

2. 计算应交所得税时，是按会计计算的利润还是按税法规定的应纳税所得额？它们二者相等吗？

3. 企业计算出的利润是全部留给企业还是需要分配？如何分配？

如果你是杨帆，你能够对上述问题做出正确回答吗？

3.6.1 利润形成的核算

1. 营业利润的核算

在通常情况下营业利润是企业利润的主要来源，为了计算确定营业利润，除了确认营业收入、计算结转销售成本、核算税金及附加和销售费用外，还应核算管理费用、财务费用及投资收益等营业利润构成要素。

为了核算营业利润的生成情况，在会计上需要设置“投资收益”等账户。“投资收益”账户属于损益类账户，用来核算企业在正常生产经营活动之外，将资金投资于购买债券、股票或其他财产等而获得的收益（或损失）。其贷方记录企业已取得的投资收益，借方记录投资损失及期末转入“本年利润”账户的数额，结转后期末应无余额。该账户可按投资项目进行明细核算。

【例 3-34】 2019 年 12 月 25 日，百力公司技术科王强从上海培训归来报销差旅费 3 600元，交回现金 400 元。

分析：该笔经济业务的发生，一方面使得公司的管理费用增加 3 600 元，库存现金增加 400 元，另一方面使得公司的其他应收款这项债权减少 3 600 元。管理费用的增加应记入“管理费用”账户的借方，现金的增加应记入“库存现金”账户的借方，其他应收款的减少应记入“其他应收款”账户的贷方。在办理差旅费报销业务时，会计人员应填制差旅费报销单和结清差旅费预借款的收据，如表 3-32 和表 3-33 所示。

根据差旅费报销单和收据，应编制报销差旅费的会计分录如下。

借：库存现金　　400

　　管理费用　　3 600

　　贷：其他应收款——王强　　4 000

表 3-32　　差旅费报销单

单位：技术科　　2019年12月25日

出发地			到达地			公出补助			车船飞机费	卧铺	宿费	市内车费	邮电费	其他	合计金额
月	日	地点	月	日	地点	天数	标准	金额							
12	10	大连	12	10	上海	10	150	1 500	440		1 200			30	3 170
12	15	上海	12	15	大连				400					30	430
合计								1 500	840		1 200			60	¥3 600.00
合计人民币(大写)叁仟陆佰元整															
备注：原借款 4 000.00															

单位领导：张耀华　　财务主管：张红　　公出人姓名：王强　　审核人：李力

表 3-33　　结清差旅费预借款的收据

2019年12月25日　　№：1210705066

付款单位　技术科　　交款人　王强

交　　来　差旅费预借款

人民币(大写)肆仟元整（实际报销3600.00元，交回400.00元）

收款单位：　　财务主管：张强　　出纳：李想

第二联记账凭证

【例3-35】 2019年12月28日，百力公司销售临时买入的股票，获得买卖价差收益10 000元，已存入银行。

分析：该笔经济业务的发生，一方面使得公司的银行存款增加10 000元，另一方面使企业的投资收益增加10 000元。银行存款的增加应记入“银行存款”账户的借方，投资收益的增加应记入“投资收益”账户的贷方，同时应注销出售的股票（此处不进行该项账务处理）。企业应依据证券交易部门出具的交易记录及银行的进账单等原始凭证，如表3-34所示，进行的股票投资收益核算。

表 3-34　　中国银行进账单（回单）

2019年12月28日

收款人	全　称	百力智能机电有限责任公司	付款人	全　称	银河证券营业部
	账　号	0708001809245550576		账号或地址	07080118092210007977
	开户银行	中国银行高新支行		开户银行	工商银行银河支行

人民币(大写)壹万元整	千	百	十	万	千	百	十	元	角	分
			¥	1	0	0	0	0	0	0

票据种类	转账	收款人开户银行盖章
票据张数		
单位主管　会计　复核　记账		

此联是收款人开户银行给收款人

根据进账单等原始凭证，编制取得交易性股票投资收益的会计分录如下。

借：银行存款　　10 000

　　贷：投资收益　　10 000

2. 利润总额的核算

构成利润总额的要素除了营业利润外，还有营业外收入和营业外支出。

“营业外收入”账户属于损益类账户，用来核算企业发生的各项营业外收入，主要包括非流动资产处置利得、非货币性资产交换利得、债务重组利得、政府补助、盘盈利得、捐赠利得等。其贷方登记各项营业外收入发生额，借方登记期末转入“本年利润”账户的数额，结转后期末应无余额。该账户可按营业外收入项目进行明细核算。

“营业外支出”账户属于损益类账户，用来核算企业发生的各项营业外支出，包括非流动资产处置损失、非货币性资产交换损失、债务重组损失、公益性捐赠支出、非常损失、盘亏损失等。其借方登记各项营业外支出的发生额，贷方登记期末转入“本年利润”账户的数额，结转后期末应无余额。该账户可按支出项目进行明细核算。

“本年利润”账户属于所有者权益类账户，用来核算企业当期实现的净利润（或发生的净亏损）。其贷方登记会计期末转入的各项收入，包括主营业务收入、其他业务收入、投资净收益和营业外收入等，借方登记会计期末转入的各项成本费用，包括主营业务成本、其他业务成本、税金及附加、管理费用、财务费用、销售费用、资产减值损失、公允价值变动损益、投资收益、营业外支出和所得税费用等。期（月）末将各损益类账户的金额转入本账户，结平各损益类账户。结转后本账户的贷方余额为当期实现的净利润；若是借方余额为当期发生的净亏损。年度终了，将“本年利润”账户的贷方余额或借方余额转入“利润分配”账户，结转后年末应无余额。

【例3-36】 2019年12月27日，百力公司收到供货单位的违约罚款20 000元，存入银行。

分析：罚款收入属于企业的营业外收入。这项经济业务的发生，一方面使得公司的银行存款增加20 000元，另一方面使得公司的营业外收入增加20 000元。银行存款的增加应记入“银行存款”账户的借方，营业外收入的增加应记入“营业外收入”账户的贷方。会计分录如下。

借：银行存款　　20 000

　　贷：营业外收入　　20 000

【例3-37】 2019年12月28日，百力公司签发银行转账支票一张，向市精准扶贫办公室捐款10 000元。

分析：该笔经济业务的发生，一方面使得公司的银行存款减少10 000元，另一方面使得公司的捐赠扶贫支出增加10 000元。银行存款的减少应记入“银行存款”账户的贷方，捐赠扶贫款支出的增加应记入“营业外支出”账户的借方。当企业办理扶贫款捐赠业务时，应开出支票并得到扶贫办公室的收款收据，如表3-35和表3-36所示。

表 3－35

中国银行

转账支票存根

支票号码　2132561
科　　目
对方科目
签发日期　2019 年 12 月 28 日

收款人：市精准扶贫办
金　额：¥ 10 000.00
用　途：扶贫款
备　注：

单位主管　　　　　会计
复　　核　　　　　记账

表 3－36

收据

2019 年 12 月 28 日　　　　№：2701896

付款单位　百力智能机电有限责任公司　　收款方式　转账 人民币(大写)**壹万元整**　　¥ 10 000.00 收款事由：扶贫款	第二联记账凭证

收款单位：大连扶贫办(章)　　财务主管：李利　　出纳：源源

根据支票存根和收据，编制捐款的会计分录如下。

借：营业外支出　　10 000
　　贷：银行存款　　10 000

【例 3－38】 12 月 31 日，将各收入类、费用类账户的余额转入到“本年利润”账户。

分析：企业的“主营业务收入”“其他业务收入”“投资收益”“营业外收入”账户结转前的余额分别为 340 000 元（200 000＋140 000）、10 000 元、10 000 元、20 000 元，各项收入账户的贷方余额应从其借方转入“本年利润”账户的贷方，借记“主营业务收入”“其他业务收入”“投资收益”“营业外收入”账户，贷记“本年利润”账户。“主营业务成本”“其他业务成本”“税金及附加”“销售费用”“财务费用”及“营业外支出”账户结转前的余额分别为 230 066.61 元、8 000 元、3 636.80 元、3 400 元、2 500 元、10 000 元，“管理费用”账户结转前的余额为 56 600 元（10 000＋36 000＋4 500＋500＋2 000＋3 600）。各项费用账户的借方余额应从其贷方转入“本年利润”账户的借方，借记“本年利润”账户，贷记“主营业务成本”“其他业务成本”“税金及附加”“销售费用”“管理费用”“财务费用”“营业外支出”账户。该笔经济业务属于期末结账业务，不需要填制原始凭证，可编制会计分录如下。

借：主营业务收入　　340 000
　　其他业务收入　　10 000
　　投资收益　　10 000

营业外收入　　20 000
　　贷：本年利润　　380 000
借：本年利润　　314 203.41
　　贷：主营业务成本　　230 066.61
　　　　其他业务成本　　8 000
　　　　税金及附加　　3 636.80
　　　　销售费用　　3 400
　　　　管理费用　　56 600
　　　　财务费用　　2 500
　　　　营业外支出　　10 000

12 月份企业实现的税前会计利润总额为 65 796.59 元（380 000－314 203.41）。

3. 净利润的核算

利润形成与分配的核算（二）

企业实现的利润总额扣除所得税费用后的净额，即为税后利润，也称净利润。资产负债表日，企业按照税法规定计算确定当期应交所得税。可按下列步骤计算。

（1）将会计利润总额按税法规定调整为应纳税所得额，进而计算应纳税所得额：

应纳税所得额＝利润总额±纳税调整额

（2）再用应纳税所得额乘以规定的税率，即：

应纳税所得额×税率＝应纳所得税额

（3）　　应纳税额＝应纳所得税额－减免税额－抵免税额

式中的减免税额和抵免税额，是指依照企业所得税法和国务院的税收优惠规定减征、免征和抵免的应纳税额。

“所得税费用”账户，属于损益类账户，用来核算企业确认的应从当期利润总额中扣除的所得税费用。该账户借方登记企业按照税法规定计算确定的当期应交所得税，贷方登记期末转入“本年利润”账户的数额，结转后期末应无余额。

【例 3－39】 2019 年 12 月 31 日，假设会计利润总额等于应纳税所得额，计算和结转 12 月应交所得税，所得税率为 25％。

应交所得税额＝65 796.59×25％≈16 449.148(元)

分析：该笔经济业务发生，一方面使得公司应交的所得税款增加了 16 449.148 元，另一方面使得公司的所得税费用增加了 16 449.148 元。所得税款的增加应记入“应交税费”账户的贷方；所得税费用的增加应记入“所得税费用”账户的借方。一般在期末会计人员计算应纳所得税时，应填制“企业所得税纳税申报表”并据此编制会计分录如下。

借：所得税费用　　16 449.148
　　贷：应交税费——应交所得税　　16 449.148

所得税作为费用，月末也应转入“本年利润”账户。为此应编制结转所得税费的会计分录如下。

借：本年利润　　16 449.148
　　贷：所得税费用　　16 449.148

净利润＝利润总额－所得税费用
＝65 796.59－16 449.148
＝49 347.442(元)

【例 3－40】 期末，将净利润 49 347.442 元转入“利润分配——未分配利润”账户。

借：本年利润 49 347.442

贷：利润分配——未分配利润 49 347.442

3.6.2 利润分配的核算

利润分配就是企业经过股东大会或类似权力机构的批准，对企业可供分配的利润指定其特定用途和分配给投资者的行为。根据《公司法》等有关法规的规定，企业当年实现的净利润，首先应弥补以前年度尚未弥补的亏损，但不得超过税法规定的弥补期限。对于剩余部分，应按照下列顺序进行分配。

1. 提取法定盈余公积

根据《公司法》规定，公司制企业应按照净利润的10％提取法定盈余公积，法定盈余公积金已达注册资本的50％时可不再提取。提取的法定盈余公积金用于弥补以前年度亏损或转增资本金。但转增资本金后留存的法定盈余公积金不得低于注册资本的25％。

2. 向投资者分配利润或股利

企业实现的净利润在扣除上述项目后，再加上年初未分配利润和其他转入数（公积金弥补的亏损等），形成可供投资者分配的利润。可供投资者分配的利润，应按下列顺序进行分配。

（1）支付优先股股利，是指企业按照利润分配方案分配给优先股股东的现金股利，优先股股利是按照约定的股利率计算支付的。

（2）提取任意盈余公积。任意盈余公积一般按照股东会或股东大会决议，从公司净利润中提取。

（3）支付普通股现金股利，是指企业按照利润分配方案分配给普通股股东的现金股利，普通股现金股利一般按各股东持有股份的比例进行分配。如果是非股份制企业则为分配给投资人的利润。

（4）转作资本（或股本）的普通股股利，是指企业按照利润分配方案以分派股票股利的形式转作的资本（或股本）。

可供投资者分配的利润经过上述分配执行，剩余部分为企业的未分配利润（或未弥补亏损）。未分配利润是企业留待以后年度进行分配的利润或等待分配的利润，它是所有者权益的一个重要组成部分。相对于所有者权益的其他部分来说，企业对于未分配利润的使用有较大的自主权。

为了核算企业利润分配的具体过程及结果，需要设置“利润分配”“盈余公积”“应付股利”等账户。

“利润分配”账户，属于所有者权益类账户，用来核算企业利润的分配（或亏损的弥补）和历年分配（或弥补）后的余额。其借方登记实际分配的利润额，包括提取的盈余公积和分配给投资人的利润以及年末从“本年利润”账户转入的全年累计亏损额；贷方登记用盈余公积弥补的亏损额等其他转入数以及年末从“本年利润”账户转入的全面实现的净利润额。年内期末余额如果在借方，反映已分配的利润。年末余额如果在借方，反映未弥补的亏损额；期末余额如果在贷方，反映未分配利润额。“利润分配”账户一般应设置以下几个主要的明细账户：“其他转入”“提取法定盈余公积”“提取任意盈余公积”“应付现金股利”“转作股本的股利”“未分配利润”等，并进行明细核算。

“盈余公积”账户，属于所有者权益类账户，用来核算企业从净利润中提取的盈余公积的增减变动及其结余情况。其贷方登记从税后利润中提取的盈余公积金增加额，借方登记转增资本、弥补亏损等盈余公积金的减少数。期末余额在贷方，反映结余的盈余公积金。该账户可按“法定盈余公积”“任意盈余公积”进行明细核算。

“应付股利”账户，属于负债类账户，用来核算企业应付现金股利或利润的增减变动及其结余情况。其贷方登记应付给投资人的现金股利或利润，借方登记实际应支付的现金股利或利润；期末余额在贷方，反映企业应付未付的现金股利或利润。该账户可按投资者进行明细核算。

【例 3－41】 2019 年 12 月 31 日，从公司本年度实现的净利润中，按 10%提取公积金 4 934.74 元，向投资者宣告分配现金股利 10 000 元。

分析：该笔经济业务是对 12 月实现的净利润 49 347.442 元进行分配，按其 10%提取盈余公积金 4 934.74 元，这项经济业务的发生，一方面使得公司的利润分配额增加 14 934.74元，另一方面使得公司的盈余公积、应付股利分别增加 4 934.74 元、10 000 元。利润分配额的增加是所有者权益的减少，应记入“利润分配”账户的借方；盈余公积的增加是所有者权益的增加，应记入“盈余公积”账户的贷方；应付股利的增加是负债的增加，应记入“应付股利”账户的贷方。一般情况下应根据企业的利润分配方案进行账务处理，并在会计报表的批注中说明。这笔分配利润的业务应编制如下会计分录。

借：利润分配——提取法定盈余公积　　4 934.74
　　　　　　——应付现金股利　　10 000
　　贷：盈余公积——法定盈余公积　　4 934.74
　　　　应付股利　　10 000

在会计期末公司应结清利润分配账户所有的各有关明细账户。结清时，应将各明细账户的余额从其相反方向分别转入“未分配利润”明细账户中。会计分录如下。

借：利润分配——未分配利润　　14 934.74
　　贷：利润分配——提取法定盈余公积　　4 934.74
　　　　　　　　——应付现金股利　　10 000

期末未分配利润＝期初未分配利润＋本期净利润－本期已分配利润
＝0＋49 347.442－14 934.74
＝34 412.702(元)

在本节计算利润举例中采用的是账结法，即每月终了时将损益类账户的余额转入“本年利润”账户，以结出本月的利润或亏损总额。也可以采用表结法计算本月利润，即每月结账时，损益类各账户的余额不需要结转到“本年利润”账户，只有到年度终了进行年度决算时，才用账结法将损益类账户的全年累计余额转入“本年利润”账户。无论企业采用哪种结账方法，年度终了时都必须将“本年利润”账户以及除了“未分配利润”明细账以外的其他所有利润分配明细账结平，转入“利润分配——未分配利润”账户，结转后，除了“未分配利润”明细账以外，其他损益类账户均应无余额。

利润形成及利润分配过程业务核算程序如图 3.6 所示。

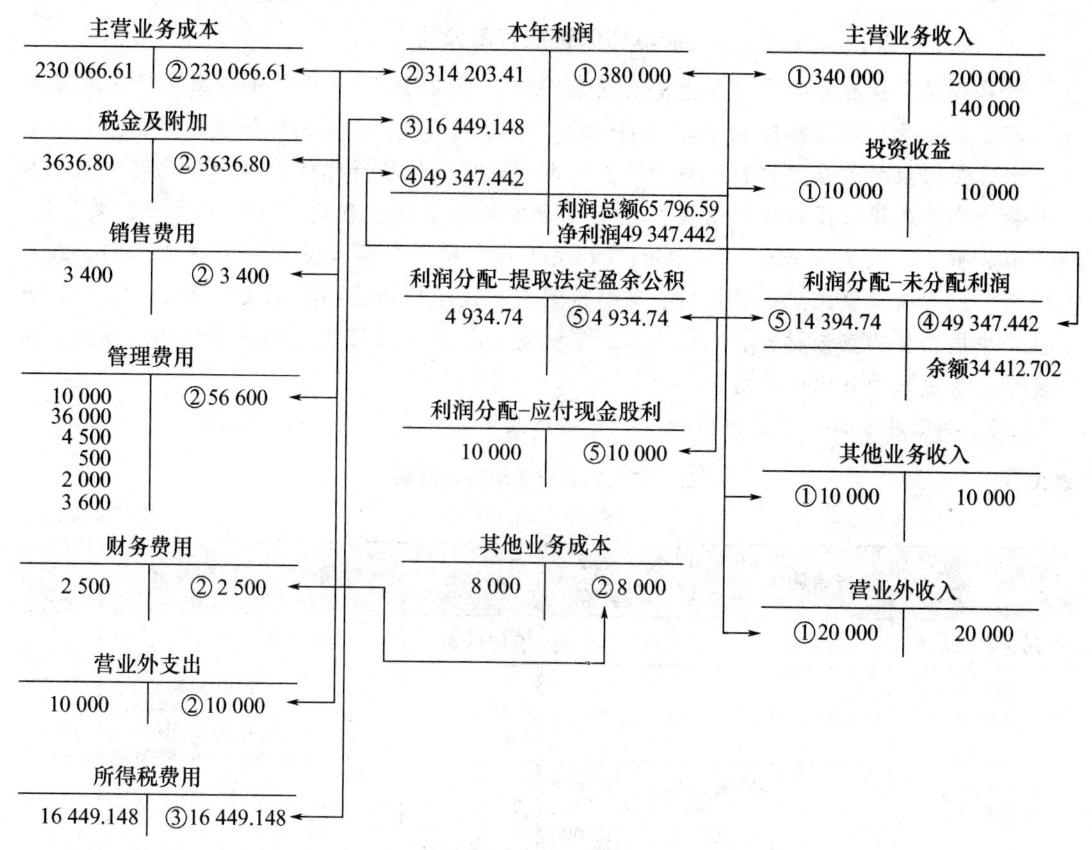

图 3.6 利润形成及利润分配过程业务核算程序

本章小结

本章在前 2 章的基础上，以制造业企业日常发生的主要经济业务为例，系统地阐述了如何建立一套完整的账户体系，以及如何利用这套账户体系进行日常的会计账务处理。

本章阐述了企业的主要经济业务的核算方法和成本计算等基础知识。“资金筹集业务的核算”介绍了企业资金来源，以实例阐述了权益资本与借入资金核算账户的建立与应用；“资产购置业务的核算”以实例阐述了固定资产购置的基本业务的账务处理、材料采购核算的主要账户设置及其应用和材料采购成本的计算；“生产过程业务的核算”阐述了生产过程核算的主要账户设置及应用，以实例讲述了材料费用核算、人工费用核算、计提折旧等其他业务的核算的方法和费用归集、分配结转的操作技能，以及产品生产成本的计算；“销售过程业务的核算”以实例阐述了确认产品销售收入，归集销售费用，计算销售税金以及计算与结转产品销售成本等销售过程业务核算的方法；“利润形成与分配的核算”介绍了利润的概念、利润的构成内容及利润分配程序，以实例阐述了利润形成与分配核算的主要账户的建立与应用的基本方法和操作技能。

公司制企业中的会计

应用案例

清馨环保科技有限公司

清馨环保科技有限公司（以下简称清馨公司）设立于2000年，是一家生产高强度耐高温陶瓷催化净化过滤器的企业。截至2009年12月31日，其注册资本总额为1 000万元。该公司的生产流程为材料制备→陶瓷制造→强韧化处理→化学处理→净化器制造→加工包装→产品入库。高强度耐高温陶瓷催化净化过滤器以自制莫来石、堇青石、氧化铝、锆英石、稀土、贱金属Mn、Co、Cu、Ce氧化物和粉煤灰等工业废料为主要原料。2019年该公司购置高温烧结炉、挤压机、球磨混料机和成型机等生产性固定资产200万元，支付生产中所需要的直接材料、直接人工、制造费用及销售费用等其他费用计800万元，实现主营业务收入为3 000万元。

2020年1月1日，各总分类账和有关明细账余额如表3-37所示。

表3-37　各总分类账和有关明细账余额

单位：万元

总　账	借方余额	明细账	借方余额	总　账	贷方余额	明细账	贷方余额
库存现金	2 000			短期借款	80 000		
银行存款	2 220 000			应付账款	22 000	信达公司	12 000
						东能公司	10 000
应收账款	100 000	星辰公司	60 000	股　本	10 000 000		
		东风公司	40 000				
库存商品	600 000	净化器	600 000	资本公积	530 000		
交易性金融资产	200 000			盈余公积	300 000		
固定资产	9 000 000			本年利润	120 000		
				利润分配	70 000	未分配利润	70 000
				累计折旧	1 000 000		

清馨公司2020年1月的经济业务如下。

1月5日，接到银行通知，星辰公司已将60 000元货款划入清馨公司银行户头中。

1月5日，清馨公司因违章经营被工商部门处以罚款800元，该罚款当日即以库存现金支付。

1月6日，向信达公司购买锆英石200 000元，增值税为26 000元，价款和税款已用银行存款支付，材料还未验收入库。

1月7日，向东能公司购入氧化铝300 000元，增值税39 000元，材料还未验收入库，价款和税款尚未支付。

1月8日，购买的锆英石和氧化铝已经验收入库，结转入库成本。

1月8日，为生产净化器领用锆英石120 000元。

1月12日，向东风公司销售净化器200件，售价共计600 000元，增值税为78 000元，其中，一半款项已收回，剩余款项约定下月收回。另外，在销售过程中发生销售运杂费2 000元，清馨公司以银行存款支付。

1月16日，清馨公司委托银行代发2月职工工资438 500元。

1月16日，由于股票价格上涨，公司将短线持有的股票（取得成本为200 000元）全部抛售，收回款项260 000元并存入银行。

1月28日，以银行存款支付当月短期借款利息费用4 000元。

1月28日，结算本月应付给职工的工资：生产工人的工资360 000元，车间管理人员工资18 500元，公司行政管理人员工资60 000元。

1月28日，提取本月固定资产折旧费用：生产用固定资产折旧40 000元，公司行政管理用固定资产折旧10 000元。

要求：

1. 讨论清馨公司在计算2020年1月净利润时应考虑哪些因素。

2. 如何处理上述业务？选用适合的记账凭证进行相应的会计处理，并登记往来账款明细账和总分类账。

思考与练习

一、思考题

1. 什么是材料采购成本？材料采购成本包括哪些内容？

2. 什么是制造费用？制造费用包括哪些内容？如何进行制造费用的分配？

3. 企业销售核算业务主要包括哪些内容？如何进行销售业务核算？

4. 什么是利润？如何计算营业利润、利润总额和净利润？

5. 如何进行本年利润的核算？

6. 什么是利润分配？

二、单项选择题

1. 为反映企业固定资产的（　　），应设置“固定资产”账户。

A. 磨损价值　B. 累计折旧　C. 原价　D. 净值

2. 企业计提短期借款的利息支出时应借记的账户是（　　）。

A. “短期借款”账户　B. “财务费用”账户

C. “应付利息”账户　D. “在建工程”账户

3. 年度终了时结账后，“利润分配”账户的贷方余额反映（　　）。

A. 利润分配总额　B. 未弥补亏损　C. 实现的净利润　D. 未分配利润

4. 月末，企业将“制造费用”账户的借方发生额合计转入（　　）总账账户的借方。

A. 库存商品　B. 生产成本　C. 主营业务成本　D. 本年利润

5. A企业购入一批原材料，发票注明买价为30 000元，增值税税额为3 900元，入库前发生的挑选整理费用为1 000元，则该批原材料的入账价值为（　　）。

A. 30 000元　B. 339 000元　C. 31 000元　D. 349 000元

三、多项选择题

1. 工业企业的产品成本一般包括（　　）。

A. 为加工产品而发生的材料费用　　B. 为加工产品而发生的工资费用

C. 车间固定资产的折旧费　　D. 自然灾害造成的材料毁损

2. 管理费用包括（　　）。

A. 利息费用　　B. 聘请中介机构费

C. 企业在筹建期间发生的开办费　　D. 生产车间发生的固定资产修理费

3. 材料采购的实际成本包括（　　）。

A. 材料的购买价款　　B. 可以抵扣的进项增值税

C. 运杂费　　D. 进口关税

4. 与“应交税费”账户贷方发生对应关系的账户有（　　）。

A. “所得税费用”　　B. “管理费用”

C. “税金及附加”　　D. “利润分配”

5. 购进材料时，借记“在途物资”“应交税费——应交增值税”账户，可能贷记（　　）账户。

A. “银行存款”　　B. “库存现金”　　C. “应付账款”　　D. “原材料”

四、判断题

1. 一般纳税人应在“应交税费”账户下设置“应交增值税”二级账户。（　　）

2. “在途物资”账户期末借方余额反映企业在途材料、商品等物资的采购成本。（　　）

3. 车间领用的机物料，在会计处理上应属于增加管理费用。（　　）

4. 企业从银行借入短期借款所支付的利息，应记入“短期借款”账户。（　　）

5. 直接人工是指企业从事产品生产人员的工资、奖金、津贴和补贴，以及直接从事产品生产人员的职工福利费等职工薪酬。（　　）

五、业务题

业务题一

目的：练习制造企业材料采购核算和采购成本的计算。

资料：宏邦电器控制设备公司为一般纳税人，材料日常核算采用实际成本法，2020年1月发生以下有关材料采购的经济业务。

(1) 1月5日，向光源公司购进下列原材料，尚未验收入库，货款尚未支付。增值税税率为13%。

甲种材料 200 千克	100 元/千克	计 20 000 元
乙种材料 100 千克	160 元/千克	计 16 000 元
	合计	36 000 元

(2) 1月5日，以银行存款支付上述材料运费300元（假设不考虑增值税，按照材料重量进行分摊）。

(3) 1月12日，从外地购入甲种材料500千克，100元/千克；乙种材料200千克，160元/千克，材料价款计82 000元，以银行存款支付，尚未验收入库（增值税税率13%）。

(4) 1月24日，上述材料已到，以现金支付运杂费300元，以银行存款支付装卸搬运费400元（按照材料重量进行分摊）。

(5) 1月25日，1月5日、1月12日购买的材料验收入库，以银行存款支付前欠光源公司材料款及增值税款。

(6) 1月31日，结转本月购进材料的入库成本。

要求：

(1) 根据上列材料采购的经济业务，编制会计分录。

(2) 登记“在途物资”总分类账户以及“在途物资”明细分类账户。

业务题二

目的：练习制造企业生产过程核算和生产成本的计算。

资料：万得公司2020年1月内发生以下各项经济业务。

(1) 生产车间从仓库领用各种原材料进行产品生产。用于生产A产品的甲材料200千克，12元/千克，乙材料100千克，16元/千克；用于生产B产品的甲材料150千克，12元/千克，乙材料80千克，16元/千克。

(2) 计算本月应付职工工资，按用途归集如下。

A产品生产工人工资　　6 840元

B产品生产工人工资　　4 560元

车间职工工资　　2 280元

管理部门职工工资　　3 420元

(3) 计提本月固定资产折旧，其中车间使用的固定资产折旧700元，管理部门使用固定资产折旧300元。

(4) 车间报销办公费及其他零星开支430元，以现金支付。

(5) 企业收到电力公司开来增值税专用发票，电价3 500元，税额455元，价税合计3 955元。以银行存款支付电费。企业当月用电总价3 500元，其中，车间生产A产品用电1 500元，生产B产品用电1 000元，车间照明用电600元，管理部门用电400元。

(6) 企业管理人员出差报销差旅费550元，原预支600元，余额归还现金。

(7) 开出转账支票一张委托银行代发职工工资15 000元。

(8) 将制造费用总额如数转入“生产成本”账户，并按生产工人工资的比例分配计入A、B两种产品的成本中。

(9) 计算本月A、B两种产品的生产成本。本月A产品100件，B产品80件，均已全部制造完成，并已验收入库，按其实际成本入账。

要求：

(1) 根据上述产品生产的经济业务编制会计分录。

(2) 登记“生产成本”“制造费用”总分类账和“生产成本”明细分类账，并编制产品生产成本计算表。

业务题三

目的：练习制造企业销售过程的核算和经营成果的核算。

资料：陆陆公司2020年发生以下各项经济业务。

(1) 向甲公司出售A产品500件，每件售价60元，增值税税率13%。货款已收到，存入银行。

(2) 向乙公司出售B产品300件，每件售价150元，增值税税率13%，货款尚未收到。

(3) 按出售的两种产品的实际销售成本转账（A产品每件40元，B产品每件110元）。

(4) 以银行存款支付上述A、B两种产品在销售过程中的运输费800元，包装费200元。

(5) 结算销售部门职工工资1 140元。

(6) 以银行存款支付厂部办公费300元。

(7) 银行存款支付银行借款利息1 200元。

(8) 以银行存款支付违约罚金500元。

(9) 开出转账支票一张支付产品广告费1 000元。

(10) 以银行存款支付车间设备修理费500元。

(11) 结算应交城市维护建设税210元，应交教育费附加90元。

(12) 计算利润总额，将损益类账户的余额转入“本年利润”账户。

(13) 计算应交纳的所得税（所得税税率25%），并将“所得税费用”账户的余额转入“本年利润”账户。

(14) 将“本年利润”账户余额转入“利润分配”账户。

(15) 按净利润的10%计算应提法定盈余公积。

(16) 按净利润的10%计算登记应付投资者利润。

要求：

根据上述资料的各项经济业务内容编制会计分录，同时登记“本年利润”和“利润分配”总分类账。

六、互联网作业

1. 在互联网上查找一两家机器装备制造企业（如中国第一汽车集团公司），了解它们的主要产品、产品生产流程等，并判断其可能会发生哪些主要经济业务。

2. 在互联网上查找几家上市公司（如蒙牛乳业集团、通用汽车公司等）的财务报告，了解其确定发出存货成本所采用的方法、利润的构成和利润分配政策等内容。

第4章 账户的分类

学习目标与要求

账户的分类

账户是基础会计课程的核心内容。通过本章的学习，要求了解会计账户体系的概念；深刻理解会计账户分类的标准；熟练掌握会计账户按经济内容的分类、按用途和结构的分类、按提供核算指标详细程度的分类；了解账户按其他标志分类。为后续财务会计课程的学习奠定坚实基础。

关键术语

导入案例

永正会计公司的业务

卢安和同学们的永正会计公司已经开业有一段时间了，因为学校位于经济技术开发区，所以他们的客户中有外资企业、中小企业，这些企业中有制造业、商品批发零售业、服务业，也不乏金融业，业务集中在为客户提供企业会计制度、法规、记账、理财等方面的技术咨询。他们根据《企业会计准则》设立了自己的账户，按照复式借贷记账法来核算自己的业务，一切进行得似乎很顺利。然而在为客户进行会计业务处理与咨询的工作时，以及他们自己的会计核算过程中，他们遇到了这样一些问题。

问题：

1. 面对企业纷繁复杂的经济业务，一个企业通常需要设置众多账户，那么这众多的账户之间又有什么区别和联系？

2. 不同类型的账户在企业的账户体系中各自有什么作用？

通过第2章的学习，我们已经了解账户的设置对企业会计核算工作是至关重要的，是会计核算必要的工具。设置必要的账户，并建立科学的账户体系，是会计核算的基本方法之一，面对如此众多的会计账户企业会计人员又如何能熟练使用其为企业服务呢？为了正确地设置和运用账户，还必须进一步研究账户分类，即在了解各个账户性质的基础上，探讨账户之间的内在联系，掌握各类账户在提供核算指标方面的规律性，以便提供各种有用的会计信息。

账户按经济内容分类

4.1 账户按经济内容分类

在会计工作中，为了连续、系统、全面地核算和监督企业的生产经营全过程，在会计科目的基础上设置了一系列账户。这些账户相互之间既有联系，又有区别，既独立地存在，又共同联系起来反映企业经济业务的某一方面或全貌，这些账户彼此联系起来构成了账户体系。账户体系是指反映会计对象的相互联系的账户所构成的整体。账户体系是由一系列具体的账户组成，作为对经济业务进行分类、确认和记录的一种手段，每一个账户都规定了特定的核算内容，它们从不同的角度反映和监督企业会计对象的某一特定范畴，所有账户联系起来就可以反映企业经济业务活动的全貌。

账户分类，就是从各账户之间的区别和联系入手，采用一定的分类标准，从不同角度对账户加以归类。在账户体系中，有些账户之间存在着一定的共性，从某一角度按照一定标准划分，它们是一种类型。一种类型与另一种类型账户之间，又具有不同的特性。通过账户分类有助于进一步研究账户的特点、核算内容、用途和结构，进一步理解各类账户之间的联系和区别以及各自的使用方法，揭示账户的共性和特性，完善账户体系，进一步掌握各类账户在提供核算指标方面的规律性，明确各类账户在账户体系中的地位和作用，以便科学地设置账户，正确地使用账户。

账户分类的主要标志有两种：一是按经济内容分类；二是按用途和结构分类。而账户的用途决定于账户的经济内容，只有理解了账户的经济内容，才能了解账户的结构，并运用这些账户，将账户按经济内容进行分类，对于区分账户的经济性质，建立完整的账户体系是非常必要的。因此，账户按经济内容的分类是账户分类的基础，在此基础上，进一步将账户按用途和结构分类。以制造业为例，会计所要反映的具体经济内容是资产、负债、所有者权益、收入、费用和利润。因此，账户按经济内容分类可以分为六大类账户：①反映资产的账户；②反映负债的账户；③反映所有者权益的账户；④反映收入的账户；⑤反映费用的账户；⑥反映利润的账户。

但是，在2006年颁布的《企业会计基本准则》中，将利润定义为企业在一定会计期间的经营成果，它包括收入减去费用后的净额、直接计入当期利润的利得和损失等。其中直接计入当期利润的利得和损失，是指应当计入当期损益、会导致所有者权益发生增减变动的、与所有者投入资本或者向所有者分配利润无关的利得或者损失。这一规定将传统意义上认定的收入和费用做了重新解读，增加了利得和损失两个既熟悉又陌生的概念。

此外，需要说明的是，企业在一定期间实现的利润经过分配后，除分配给投资者的利润要退出企业外，提取的盈余公积和未分配利润最终要归属于所有者权益。所以，账户按经济内容分类可将属于利润要素的账户并入所有者权益类账户。另外，由于许多企业，特别是制造、加工企业，为了进行产品成本计算，需要专门设置用来核算产品成本的账户。企业在一定期间所取得的利得和发生的损失等，最终都体现在当期损益的计算中，因而也可以将这些内容与损益计算直接相关的收入、费用账户归为一类，即损益类账户，也可将损益类账户区分为3类账户，即收入类账户、费用类账户及利得和损失类账户。

因此，按现行《企业会计准则》规定，将账户分为8大类：①资产类账户；②负债类账户；③所有者权益类账户；④成本类账户；⑤收入类账户；⑥费用类账户；⑦利得和损失类账户；⑧共同类账户。

4.1.1 资产类账户

资产类账户是用来核算和监督企业拥有或控制的、能以货币计量的经济资源的增减变动及其结余情况的账户。资产类账户，按照资产的流动性，可分为以下两类。

1. 流动资产类账户

流动资产类账户是反映可以在一年或者超过一年的一个营业周期内变现或者被耗用的资产。根据流动资产在企业生产经营过程中存在的不同作用和形态，反映流动资产的账户又可以进一步划分为以下几类：①反映货币资金的账户，如“库存现金”“银行存款”“其他货币资金”等账户；②反映短期投资的账户，如“交易性金融资产”等账户；③反映结算债权的账户，如“应收票据”“应收股利”“应收利息”“应收账款”“其他应收款”“预付账款”等账户；④反映存货的账户，如“原材料”“材料成本差异”“发出商品”“库存商品”“委托加工物资”等账户。

2. 非流动资产类账户

非流动资产类账户包括反映企业的长期投资、固定资产、无形资产和其他资产等企业财产、债权和其他权利的账户。其可以分为以下几类：①反映长期投资的账户，如“长期股权投资”“债权投资”等账户；②反映固定资产的账户，如“固定资产”“累计折旧”“固定资产减值准备”等账户；③反映无形资产的账户，如“无形资产”“累计摊销”“无形资产减值准备”账户；④反映其他资产的账户，如“长期待摊费用”账户。

4.1.2 负债类账户

负债类账户反映企业由过去的交易或事项形成，并预期履行时会导致经济利益流出企业的现时义务的账户的增减变动和结余情况。反映负债的账户，按债务的流动性，也可分为以下两类。

1. 流动负债类账户

流动负债类账户反映企业将在一年或者超过一年的一个营业周期内偿还的债务。反映流动负债的账户包括“短期借款”“应付票据”“应付账款”“预收账款”“应付职工薪酬”“应交税费”“应付利息”“应付股利”“其他应付款”等账户。

2. 非流动负债类账户

非流动负债类账户反映偿还期在一年以上或者超过一年的一个营业周期以上的负债。反映非流动负债的账户包括“长期借款”“应付债券”“长期应付款”“专项应付款”等账户。

4.1.3 所有者权益类账户

所有者权益类账户是指反映企业所有者对企业净资产要求权的增减变动和结余情况的账户。所有者权益类账户按照所有者权益的来源和构成的不同可分为以下两类。

1. 投入资本类账户

投入资本是指投资人对企业原始投入的资本，以及投资本身引起的增值。反映投入资本的账户有“实收资本”(或“股本”)、“资本公积”等账户。

2. 留存收益类账户

留存收益类账户反映企业在生产经营过程中形成的盈利留存在企业内部而积累形成的公积金和未分配利润或发生亏损而减少的所有者权益。反映企业留存收益的账户有“盈余公积”“本年利润”“利润分配”等账户。

4.1.4 成本类账户

成本类账户是指反映企业为生产产品、提供劳务、工程建设而发生的各种经济利益的流出。按照成本计算对象所处经营阶段的不同，可分为以下 3 类。

1. 反映工业性生产产品生产成本的账户

反映工业性生产过程中产品生产成本的账户有“生产成本”和“制造费用”账户，用以核算工业性产品的制造成本。

2. 反映工程建设成本的账户

反映工程建设成本的账户有“工程施工”“工程结算”账户，用以核算企业进行各种工程时发生的实际支出。

3. 反映企业其他经营行为成本的账户

反映企业其他经营行为的成本有“劳务成本”“研发支出”账户。其中“劳务成本”账户用来核算企业对外提供劳务发生的成本，“研发支出”账户被企业用来进行研究与开发无形资产过程中发生的各项支出。

需要说明的是，成本类账户与资产类账户有着密切的联系，资产一经耗用就转化为费用成本，成本类账户的期末借方余额属于企业结存的资产，从这个角度上说，成本类账户也属于资产类账户。

4.1.5 收入类账户

收入类账户是反映企业在日常活动中形成的、会导致所有者权益增加的、与所有者投入资本无关的经济利益的总流入，强调是企业日常经营活动所形成的经济利益的总流入，与利得类账户相区别。该类账户可分为“主营业务收入”和“其他业务收入”等账户。

4.1.6 费用类账户

费用类账户是企业在日常活动中发生的、会导致所有者权益减少的、与向所有者分配利润无关的经济利益的总流出，强调为企业日常经营活动中发生的相关经营费用。经营费用包括为取得收入而发生的主营业务成本和其他业务成本，以及直接计入当期损益的期间费用和为取得利润而发生的流转税支出和所得税支出等。反映经营费用类的账户，有“主营业务成本”“税金及附加”“其他业务成本”“销售费用”“管理费用”“财务费用”“所得税费用”等账户。

4.1.7 利得和损失类账户

利得和损失，是指应当计入当期损益、会导致所有者权益发生增减变动的、与所有者投入资本或者向所有者分配利润无关的利得或者损失，与收入和费用的主要区别在于是否企业日常经营活动所产生。其主要包括“营业外收入”和“营业外支出”两个账户。“营业外收入”账户核算企业发生的除营业利润以外的收益，主要包括债务重组利得、与企业日常活动无关的政府补助、盘盈利得、捐赠利得等。“营业外支出”账户则核算企业发生的除营业利润以外的支出，主要包括债务重组损失、公益性捐赠支出、非常损失、盘亏损失、非流动资产毁损报废损失等。

4.1.8 共同类账户

共同类账户是指反映企业资金往来或利用金融市场来规避风险的业务的账户。

1. 反映企业资金往来的账户

反映企业资金往来的账户主要有“清算资金往来”账户，它反映企业（银行）间业务往来的资金清算款项；“货币兑换”账户，它反映企业（金融）采用分账制核算外币交易所产生的不同币种之间的兑换。

2. 反映企业利用金融市场规避风险的业务账户

反映企业利用金融市场规避风险的业务账户主要有“衍生工具”账户，它反映企业衍生工具的公允价值及其变动形成的衍生资产或衍生负债，衍生工具作为套期工具的，在“套期工具”科目核算；“套期工具”账户，它反映企业开展套期保值业务（包括公允价值套期、库存现金流量套期和境外经营净投资套期）套期工具公允价值变动形成的资产或负债；“被套期项目”账户，它反映企业开展套期保值业务被套期项目公允价值变动形成的资产或负债。

账户按经济内容进行分类，如图4.1所示。

阅读案例4-1

晨宇电脑维修部在2020年6月1日发生了一系列事务。

1. 花费1 500元购买了一台空调。

2. 修理一台电脑收费350元。

3. 交水电费150元。

4. 购买修理用原料、配件合计3 000元。

金萍帮他实时进行了账务处理。但是面对金萍所设立的众多账户，王晨宇陷入了迷惑，他不明白这些账户之间有什么样的区别和联系，为什么设立这些而不是其他账户来核算自己的相关业务，对此他向金萍提出了一个问题：

今天所发生这些会计事务所涉及的会计账户按照不同的分类方法进行分类分别可以归入何种会计账户？

如果你是金萍，你将如何回答这个问题？

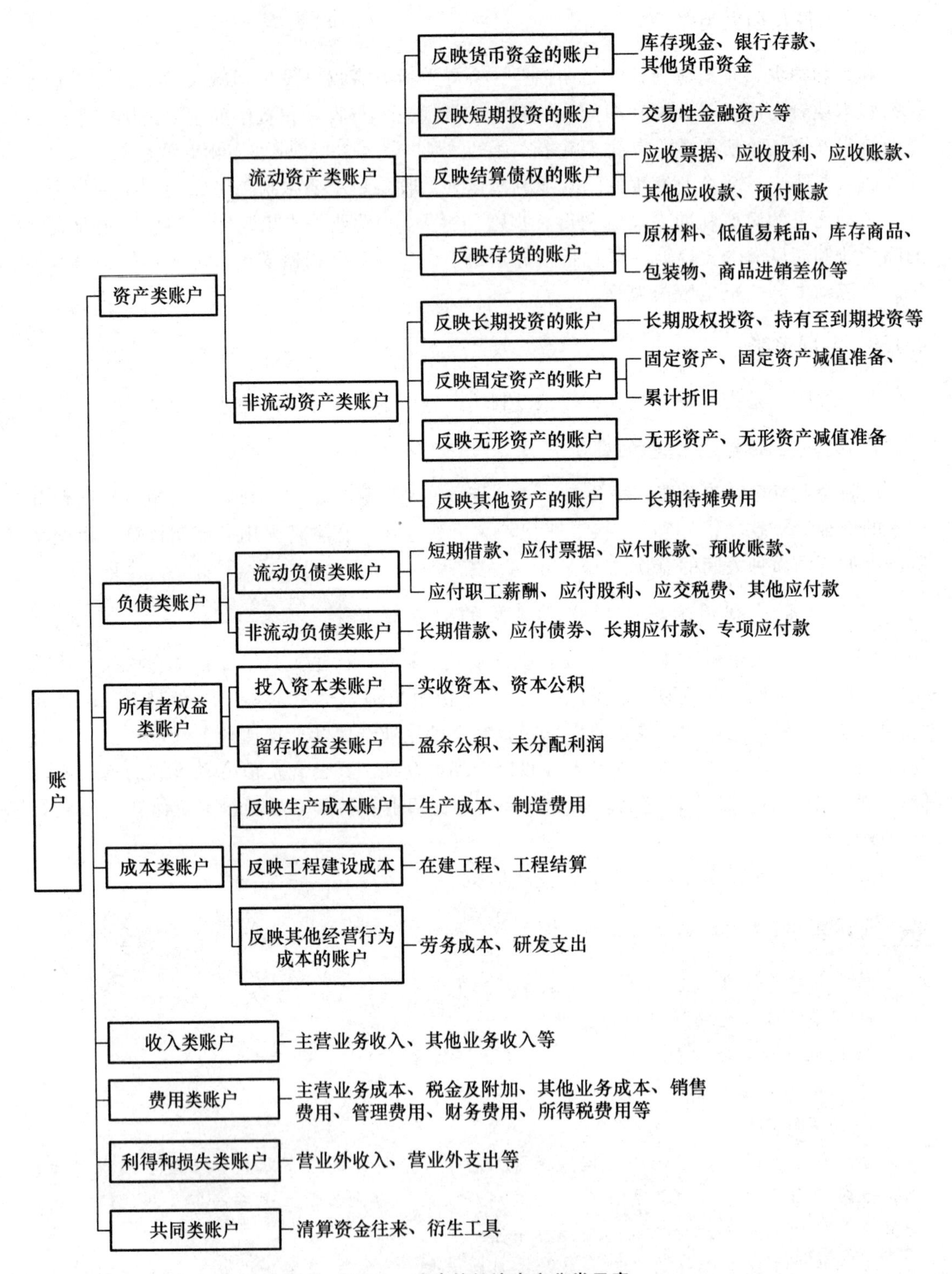

图 4.1 账户按经济内容分类示意

☆阅读案例 4-1 分析

在上述案例中，金萍依据经济内容将晨宇电脑维修部 2020 年 6 月 1 日所发生的事务所涉及的会计账户进行了相关分类。

1. 事务一所涉及的账户是“固定资产”账户，属于资产类账户。
2. 事务二所涉及的账户是“主营业务收入”账户，属于收入类账户。
3. 事务三所涉及的账户是“主营业务成本”账户，属于费用类账户。
4. 事务四所涉及的账户是“原材料”账户，属于资产类账户。

4.2 账户按用途和结构分类

神奇的会计账户

按照账户反映的经济内容对账户进行分类，能够使我们了解各类账户具体反映什么内容，明确账户的性质。但是为了正确地运用账户来记录各项经济业务，还需要在研究账户反映的经济内容的基础上进一步研究账户的用途和结构。

所谓账户的用途，是指通过账户记录所能提供的核算指标，即开设和运用账户的目的。例如，设置“银行存款”账户的目的是为了反映企业因销售商品、提供劳务而涉及的银行存款的收支和结余情况。

所谓账户的结构，是指在账户中如何登记经济业务，以取得所需的各种核算指标，即账户的借方登记什么，贷方登记什么，在一般情况下余额在哪一方，表示什么。例如，“固定资产”账户和“累计折旧”账户，按其反映的经济内容都属于资产账户，而且都是用来反映固定资产增减变动的账户。然而，这两个账户的用途和结构则截然不同。“固定资产”账户是按其原始价值反映固定资产的增减变动及结存情况的账户，增加记借方，减少记贷方，期末余额在借方表示企业现有固定资产的历史成本。而“累计折旧”账户则是用来反映固定资产由于有形或无形的磨损所引起的价值的减少，即累计提取折旧的账户，计提折旧增加时，记入贷方，已提折旧的减少或注销则记入借方，期末余额在贷方，表示现有固定资产的累计折旧。所以，账户按用途和结构的分类，是对账户按经济内容分类的必要补充。研究账户按用途和结构的分类，有利于掌握各类账户在怎样提供核算指标方面的规律性，以达到正确地运用账户，充分发挥账户作用的目的。

账户按用途和结构分类，通常可以分为 3 大类 9 小类。

3 大类包括：①基本账户；②调整账户；③业务账户。

9 小类包括：①盘存账户；②资本类账户；③结算账户；④跨期摊配账户；⑤调整账户；⑥集合分配账户；⑦成本计算账户；⑧损益类账户；⑨财务成果计算账户。

基本账户是对资产类、负债类、所有者权益类账户按用途和结构的进一步分类，这类账户所反映的内容都是企业经济活动的基础内容，因而称其为基本账户。基本账户包括盘存账户、结算账户、资本账户、跨期摊配账户。基本账户期末一般都有余额，分别体现在企业资产负债表的资产、负债和所有者权益中。

调整账户是用来调整某个账户（即被调整账户）的余额，以表示被调整账户所反映会计要素的实际余额而设置的账户。将调整账户与被调整账户有机地联系起来，可以提供管理上所需要的某些特定指标。

业务账户是用来核算和监督企业在供应、生产和销售过程中业务活动的账户。其作用在于为企业的经营管理者提供企业财务管理和成本预算的执行情况，对企业的经营管理效益优劣做出客观、全面的评价。业务账户具体包括集合分配账户、成本计算账户、损益类账户和财务成果计算账户。

4.2.1 盘存账户

盘存账户是用来核算和监督可以进行实物盘点的各种财产、物资和货币资金的增减变动及其结存情况的账户。盘存账户的结构：借方登记各种财产、物资和货币资金的收入或者增加数额，贷方登记其支出或者减少数额，此类账户的期末余额总是在借方，表示各种财产、物资和货币资金的期末结存数额。

盘存账户结构如图 4.2 所示。

借方	账户名称　　贷方
期初余额：财产、物资或货币资金的期初余额 发生额：财产、物资或货币资金的收入或者增加数额	发生额：财产、物资或货币资金的支出或者减少数额
期末余额：财产、物资或货币资金的期末结存数额	

图 4.2 盘存账户结构

属于盘存账户的有“库存现金”“银行存款”“原材料”“库存商品”“固定资产”“无形资产”等账户。盘存账户的特点如下。

(1) 盘存账户中除“库存现金”“银行存款”等货币资金账户外，均设有数量金额式明细分类账户。这些数量金额式明细分类账户同时提供实物数量和货币金额两种指标。

(2) 盘存账户一般均可以通过财产清查，如实地盘点法、核对账目法等方法，检查账面结存数额是否与实有数额相符。通过财产清查可以发现企业的财产、物资和货币资金在经营管理上存在哪些问题，及时解决。

(3) 盘存账户一般情况下，期末余额应在账户的借方。如果各项财产、物资和货币资金期末有结存，反映各项财产、物资和货币资金期末余额的应该是账户的借方；一旦出现贷方余额，则说明财产物资或货币资金在收发、保管或账务处理上存在问题。

4.2.2 资本账户

资本账户是用来核算和监督企业各项所有者权益的增减变动及其实有情况的账户。资本账户的结构：贷方登记各项资本和内部积累的增加额，借方登记各项资本和内部积累的减少额，此类账户的期末余额总是在贷方，表示各项资本和内部积累的实存数额。

资本账户结构如图 4.3 所示。

属于资本账户的有“实收资本”“资本公积”和“盈余公积”账户。其中“实收资本”和“资本公积”账户反映企业投资者投入的资本；“盈余公积”账户则反映企业经营所获得的利润中留存在企业内部的那部分收益，其所有权归企业的所有者，因此，也属于资本类账户。

借方	账户名称　　　　　　　　　　　贷方
发生额：资本或内部积累的减少额	期初余额：期初获得投资或内部积累的实有数额 发生额：资本或内部积累的增加额
	期末余额：资本或内部积累的期末结存额

图 4.3　资本账户结构

资本类账户的特点如下。

(1) 只提供货币指标。由于所有者权益类账户反映的是企业投资者对企业净资产的要求权，因此该类账户无论是进行总分类核算还是进行明细分类核算，都只采用货币计量，而不用其他计量方式。

(2) 期末余额一般在账户的贷方。由于所有者权益类账户反映的是企业从外部取得的投资或内部经营形成的盈余积累，因此在生产经营期间，反映外部投资的账户一定有贷方余额，反映内部积累的账户有可能出现贷方无余额的情况。但一般情况下，此类账户不会出现借方余额。

4.2.3　结算账户

结算账户是指用来核算和监督企业同其他单位或个人以及企业内部各单位之间债权、债务结算情况的账户，即核算各种应收、应付款项的账户。根据结算性质的不同，结算类账户具体又可以分为债权结算账户、债务结算账户和债权债务结算账户 3 类。

账户按用途和结构分类（一）

1. 债权结算账户

债权结算账户又称为资产结算账户，是专门用来核算和监督企业同各个债务单位和个人在经济往来中发生的各种应收款项的增减变动和结存数额的账户。在复式借贷记账法下，债权结算账户：借方登记各种应收款项的增加额，贷方登记各种应收款项的减少额，这类账户的期末余额一般在借方，表示期末尚未收回的应收款项。

债权结算账户结构如图 4.4 所示。

借方　　　　　　　　　　　　　　账户名称	贷方
期初余额：期初尚未收回的应收款项 发生额：应收款项的增加额	发生额：应收款项的减少额
期末余额：期末尚未收回的应收款项	

图 4.4　债权结算账户结构

属于债权结算账户的有“应收票据”“应收账款”“其他应收款”“预付账款”等账户。

债权结算账户的特点如下。

(1) 债权结算账户的期末余额一般在借方，表示应收款项的期末实有数额，但该类账户也有可能出现贷方余额。当该类账户出现贷方余额时，就表示债务账户的性质。例如，“应收账款”账户的余额如果在贷方，则其含义表示为企业预收的款项。

(2) 此类账户一般根据债务人名称设置明细分类账进行明细分类核算。因为为了保证会计核算资料的准确性，债权人需要定期与债务人对账，以保证账账相符。

(3) 债权结算账户只提供货币指标。因为债权结算账户反映的是会计主体对债务人的索偿权，因此该类账户无论是进行总分类核算还是进行明细分类核算，都只采用货币计量。

2. 债务结算账户

债务结算账户又称为负债结算账户，是用来核算和监督企业与各个债权单位或个人在经济往来中发生的各种应付款项的增减变动和实有数额的账户。债权结算账户：贷方登记各项应付款项的增加额，借方登记各项应付款项的减少额，这类账户的期末余额一般在贷方，表示期末尚未偿还的应付款项。

债务结算账户结构如图 4.5 所示。

借方	账户名称 贷方
发生额：应付款项的减少额	期初余额：期初尚未偿还的应付款项数额 发生额：应付款项的增加额
	期末余额：期末尚未偿还的应付款项数额

图 4.5 债务结算账户结构

属于债务结算账户的有“应付票据”“应付账款”“预收账款”“其他应付款”“应付职工薪酬”“应交税费”“短期借款”“长期借款”“应付利息”“长期应付款”等账户。

债务结算账户的特点如下。

(1) 债务结算账户的期末余额一般在贷方，表示企业应付款项的期末实有数额，但也有可能出现借方余额。当该类账户出现借方余额时，就表示债权账户的性质。例如，“应付账款”账户的期末余额如果在借方，则其含义为企业预付的款项。

(2) 债务账户应根据债权人名称设置明细分类账进行明细分类核算。因为为保证应付款项的账目准确，债务人应定期与债权人核对账目。

(3) 债务结算账户只提供货币指标。因为债务结算账户反映的是会计主体对债权人的偿还义务，所以该类账户无论是进行总分类核算还是进行明细分类核算，都只采用货币计量。

账户按用途和结构分类（二）

3. 债权债务结算账户

债权债务结算账户也称资产负债结算账户，是指用来核算企业同其他单位和个人以及企业内部之间往来结算业务的账户。企业在经济活动中，会与某些单位有着经常性的往来业务。企业有时是债务人，有时是债权人。即企业与这些单位相互之间频繁发生债权债务，从而导致双方债权人、债务人地位经常转换。例如，企业向同一单位销售产品，有些款项是应收未收的，此时，企业是该单位的债权人，这些应收未收款项构成企业的债权；有些款项是预收的，此时，企业是该单位的债务人，这些预收款项构成企业的债务。为了集中反映企业与这类单位或个人之间发生的债权和债务往来结算情况，在会计实务中，可以设置一个双重性质的往来账户核算企业应收及应付某一些单位或个人款项的增减变动及其余额，从而简化核算手续。

债权债务结算账户的结构：借方登记应收款项（债权）的增加额或应付款项（债务）的减少额，贷方登记应付款项（债务）的增加额或应收款项（债权）的减少额。这类账户的期末余额可能在借方，也可能在贷方。就明细分类账而言，借方余额表示期末应收款项的实有数，贷方余额表示期末应付款项的实有数；就总分类账而言，借方余额表示期末应收款项大于应付款项的差额，即债权净额，贷方余额则表示期末应付款项大于应收款项的差额，即债务净额。

债权债务结算账户结构如图 4.6 所示。

借方　　　　账户名称	贷方
期初余额：期初债权大于债务的差额 发生额：债权的增加和债务的减少额	期初余额：期初债务大于债权的差额 发生额：债务的增加和债权的减少额
期末余额：期末债权大于债务的差额	期末余额：期末债务大于债权的差额

图 4.6　债权债务结算账户结构

按企业会计制度规定，预收货款业务不多的企业，也可以将预收货款直接记入“应收账款”账户的贷方，企业不再单独设置“预收账款”账户，而是用“应收账款”账户同时反映企业因销售商品或提供劳务而形成的应收款项和预收款项的增减变动情况，此时，“应收账款”账户就成为一个债权债务结算账户。同样，预付货款业务不多的企业，也可以将预付货款直接记入“应付账款”账户的借方，企业不再单独设置“预付账款”账户，这样“应付账款”账户同时核算企业因购进材料或接受劳务而形成的应付账款和预付货款的增减变动情况，此时，“应付账款”账户也是一个债权债务结算账户。还有一些业务量较少的企业既不设置“其他应收款”账户也不设置“其他应付款”账户，而是单独设置一个“其他往来”账户，将其他应收款和其他应付款的增减变动及其结果都集中反映在“其他往来”账户中核算，从而“其他往来”账户也是一个债权债务结算账户。

债权债务结算账户所属的明细分类账户，有些是借方余额，表示尚未收回的债权；有些是贷方余额，表示尚未偿还的债务。所有明细分类账户的借方余额和与贷方余额之和的差额，应与有关总分类账户的余额相等。但是，总分类账户的余额不能明显反映企业同其他单位和个人债权债务关系的实际情况。所以编制资产负债时，应根据总分类账户所属明细分类账户的余额分析计算填列。即将所有明细分类账户的借方余额之和（属于债权部分的余额），列入资产负债表的资产方；同时，将所有明细分类账户的贷方余额之和（属于债务部分的余额），列入资产负债表的负债方，以便如实反映企业债权债务的实际情况。

债权债务结算账户的特点如下。

（1）债务结算账户的期末余额可能在借方，也可能在贷方。其借方余额表示企业应收款项的期末实有数额，贷方余额表示应付款项的期末实有数额。

（2）债务账户应根据发生结算业务的债权人、债务人名称设置明细分类账进行明细分类核算，方便应收、应付款项的及时结算和账目核对。

（3）债权债务结算账户只提供货币指标。因为债权债务结算账户反映的是会计主体对债权人的偿还义务或对债务人的索偿权，所以该类账户无论是进行总分类核算还是进行明细分类核算，都只采用货币计量。

（4）债权债务结算账户是双重性质的账户。账户期末余额在借方表示企业的债权，账户期末余额在贷方则表示企业的债务。

4.2.4 跨期摊配账户

跨期摊配账户是用来核算和监督应由若干个会计期间共同负担的费用，并按权责发生制原则将这些费用在各个会计期间进行摊销和预提的账户。“长期待摊费用”账户就是跨期摊配账户，账户按会计要素分类时，“长期待摊费用”账户属于资产类账户。

企业在生产经营过程中，经常会发生有些费用是在某一个会计期间支付，但却应由几个受益的会计期间共同负担，才能正确地计算各个会计期间的损益。设置跨期摊配账户的目的就是按照权责发生制原则，严格划清费用的受益期限，以便正确地计算各期成本和损益。

“长期待摊费用”账户（核算摊销期在一年以上的费用）用来核算已经支付或发生，但应由本期和以后各期共同分摊的费用。它的借方登记费用的实际支付或发生额，贷方登记费用的摊销额，期末余额在借方，表示已经支付或发生但尚未进行摊销的费用。

跨期摊配账户结构如图 4.7 所示。

借方　　　　　　　长期待摊费用	贷方
期初余额：期初已支付但尚未摊销的费用额 发生额：费用的实际支付额或发生额	发生额：摊销的费用额
期末余额：期末已支付但尚未摊销的费用额	

图 4.7 跨期摊配账户结构

跨期摊配账户的特点如下。

(1) 跨期摊配账户是权责发生制原则在会计核算中的具体体现。跨期摊配账户是为集合分配账户或期间费用账户服务的账户，其目的在于按照权责发生制原则，通过调整严格划清费用的受益界限，把应由各期共同分担的费用，合理地分配到各受益期，以保证产品成本计算的合理性和各期费用负担的均衡性。

(2) 跨期摊配账户期末如有借方余额表示已实际支付但尚未摊配的费用，当支付的费用摊销完毕后，此类账户应无余额。

(3) “长期待摊费用”账户的借方用来登记费用的支付或发生额，贷方用来登记费用的分期摊销数。

账户按用途和结构分类（三）

4.2.5 调整账户

调整账户是用来调整某个账户的余额，以确定被调整账户所反映的具体会计对象实际余额的账户。企业为提高经营管理的效率，对于某些资产、负债、所有者权益项目，同时设置两个账户来核算和监督同一会计要素。其中一个用来反映会计要素的原始数据，另一个账户用来反映原始数据发生的增减变动，通过后者来对前者进行调整，将原始数据与调整数据相加或相抵减，即可求得某会计要素的实有数据。例如，企业的固定资产由于持续地使用和不断磨损，其价值会不断减少。如果仅设置一个“固定资产”账户来核算，那么该账户既要核算和监督固定资产购入时的原始成本，又要核算和监督固定资产由于使用而减少的价值，不利于企业固定资产购置成本的纵向对比。这时，企业可以一方面设置“固定资产”账户反映固定资产的原始价值；另一方面设置“累计折旧”账户反映固定资产由于持续使用不断减少的价值，通过“累计折旧”账户对“固定资产”账户进行调整，就可以反映固定资产的净值。因此，在会计核算中记录和反映原始数据的账户，称为被调整账户；记录和反映对原始数据进行调整的账户，称为调整账户。调整账户不能离开被调整账户而独立存在，有调整账户就一定有被调整账户，二者是相互联系的一组账户，反映的经济内容是相同的。将调整账户和被调整账户相互配合，既能全面、完整地反映同一个会计要素，又能提供管理上所需要的某些特定指标。

调整账户，按其调整方式的不同，可分为备抵调整账户、附加调整账户和备抵附加调整账户。

1. 备抵调整账户

备抵调整账户也称抵减账户，是指用来抵减被调整账户的余额，以求得被调整账户实际余额的账户。备抵调整账户的调整方式是用被调整账户的余额减去备抵账户的余额，以求得调整后的实际余额。其调整方式可用计算公式表示：

被调整账户余额－备抵调整账户余额＝被调整账户实际余额

因此，备抵账户的余额与被调整账户的余额一定在相反的方向。被调整账户如果是借方（或贷方）余额，备抵账户一定是贷方（或借方）余额。

按照被调整账户的性质，备抵账户又可分为资产备抵账户和权益备抵账户。

（1）资产备抵账户。

资产备抵账户是用来抵减某一资产账户的余额，以求得该项资产实际数额的账户。

“累计折旧”账户就是一个典型的资产类备抵账户。根据“固定资产”账户（被调整账户）的借方余额，可以取得有关固定资产原始价值的数字；而根据“累计折旧”账户（备抵账户）的贷方余额，可以取得有关固定资产累计折旧的数字。将“固定资产”账户借方余额减去“累计折旧”账户的贷方余额，其差额就是固定资产的账面净值。属于该类备抵账户的还有“坏账准备”“存货跌价准备”“长期股权投资减值准备”“固定资产减值准备”“无形资产减值准备”等账户。现以“累计折旧”和“固定资产”账户为例，其相互关系和抵减方式如图 4.8 所示。

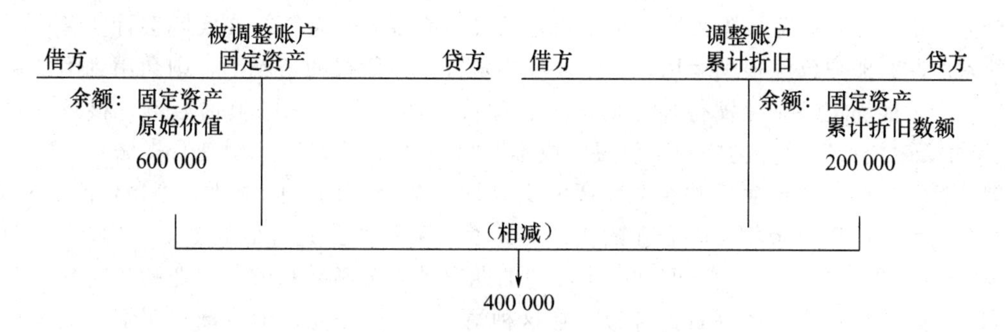

图 4.8 “累计折旧”和“固定资产”账户的相互关系和抵减方式

固定资产原始价值－固定资产累计折旧数额＝固定资产净值

600 000－200 000＝400 000(元)

（2）权益备抵账户。

权益备抵账户是用来抵减某一所有者权益账户的余额，以求得该项所有者权益实际数额的账户。

“利润分配”账户就是一个典型的权益备抵账户。“本年利润”账户的期末贷方余额表示年度内已实现的净利润，“利润分配”账户的期末借方发生额累计数表示年度内已分配的利润数额，用“本年利润”账户的贷方余额减去“利润分配”账户的借方发生额累计数，其差额就是未分配的利润数额。“本年利润”账户和“利润分配”账户之间的相互关系和抵减方式，如图 4.9 所示。

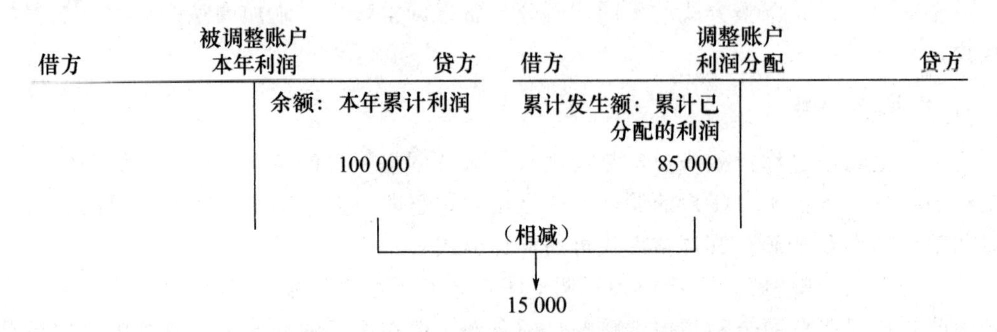

图 4.9 “本年利润”和“利润分配”账户的相互关系和抵减方式

本年累计利润－累计已分配的利润＝未分配利润

100 000－85 000＝15 000(元)

2. 附加调整账户

附加调整账户是用来增加被调整账户的余额，以求得被调整账户调整后实际余额的账户。这类账户的调整方式与备抵账户的调整方式恰恰相反，其调整方式是将被调整账户的期末余额与调整账户的期末余额相加，求得调整后被调整账户的实际数额。其调整方式可用计算公式表示为：

被调整账户余额＋附加账户余额＝调整后余额

因此，附加调整账户的余额与被调整账户的余额一定是在同一方向，被调整账户如果是借方（或贷方）余额，附加账户也一定是借方（或贷方）余额。在实际会计实务中，单纯的附加调整账户已经很少运用。在企业溢价发行公司债权的情况下，则会用到附加调整账户。为了能够记录企业发行债券的面值、溢价金额以及实际的负债金额，核算时，在“交易性金融资产”总分类账户下设置“成本”“公允价值变动”等明细分类账户。“成本”明细分类账户的借方余额反映企业购买的交易性金融资产的实际成本，“公允价值变动”明细分类账户的借方余额反映企业购买的交易性金融资产公允价值的变动，“成本”明细分类账户与“公允价值变动”明细分类账户的期末借方余额之和就是企业购买交易性金融资产这一行为所产生的实际资产金额。在这种情况下，“公允价值变动”明细分类账户就是“成本”明细分类账户的附加账户。这两个账户之间的相互关系及附加方式，如图 4.10 所示。

交易性金融资产成本＋公允价值变动＝购买的交易性金融资产的实际价值

100 000＋20 000＝120 000(元)

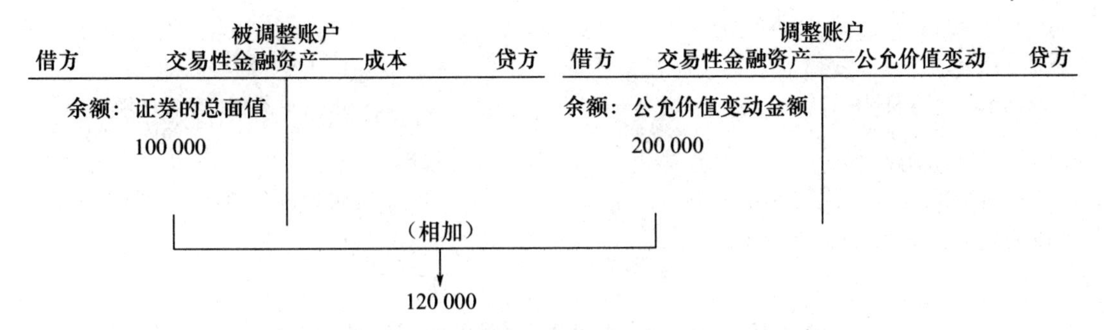

图 4.10　“交易性金融资产——成本”账户与“交易性金融资产——公允价值变动”账户的相互关系和附加方式

3. 备抵附加调整账户

备抵附加调整账户是用来抵减或增加调整账户的余额，以求得调整后余额的账户。备抵附加账户同时具有备抵账户和附加账户两种调整功能。当此账户的余额与被调整账户余额的方向相反时，调整方式与备抵账户相同，起着备抵账户的作用；当它的余额与被调整账户余额的方向一致时，调整方式与附加账户相同，起着附加账户的作用。

制造业企业按计划成本计价进行材料的日常收支核算时，所设置的“材料成本差异”账户，就是“原材料”这个被调整账户的备抵附加账户。这时“材料成本差异”账户成为“原材料”账户的备抵账户。当“材料成本差异”账户贷方余额时，表示实际成本低于计划成本的节约额，将“原材料”账户的借方余额减去“材料成本差异”账户的贷方余额，其差额就是库存原材料的实际成本；当“材料成本差异”账户是借方余额时，表示实际成本高于计划成本的超支额，将“原材料”账户的借方余额加上“材料成本差异”账户的借方余额，所得之和就是库存原材料的实际成本。这时“材料成本差异”账户成为“原材料”账户的附加账户，其调整方式如图 4.11 和图 4.12 所示。

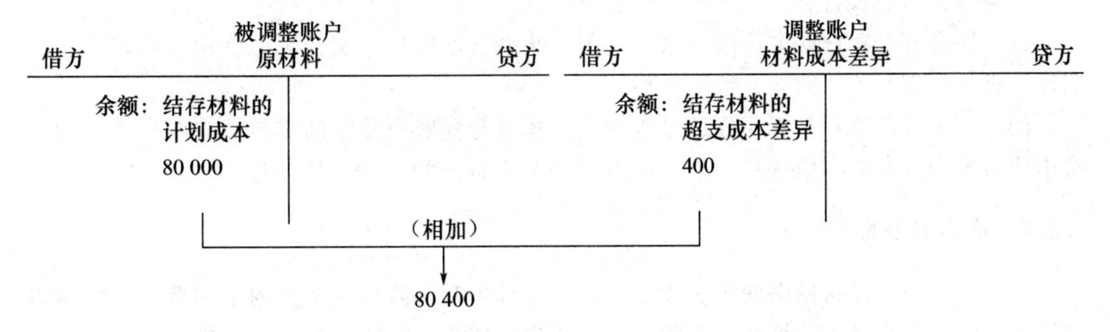

图 4.11　“原材料”账户和“材料成本差异”账户的调整账户方式 1

结存材料的计划成本＋结存材料的超支成本差异＝材料实际成本

80 000＋400＝80 400(元)

结存材料的计划成本－结存材料的节约成本差异＝材料的实际成本

80 000－400＝79 600(元)

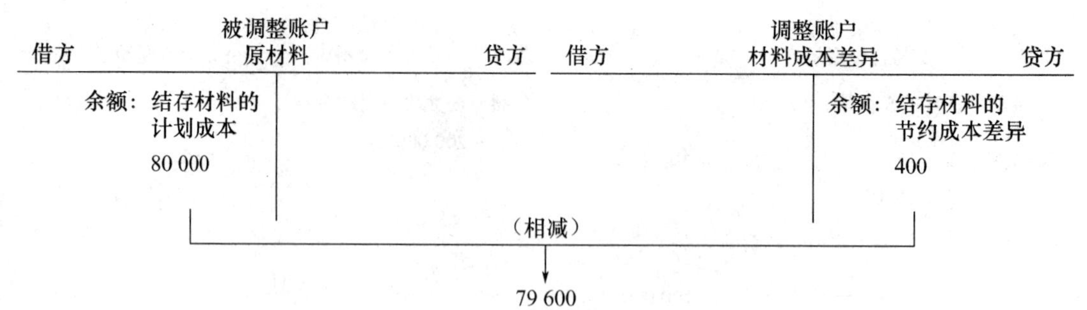

图 4.12 “原材料”账户与“材料成本差异”账户的调整账户方式 2

账户按用途和结构分类（四）

4.2.6 集合分配账户

集合分配账户是用来归集企业在生产经营过程中某个阶段所发生的有关间接费用，然后向受益对象进行分配的账户。企业在生产经营过程中发生的由多个成本计算对象共同负担的间接费用，首先应在集合分配账户中进行归集，然后按照一定的标准分配计入各个成本计算对象。集合分配账户的结构：借方登记费用的发生额，贷方登记费用的分配额，期末一般无余额，这是因为在一般情况下，归集在这类账户中的各项费用在期末应全部分配出去，所以集合分配账户期末一般没有余额。集合分配账户结构如图 4.13 所示。

借方　　　　账户名称	贷方
发生额：归集经营过程中某种费用的发生额	发生额：分配到有关受益对象负担的费用额

图 4.13 集合分配账户结构

集合分配账户主要有“制造费用”账户。结合分配账户的作用在于核算和监督企业有关生产费用计划的执行和分配情况。集合分配账户的特点如下。

（1）集合分配账户期末一般无余额。因为集合分配账户本期归集的费用在期末全部分配计入成本计算对象，期末一般无余额。

（2）集合分配账户具有明显的过渡性质。集合分配账户是帮助成本计算账户完成间接费用的归集和分配的专门账户，是为成本计算账户服务的账户，具有明显的过渡性质。

4.2.7 成本计算账户

成本计算账户是指用来归集企业生产经营过程中某一阶段所发生的全部费用，并据以计算和确定出各个成本计算对象实际成本的账户。成本计算账户的结构：借方登记应记入成本的全部费用，其中，一部分是在费用发生时直接记入的直接费用，另一部分是在期末通过集合分配账户分配转来的间接费用；贷方登记转出的已完工成本计算对象的实际成本；期末余额在借方，表示期末尚未完成该生产阶段的产品的实际成本。成本计算账户结构如图 4.14 所示。

成本计算账户主要有“制造费用”“生产成本”“工程结算”“劳务成本”“研发支出”等账户。成本计算账户的特点如下。

（1）成本计算账户除设置总分类账外，还应按各个成本计算对象设置明细分类账户。

因为按各个成本计算对象设置明细分类账户，便于企业核算各成本计算对象的各项成本构成，为企业提高生产经营管理效率服务。

借方　　　　　　　　账户名称	贷方
期末余额：某一阶段尚未完工的成本计算对象的实际成本 发生额：生产经营过程中某一阶段发生的全部费用	发生额：某一生产经营过程完工并结转的成本计算对象的实际成本
期末余额：尚未完工的成本计算对象的实际成本	

图 4.14　成本计算账户结构

(2) 成本计算账户同时提供成本计算对象成本的货币指标和数量指标。同时提供成本计算对象成本的货币指标和数量指标便于企业从质和量两个方面入手了解企业成本计划的执行情况。

(3) 成本计算账户的借方发生额包括：①产品生产过程中直接发生的费用，这些费用可直接计入成本计算账户，称为直接费用；②发生后先在集合分配账户中归集，再通过集合分配账户按照一定标准分配计入各成本计算对象的成本的费用，这些费用是从集合分配账户转来的，称为间接费用。

(4) 期末成本计算账户如有借方余额，表示尚未完工产品（在产品、半成品）、在途物资或在建工程的实际成本。因为在某一特定成本计算期内，成本计算账户主要用于成本计算对象成本的计算，并在期末由其贷方转出已完工成本计算对象的成本，所以期末借方余额就表示尚未完工产品（在产品、半成品）、在途物资或在建工程的实际成本。

4.2.8　损益类账户

损益类账户是用来汇集经营过程中所取得的收入，发生的成本、费用，营业收入和营业支出，借以在期末进行配合比较，计算确定经营期内的财务成果的账户。损益类账户在一定时期的发生额合计要在当期期末结转到“本年利润”账户，用以计算企业一定时期内的损益，结转之后余额为零。一般来说，损益类账户包括一个会计期间的一切经营活动和非经营活动的所有损益内容，它既包括来自生产经营方面已实现的各项收入以及需要在本期配比的各项成本、费用，也包括来自其他方面的业务收支以及本期发生的各项营业外收支等，主要可划分为收益类、支出类账户。

1. 收益类账户

收益类账户用来核算企业在一定时期（月份、季度或年度）内所取得的各种收入或收益的账户，收益类账户的结构：贷方登记一定时期内取得的收入或收益；借方登记收入或收益的冲减数以及期末转入“本年利润”账户的收入或收益数，结转后期末没有余额。收入类账户结构如图 4.15 所示。

属于收益类账户主要有“主营业务收入”“其他业务收入”“营业外收入”等账户。

2. 支出类账户

支出类账户是指用来核算企业在一定时期（月份、季度或年度）内所发生的应计入当期损益的各项成本、费用或支出的账户。支出类账户的结构：借方登记本期发生的各项费用支出数；贷方登记费用支出的冲减数以及期末转入“本年利润”账户的费用支出数；结转后期末应无余额。支出类账户结构如图 4.16 所示。

借方 账户名称	贷方
发生额：本期收入或收益减少额 期末转入“本年利润”账户的收入或收益数额	发生额：本期收入或收益增加额

图 4.15 收益类账户结构

借方 账户名称	贷方
发生额：本期成本、费用、支出的增加额	发生额：本期成本、费用、支出的减少额 期末转入“本年利润”账户的成本、费用、支出数额

图 4.16 支出类账户结构

属于支出类账户主要有“主营业务成本”“税金及附加”“其他业务支出”“销售费用”“管理费用”“财务费用”“所得税费用”“营业外支出”等账户。

损益类账户的特点如下。

(1) 账户一方归集本期发生的收入或支出数额，期末经由另一方将本期归集的收入或支出数额全部结转到“本年利润”账户中。

(2) 损益类账户期末一般没有余额。

4.2.9 财务成果计算账户

财务成果计算账户是用来核算和监督企业在一定时期内财务成果形成，并确定经营活动最终成果的账户。“本年利润”账户是典型的财务成果计算账户。财务成果计算账户的结构：借方登记期末从费用类损益账户转入的本期各项支出（主营业务成本、税金及附加、其他业务成本、期间费用、营业外支出和所得税费用等）数额；贷方登记期末从收入类损益账户转入的本期各项收入或收益（主营业务收入、其他业务收入和营业外收入等）数额。期末将借方发生额和贷方发生额进行比较，对比计算出本期的最终财务成果，如果期末余额在贷方，表示至本期已累计实现的利润净额，如果期末余额在借方，则表示至本期已累计发生的亏损总额，年末结转后无余额。财务成果计算账户结构如图 4.17 所示。

借方 本年利润	贷方
期初余额：期初累计发生的亏损总额	期初余额：期初累计实现的净利润
发生额：本期转入的各项支出（主营业务成本、税金及附加、其他业务成本、期间费用、营业外支出和所得税费用等）	发生额：本期转入的各项收入（主营业务收入、其他业务收入和营业外收入等）
期末余额：期末累计发生的亏损总额	期末余额：期末累计实现的利润净额

图 4.17 财务成果计算账户结构

财务成果计算账户的特点如下。

(1) 财务成果计算账户借方登记期末从费用类损益账户转入的本期各项支出数额；贷方登记期末从收入类损益账户转入的本期各项收入或收益数额。

(2) 在每月末采用账结法下，财务成果计算账户期末余额可能在借方，也可能在贷方，年末结转后无余额。如果财务成果计算账户期末余额在贷方，表示企业至本期已累计实现的利润净额，如果期末余额在借方，则表示企业至本期已累计发生的亏损总额。

财务成果计算账户，按其用途和结构分类如图 4.18 所示。

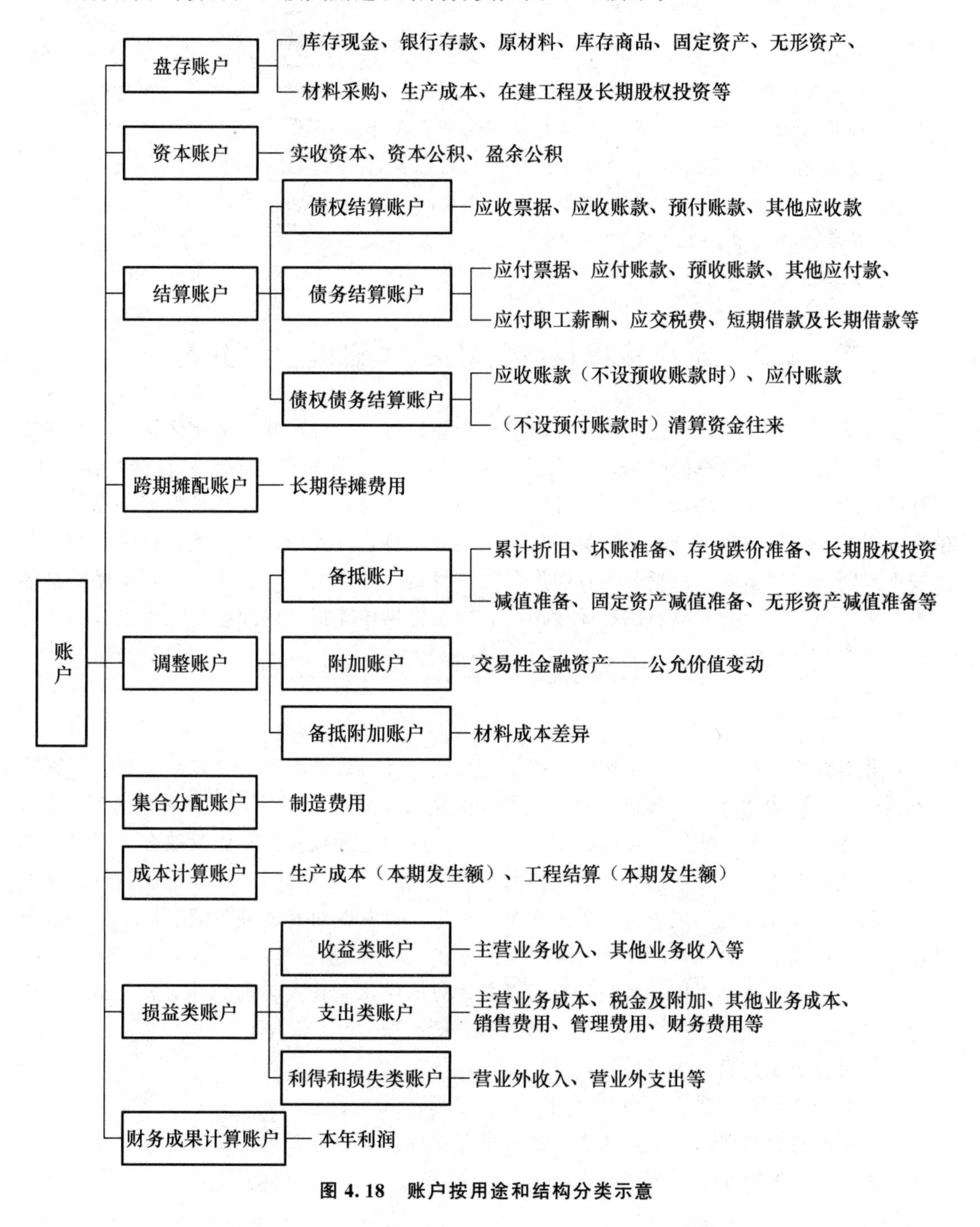

图 4.18 账户按用途和结构分类示意

▩ 阅读案例 4-2

接阅读案例 4-1，听到金萍的回答之后王晨宇又向金萍提出了另外一个问题：按照其他不同的分类方法，今天所发生这些会计事项涉及的会计账户分别又可以归入何种会计账户？如果你是金萍，你将如何回答这个问题？

☆ 阅读案例 4-2 分析

在上述案例中，金萍依据用途和结构将晨宇电脑维修部 2020 年 6 月 1 日所发生的事项涉及的会计账户再次进行了相关分类。

1. 事务一所涉及的账户是“固定资产”账户，属于盘存账户。
2. 事务二所涉及的账户是“主营业务收入”账户，属于集合分配账户。
3. 事务三所涉及的账户是“主营业务成本”账户，属于集合分配账户。
4. 事务四所涉及的账户是“原材料”账户，属于盘存账户。

4.3 账户按提供核算指标详细程度的分类

通过第 2 章的学习，我们知道会计账户与会计科目二者既有联系又有区别，联系在于会计科目是设置会计账户的依据，是会计账户的名称，会计账户是会计科目的具体运用，会计科目所反映的经济内容，就是会计账户所要登记的内容。而会计科目根据所提供会计信息的详细程度进一步可分为总分类科目和明细分类科目。其中，总分类科目是对会计要素按不同经济内容所做的总括分类；明细分类科目是对总分类科目包含的内容所做的具体分类。相应地，作为会计科目的具体运用的账户按提供核算指标详细程度也可以分为总分类账户和明细分类账户。

4.3.1 总分类账户

总分类账户，简称总账，是按照一级总括分类会计科目设置的分类账户。总分类账户是概括资产、负债、所有者权益、收入、费用类别来分别设置的，如“库存现金”“原材料”账户等。在会计工作中，正确组织总分类账户的设置和核算是全面反映会计对象和加强经营管理的需要，只有通过总分类账户所提供的资料，才能概括了解和全面控制企业的资金运动，合理有效地利用资金，促进整个企业生产经营健康有序地持续发展下去。总分类账户的特点如下。

（1）总分类账户是根据一级会计科目设置，只提供每一较大类别会计对象总括、全面的综合指标。

（2）总分类账户只提供货币计量。

（3）总分类账户的账页一般只采用三栏式账页。

正是基于总分类账户的上述特点，总分类账户提供的数据资料，对于深入了解企业资金运营的详细内容，具有下列不足。

（1）总分类账户提供的资料不够详细具体。为了加强企业的经营管理，只掌握那些反映总括、全面情况的会计信息是不够的，还应把握更进一步详细反映企业各方面情况的会计信息，而总分类账户是根据一级会计科目设置，只提供每一较大类别会计对象总括、全面的综合指标。

（2）总分类账户只提供货币计量，只限于价值核算，这具有很大的局限性。通过第1章的学习，我们知道会计核算的对象是企业的资金运营，而在资金的循环和周转过程中，资金由货币资金、储备资金、生产资金到成品资金，最后经过销售过程再次回到货币资金的形态，这样周而复始经历着不同的形态，仅仅采用货币计量的方式，无法反映资金运营最真实的内容，会计核算应以价值核算为主，但同时也必须关注使用价值的核算。

4.3.2 明细分类账户

明细分类账户，简称明细账，是按照明细分类会计科目设置的分类账户。实践证明，价值核算与使用价值的核算是无法分割的，一个企业要正常地运营，除了控制资金的运营之外，还要管好用好所拥有的物资，因此在会计核算中，除了应合理设置总分类账户，组织好总分类账户的核算之外，还应该科学设置明细分类账户，正确组织明细分类账户的核算，提供详细反映企业各项资产、负债、所有者权益以及与此相关的收入及费用的增减变化的数据资料。例如，在制造业企业中，为了掌握各种原材料的收、发、结存情况和储备资金的周转情况，就必须在“原材料”这个总分类账户下面，按照原材料的保管地点、类别、品种、规格和型号，分别设置明细分类账户，这样既能反映各种原材料的价值形态，又能反映各种原材料存在的实物形态。在会计实务中，明细分类账户总是在某一总分类账户下按其核算内容和管理需要来开设的，但这并不等于所有的总分类账户都可以开设明细分类账户。这是因为，如果明细分类账户设置过多，会大大增加会计工作人员的工作量，反而会降低会计核算工作的效率。因此，如何设置明细分类账户，应从一个企业经营管理的实际需要出发。一般情况下，除“库存现金”“银行存款”“累计折旧”等少数几个总账一般不设置明细分类账户外，其余总分类账户都应设置明细分类账户。开设明细分类账户的基本类型如下。

（1）实物资产类明细分类账户，隶属于资产类的实物财产、物资账户，如原材料、固定资产、产成品等，都应按实物资产的具体名称、规格或型号设置明细分类账户，要求其既提供货币量指标，又要提供实物数量指标。

（2）应收、应付等债权和债务类明细分类账户，如应收账款、应付账款等，按照对应的购货单位和供货单位的名称设置明细分类账户，一般只要求其提供货币量指标。

（3）所有者权益类明细分类账户，如实收资本，一般按照投资人或构成内容设置明细分类账户，一般只要求其提供货币量指标。

（4）费用、成本和收入类明细分类账户，如生产成本，一般按收入、费用和成本的构成内容来设置明细分类账户，一般只要求其提供货币量指标。

总分类账户和明细分类账户既相互联系，又相互区别，明细分类账户是总分类账户的有益补充，为企业的经济管理工作提供了更为详细的数据指标。把账户分为总分类账户和明细分类账户，在平行登记法下，利用总分类账户和明细分类账户来反映同一个信息，通过总分类账户和明细分类账户的对比，便于检查企业记账的错误，确保会计信息资料的准确性。由于不同的企业规模、业务的大小不一，有些企业在组织会计核算工作中，还会设置介于上述总分类账户和明细分类账户之间的“二级账户”，“二级账户”隶属于明细分类账户，但比前述明细分类账户提供的指标更为总括，在设置“二级账户”的情况下，更为详细的明细分类账户也被称为“三级账户”。“二级账户”“三级账户”和总分类账户共同构成了一个有机的账户体系。

4.4 账户按其他标志分类

必须指出的是上述账户分类是按其经济内容或账户的用途和结构的分类，这种分类方法并不是绝对的。有时一个账户可以同时属于两个类别，如成本计算账户中的“生产成本”账户，其期末借方余额表示在产品所占用的资金，所以“生产成本”账户期末如有余额也是盘存账户，还有“在建工程”和“材料采购”账户，它们既是成本计算账户，又具有盘存账户的性质。此外，会计账户的分类标准除了上述经济内容和用途及结构外，还有如下一些分类标注。

4.4.1 按账户与会计报表的关系分类

按与会计报表的关系，账户可分为资产负债表账户和利润表账户。资产类账户、负债类账户和所有者权益类账户的余额，可以随时表示各项资产、负债、所有者权益的实有数额。期末要根据这些账户的余额编制资产负债表，因此，资产类账户、负债类账户、所有者权益类账户被统称为资产负债表账户。资产负债表账户在期末结账后仍有余额，并转入下一期的同一账户。收入类账户、费用类账户的发生额，不能表示各项资产、负债所有者权益的实有数额，但可以表示企业一定期间的损益的形成情况。期末要根据这些账户的发生额编制利润表，因此，收入类账户、费用类账户被统称为利润表账户。利润表账户的余额，期末结账时转到有关资产负债表账户中去，结转后这些账户无余额。

4.4.2 按账户能否进入会计报表分类

按能否进入会计报表，账户可分为表内账户和表外账户两类。前文所述及的账户，包括资产类账户、负债类账户、所有者权益类账户、收入类账户和费用类账户，都是为企业编制会计报表服务的，其余额或发生额都会体现在企业编制的各种会计报表中，因此被称为表内账户；有些账户则没有体现在企业编制的会计报表中，如经营性租入固定资产、代加工物资和代保管物资等，则被称为表外账户。

本章小结

本章的内容在第2章学习的会计科目和会计账户基础知识的基础上，更进一步学习有关会计账户分类的相关知识。

本章首先从会计账户体系入手，引出会计账户分类的必要性，并列出了会计账户分类的主要标准。

其次，分别详细介绍了会计账户按经济内容、用途和结构以及按反映指标的详细程度的分类，结合图表和例子进行讲述。

最后，又简要介绍了会计账户按其他一些分类标准的分类。通过这3部分，使学生对会计账户在会计核算体系中的作用有更深刻的理解。

会计准则的演变

应用案例

某电冰箱股份有限公司成立于1989年4月28日，主要产品有电冰箱、空调、冷柜、系列小家电、滚筒洗衣机等。2020年1月，该公司发生的部分经济业务如下。

1月1日，购入生产用设备一台680 000元，以银行存款支付。

1月1日，向深圳海城贸易公司购买原材料120 000元，货款尚未支付。

1月4日，向银行借入短期借款500 000元，存入银行。

1月6日，以库存现金支付购买零星办公用品费1 000元。

1月15日，用银行存款支付1月1日购货款。

1月31日，向青岛船用冰箱厂销售产品，收到销售款200 000元存入银行。

1月31日，以银行存款支付广告费1 000 000元。

1月31日，预收上海华联商厦货款180 000元存入银行。

1月31日，用银行存款上交增值税320 000元。

1月31日，以库存现金支付本月职工工资240 000元。

要求：

1. 上述业务分别涉及哪些账户？
2. 上述账户按经济内容分类分别属于什么性质的账户？
3. 上述账户按用途和结构分类分别属于什么性质的账户？

思考与练习

一、思考题

1. 研究账户分类有什么意义？
2. 账户分类的标准有哪些？
3. 账户按经济内容分类，可以分为几类？这种分类有什么作用？
4. 账户按用途和结构分类，可以分为几大类、几小类？这种分类有什么作用？
5. 什么是结算账户？结算账户分为几类？
6. 什么是跨期摊配账户？为什么要设置跨期摊配账户？
7. 什么是调整账户？为什么要设置调整账户？
8. 什么是集合分配账户？为什么要设置集合分配账户？
9. 试述财务成果计算账户的概念、用途和基本结构。

二、单项选择题

1. 按调整方式的不同，下列不属于调整账户的有（ ）。

A. 备抵调整账户 B. 备抵附加调整账户 C. 附加调整账户 D. 跨期摊配账户

2. 按用途和结构分类，“应收账款”属于（ ）账户。

A. 债权结算 B. 债务结算 C. 债权、债务结算 D. 所有者权益

3. 按经济内容分类，制造费用属于（　　）账户。

A. 资产类　　B. 跨期摊配　　C. 集合分配　　D. 成本类

4. 按用途和结构分类，其他业务收入属于（　　）账户。

A. 资产类　　B. 损益类　　C. 集合分配　　D. 成本类

5. 按反映指标的详细程度分类，下列属于明细分类账户的是（　　）账户。

A. “固定资产”　　B. “原材料”　　C. “制造费用”　　D. “水电费”

三、多项选择题

1. 会计账户按反映的指标的详细程度分类，可以分为（　　）。

A. 总账　　B. 明细账　　C. 二级账户　　D. 集合分配账户

2. 下列账户按经济内容分类，属于损益类账户的有（　　）账户。

A. “生产成本”　　B. “制造费用”　　C. “财务费用”　　D. “所得税费用”

3. 下列账户按用途和结构分类，不属于备抵调整账户的有（　　）账户。

A. “累计折旧”　　B. “坏账准备”　　C. “材料成本差异”D. “待处理财产损溢”

4. 下列账户按用途和结构分类，属于债权结算账户的有（　　）账户。

A. “应收账款”　　B. “应付票据”　　C. “应付职工薪酬”D. “应收票据”

5. 下列账户按用途和结构分类，属于调整账户的有（　　）账户。

A. “存货跌价准备”　　B. “坏账准备”　　C. “未分配利润”　　D. “累计折旧”

四、判断题

1. 按经济内容分类，“盈余公积”账户属于损益类账户。（　　）

2. 按用途和结构分类，“固定资产”账户属于盘存账户。（　　）

3. 按用途和结构分类，“预付账款”账户属于基本账户。（　　）

4. 按与会计报表的关系账户可分为资产负债表账户和利润表账户。（　　）

5. 按能否进入会计报表账户可分为表内账户和表外账户两类。（　　）

五、业务题

业务题一

目的：练习账户按经济内容和用途、结构分类。

资料：应付账款、应收账款、银行存款、短期借款、制造费用、应付职工薪酬、预付账款、长期待摊费用、实收资本、本年利润、库存现金、财务费用、累计折旧、库存商品、管理费用、生产成本、盈余公积、所得税费用、未分配利润、应交税费、固定资产、主营业务收入、主营业务成本、投资收益。

要求：将上列账户名称填入表 4-1 相应栏内。

表 4-1　　账户名称表

用途、结构	经济内容					
	资产类账户	负债类账户	所有者权益类账户	成本类账户	收入类账户	费用类账户
盘存账户						
资本账户						
结算账户						

续表

用途、结构	经济内容					
	资产类账户	负债类账户	所有者权益类账户	成本类账户	收入类账户	费用类账户
跨期摊配账户						
调整账户						
集合分配账户						
成本计算账户						
损益类账户						
财务成果计算账户						

业务题二

目的：练习调整账户的用途和结构。

资料：力达公司“固定资产”账户期末余额 600 000 元，“累计折旧”账户期末余额 120 000 元。

要求：计算该固定资产净值并说明这两个账户之间有何联系。

业务题三

目的：练习调整账户的用途和结构。

资料：力达公司原材料日常核算按计划成本计价，“原材料”账户期末余额 500 000 元，“材料成本差异”账户期末贷方余额 10 000 元。

要求：

1. 计算期末原材料的实际成本。

2. 说明这两个账户之间有何联系。

3. 如果“材料成本差异”账户期末是借方余额 10 000 元，期末原材料的实际成本是多少？这两个账户之间是什么关系？

六、互联网作业

1. 登录财政部网站查找《企业会计准则——应用指南》，了解新会计科目体系及其核算内容。

2. 在互联网上查找海尔集团的组织机构及其先后实施名牌战略、多元化战略、国际化战略、全球品牌化战略的意义。

3. 在互联网上搜索海尔集团首席执行官张瑞敏的简介及其主要业绩。

第5章 会计凭证

会计凭证

关键术语

学习目标与要求

本章的重要内容是“七大”会计核算方法之一的填制和审核会计凭证，通过本章主要学习会计凭证的种类、原始凭证和记账凭证的填制与审核。目的是要掌握会计核算的基本方法——填制和审核凭证。通过本章的学习，要求了解会计凭证的概念和作用，明确会计凭证的传递与保管，深刻理解会计凭证的种类，熟练掌握会计凭证的填制要求和填制方法以及会计凭证的审核。

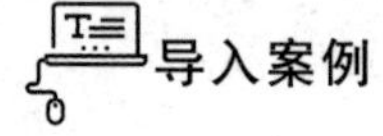

导入案例

力达机器制造公司

力达机器制造公司（以下简称力达公司）是一家国有生产制造型企业，创建于1950年，有悠久的机械制造历史，具有较强的开发设计、生产安装大中型机械设备的能力。该公司是增值税一般纳税人。

张欣是某经贸大学会计学专业三年级的学生，利用寒假时间到力达公司实习。在实习过程中，张欣遇到了很多问题。她就一些问题向力达公司的会计师李国庆进行咨询。张欣发现，力达公司在日常经济核算中，要处理很多原始凭证，如现金收据、发票、支票存根、银行进账单、产品入库单、领料单、借款单、差旅费报销单、车票、飞机票等。根据这些原始凭证，财务人员还需要编制相应的记账凭证。李国庆说，这些会计凭证都要经过有关人员的审核，它们是登记账簿的依据。

问题：

1. 原始凭证应该由谁进行填制？
2. 原始凭证应该由谁进行审核？审核的要点是什么？
3. 记账凭证需要审核吗？如果需要审核，审核的要点是什么？
4. 如何保证会计资料的真实性和正确性？

在第2章中，我们学习了“七大”会计核算方法中的两种——设置会计科目与账户、复式记账。本章将介绍“七大”会计核算方法中的另外一种专门方法——填制和审核会计凭证。填制和审核会计凭证为会计记录提供真实、完整的原始资料，是保证账簿记录正确、完整的方法。会计凭证是记录经济业务和明确经济责任的书面证明，是登记账簿的依据。会计凭证分为原始凭证和记账凭证。对于已经发生的经济业务，都必须由经办人员或单位填制原始凭证，并签名或盖章。所有原始凭证都要经过会计部门和其他有关部门的审核。只有审核后正确无误的原始凭证，才能作为填制记账凭证和登记账簿的依据。所以，填制和审核凭证是保证会计资料真实性、正确性的有效手段，也是保证会计核算资料连续性的必要条件。

5.1　会计凭证概述

会计凭证是在会计工作中记录经济业务、明确经济责任的书面证明，是登记账簿的依据。任何一个企业，在经济活动中发生财产增减、物资的进出、款项的结算和货币的收付等，都必须取得或填制具有证明效力的合法的会计凭证。如果没有合法的会计凭证，则不得动用财产物资和进行款项收付，也不能进行账务处理。为了保证会计记录能如实反映企业的经济活动，保证账户记录的真实性、准确性，记账必须严格以会计凭证为依据。

5.1.1　会计凭证的作用

填制和审核会计凭证是会计工作的起点和关键，任何企业、行政事业单位在处理经济业务时都必须办理会计凭证手续，由执行和完成该项经济业务的有关部门和人员取得或填制会计凭证，详细记录经济业务的内容、数量和金额，并在凭证上签名和盖章，对业务的合法性、真实性和正确性负完全责任。填制或取得会计凭证后，要由有关人员进行审核，经审核无误，并由审核人员签章后，才能作为经济业务的证明和登记账簿的依据。因此，填制和审核会计凭证，就成为会计核算的一种专门方法。

会计凭证的填制和审核，对于如实反映经济业务的内容，有效监督经济业务的合理性和合法性，保证会计核算资料的真实性、可靠性、合理性，发挥会计在经济管理中的作用，具有十分重要的意义。

(1) 提供经济信息和会计信息。会计人员可以根据会计凭证，对日常大量、分散的各种经济业务进行整理、分类、汇总，并经过会计处理，为经济管理提供有用的会计信息。

(2) 利用会计凭证，可以发挥会计的监督作用，控制经济活动。通过会计凭证的审核，可以查明各项经济业务是否真实，是否符合有关的法律、法规、规章和政策的规定，是否符合业务经营、财务收支的方针和计划、预算的规定，有无铺张浪费、贪污盗窃和违法乱纪现象，从而发挥会计的监督作用，保护资产的安全完整。监督经济业务的发生，控制经济业务的有效实施，是发挥会计管理职能的重要内容。

(3) 记录经济业务，提供记账依据。任何一笔经济业务的发生，都必须填制会计凭证。会计凭证上记录着经济业务活动发生的时间、内容（包括数量、金额及完成情况）。通过认真填制和严格审核，保证经济业务如实地反映在会计凭证上，并为账簿记录提供真实、可靠的依据，使账簿记录与实际情况相符，这样就保证了会计核算资料的真实性与准确性，并为分析、检查经济活动和财务收支情况提供确切可靠的原始资料。

(4) 加强经济责任制。认真填制和审核会计凭证，可以明确有关部门和人员在办理经济业务中的责任，从而加强经济责任制。经济业务发生后，要取得或填制适当的会计凭证，证明经济业务已经发生或完成；同时要由有关的经办人员，在凭证上签字、盖章，明确业务负责人。通过会计凭证的填制和审核，有关责任人在其职权范围内各司其职、各负其责，利用凭证填制、审核的手续制度，进一步完善经济责任制。

5.1.2 会计凭证的种类

会计凭证是记录经济业务的书面证明，由于企业发生的经济业务多种多样，因而会计凭证在其作用、性质、格式、内容及填制程序等方面，都有各自的特征。会计凭证按其填制程序和用途的不同，可以分为原始凭证和记账凭证两大类。

原始凭证是在经济业务发生或完成时取得或填制的，用以证明经济业务已经发生或完成情况的最初书面证明文件，是会计核算的原始资料，也是编制记账凭证的重要依据。常用的原始凭证有现金收据、发货票、支票存根、银行进账单、差旅费报销单、产品入库单、领料单、借款单等。

记账凭证是会计人员根据审核无误的原始凭证按照经济业务事项的性质加以归类，并据以确定会计分录后所填制的会计凭证，它是据以登记会计账簿的书面证明，如收款凭证、付款凭证、转账凭证。

传递凭证

5.1.3 会计凭证的传递与保管

1. 会计凭证的传递

会计凭证的传递，是指各种会计凭证从取得或填制时起到归档保管为止的全部过程，即在企业、事业和行政单位内部有关人员和部门之间按照规定的时间、路线办理业务手续和进行处理的过程。会计凭证的传递一般包括传递程序和传递时间两个方面。会计凭证的传递，要求能够满足内部控制制度的要求，使传递程序合理有效，同时尽量节约传递时间，减少传递的工作量。单位应根据具体情况制定每一种凭证的传递程序和方法，规定各种凭证的填写、传递单位与凭证份数，规定会计凭证传递的程序、移交的时间和接受与保管的有关部门。正确组织会计凭证的传递，对于及时处理和登记经济业务、明确经济责任、实行会计监督具有重要作用。从一定意义上说，会计凭证的传递起着在单位内部经营管理各环节之间协调和组织的作用。会计凭证传递程序是企业管理规章制度重要的组成部分，传递程序的科学与否，说明该企业管理的科学程度，其作用如下所述。

(1) 有利于完善经济责任制度。经济业务的发生或完成及记录，是由若干责任人共同负责、分工完成的。会计凭证作为记录经济业务、明确经济责任的书面证明，体现了经济责任制度的执行情况。单位会计制度可以通过会计凭证传递程序和传递时间的规定，进一步完善经济责任制度，使各项业务的处理顺利进行。

(2) 有利于及时进行会计记录。从经济业务的发生到账簿登记有一定的时间间隔，通过会计凭证的传递，会计部门可以尽早了解经济业务发生和完成情况，并通过会计部门内部的凭证传递，及时记录经济业务，进行会计核算，实行会计监督。

在制定合理的凭证传递程序和时间时，通常应考虑以下几点。

(1) 要根据经济业务的特点、企业内部的机构设置和人员分工情况以及管理上的要求等，具体规定各种凭证的联数和传递程序，使有关部门既能按规定手续处理业务，又能利用凭证资料掌握情况，提供数据，协调一致。同时还要注意流程合理，避免不必要的环节，以加快传递速度。

（2）要根据有关部门和人员办理业务的必要手续时间，确定凭证的传递时间。时间过紧，会影响业务手续的完成，过松则影响工作效率。

（3）要通过调查研究和协商来制定会计凭证的传递程序和传递时间。原始凭证大多涉及本单位内部各个部门和经办人员，因此，会计部门应会同有关部门和人员共同协商其传递程序和时间。记账凭证是会计部门的内部凭证，可由会计主管会同制定、审核、出纳、记账等有关人员商定其传递程序和时间。

会计凭证的传递程序和传递时间确定后，可分别为若干主要业务绘成流程图或流程表，通知有关人员遵守执行。执行中如有不合理的地方，可随时根据实际情况加以修改。

2. 会计凭证的保管

会计凭证的保管是指会计凭证记账后的整理、装订、归档和存查工作。会计凭证作为记账的依据，是重要的会计档案和经济资料。本单位以及有关部门、单位，可能因各种原因需要查阅会计凭证，特别是发生贪污、盗窃、违法乱纪行为时，会计凭证还是依法处理的有效依据。因此，每个单位都要建立保管制度，任何单位在完成经济业务手续和记账之后，必须将会计凭证按规定的立卷归档制度，妥善加以保管，防止丢失和毁损，以便于上级机关和其他有关部门进行凭证检查，也便于本单位随时抽查和利用。不得任意销毁，以便于日后随时查阅。

对会计凭证的保管，即要做到完整无缺，又要便于翻阅查找，其主要要求如下。

（1）会计凭证应定期装订成册，防止散失。对各种会计凭证要分门别类、按照编号顺序整理，装订成册。会计部门根据凭证登记账簿之后，应定期（每天、每旬或每月）对各种会计凭证进行分类整理，将各种记账凭证按照编号顺序，连同所附的原始凭证一起加封面、封底，装订成册，并在装订线上加贴封签，由装订人员在装订线封签处签名或签章。

从外单位取得的原始凭证遗失时，应取得原签发单位盖有公章的证明，并注明原始凭证的号码、金额、内容等，由经办单位会计机构负责人、会计主管人员和单位负责人批准后，才能代作原始凭证。若确实无法取得证明，如车票丢失，则应由当事人写明详细情况，由经办单位会计机构负责人、会计主管人员和单位负责人批准后，代作原始凭证。

（2）会计凭证的封面应注明单位名称，记账凭证种类、凭证张数、起讫号数、起讫日期（年度和月份），记账凭证和原始凭证的张数，并由会计主管人员和保管人员在封签处签章，以示负责。会计凭证封面的一般格式如图5.1所示。

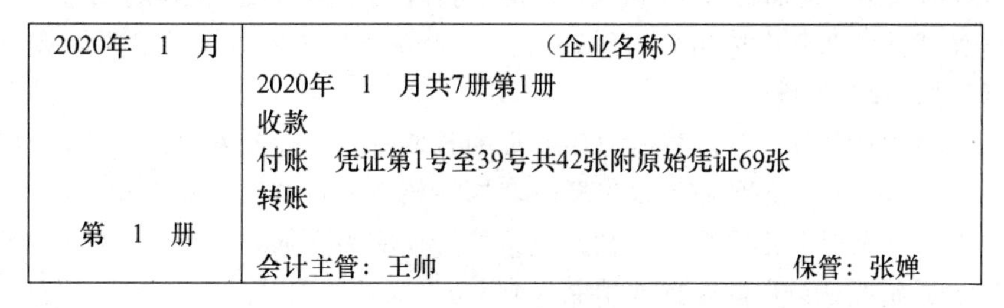

2020年　1　月

第　1　册

（企业名称）

2020年　1　月共7册第1册

收款

付账　凭证第1号至39号共42张附原始凭证69张

转账

会计主管：王帅　　保管：张婵

图5.1　会计凭证封面

（3）会计凭证应加贴封条，防止抽换凭证。保管期限内原始凭证不得外借，其他单位如有特殊原因确实需要使用时，经本单位会计机构负责人、会计主管人员批准，可以复制。向外单位提供的原始凭证复制件，应在专设的登记簿上登记，并由提供人员和收取人员共同签名或盖章。

（4）原始凭证较多时，可单独装订，但应在凭证封面注明所属记账凭证的日期、编号和种类，同时在所属的记账凭证上注明“附件另订”字样及原始凭证的名称和编号，以便查阅。如果所附的原始凭证属于重要单据，如押金收据、提货单等，以及各种需要随时查阅和退回的单据，则应另编目录，单独保管，并在有关的记账凭证和原始凭证上分别注明日期和编号，以便查考。

每年装订成册的会计凭证，在年度终了时可暂由单位会计机构保管一年，期满后应当移交本单位档案机构统一保管；未设立档案机构的，应当在会计机构内部指定专人保管。出纳人员不得兼管会计档案。

（5）严格遵守会计凭证的保管期限要求，期满前不得任意销毁。会计凭证的保管期和销毁手续，必须严格执行会计制度的有关规定。未到规定保管期限（一般是 15 年）的会计凭证，任何人不得随意销毁。对保管期满的会计凭证，经本单位领导审核，报经上级主管部门批准后，才能销毁。需永久保留的有关会计凭证，不能销毁。关于会计凭证保管要求，详见第 10 章会计档案的有关内容。

5.2 原始凭证

原始凭证

5.2.1 原始凭证的基本内容

原始凭证又称单据，是在经济业务发生或完成时取得或填制的，是用以证明经济业务已经发生或完成情况的最初书面证明文件。

原始凭证的主要作用在于记录经济业务，明确经济责任。原始凭证记载着大量的经济信息，又是证明经济业务发生的初始文件，具有较强的法律效力，所以它是一种很重要的凭证。会计实务中，各单位的经济业务的具体内容不同，这就决定了各单位所使用的原始凭证的名称、格式和内容也不相同，其填制与审核的具体内容也会因此而多种多样。为了满足经营管理的需要，自制原始凭证备有补充的内容；为了便于使用原始凭证，有关部门制定了统一的凭证格式，如银行结算凭证、增值税专用发票等。但是，原始凭证作为反映经济业务已经发生或已经完成的原始证据，必须反映经济业务发生或完成的情况，并明确相关经办人的责任，所以任何原始凭证都具有共同的基本经济内容，这些基本经济内容如下。

（1）原始凭证的名称。标明原始凭证所记录业务内容的种类，反映原始凭证的用途，如“发货票”“入库单”等。

（2）填制原始凭证的日期。填制原始凭证的日期一般是业务发生或完成的日期。如果在业务发生或完成时，因各种原因未能及时填制原始凭证，应以实际填制日期为准。销售商品、产品时未能及时开出发票的，补开发票的日期应为实际填制时的日期。

（3）填制原始凭证单位的名称或填制人姓名。

（4）经办人员的签名或盖章。经办人员签名或盖章是为了通过该项内容明确经济责任。

（5）经济业务的实物数量、单价和大小写金额。主要表明经济业务的计量，这是原始凭证的核心。

（6）接受原始凭证单位的名称。将接受凭证单位与填制凭证单位或填制人员相联系，表明经济业务的来龙去脉。

（7）原始凭证的附件。如与业务有关的经济合同、费用预算等。

上述基本内容，除第七条外，一般不得缺少，否则，就不能成为具有法律效力的书面证明。

5.2.2 原始凭证的种类

收料单的填制

领料单的填制

1. 按原始凭证的取得来源分类

原始凭证按取得来源可分为自制原始凭证和外来原始凭证。

（1）自制原始凭证。

自制原始凭证是本单位内部发生经济业务时，由单位内部经办业务的单位或个人填制的凭证，如材料、商品入库时，由仓库保管人员填制的收料单（表5-1）、产品入库单（表5-2）；领料部门填制的领料单（表5-3）；出差人员填制的借款单（表5-4）和差旅费报销单（表5-5）；等等。

表5-1　　**收料单**

年　月　日　　　　第　号

供应单位：				发票　号			
编号	材料名称	规格	应收数	实收数	单　位	单　价	金　额
备注：				验收人签章		合计	

会计主管：　　复核：　　记账：　　制单：

表5-2　　**产品入库单**

编　号：

交库单位　　年　月　日　　产品仓库：

产品编号	产品名称	规格	单位	交付数量	检验结果		实收数量	单价	金额
					合格	不合格			
备注：									

第　联

记账：　　检验：　　仓库：　　经手：

表5-3　　**领料单**

领料部门：　　凭证编号：

用　途：　　年　月　日　　收料仓库：

材料编号	材料规格及名称	计量单位	数　量		价　格	
			请　领	实　领	单　价	金　额
备注：				合计		

记账：　　发料：　　审批：　　领料：

表 5-4　　借款单

借款日期：2020 年 1 月 15 日	
借款单位（人）：张志强	部门：销售科
借款事由：到武汉参加产品展销会	
借款金额：人民币（大写）贰仟元整	￥2 000.00
批准人：李林	借款人：张志强

表 5-5　　差旅费报销单

<table>
<tr><td>部门</td><td>销售科</td><td>姓名</td><td>张志强</td><td>职务</td><td>科长</td></tr>
<tr><td>出差事由</td><td colspan="2">参加产品展销会</td><td>出差地点</td><td colspan="2">武汉</td></tr>
<tr><td>出发日期</td><td colspan="2">2020 年 1 月 17 日</td><td colspan="3" rowspan="2">共计出差 10 天
其中：在途 2 天</td></tr>
<tr><td>返回日期</td><td colspan="2">2020 年 1 月 26 日</td></tr>
<tr><td colspan="3" rowspan="5">报销项目：
飞机票　　次计：
火车票　　2 次计：800.00
轮船票　　次计：
长途汽车票　　次计：
市内交通费　　20 次计：24.00
长途电话费　　3 次计：100.00
住宿费　　10 天计：800.00
伙食补贴费　　10 天计：200.00
其他　　共计：</td><td colspan="3">出差时预借金额：￥2 000.00</td></tr>
<tr><td colspan="3">报销金额：￥1 924.00</td></tr>
<tr><td colspan="3">退还
补付金额：￥76.00</td></tr>
<tr><td colspan="3">附单据：50 张</td></tr>
<tr><td colspan="3">审核意见：同意报销</td></tr>
<tr><td colspan="6">合计人民币（大写）壹仟玖佰贰拾肆元整</td></tr>
</table>

部门主管：　　　　报销人：张志强　　　　报销日期：2020 年 1 月 27 日

增值税专用发票

增值税专用发票的填制

收据的填制

（2）外来原始凭证。

外来原始凭证是指在经济业务活动发生或完成时，从其他单位或个人直接取得的原始凭证，如购货时取得的发票（表 5-6 和表 5-7），出差人员报销的车票、飞机票，对外支付款项时取得的收据（表 5-8）等。

表 5-6

××市增值税普通发票

发 票 联

开票日期：

<table>
<tr><td rowspan="4">购货单位</td><td colspan="4">名　　称：</td><td rowspan="4">密码区</td><td colspan="3" rowspan="4"></td></tr>
<tr><td colspan="4">纳税人识别号：</td></tr>
<tr><td colspan="4">地 址、电 话：</td></tr>
<tr><td colspan="4">开户行及账号：</td></tr>
<tr><td colspan="2">货物或应税劳务名称

合　　计</td><td>规格型号</td><td>单位</td><td>数量</td><td>单价</td><td>金额</td><td>税率</td><td>税额</td></tr>
<tr><td colspan="2">价税合计(大写)</td><td colspan="7">(小写)</td></tr>
<tr><td rowspan="4">销货单位</td><td colspan="4">名　　称：</td><td rowspan="4">备注</td><td colspan="3" rowspan="4"></td></tr>
<tr><td colspan="4">纳税人识别号：</td></tr>
<tr><td colspan="4">地 址、电 话：</td></tr>
<tr><td colspan="4">开户行及账号：</td></tr>
</table>

收款人：　　　　复核：　　　　开票人：　　　　销货单位（章）：

表 5 - 7　　　　　　　　　　　　　　　　　　　　　　　　No. 14521154

××市增值税专用发票

开票日期：　年　月　日

货物及应税劳务名称	规格型号	单位	数量	单价	金　额	税率	税　额
购货单位：名　称： 纳税人识别号： 地址、电话： 开户行及账号：						密码区	
货物及应税劳务名称	规格型号	单位	数量	单价	金　额	税率	税　额
合计							
价税合计(大写)					(小写)¥		
销货单位：名　称： 纳税人识别号： 地址、电话： 开户行及账号：						备注	

收款人：　　　　复核：　　　　开票人：　　　　销货单位(章)：

表 5 - 8　　　　**收据**

年　月　日　　　　No.

付款单位＿＿＿＿＿＿＿＿ 收款方式＿＿＿＿＿＿＿＿ 人民币（大写）＿＿＿＿＿＿＿＿ ¥＿＿＿＿＿＿＿＿ 收款事由	第　联

收款单位（盖章）：　　　　审核：　　　　经手：　　　　出纳：

2. 按原始凭证的填制手续分类

原始凭证按其填制手续的不同可分为一次凭证、累计凭证和汇总凭证。

（1）一次凭证。

一次凭证是指填制手续一次完成的原始凭证，它反映一笔经济业务或同时反映若干同类经济业务的内容。一次凭证是一次有效的凭证，已填列的凭证不能重复使用。在自制原始凭证中，大部分凭证都是一次凭证，如收料单、领料单、发货票、银行结算凭证、增值税专用发票等。外来原始凭证一般均属一次凭证。

（2）累计凭证。

累计凭证是指在一定时期内，在一张凭证上连续多次记录重复发生的同类型经济业务的原始凭证。累计凭证一般为自制原始凭证。它的特点是在一张凭证内登记多笔相同经济业务的发生额，并随时结计累计数及结余数，以便同计划或定额指标对比，达到按标准控制支出的目的，同时可以减少原始凭证的数量，简化会计核算工作。累计凭证是多次有效的原始凭证。最典型的累计凭证是制造业的限额领料单，格式如表 5 - 9 所示。费用登记表也是常用的累计凭证。

表 5-9　　限额领料单

领料部门：　　　　　　　　　　　　　　　　　　　　发料仓库：

用　　途：　　　　　　　　年　　月　　日　　　　　　编　　号：

<table>
<tr><td rowspan="2">材料编号</td><td rowspan="2">材料名称</td><td rowspan="2">规格</td><td rowspan="2">计量单价</td><td rowspan="2">计划单价</td><td rowspan="2">领用限额</td><td colspan="2">全月实领</td></tr>
<tr><td>数量</td><td>金额</td></tr>
<tr><td></td><td></td><td></td><td></td><td></td><td></td><td></td><td></td></tr>
<tr><td>领用日期</td><td>请领数量</td><td colspan="2">实发数量</td><td>领料人签章</td><td>发料人签章</td><td colspan="2">限额节余</td></tr>
<tr><td></td><td></td><td colspan="2"></td><td></td><td></td><td colspan="2"></td></tr>
<tr><td></td><td></td><td colspan="2"></td><td></td><td></td><td colspan="2"></td></tr>
<tr><td></td><td></td><td colspan="2"></td><td></td><td></td><td colspan="2"></td></tr>
</table>

供应部门负责人：　　　　　　　领料部门负责人：　　　　　　　仓库负责人：

（3）汇总凭证。

汇总凭证是指将一定时期内反映经济业务内容相同的若干张原始凭证，按照一定标准综合填制的原始凭证。汇总凭证既可以提供经营管理所需要的总量指标，又可以简化核算手续。汇总凭证所汇总的内容，只能是同类经济业务，即将反映同类经济业务的各原始凭证汇总编制一张汇总原始凭证，不能汇总两类或两类以上的经济业务。常用的汇总凭证有工资结算汇总表、收货汇总表、发出材料汇总表（表 5-10）、商品销货汇总表、差旅费报销单（表 5-5）等。

表 5-10　　发出材料汇总表

领用部门	材料品种			
	甲种材料	乙种材料	……	合　计
合　计				

3. 按原始凭证所起的作用分类

原始凭证按所起作用可分为通知凭证、执行凭证和计算凭证。

进账单的填制

（1）通知凭证。

通知凭证是对某项经济业务起通知或指示作用的凭证，对这类凭证的管理，不能完全等同于其他原始凭证，因为其不能证明经济业务已经完成，如银行进账单（表 5-11）、物资订货单及扣款通知等。

表 5－11　　**中国银行进账单（回单或收款通知）**

第　　号

<table>
<tr><td rowspan="3">收款人</td><td>全　称</td><td></td><td rowspan="3">付款人</td><td>全　称</td><td colspan="10"></td></tr>
<tr><td>账　号</td><td></td><td>账　号</td><td colspan="10"></td></tr>
<tr><td>开户银行</td><td></td><td>开户银行</td><td colspan="10"></td></tr>
<tr><td colspan="4" rowspan="3">人民币
（大写）</td><td>千</td><td>百</td><td>十</td><td>万</td><td>千</td><td>百</td><td>十</td><td>元</td><td>角</td><td>分</td></tr>
<tr><td></td><td></td><td></td><td></td><td></td><td></td><td></td><td></td><td></td><td></td></tr>
<tr><td></td><td></td><td></td><td></td><td></td><td></td><td></td><td></td><td></td><td></td></tr>
<tr><td colspan="2">票据种类</td><td colspan="2"></td><td colspan="11" rowspan="3">收款人开户银行盖章</td></tr>
<tr><td colspan="2">票据张数</td><td colspan="2"></td></tr>
<tr><td colspan="4">单位主管　会计　复核　记账</td></tr>
</table>

此联是收款人开户行交给收款人的回单或收款通知

（2）执行凭证。

执行凭证是对某项经济业务执行后填制的原始凭证，可以证明经济业务已经完成，如收料单、领料单、销货发票、各种收据等。

（3）计算凭证。

计算凭证是对已完成的经济业务进行计算而编制的原始凭证。它可以证明经济业务已经完成，该凭证上的数字是按照一定的方法计算后形成的，如产品成本计算单（表 5－12）、工资结算汇总表、辅助生产费用分配表及制造费用分配明细表（表 5－13）等。

表 5－12　　**产品成本计算单**

类别：甲产品　　2020 年 1 月　　单位：元

项　目	月初在产品成本	本月发生费用	完工产品成本	月末在产品成本
直接材料				
直接人工				
制造费用				
合计				

表 5－13　　**制造费用分配明细表**

2020 年 1 月

成本计算对象	分配标准（工时）	分配率	分配金额（元）
A 产品	2 000	0.5	1 000
B 产品	3 000	0.5	1 500
C 产品	5 000	0.5	2 500
合计	10 000	0.5	5 000

审核（签章）　　制表（签章）

4. 按原始凭证的格式分类

原始凭证按其格式不同可分为通用凭证和专用凭证两种。

(1) 通用凭证。

通用凭证是指由有关部门统一印制，在一定范围内使用的具有统一格式和使用方法的原始凭证。这里的一定范围，既可以是全国范围，也可以是某省、某市、某地区或某系统，如全国统一使用的银行承兑汇票、某一地区统一印制的收款收据等。

(2) 专用凭证。

专用凭证是具有专门用途的原始凭证。一般是由单位自行印制、仅在本单位内部使用的原始凭证，如差旅费报销单（表 5 - 5)、各种费用报销单等，药费报销单的格式如表 5 - 14 所示。

表 5 - 14　　药费报销单

年　月　日

单　位		
类　别	姓名	报销金额
职　工		
家　属		
合计（大写）		

领款人

以上是按不同的标准对原始凭证所做的分类，它们之间是相互依存、密切联系的。例如，现金收据对出具收据的单位来讲是自制原始凭证，而对接受收据的单位来讲则是外来原始凭证；同时它既是一次凭证，又是执行凭证，也是专用凭证。

根据上述原始凭证的分类，可以归纳如图 5.2 所示。

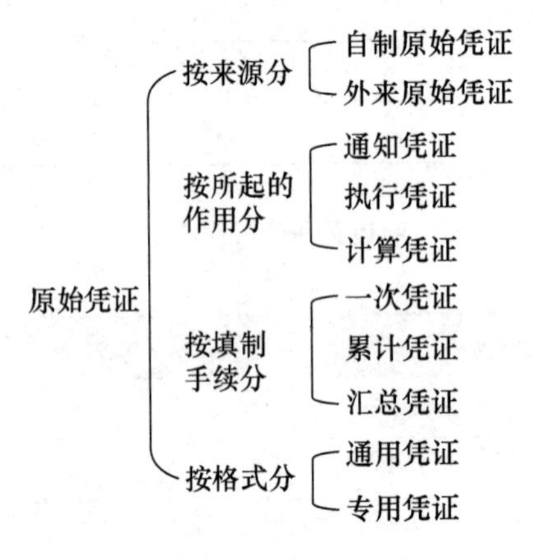

图 5.2　原始凭证分类

5.2.3　原始凭证的填制要求

原始凭证是根据经济业务活动的执行和完成情况来填制，并具有法律效力的书面证明。无论是外来原始凭证，还是自制原始凭证，都必须在每项经济业务发生和完成时直接取得或填制，这是填制和审核会计凭证的最基本、最一般的原则要求。原始凭证大部分是由各单位业务经办人填制，但也有少部分由财会人员填制，如各种收款收据、费用计提与摊配表、现金解款单、支票进账单、出纳报告单等。《中华人民共和国会计法》（以下简称《会计法》）第十四条规定："原始凭证记载的各项内容均不得涂改；原始凭证有错误的，应当由出具单位重开或者更正，更正处应当加盖出具单位印章。原始凭证金额有错误的，应当由出具单位重开，不得在原始凭证上更正。"为了保证原始凭证能够准确、及时、清晰地反映各项经济业务活动的真实情况，提高会计核算的质量，并真正具有法律效力，原始凭证的填制必须做到真实可靠、手续完备、内容齐全、书写清楚、连续编号、及时填制，具体来讲原始凭证的填制必须严格按照如下要求进行。

1. 记录真实

原始凭证上的日期、经济业务内容和数字必须根据实际情况填列，确保原始凭证所反映的经济业务真实可靠，符合实际情况。从外单位取得的原始凭证如有遗失，应取得原签发单位盖有财务章的证明，并注明原来凭证的号码、金额和内容等，经单位负责人批准后，可代作原始凭证。对于确实无法取得证明的，如飞机票、火车票等凭证，由当事人写出详细情况，由经办单位负责人批准后，可代作原始凭证。

2. 责任明确

填制的原始凭证上必须有经办人员或部门的签名或签章，以明确经济责任，确保凭证的真实性和正确性。从外单位取得的原始凭证，必须盖有填制单位的财务公章（一般盖财务专用公章）；从个人处取得的原始凭证，必须有填制人员的签名或盖章；自制原始凭证，必须有经办单位负责人或其指定人员的签名或盖章；对外开出的原始凭证，必须加盖本单位的财务公章，一般用财务专用章。有些特殊的原始凭证，出于习惯或使用单位认为不易伪造，可不加盖公章。但这些凭证一般具有固定的、特殊的、公认的标志，如车、船票、飞机票等。

什么是"公章"？

3. 内容齐全

原始凭证所要求填列的项目，必须逐项填列齐全，不得省略或遗漏，而且凭证填写手续要完备，文字说明要简明扼要，数字要填写清楚，易于辨认。凡是填有大写和小写金额的原始凭证，大写与小写金额必须相符。年、月、日要按照填制原始凭证的实际日期填写；名称要齐全，不能简化；品名或用途要填写明确，不能含糊不清；有关人员的签章必须齐全。购买实物的原始凭证必须有实物验收说明；支付款项的原始凭证必须有收款单位和收款人的收款证明；一式几联的发票和收据必须用双面复写纸套写，并连续编号，因填写错误或其他原因而作废时，应加盖"作废"戳记，整份保存，不得缺联。已经销售的物品被退回时，退还款时，要先填制退货发票。退款时，用现金退款的，要取得对方的收款收据；以银行存款退还的，必须取得汇款银行的汇出凭证，不得以退货发票代替收据。职工因公借款，应填写正式借据作为记账凭证的附件，职工用报销的差旅费冲销或退还借款时，要由出纳人员另开收据或退还借据副本，不得退还原借款收据。经过行政机关批准办理的某些经济业务，应将批准文件作为原始凭证的附件，若批准文件需要单独存档，应在凭证上注明批准机关名称、日期和文件字号。

4. 书写规范

各种原始凭证的数字和文字，要用蓝色或黑色墨水笔书写，字迹要清楚、工整，易于辨认。不得使用未经国务院公布的简化汉字。填写支票必须使用碳素笔，属于需要套写的凭证，必须一次套写清楚。如果填写时发生错误，应按照规定的更正方法进行更正。不得任意涂改、刮擦、挖补。对于重要的原始凭证，如支票以及各种结算凭证，一律不得涂改。对于现金和银行存款等收付凭证填写错误，不得在凭证上更正，应按规定的手续注销留存，另行重新填写。对于预先印有编号的各种凭证，在填写错误后，要加盖“作废”戳记，并单独保管。

会计小写金额书写规范

大小写金额必须相符且填写规范。小写金额用阿拉伯数字逐个书写，不得写连笔字。在金额前要填写人民币符号“￥”，人民币符号“￥”与阿拉伯数字之间以及各金额数字之间不得留有空白。凡阿拉伯数字前写有人民币符号“￥”的，数字后面不再写“元”字，如￥6 021.00。所有以元为单位的阿拉伯数字，除表示单价等情况外，一律写到角分；无角分的，角位和分位可写成“00”或符号“—”；有角无分的，分位写“0”，不得用符号“—”。

金额大小写书写方法

大写金额用汉字壹、贰、叁、肆、伍、陆、柒、捌、玖、拾、佰、仟、万、亿、元、角、分、零、整等，一律用正楷或行书书写。大写金额前未印有“人民币”字样的，应加写“人民币”3个字，“人民币”字样和大写金额之间不得留有空白。大写金额到元或角为止的，后面要写“整”或“正”字，如小写金额为￥21 698.00，大写金额应写成“贰万壹仟陆佰玖拾捌元整”；大写金额数字有分的，分字后面不写“整”或“正”字，如小写金额为￥2 062.77，大写金额应写成“贰仟零陆拾贰元柒角柒分”。

5. 连续编号

各种原始凭证要连续编号，如果凭证已预先印定编号，如发票、支票、收据等，在需要作废时，应加盖“作废”戳记，并连同存根和其他各联全部保存，不得随意撕毁。

6. 填制及时

各种原始凭证一定要及时填写，并按规定的程序及时送交会计机构、会计人员进行审核。

审核原始凭证

5.2.4 原始凭证的审核

《会计法》第十四条规定：“会计机构、会计人员必须按照国家统一的会计制度的规定对原始凭证进行审核，对不真实、不合法的原始凭证有权不予接受，并向单位负责人报告；对记载不准确、不完整的原始凭证予以退回，并要求按照国家统一的会计制度的规定更正、补充。”

为了如实反映经济业务的发生和完成情况，充分发挥会计的监督职能，保证会计信息的真实性、可靠性和正确性，会计负责人或经其指定的审核人员必须认真地、严格地对原始凭证进行审核，然后再以审核无误的原始凭证办理手续和进行账务处理。这是企业内部控制的一项重要内容。原始凭证的审核应当按照国家统一会计制度的规定进行，主要包括下述两个方面的内容。

1. 实质性审核

实质性审核即对原始凭证内容合法性和真实性的审核，主要是以国家的法令、政策、制度，或以计划、预算、合同等为依据，审核原始凭证所记录的经济业务有无违反法令、制度的行为，是否真实、可靠，是否执行各项计划、预算，是否遵守经济合同，是否有完善的审批手续等。

2. 技术性审核

技术性审核是审核原始凭证的内容和填制手续是否合规，即对原始凭证内容完整性和正确性的审核。根据原始凭证的填制要求，逐项审核凭证本身必须具备的基本内容是否填写齐全，摘要和数字及其他项目是否填写正确，数量、单价、金额、合计是否填写正确，大写与小写金额是否相符，字迹是否清楚，经办人员和有关负责人是否已经签章，从外单位取得的外来凭证是否盖有外单位公章等。

经审核的原始凭证，应根据不同的情况进行处理。

(1) 对于完全符合要求的原始凭证，应及时据以编制记账凭证入账。

(2) 对于真实、合法、合理但内容不全、手续不完备或填写有错误（如数字计算有差错）的原始凭证，应退回有关部门或经办人员，由其负责将有关凭证补充完整、更正错误或重开后，再办理正式会计手续。

(3) 对于不真实、不合法的原始凭证，如发现伪造或涂改的凭证，会计机构、会计人员有权不予接受，并向单位负责人报告。

原始凭证的审核是一项严肃细致的重要工作，会计人员必须熟悉国家有关法规以及本单位的有关规定，坚持原则、坚持制度、履行职责，这样才能掌握审核和判断是非的标准，确定经济业务是否合理、合法，从而做好原始凭证的审核工作，实现正确有效的会计监督。另外，审核人员还必须做好宣传解释工作，因为原始凭证所证明的经济业务需要由有关领导和职工经办，只有对他们做好宣传解释工作，才能避免发生违法违规的经济业务。

总之，审核原始凭证是会计机构、会计人员结合日常业务工作进行会计监督的基本形式，它可以保证会计核算的质量，防止发生贪污、舞弊等违法乱纪行为。

阅读案例

金萍按照借贷记账法的规则，对晨宇电脑维修部2020年3月发生的业务进行处理时，发现王晨宇虽然对发生的各项业务做了记录，但是有些原始凭证却没有保留，甚至有些业务只有一张白条，她只能按照王晨宇记录的流水账做了相关会计分录。金萍按照自己正在学习的基础会计课程中有关会计凭证的内容与要求，建议王晨宇保留好各种原始凭证，尤其是当业务量增多时需要规范记账，购买一些会计凭证和账簿。于是他们直接来到商场里销售会计档案资料的柜台，看着品种繁多的会计凭证和账簿，王晨宇向金萍提出了如下问题：

1. 保留原始凭证有什么么用?
2. 规范记账需要准备哪些资料?
3. 需要购买哪几种会计凭证和账簿?
如果你是金萍，你将如何回答上述问题?

记账凭证（一）

5.3 记账凭证

5.3.1 记账凭证的基本内容

记账凭证是会计人员根据审核无误的原始凭证及有关资料，按记账的要求归类整理而编制的，是登记账簿的直接依据。

记账凭证主要是用来将经济信息转换成会计信息，对经济信息进行分类核算的凭证。它可以根据每项经济业务编制，即根据每项经济业务的原始凭证编制；也可以根据若干项经济业务编制，即根据同类原始凭证汇总编制。记账凭证种类多，格式不一，但无论哪种类型和格式的记账凭证，都必须满足记账的要求。为了保证登账的正确和方便，记账凭证必须具备以下基本内容。

（1）记账凭证的名称。

（2）填制凭证的日期和凭证的编号。

（3）经济业务事项的内容摘要。

（4）应借、应贷的会计科目（包括一级、明细账科目）名称和记账金额。

（5）所附原始凭证或原始凭证汇总表的张数。

（6）填制凭证人员、稽核人员、记账人员、会计主管人员的签名或盖章。收款和付款的记账凭证还应当由出纳人员签名或盖章。

5.3.2 记账凭证的种类

在实际工作中，为了便于登记账簿，需要将来自不同的单位、种类繁多、数量庞大、格式不一的原始凭证加以归类、整理，填制具有统一格式的记账凭证，确定会计分录并将相关的原始凭证附在记账凭证后面。

在不同类型的企业单位中，经济业务事项的内容和繁简程度不同，分别适用不同种类的记账凭证。根据不同的分类标准，大体上有以下几种类型的记账凭证。

1. 按记账凭证的使用范围分类

记账凭证按使用范围通常分为通用记账凭证和专用记账凭证。专用记账凭证按其反映的经济业务内容不同，又通常分为收款凭证、付款凭证和转账凭证 3 种。

（1）通用记账凭证。

通用记账凭证是指各类经济业务共同使用的、统一格式的记账凭证。实际工作中，在经济业务比较简单、经营规模较小的单位，为了简化会计凭证，一般使用通用记账凭证记录所发生的各种经济业务。其格式如表 5－15 所示。

表 5-15　　记账凭证

2020 年 1 月 11 日　　凭证编号020号

摘要	总账科目	明细账科目	记账符号	借方金额	记账符号	贷方金额
购入A材料货款未付	原材料	A材料	√	90 000.00		
	应付账款	永华企业			√	90 000.00
合　计				¥90 000.00		¥90 000.00

附件1张

会计主管：(签章)　记账：(签章)　出纳：(签章)　复核：(签章)　制单：(签章)

(2) 专用记账凭证。

专用记账凭证是指专门记录某一类经济业务的记账凭证。专用记账凭证按其与货币资金收付有无关系又可分为收款凭证、付款凭证和转账凭证。

① 收款凭证。收款凭证是指用来记录库存现金和银行存款收入业务的会计凭证。根据有关现金和银行存款收入的原始凭证填制的收款凭证又可分为库存现金收款凭证（表5-16）和银行存款收款凭证（表5-17）两种。

表 5-16　　库存现金收款凭证

借方科目：库存现金　　2020 年 1 月 3 日　　现收字第1号

摘要	贷方科目		记账符号	金额										
	总账科目	明细账科目		亿	千	百	十	万	千	百	十	元	角	分
收回销售科差旅费余款	其他应收款	销售科	√							1	0	0	0	0
合　计									¥	1	0	0	0	0

附件1张

会计主管：(签章)　记账：(签章)　出纳：(签章)　复核：(签章)　制单：(签章)　交款人：(签章)

表 5－17 **银行存款收款凭证**

借方科目：银行存款 2020 年 1 月 10 日 银收字第1号

摘要	贷方科目		记账符号	金额										
	总账科目	明细账科目		亿	千	百	十	万	千	百	十	元	角	分
收回力达公司前欠货款	应收账款	力达公司	√					6	0	0	0	0	0	0
合　计							¥	6	0	0	0	0	0	0

附件2张

会计主管：（签章） 记账：（签章） 出纳：（签章） 复核：（签章） 制单：（签章）

在实际工作中，出纳人员应根据会计主管人员或指定人员审核批准的收款凭证，作为记录货币资金的收入依据。出纳人员根据收款凭证收款（尤其是收入现金）时，要在凭证上加盖“收讫”戳记，以避免差错。收款凭证一般按库存现金和银行存款分别编制。

② 付款凭证。付款凭证是用来反映库存现金和银行存款付出业务的记账凭证，是根据货币资金支出业务的原始凭证填制而成的。付款凭证有库存现金付款凭证（表 5－18）和银行存款付款凭证（表 5－19）两种。

“收讫”和“付讫”

实际工作中，出纳人员应根据会计主管人员或指定人员审核批准的付款凭证，作为记录货币资金支出并付出货币资金的依据。出纳人员根据付款凭证付款时，要在凭证上加盖“付讫”戳记，以免重付。

表 5－18 **库存现金付款凭证**

贷方科目：库存现金 2020 年 1 月 6 日 现付字第1号

摘要	借方科目		记账符号	金额										
	总账科目	明细账科目		亿	千	百	十	万	千	百	十	元	角	分
张明预借差旅费	其他应收款	张明	√						1	0	0	0	0	0
购买办公用品	管理费用	办公费	√							5	0	0	0	0
合　计								¥	1	5	0	0	0	0

附件1张

会计主管：（签章） 记账：（签章） 出纳：（签章） 复核：（签章） 制单：（签章） 领款人：（签章）

表 5-19 银行存款付款凭证

贷方科目：银行存款　　2020 年 1 月 8 日　　银付字第1号

摘要	借方科目		记账符号	金额										
	总账科目	明细账科目		亿	千	百	十	万	千	百	十	元	角	分
归还短期借款	短期借款		√					8	0	0	0	0	0	0
提现	库存现金		√						1	0	0	0	0	0
合　计							¥	8	1	0	0	0	0	0

附件 2 张

会计主管：（签章）　记账：（签章）　出纳：（签章）　复核：（签章）　制单：（签章）　领款人：（签章）

③ 转账凭证。转账凭证是用来记录与现金、银行存款无关的转账业务的记账凭证，其格式如表 5-20 所示。

表 5-20 转账凭证

2020 年 1 月 5 日　　转字第1号

摘　要	总账科目	明细账科目	记账符号	借方金额	贷方金额
销售产品货款未收	应收账款	力达公司	√	113 000.00	
	主营业务收入		√		100 000.00
	应交税费	应交增值税（销项税额）	√		13 000.00
合　计				¥113 000.00	¥113 000.00

附件 3 张

会计主管：（签章）　记账：（签章）　出纳：（签章）　复核：（签章）　制单：（签章）

需要注意的是，收款凭证、付款凭证和转账凭证分别用以记录货币资金收入事项、货币资金支出事项和转账业务（与货币资金收支无关的业务）。为便于识别，各种记账凭证一般印制成不同颜色。会计实务中，某些经济业务既是货币资金收入业务，又是货币资金支出业务，如把现金存入银行和从银行提取现金。为了避免重复记账，对于这类业务一般只编制付款凭证，不编制收款凭证，即将现金存入银行时，编制现金付款凭证；从银行存款户提取现金时，编制银行存款付款凭证。

2. 按记账凭证的填制方式分类

记账凭证按其填制方式的不同，可以分为复式记账凭证和单式记账凭证。

（1）复式记账凭证。

复式记账凭证是将一项经济业务所涉及的应借、应贷的各个会计科目，

记账凭证（二）

都集中填列在一张凭证上的记账凭证。前述各种记账凭证都是复式记账凭证。其优点是能完整地反映一笔经济业务的全貌，即经济业务所涉及的全部账户及其对应关系，且填写方便，附件集中，便于凭证的分析和审核。其缺点是不便于分工记账，也不便于科目汇总。复式记账凭证的格式如表 5－16～表 5－20 所示。

(2) 单式记账凭证。

单式记账凭证是将一项经济业务所涉及的每个会计科目分别填制凭证，即每张凭证只填一个会计科目的记账凭证。单式记账凭证将一项经济业务所涉及的会计科目及其对应关系，通过借项记账凭证、贷项记账凭证予以分别反映，所以单式记账凭证又称为单项记账凭证。采用单式记账凭证，便于同时汇总计算每一会计科目的发生额，也便于分工记账，但不便于反映经济业务的全貌及会计科目的对应关系，一般适用于业务量较大、会计部门内部分工较细的企业单位。

在处理经济业务时，涉及借方科目，填制借项记账凭证；涉及贷方科目，填制贷项记账凭证。

【例 5－1】 力达公司购入不需要安装的新机器一台，金额为 28 000 元（暂不考虑增值税），已用银行存款支付。根据有关原始凭证填制单式记账凭证如表 5－21 和表 5－22 所示。

表 5－21 **借项记账凭证**

贷方科目：银行存款　　2020 年 1 月 30 日　　凭证编号：0061/2

摘　要	总账科目	明细账科目	金　额	记账符号	
购入不需要安装的新机器一台	固定资产	机器设备	28 000	√	附件5张
合　计			￥28 000		

会计主管：　　记账：　　出纳：　　复核：　　制单：
(签章)　　(签章)　　(签章)　　(签章)　　(签章)

表 5－22 **贷项记账凭证**

借方科目：固定资产　　2020 年 1 月 30 日　　凭证编号：0062/2

摘　要	总账科目	明细账科目	金　额	记账符号	
购入不需要安装的新机器一台	银行存款		28 000	√	附件5张
合　计			￥28 000		

会计主管：　　记账：　　出纳：　　复核：　　制单：
(签章)　　(签章)　　(签章)　　(签章)　　(签章)

3. 按记账凭证的汇总情况分类

按照记账凭证汇总情况分为单一记账凭证、汇总记账凭证和科目汇总表。

(1) 单一记账凭证。

单一记账凭证，是指根据原始凭证将每一笔业务或同一天发生的同类业务填制一张记账凭证。前面讲到的收款凭证、付款凭证和转账凭证都属于单一记账凭证。

各种记账凭证是登记各种日记账和明细分类账的依据，也是登记总分类账的依据。在实际工作中，如果一定时期的记账凭证很多，为了简化登记总分类账的工作，可以根据记账凭证按各个相同会计科目的借、贷金额进行汇总，定期编制汇总记账凭证或科目汇总表，据以登记总账。

(2) 汇总记账凭证。

汇总记账凭证，是指根据记账凭证，按照相同的会计科目汇总编制的记账凭证。汇总记账凭证经过汇总仍能明确地反映账户的对应关系，而且简化了凭证的归类整理工作，据以登记总分类账，简化了登账工作，但定期汇总增加了会计的工作量。

汇总记账凭证又分为汇总收款凭证、汇总付款凭证和汇总转账凭证，如表5-23～表5-25所示。

表5-23　　**汇总收款凭证**

借方科目：银行存款　　2020年1月份　　汇收字第1号

贷方科目	金额				总账账页	
	1～10日	11～20日	21～30日	合计	借方	贷方
应收账款	60 000	20 000		80 000		
短期借款		50 000		50 000		
主营业务收入			5 850	5 850		
合计	60 000	70 000	5 850	135 850		

表5-24　　**汇总付款凭证**

贷方科目：库存现金　　2020年1月份　　汇付字第1号

借方科目	金额				总账账页	
	1～10日	11～20日	21～30日	合计	借方	贷方
其他应收款	1 000			1 000		
管理费用	500	200	300	1 000		
合计	1 500	200	300	2 000		

表5-25　　**汇总转账凭证**

贷方科目：主营业务收入　　2020年1月份　　汇转字第1号

借方科目	金额				总账账页	
	1～10日	11～20日	21～30日	合计	借方	贷方
应收账款	100 000	140 000		240 000		
合计	100 000	140 000		240 000		

(3) 科目汇总表。

科目汇总表又称记账凭证汇总表，是指根据记账凭证定期整理、汇总各账户的借贷方发生额，并据以登记总账的一种汇总性记账凭证。科目汇总表不能反映账户之间的对应关系。这种汇总表也属于记账凭证的一种，一般可按旬或按月编制，其格式如表 5－26 所示。

表 5－26 　　**科目汇总表**

2020 年 1 月 1～10 日　　汇字第 1 号

会计科目	总　页	借　方	贷　方	附记账凭证
库存现金		1 100	1 500	19 张
银行存款		60 000	81 000	
应收账款		116 000	60 000	
其他应收款		1 000	100	
短期借款		80 000		
管理费用		500		
主营业务收入			100 000	
应交税费			16 000	
合　计		258 600	258 600	

以上是按不同的标准对记账凭证所做的分类。根据上述分类，可以归纳如图 5.3 所示。

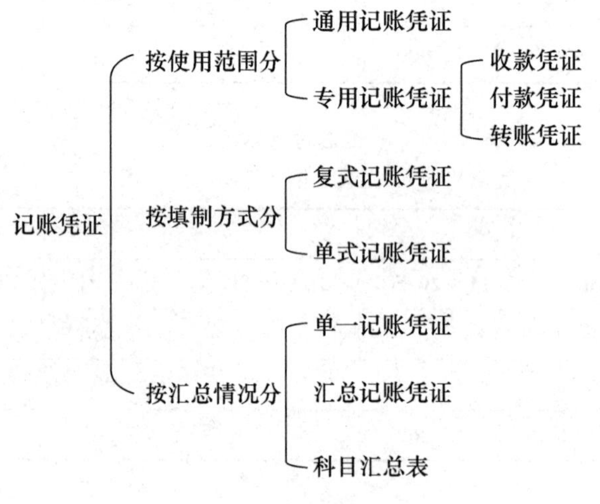

图 5.3　记账凭证分类

■ **课堂练习**

根据本章阅读案例回答王晨宇提出的问题。

5.3.3　记账凭证的填制要求

填制记账凭证，要求会计人员将各项记账凭证要素按规定方法填写齐全，便于账簿登记。记账凭证虽有不同格式，但就记账凭证确定会计分录、便于保管和查阅会计资料来看，各种记账凭证除了严格遵循前述原始凭证的填制要求（详见 5.2.3 原始凭证的填制要求）外，还应注意以下几点。

1. 摘要简明扼要

记账凭证的“摘要”栏既是对经济业务的简要说明，又是登记账簿的重要依据，必须针对不同性质的经济业务的特点，考虑到查阅凭证和登记账簿的需要，正确地填写，不可漏填或错填。对记账凭证“摘要”栏的书写，要求做到简明扼要、详略得当、文字精练、含义明确。尤其是现金、银行存款的收付款项应写明收付对象、结算种类、支票号码和款项主要内容；财产、物资收付事项应写明物资名称、计量单位、规格、数量、收付单位；往来款项要写明对方单位和款项内容；内部转账事项应写明事项内容；财产损溢事项应写明发生的时间、内容；待处理事项应写明对象内容、发生时间。

2. 填写内容齐全

(1) 记账凭证中的各项内容都应填写齐全，并按规定程序办理签章手续，不得简化。记账凭证的日期应以财会部门受理经济业务事项日期为准，年、月、日应写全，即收、付款凭证应按现金、银行存款收付款的日期填写。转账凭证原则上按收到原始凭证的日期填写；如果一份转账凭证依据不同日期的某类原始凭证填制时，可按填制凭证日期填写；在月终时，如果有些转账业务要等到下月初方可填制转账凭证，也可按月末的日期填写。

(2) 记账凭证所填金额要和原始凭证或原始凭证汇总表一致。记账凭证填写后，应进行复核和检查，有关人员均要签名或盖章。出纳人员根据收、付款凭证收入款项或付出款项时，应在凭证上加盖“收讫”或“付讫”的戳记，以免重收重付，出现差错。实行会计电算化的单位，采用的机制记账凭证应当符合记账凭证的一般要求，打印出来的机制记账凭证要加盖有关人员印章或签字，以加强审核、明确责任。

3. 科目运用正确

必须按规定的会计科目及其核算内容，正确编制会计分录，确保科目的准确运用。每一项经济业务发生，会计人员取得或填制原始凭证后，在填记账凭证时，应当根据经济业务的性质，正确确定应借记哪个账户和应贷记哪个账户。为此，必须严格遵守会计科目所核算的内容，不得任意更改会计科目名称和不恰当地使用会计科目，以保证会计记录的口径一致，同时，必须严格遵守记账准则，正确反映会计科目之间的对应关系。必须按规定的会计科目及其核算内容，根据经济业务的性质，编写会计分录，以保证核算口径一致，便于综合汇总。

4. 填制依据明确

记账凭证可以根据每一张原始凭证填制，或者根据若干张同类原始凭证汇总填制，也可以根据原始凭证汇总表填制；但不得将不同内容和类别的原始凭证汇总填制在一份记账凭证上。对一张原始凭证所列支出需要几个单位共同负担的，应将其他单位负担的部分，由保存原始凭证的单位开出原始凭证分割单，进行结算。除结账和更正错误的记账凭证可以不附原始凭证外，其他记账凭证必须附有原始凭证，并注明所附原始凭证的张数，以便核对摘要及所编会计分录是否准确无误。对于同一张原始凭证需填制两张记账凭证的（如采用单式记账凭证格式），应在未附原始凭证的记账凭证上注明其原始凭证在哪张记账凭证下，以便查阅。

5. 更正错误规范

在填制记账凭证时，如果发生错误，应当重新填制，不得在原始凭证上做任何更改。已登记入账的记账凭证在当年内发现填写错误时，可以用红笔填写一张与原内容相同的记账凭证，在“摘要”栏注明“注销某月某日某号凭证”字样，同时再用蓝字重新填制一张正确的记账凭证，注明“订正某月某日某号凭证”字样。如果会计科目没有错误，只是金额错误，也可将正确数字与错误数字之间的差额另编一张调整的记账凭证，调增金额用蓝字，调减金额用红字。发现以前年度记账凭证有错误的，应当用蓝字填制一张更正的记账凭证。

记账凭证填制完经济业务事项后，如有空行，应当自“金额”栏最后一笔数字下的空行处至合计数上的空行处画线注销，以堵塞漏洞，严密会计核算手续。

6. 凭证顺序编号

记账凭证在一个月内应当连续编号，以便分清经济业务事项处理的先后顺序，便于记账凭证与会计账簿核对，确保记账凭证完整无缺。编号的方法可采用收款、付款、转账凭证分 3 类编号；也可以采用现金收款、现金付款、银行存款收款、银行存款付款和转账凭证分 5 类编号；还可以采用通用记账凭证统一编号的形式。一笔经济业务需要填制两张或两张以上记账凭证的，可以采用分数编号法编号，如 2 号会计事项的会计分录需要填制 3 张记账凭证，即可编成 2（1/3）号、2（2/3）号和 2（3/3）号。前面的整数为总顺序号，后面的分数为该项经济业务的分号，分母表示该项经济业务的记账凭证总张数，分子表示该项经济业务的顺序号。

填制记账凭证

5.3.4 记账凭证的填制方法

1. 收款凭证的填制方法

收款凭证是用来记录库存现金和银行存款收款业务的凭证，是会计人员根据审核无误的原始凭证填制的。其格式和填制方法举例如下。

【例 5-2】 力达公司 2020 年 2 月 1 日销售乙产品一批，增值税专用发票上注明商品价款 18 000 元，增值税销项税款 2 340 元。收到购货单位开出金额 20 340 元的转账支票一张。

收款凭证的填制方法：收款凭证左上角“借方科目”处，按照业务内容填写“银行存款”或“库存现金”科目；凭证上中方的“年、月、日”处，填写财会部门受理经济业务事项制证的日期即编制本收款凭证的日期；凭证右上角的“字第__号”处填写“银行”或“收”字和已填制凭证的顺序编号；“摘要”栏填写对所记录的经济业务性质和特征的简要说明；“贷方总账科目”和“明细账科目”栏填写与银行存款或现金收入相对应的总账科目及其明细账科目；“记账符号”栏或“记账”栏则应在已经登记账簿后画“√”符号，表示已经入账，以免发生漏记或重记错误；“金额”栏填写该项经济业务事项的发生额；“合计”栏填写各发生额的合计数；凭证右边“附件 张”处需填写所附原始凭证的张数；凭证下边分别由相关人员签字或盖章，以明确经济责任。

上述业务填制的收款凭证如表 5-27 所示。

表 5-27　　收款凭证

借方科目：银行存款　　2020 年 2 月 1 日　　银收字第 1 号

摘要	贷方科目		金额										记账符号
	总账科目	明细账科目	千	百	十	万	千	百	十	元	角	分	
销售乙产品，收到转账支票	主营业务收入	乙产品				1	8	0	0	0	0	0	√
	应交税费	应交增值税（销项税额）					2	3	4	0	0	0	√
合计					¥	2	0	3	4	0	0	0	

附件 3 张

会计主管：（签章）　记账：（签章）　出纳：（签章）　复核：（签章）　制单：（签章）

2. 付款凭证的填制方法

记账凭证（三）

付款凭证是根据有关库存现金和银行存款的付款业务的原始凭证填制的。付款凭证的填制方法与收款凭证基本相同。不同的是在付款凭证的左上角应填列相应的贷方科目，即“银行存款”或“库存现金”科目，“借方科目”栏应填写与现金和银行存款相应的总账科目和明细账科目。出纳人员对于已经收讫和已经付讫的收付款凭证及其所附的各种原始凭证，都要加盖“收讫”和“付讫”的戳记，以免重收重付。

值得说明的是，对于库存现金和银行存款之间的互相划转业务，即从银行提取现金或将现金存入银行，一般只填写银行存款或现金付款凭证，不填收款凭证，以免重复记账。

【例 5-3】 力达公司职工王明 2020 年 2 月 17 日预借差旅费 600 元，财会部门以现金付给；原始凭证一张，为本月第十八笔现金付款业务。该笔业务编制的付款凭证如表 5-28 所示。

表 5-28　　付款凭证

贷方科目：库存现金　　2020 年 2 月 17 日　　现付字第 18 号

摘要	借方科目		金额										记账符号
	总账科目	明细账科目	千	百	十	万	千	百	十	元	角	分	
王明预借差旅费	其他应收款	王明						6	0	0	0	0	√
合计							¥	6	0	0	0	0	

附件 1 张

会计主管：（签章）　记账：（签章）　出纳：（签章）　复核：（签章）　制单：（签章）

3. 转账凭证的填制方法

转账凭证一般是根据转账业务（即不涉及现金和银行存款的业务）的原始凭证编制

的。转账凭证中“总账科目”和“明细账科目”栏应填写应借、应贷的总账科目和明细账科目，借方科目应记金额应在同一行的“借方金额”栏填列，贷方科目应记金额应在同一行的“贷方金额”栏填列，“借方金额”栏合计数与“贷方金额”栏合计数应相等。

【例 5-4】 力达公司 2020 年 2 月 20 日，从东方公司购入 A 材料一批，计 10 000 元，增值税税额为 1 300 元，材料已验收入库，货款尚未支付。原始凭证 1 张，为本月第十二笔转账业务。该笔业务编制的转账凭证如表 5-29 所示。

表 5-29 **转账凭证**

2020 年 2 月 20 日 转字第 12 号

摘要	总账科目	明细账科目	借方金额										记账符号	贷方金额										记账符号
			千	百	十	万	千	百	十	元	角	分		千	百	十	万	千	百	十	元	角	分	
购入 A 材料，货款未付	原材料	A 材料				1	0	0	0	0	0	0	√											
	应交税费	应交增值税（进项税额）					1	3	0	0	0	0	√											
	应付账款	东方公司															1	1	3	0	0	0	0	√
合　计					¥	1	1	3	0	0	0	0				¥	1	1	3	0	0	0	0	

附件 1 张

会计主管：（签章） 记账：（签章） 出纳（签章） 复核：（签章） 制单：（签章）

需要说明的是，某些既涉及收款业务又涉及转账业务的综合性业务，可分开做不同类型的记账凭证。例如，力达公司销售甲产品一批，销售收入 30 000 元，已收款 20 000 元存入银行，10 000 元尚未收到（假如不考虑增值税税额）。该笔业务需做两张记账凭证。

第一张凭证为收款凭证，分录为

借：银行存款 20 000

　　贷：主营业务收入 20 000

第二张凭证为转账凭证，分录为

借：应收账款 10 000

　　贷：主营业务收入 10 000

4. 记账凭证在会计实务中的运用

【例 5-5】 力达公司 2020 年 3 月发生了以下经济业务。

（1）3 月 1 日，将库存现金 6 000 元存入银行。

（2）3 月 6 日，购入 A 材料一批，计 3 000 元，增值税税额 390 元，已验收入库，货款用银行存款付讫。

（3）3 月 9 日，收到长城公司偿还前欠货款 3 000 元，已存入银行。

（4）3 月 11 日，以银行存款支付水电费 9 000 元。

（5）3 月 16 日，向长城公司销售甲产品收入 20 000 元，增值税税额 2 600 元，价税合计 22 600 元，货款尚未收到。

（6）3 月 17 日，以银行存款偿还短期借款 10 000 元。

（7）3 月 20 日，销售科科长王明出差，向财务部预借差旅费 1 000 元，开出现金支票付讫。

（8）3 月 28 日，销售甲产品收入 60 000 元，增值税税额 7 800 元，价税合计 67 800 元，全部存入银行。

（9）3 月 30 日，从银行提取现金 51 000 元备用。

（10）3 月 31 日，计提本月固定资产折旧 83 600 元，其中生产车间固定资产折旧费为 70 000 元，公司管理部门固定资产折旧费 13 600 元。

要求：根据经济业务编制相应的记账凭证。

分析：第一笔业务需要编制一张付款凭证，如表 5－30 所示。

表 5－30　　**付款凭证**

贷方科目：库存现金　　2020 年 3 月 1 日　　现付字第 1 号

摘　要	借方科目		金　额										记账符号
	总账科目	明细账科目	千	百	十	万	千	百	十	元	角	分	
现金存入银行	银行存款						6	0	0	0	0	0	√
合　计						¥	6	0	0	0	0	0	

附件 1 张

会计主管：（签章）　记账：（签章）　出纳：（签章）　复核：（签章）　制单：（签章）

注：对于银行存款与现金之间的收付业务，只编制一张付款凭证。

第二笔业务需要编制一张付款凭证，如表 5－31 所示。

表 5－31　　**付款凭证**

贷方科目：银行存款　　2020 年 3 月 6 日　　银付字第 1 号

摘　要	借方科目		金　额										记账符号
	总账科目	明细账科目	千	百	十	万	千	百	十	元	角	分	
购入材料，以银行存款支付	原材料	A 材料					3	0	0	0	0	0	√
	应交税费	应交增值税（进项税额）						3	9	0	0	0	√
合　计						¥	3	3	9	0	0	0	

附件 3 张

会计主管：（签章）　记账：（签章）　出纳：（签章）　复核：（签章）　制单：（签章）

第三笔业务需要编制一张收款凭证，如表 5－32 所示。

表 5 - 32　　　　　　　　　　　　**收款凭证**

借方科目：银行存款　　　　　　　2020 年 3 月 9 日　　　　　　　银收字第 1 号

摘　　要	贷方科目		金　　额										记账符号
	总账科目	明细账科目	千	百	十	万	千	百	十	元	角	分	
收到长城公司前欠货款	应收账款	长城公司					3	0	0	0	0	0	√
合　计						¥	3	0	0	0	0	0	

附件1张

会计主管：　　记账：　　出纳：　　复核：　　制单：
(签章)　　(签章)　　(签章)　　(签章)　　(签章)

第四笔业务需要编制一张付款凭证，如表 5 - 33 所示。

表 5 - 33　　　　　　　　　　　　**付款凭证**

贷方科目：银行存款　　　　　　　2020 年 3 月 11 日　　　　　　　银付字第 2 号

摘　　要	借方科目		金　　额										记账符号
	总账科目	明细账科目	千	百	十	万	千	百	十	元	角	分	
支付水电费	管理费用	水电费					9	0	0	0	0	0	√
合　计						¥	9	0	0	0	0	0	

附件2张

会计主管：　　记账：　　出纳：　　复核：　　制单：
(签章)　　(签章)　　(签章)　　(签章)　　(签章)

第五笔业务需要编制一张转账凭证，如表 5 - 34 所示。

表 5 - 34　　　　　　　　　　　　**转账凭证**

2020 年 3 月 16 日　　　　　　　转字第 1 号

摘要	总账科目	明细账科目	借方金额										记账符号	贷方金额										记账符号
			千	百	十	万	千	百	十	元	角	分		千	百	十	万	千	百	十	元	角	分	
销售甲产品，货款未收	应收账款	长城公司				2	2	6	0	0	0	0	√											
	主营业务收入																2	0	0	0	0	0	0	√
	应交税费	应交增值税（销项税额）																2	6	0	0	0	0	√
合　计					¥	2	2	6	0	0	0	0				¥	2	2	6	0	0	0	0	

附件3张

会计主管：　　记账：　　出纳：　　复核：　　制单：
(签章)　　(签章)　　(签章)　　(签章)　　(签章)

第六笔业务需要编制一张付款凭证，如表 5-35 所示。

表 5-35 **付款凭证**

贷方科目：银行存款 2020 年 3 月 17 日 银付字第 3 号

摘要	借方科目		金额										记账符号
	总账科目	明细账科目	千	百	十	万	千	百	十	元	角	分	
偿还短期借款	短期借款					1	0	0	0	0	0	0	√
合计					¥	1	0	0	0	0	0	0	

附件 1 张

会计主管：（签章） 记账：（签章） 出纳：（签章） 复核：（签章） 制单：（签章）

第七笔业务需要编制一张付款凭证，如表 5-36 所示。

表 5-36 **付款凭证**

贷方科目：银行存款 2020 年 3 月 20 日 银付字第 4 号

摘要	借方科目		金额										记账符号
	总账科目	明细账科目	千	百	十	万	千	百	十	元	角	分	
预借差旅费	其他应收款	王明					1	0	0	0	0	0	√
合计						¥	1	0	0	0	0	0	

附件 1 张

会计主管：（签章） 记账：（签章） 出纳：（签章） 复核：（签章） 制单：（签章）

第八笔业务需要编制一张收款凭证，如表 5-37 所示。

表 5-37 **收款凭证**

借方科目：银行存款 2020 年 3 月 28 日 银付字第 2 号

摘要	贷方科目		金额										记账符号
	总账科目	明细账科目	千	百	十	万	千	百	十	元	角	分	
销售甲产品款项存入银行	主营业务收入	长城公司				6	0	0	0	0	0	0	√
	应交税费	应交增值税（销项税额）					7	8	0	0	0	0	√
合计					¥	6	7	8	0	0	0	0	

附件 3 张

会计主管：（签章） 记账：（签章） 出纳：（签章） 复核：（签章） 制单：（签章）

第九笔业务需要编制一张付款凭证，如表 5－38 所示。

表 5－38 **付款凭证**

贷方科目：银行存款 2020 年 3 月 30 日 银付字第 5 号

摘要	借方科目		金额										记账符号
	总账科目	明细账科目	千	百	十	万	千	百	十	元	角	分	
提现	库存现金					5	1	0	0	0	0	0	√
合计					¥	5	1	0	0	0	0	0	

附件 1 张

会计主管：（签章） 记账：（签章） 出纳：（签章） 复核：（签章） 制单：（签章）

第十笔业务需要编制一张转账凭证，如表 5－39 所示。

表 5－39 **转账凭证**

2020 年 3 月 31 日 转字第 2 号

摘要	总账科目	明细账科目	借方金额										记账符号	贷方金额										记账符号
			千	百	十	万	千	百	十	元	角	分		千	百	十	万	千	百	十	元	角	分	
计提本月固定资产折旧	管理费用	折旧费				1	3	6	0	0	0	0	√											
	制造费用	折旧费				7	0	0	0	0	0	0	√											
	累计折旧																8	3	6	0	0	0	0	√
合计					¥	8	3	6	0	0	0	0				¥	8	3	6	0	0	0	0	

附件 1 张

会计主管：（签章） 记账：（签章） 出纳：（签章） 复核：（签章） 制单：（签章）

从以上记账凭证的填制方法和运用举例，还可以看出记账凭证和会计分录的不同。记账凭证要求要素齐全，并有严格的编制与审核手续；而会计分录则仅是表明记账凭证中应借、应贷的科目与金额，是记账凭证的最简化形式。会计分录通常只是为了讲解方便而出现在书本之中，在会计实务中是很少出现会计分录的。

5.3.5 记账凭证的审核

审核记账凭证

记账凭证是根据审核无误的原始凭证填制的，是登记账簿的直接依据。为了保证账簿记录的准确性，监督款项收付，保证会计信息质量，在记账前必须对已编制的所有记账凭证由专人进行认真、严格的审核。记账凭证的审核内容主要包括以下几个方面。

1. 内容是否与原始凭证相符

即审核记账凭证是否按已审核无误的原始凭证或原始凭证汇总表填制；记账凭证的内容与所附原始凭证的内容是否一致，金额是否相等；所附原始凭证是否已经审核无误，所附原始凭证的张数是否与记账凭证所列附件张数相符。

2. 会计科目是否正确

审核记账凭证所列会计科目（包括总账科目、明细账科目）、应借、应贷方向和金额是否正确，是否有明确的账户对应关系，所使用的会计科目是否符合国家统一的会计制度的规定，借贷双方的金额是否平衡，明细账科目金额之和与相应的总账科目的金额是否相等。

3. 填写项目是否齐全

审核记账凭证各项目是否填写齐全，如摘要、日期、凭证编号、附件张数及有关人员签章等。

在审核中若发现记账凭证的填制有差错或者填列不完整、签章不齐全，应查明原因，责令重新填制或按规定办理更正手续。只有经过审核无误的记账凭证，才能据以登记会计账簿。

■ 课堂练习

根据阅读案例 2-1 和案例 2-2 的资料，做出晨宇电脑维修部 2020 年 3 月经济业务应该填制的记账凭证（收款、付款和转账凭证）。

本章小结

本章承接第 2 章继续进行“七大”会计核算方法的学习，介绍了填制和审核会计凭证。本章首先介绍了会计凭证的作用、种类、传递与保管。并通过实例具体阐述了会计凭证的各种分类，使学生真正明确会计凭证的各种分类方法。

其次，介绍了原始凭证的基本内容、原始凭证的填制要求和审核内容。

最后，介绍了记账凭证的基本内容、记账凭证的填制要求和审核内容，并举例说明记账凭证的编制。通过各种业务类型记账凭证的编制，进一步教授学生编制记账凭证的技能，真正理解并掌握记账凭证的编制。

本章的重点内容是会计凭证的种类、原始凭证的填制和审核、记账凭证的填制和审核。

发票的种类及领购

应用案例

力达公司的环保设备业务

随着国家经济的发展，相关法律的出台以及企业环保意识的增强，环境保护已成为人们关注的焦点，力达公司的环保设备系列也开始畅销。2020 年，国家加大了对力达公司的投资，力达公司也扩大了环保设备系列产品的生产规模。下面是力达公司 2020 年 2 月份的经济业务。

2 月 1 日，收到国家投资 1 000 000 元，存入银行。

2月5日，从银行取得短期借款500 000元，存入银行。

2月8日，购入原材料200 000元，增值税税率为13%，款项尚未支付。

2月9日，生产车间领用生产污水处理设备的原材料100 000元。

2月20日，出售垃圾处理设备8台，每台单价100 000元，增值税税率为13%，货款及税金均已收存银行。

2月26日，从银行提取现金20 000元。

2月28日，用银行存款30 000元购入生产用设备1台，已投入使用。

2月28日，以银行存款支付2月8日购买原材料价款，共计226 000元。

2月28日，出售污水处理设备10台，每台单价120 000元，增值税税率为13%，货款及税金均尚未收到。

要求：

1. 你将如何确定应编制的记账凭证的种类？
2. 编制记账凭证时，一般要附哪些原始凭证？
3. 请你为力达公司编制上述经济业务所涉及的记账凭证。

思考与练习

一、思考题

1. 什么是会计凭证？它在会计核算中有什么作用？
2. 会计凭证按其填制程序和用途如何分类？
3. 什么是原始凭证、记账凭证？举例说明它们的特点。
4. 原始凭证和记账凭证分别必须具备哪些基本要素？
5. 简述收款凭证、付款凭证和转账凭证的填制方法。
6. 审核会计凭证主要应从哪些方面着手进行？

二、单项选择题

1.（　　）是会计工作的起点和关键。

A. 填制和审核会计凭证　　B. 设置会计科目与账户

C. 复式记账　　D. 登记账簿

2. 下列属于外来原始凭证中的是（　　）。

A. 入库单　　B. 发料汇总表　　C. 银行收账通知单　　D. 出库单

3. 原始凭证的基本内容中，不包括（　　）。

A. 日期及编号　　B. 内容摘要　　C. 实物数量及金额　　D. 会计科目

4. 用来记录与现金、银行存款无关的转账业务的记账凭证是（　　）。

A. 原始凭证　　B. 收款凭证　　C. 付款凭证　　D. 转账凭证

5. 力达公司于2020年3月接受投资者投入机器一台，计50 000元，已验收使用。对于此笔经济业务，会计人员应根据相关的原始凭证编制的记账凭证是（　　）。

A. 收款凭证　　B. 付款凭证　　C. 转账凭证　　D. 汇总凭证

三、多项选择题

1. 下列属于原始凭证的有（　　）。

A. 发出材料汇总表　B. 汇总收款凭证　C. 购料合同　D. 限额领料单

2. 记账凭证按照其反映的经济业务内容不同，通常分为（　　）三种。

A. 收款凭证　B. 付款凭证　C. 转账凭证　D. 科目汇总表

3. 下列凭证中属于复式记账凭证的有（　　）。

A. 单式凭证　B. 收款凭证　C. 付款凭证　D. 转账凭证

4. 涉及现金与银行存款相互划转的业务应编制的记账凭证有（　　）。

A. 现金收款凭证　B. 现金付款凭证

C. 银行存款收款凭证　D. 银行存款付款凭证

5. 下列科目中可能成为付款凭证借方科目的有（　　）。

A. 库存现金　B. 银行存款　C. 应付账款　D. 应交税费

四、判断题

1. 根据一定期间的记账凭证全部汇总填制的凭证如“科目汇总表”，是一种累计凭证。（　　）

2. 会计实务中，某些经济业务既是货币资金收入业务，又是货币资金支出业务，如把现金存入银行和从银行提取现金。为了避免重复记账，对于这类业务一般只编制收款凭证，不编制付款凭证。（　　）

3. 一式几联的发票和收据，必须用双面复写纸套写，并连续编号，因填写错误或其他原因而作废时，应加盖“作废”戳记，整份保存，不得缺联。（　　）

4. 所有的记账凭证都必须后附原始凭证，并注明所附原始凭证的张数，以便核对摘要及所编会计分录是否准确无误。（　　）

5. 会计凭证在登账后要进行整理和装订，归档两年后可销毁。（　　）

五、业务题

业务题一

目的：练习记账凭证的编制。

资料：力达公司 2020 年 2 月发生了以下经济业务。

2 月 4 日，用银行存款偿还原购买 A 材料所欠货款（应付账款）20 000 元。

2 月 9 日，向南方公司购入 B 材料 50 000 元，增值税税率 13%，货款尚未支付，材料已验收入库。

2 月 12 日，从银行提取现金 32 000 元。

2 月 16 日，销售甲产品一批，计 32 000 元，增值税税率 13%，收入现金全部送存银行。

2 月 22 日，车间申领 A 材料 18 000 元，用于生产甲产品。

2 月 25 日，管理人员王红星出差回来，报销差旅费 2 230 元，交回现金 270 元。

2 月 28 日，销售甲产品收入 20 000 元，增值税税率 13%，价税合计 23 200 元，货款未收。

2 月 28 日，以银行存款支付电费 1 680 元，水费 320 元。

要求：

1. 根据上述经济业务，确定应编制的记账凭证的种类。

2. 根据上述经济业务编制记账凭证。

业务题二

目的：熟悉与掌握记账凭证的编制。

资料：力达公司 2020 年 3 月发生了以下经济业务。

3 月 1 日，将现金 15 000 元存入银行。

3 月 3 日，销售甲产品收入 10 000 元，增值税税率 13%，价税合计 11 300 元，全部存入银行。

3 月 5 日，收到长城公司偿还前欠货款 16 000 元，存入银行。

3 月 6 日，业务人员张明出差，向财务处预借差旅费 800 元。

3 月 9 日，以银行存款支付水电费 600 元。

3 月 11 日，向东方公司购入 A 材料 40 000 元，增值税税率 13%，价税合计 45 200 元，以银行存款支付。

3 月 16 日，车间领用 A 材料 60 000 元，用以生产甲产品。

3 月 21 日，以银行存款偿还短期借款 8 000 元。

3 月 29 日，销售给长城公司甲产品 30 000 元，增值税税额 3 900 元，价税合计为 33 900元，货款尚未收到。

要求：

1. 根据经济业务分别填制收款凭证、付款凭证和转账凭证。

2. 指出编制上述凭证时，一般要后附哪些原始凭证？

六、互联网作业

1. 登录税务总局网站，查询增值税专用发票的样式。

2. 在互联网上搜索“南宫市税案”，了解事件的经过。

第6章

会计账簿

会计账簿

关键术语

学习目标与要求

本章的主要内容是“七大”会计核算方法之一的登记会计账簿。通过本章的学习，使学生了解会计账簿的概念、会计账簿设置和登记的意义以及会计账簿的种类，掌握序时账簿、分类账簿的设置和登记，理解总分类账与明细分类账平行登记的概念和内容，熟练运用记账规则和方法进行账簿的启用、登记、结账和对账，并运用专门的方法更正错账。

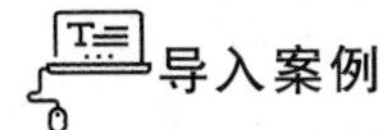

导入案例

富强食品有限责任公司

经济技术开发区新成立了一家富强食品有限责任公司。该公司是一家食品制造企业，主要生产蛋黄饼干，原材料有小麦面粉（强）、白砂糖、鸡蛋、香油、起酥油等，生产工艺流程比较简单，在同一生产车间加工成产成品蛋黄饼干。公司现有职工13名，其中工人8名、行政管理人员3名、营销人员2名。该公司由2名股东投资，注册资金50万元。公司总经理吕强毕业于食品专业，是永正会计公司股东卢安的大学校友。由于公司刚成立，吕强对公司的管理没有太多经验，便委托永正会计公司帮助推荐一名经验丰富的会计人员来负责公司的财务工作。永正会计公司推荐了已有3年财务工作经验的李蔷。李蔷目前的工作是负责富强食品有限责任公司进行成立初期的建账工作。如果你是李蔷，你将如何解决下列问题？

问题：

1. 新企业成立建新账，应该到哪些部门申请、登记？
2. 应该到哪里购买账簿？
3. 至少应该购买哪些种类的账簿？这些账簿分别应该是什么格式？
4. 应该为该企业开设哪些账户？

在整个会计核算体系中，会计账簿是一个中间环节，对于会计凭证和会计报表来讲，会计账簿起着承前启后的作用。在第5章中，我们已经知道了填制和审核会计凭证可以将单位每天发生的经济业务进行如实记录，并明确其经济责任，但由于会计凭证数量繁多，信息分散，每张凭证只能记载个别经济业务，缺乏系统性，不方便对会计信息进行整理和报告。为了全面、系统、连续地核算和监督企业的经济活动和财务收支情况，应该设置和登记会计账簿来对会计凭证所记载的资料加以分类和整理。本章将在介绍会计账簿概念、意义和分类的基础上，重点阐述账簿的设置和登记、结账、对账以及错账的更正方法。

会计账簿概述

6.1 会计账簿概述

会计账簿是由具有一定格式、相互联系的账页组成的，以会计凭证为依据，用来序时、分类地记录和反映一个单位各项经济业务事项的会计簿籍。设置和登记账簿是会计核算工作的重要环节，对于加强企业经营管理、提高经济效益有着十分重要的意义。

6.1.1 设置和登记会计账簿的意义

(1) 通过设置和登记账簿，可以全面、系统地归纳和整理会计核算资料。通过登记账簿，可以将分散的、零碎的会计资料汇总，加工成有用的、系统的和全面的会计信息，有利于掌握企业经济情况，加强企业经营管理。

(2) 通过设置和登记账簿，可以保护企业财产物资和资金的安全与完整。账簿的登记和记录可以具体反映各项财产物资和资金的增减变动情况，将账面数与实地盘点的财产物资数进行对比，可以检查企业财产物资是否妥善保管，账实是否相符，以此保护企业财产物资的安全与完整。

(3) 通过设置和登记账簿，可以为编制财务会计报告提供系统的数据资料。企业的财务会计报告反映了企业各方面的情况，其中大部分项目和数据来源于账簿的记录，账簿的设置和记录质量直接影响企业财务会计报告的真实性与及时性，是财务会计报告质量的重要保证。

(4) 通过设置和登记账簿，可以为会计决策提供依据。将账簿中提供的数据资料与计划资料进行对比，可以考核企业计划工作完成情况，明确工作中的经济责任，为会计分析和会计检查提供重要依据。还可以根据账簿中积累的数据资料，帮助企业进行财务分析，找出企业中存在的问题，并提出改进办法，以提高企业经济效益。

《簿记论》
简介三

6.1.2 会计账簿的种类

由于各单位的具体要求不同，所设置和运用的账簿也多种多样。为了便于人们正确地了解、掌握和使用账簿，需要将账簿进行分类。

1. 按会计账簿的用途分类

会计账簿按其用途可分为序时账簿、分类账簿和备查账簿 3 类。

(1) 序时账簿。

序时账簿又称日记账，是按各项经济业务发生或完成的时间顺序，逐日逐笔登记经济业务的账簿。序时账簿按其登记的业务范围不同，又可以分为特种序时账簿和普通序时账簿两种。

特种序时账簿，也称特种日记账，是用来记录某一类经济业务完成情况的日记账，可以反映、监督某一类重要的、发生频繁的经济业务情况。“库存现金日记账”“银行存款日记账”就属于此类账簿。

普通序时账簿，也称普通日记账，是用来记录全部经济业务完成情况的日记账。会计实务中，由于经济业务复杂多样，采用普通序时账簿登记业务既不利于记账分工，也不利于登账，工作量较大，难以较清晰地反映各类经济业务的情况，在实际工作中很少使用。

（2）分类账簿。

分类账簿是对全部经济业务按账户进行分类登记的账簿，简称分类账。按其反映内容的详细程度不同，分类账簿又分为总分类账簿和明细分类账簿。

总分类账簿又称总分类账，简称总账，是指根据一级账户设置的，用来分类登记一个单位全部经济业务，总括反映资产、负债、所有者权益、收入、费用、利润等核算资料的账簿。

明细分类账簿又称明细分类账，简称明细账，是根据二级账户或明细账户设置的，用来分类登记某一类经济业务，详细反映某一种资产、负债、所有者权益、收入、费用、利润等核算资料的账簿。

总账总括地记录和反映经济业务的总体情况，是对明细账的统驭和控制；明细账详细地记录经济业务的具体内容，是对总账的补充和说明。

（3）备查账簿。

备查账簿又称辅助登记簿，简称备查簿，是指对某些在序时账簿和分类账簿中不予登记或登记不详细的经济业务进行补充登记时使用的账簿，如“租入固定资产登记簿”“受托加工材料备查簿”等。备查账簿的种类和格式由各单位根据实际需要自行设置，不做统一规定。

2. 按会计账簿的账页格式分类

会计账簿按其账页格式不同分为三栏式账簿、多栏式账簿、数量金额式账簿。

（1）三栏式账簿。

三栏式账簿由三栏式账页组成。三栏式账页一般采用“借方”“贷方”“余额”三栏为基本结构，用以反映某项资金的增减和结余情况。三栏式账页适用于只需要进行金额核算的经济业务。总账、日记账、资本、债权、债务明细账一般采用三栏式账页。基本格式如表6－1所示。

表6－1　　三栏式账页——总账

总　　账

会计科目名称及编号：

年		凭证编号	摘要	借方										贷方										借或贷	余额									
月	日			千	百	十	万	千	百	十	元	角	分	千	百	十	万	千	百	十	元	角	分		千	百	十	万	千	百	十	元	角	分

（2）多栏式账簿。

多栏式账簿由多栏式账页组成。多栏式账页一般也采用“借方”“贷方”“余额”三栏为基本结构，但会根据所反映经济业务的特点和要求在“借方”或“贷方”栏目下再分设若干专栏，以详细记载某一小类经济业务的情况。多栏式账页一般适用于需要进行分项目具体核算的经济业务，如收入、费用明细账一般采用多栏式账页。基本格式如表6－2所示。

表6－2 **多栏式账页**

总页：　分页：

一级科目：　明细科目：

年		凭证编号	摘要	借方							贷方							借或贷	余额							(　　)方																				
月	日																									1							2							……						
				万	千	百	十	元	角	分	万	千	百	十	元	角	分		万	千	百	十	元	角	分	万	千	百	十	元	角	分	万	千	百	十	元	角	分	万	千	百	十	元	角	分

（3）数量金额式账簿。

数量金额式账簿由数量金额式账页组成。同样也采用“借方”“贷方”“余额”三栏为基本结构，但在每栏下面会再分设“数量”“单价”“金额”三小栏，以具体反映财产物资的实物数量和价值量。数量金额式账页适用于既需进行金额计算又需进行数量核算的财产物资的明细账。基本格式如表6－3所示。

表6－3 **数量金额式账页**

总页：　分页：

最高存量：

最低存量：

类别：　编号：　规格：　存储地点：　单位：

年		凭证编号	摘要	借方										贷方										借或贷	余额									
月	日			数量	单价	金额								数量	单价	金额									数量	单价	金额							
						百	十	万	千	百	十	元	角	分			百	十	万	千	百	十	元	角	分				百	十	万	千	百	十	元	角	分

3. 按会计账簿的外表形式分类

会计账簿按其外表形式分为订本式账簿、活页式账簿和卡片式账簿3类。

(1) 订本式账簿。

订本式账簿是在启用之前就将账页固定装订在一起，并对账页进行连续编号的一种账簿。订本式账簿可以避免账页散失、防止抽换账页，但是不能准确为各账户预留账页，且一本账簿在同一时间内只能由一人记账，不便于记账分工。总分类账、库存现金日记账和银行存款日记账可采用订本式账簿。

(2) 活页式账簿。

活页式账簿是把零散的账页用账夹固定，平时可以根据需要随时增加空白账页，也可随时抽调的账簿。活页式账簿便于分工记账，但平时登记时，若疏忽大意容易造成散失和被抽换。因此平时使用时要注意妥善保管，到年终使用完毕后，将本年度所有账页整理归类装订成册，再统一按页编号，妥善保管。明细分类账可采用活页式账簿。

(3) 卡片式账簿。

卡片式账簿是由有专门格式、分散的卡片做账页的账簿。这种账簿一般存放在卡片箱里保管，可以随取随放，随时增加新卡片，不需要每年更换，一般在实物保管、使用部门使用。“固定资产”和“低值易耗品”等明细账户可以采用卡片式账簿。

6.2 序时账簿

序时账簿

序时账簿又称日记账，是企业会计账簿体系中的重要组成部分。设置日记账的目的是为了按时间顺序反映经济业务的发生和完成情况。日记账按其核算和监督的业务范围不同，又可以分为特种日记账和普通日记账。

6.2.1 特种日记账

特种日记账是按照某一类经济业务发生的时间先后顺序，逐日逐笔登记该经济业务发生情况的账簿。为了加强货币资金的监督与管理，各单位一般应设置库存现金日记账和银行存款日记账，有条件的单位还可以设置转账日记账。

1. 库存现金日记账

库存现金日记账是用来登记库存现金每天收入、付出、结存情况的账簿。库存现金日记账必须采用订本式账簿，其账页格式一般采用“借方（或收入）”“贷方（或支出）”“余额（或结余）”三栏式结构。基本格式如表6-4所示。

填制库存现金日记账时，应根据审核无误的记账凭证和所附原始凭证填写“年、月、日”“凭证编号”“摘要”“对应科目”栏目，并根据记账凭证合计数填写金额和方向，最后结出余额。

库存现金日记账通常由出纳保管登记。每日，出纳应根据审核无误的与库存现金收付有关的现金收款凭证、现金付款凭证或银行存款付款凭证逐笔登记库存现金日记账，并结出余额；每日终了，还应将余额数与库存现金数进行核对，检查账实是否相符，如不符应查明原因，及时处理，做到日清日结。

表 6-4 **库存现金日记账**

2020年		凭证编号	摘要	对应科目	√	借方										贷方										借或贷	余额									
月	日					千	百	十	万	千	百	十	元	角	分	千	百	十	万	千	百	十	元	角	分		千	百	十	万	千	百	十	元	角	分
1	1		承前页																							借					2	0	0	0	0	0
1	3	现收1	收回差旅费余款	其他应收款	√						1	0	0	0	0											借					2	1	0	0	0	0
1	6	现付1	预借差旅费	其他应收款	√															1	0	0	0	0	0	借					1	1	0	0	0	0
1	6	现付1	购买办公用品	管理费用	√																5	0	0	0	0	借						6	0	0	0	0
1	8	银付1	提现	银行存款	√					1	0	0	0	0	0											借					1	6	0	0	0	0

2. 银行存款日记账

银行存款日记账是用来登记银行存款每天收入、付出、结存情况的账簿。基本格式如表 6-5 所示。

表 6-5 **银行存款日记账**

开户银行：　工商行东海支行滨海分理处

账　　号：　3456322456678

2020年		凭证编号	摘要	对应科目	√	借方										贷方										借或贷	余额									
月	日					千	百	十	万	千	百	十	元	角	分	千	百	十	万	千	百	十	元	角	分		千	百	十	万	千	百	十	元	角	分
1	1		承前页																							借			1	0	0	0	0	0	0	0
1	8	银付1	提现	库存现金																1	0	0	0	0	0	借				9	9	0	0	0	0	0
1	8	银付1	归还借款	短期借款															8	0	0	0	0	0	0	借				1	9	0	0	0	0	0
1	10	银收1	收回前欠货款	应收账款					6	0	0	0	0	0	0											借				7	9	0	0	0	0	0

银行存款日记账应根据企业在银行开立的账户和币种分别设置，通常也由出纳保管登记。每日，出纳应根据审核无误的银行存款收款凭证、银行存款付款凭证或现金付款凭证逐笔登记银行存款日记账，并结出余额，月底应将银行日记账与开户银行转来的对账单数进行核对，以检查各项收支记录是否正确。

为了简化登总账的工作，清晰反映账户之间的对应关系，了解每项货币资金的来龙去脉，库存现金日记账和银行存款日记账还可以采用多栏式格式，就是在“收入”栏和“支出”栏下分别按照对应科目设置若干专栏，详细地记录库存现金和银行存款的来源和用处。在对应科目较多时，账页必然较大，容易出现串行错误，不便于使用，应根据企业具体情况慎重使用。基本格式如表 6-6 和表 6-7 所示。

表 6－6　　　　库存现金日记账（多栏式）

2020年		凭证编号	摘要	贷方账户			借方账户			余额
				银行存款	……	收入合计	管理费用	……	付出合计	
月	日			千百十元角分	千百十元角分	千百十元角分	千百十元角分	千百十元角分	千百十元角分	千百十元角分
2	1		承前页							100000
2	3	银付1	提现	50000		50000				150000
2	6	现付1	支付房租				20000		20000	130000

表 6－7　　　　银行存款日记账（多栏式）

2020年		凭证编号	摘要	贷方账户			借方账户			余额
				实收资本	……	收入合计	现金	……	付出合计	
月	日			千百十元角分	千百十元角分	千百十元角分	千百十元角分	千百十元角分	千百十元角分	千百十元角分
2	1		承前页							200000
2	3	银付1	提现				100000		100000	100000
2	6	银收1	收到投资	500000		500000				600000

3. 转账日记账

转账日记账是根据转账凭证登记的，除库存现金和银行存款收支业务以外的其他经济业务的一种序时账簿。设置转账日记账是为了集中反映转账业务，一般企业通常不单独设置转账日记账。基本格式如表 6－8 所示。

表 6－8　　　　转账日记账

2020年		凭证编号	摘要	账户名称	借方	贷方	√
月	日				千百十万千百十元角分	千百十万千百十元角分	
2	6	转1	生产领用材料	生产成本	200000		√
2	6	转1	生产领用材料	原材料		200000	√

6.2.2　普通日记账

普通日记账是按照经济业务发生的时间先后顺序，逐日逐笔登记全部经济业务发生情况的账簿。但因记账工作量大，不能分类反映经济业务发生情况，也不便于分工记账，只适用经济业务少且又简单的企业，我国各单位已经较少采用普通日记账。

1. 两栏式普通日记账

两栏式普通日记账一般采用“借方”“贷方”两栏基本结构，不结余额，每天按经济业务先后顺序逐笔登记。基本格式如表 6-9 所示。

表 6-9　　**两栏式普通日记账**

2020年		凭证编号	摘　要	账户名称	借　方										贷　方										√
月	日				千	百	十	万	千	百	十	元	角	分	千	百	十	万	千	百	十	元	角	分	
2	6	转1	生产领用材料	生产成本					2	0	0	0	0	0											√
2	6	转1	生产领用材料	原材料															2	0	0	0	0	0	√

采用普通日记账登记时，首先记入经济业务发生和完成的年、月、日，然后在“摘要”栏内将经济业务简明扼要地说明，再写明应借应贷的账户名和金额，最后根据普通日记账内容登记总账，并将总账页数记入普通日记账的过账栏内，或用“√”表示已经过账。

2. 多栏式普通日记账

在企业经营过程中，会有一些经济业务经常重复发生，为了简化工作，可以在日记账中设置一些专栏，汇总同类业务，一次过入总账，专栏设置多少，一般应根据业务量多少确定。基本格式如表 6-10 所示。

表 6-10　　**多栏式普通日记账**

2020年		凭证编号	摘　要	库存现金												管理费用(借方)						主营业务收入(贷方)						其他													
				借方						贷方																		账户名称	借方						贷方						√
月	日			千	百	十	元	角	分	千	百	十	元	角	分	千	百	十	元	角	分	千	百	十	元	角	分		千	百	十	元	角	分	千	百	十	元	角	分	√
2	6	现付1	购办公品								5	0	0	0	0		5	0	0	0	0																				√
2	6	转1	生产领用材料																									生产成本	2	0	0	0	0	0							√
2	6	转1	生产领用材料																									原材料							2	0	0	0	0	0	√

采用多栏式普通日记账登记时，可以定期根据专栏合计数登记有关分类账，没有设专栏的账户，则在其他栏里登记，逐笔过入有关分类账户，最后用“√”表示已经过账，避免重过或漏过。

登记普通日记账时，可根据经济业务直接登记，然后再将普通日记账过入分类账。因此，设普通日记账一般可不再做记账凭证。

登记日记账

6.3 分类账簿

分类账簿是对全部经济业务分类别登记的账簿。根据提供资料的详细程度不同，分类账簿可以分为总分类账簿和明细分类账簿。

分类账簿（一）

6.3.1 总分类账簿

总分类账簿简称总账，是按照总分类账户分类登记经济业务的账簿。在总分类账簿中，应按照一级会计科目及会计科目编码顺序开设账户，且总分类账必须采用订本式账簿。由于总账可以全面、系统地反映企业所有经济业务活动情况，并为编制会计报表提供资料，所以，每一个企业都要设置总分类账。总分类账最常用的格式是三栏式，设置有“借方”“贷方”“余额”三个基本栏目。基本格式如表 6 - 11 所示。

表 6 - 11 **总账**

会计科目名称及编号： 1002银行存款

2020年		凭证字号	摘要	借方										贷方										借或贷	余额									
月	日			千	百	十	万	千	百	十	元	角	分	千	百	十	万	千	百	十	元	角	分		千	百	十	万	千	百	十	元	角	分
1	1		结转上年																					借			1	0	0	0	0	0	0	0
1	10	汇1	1-10日科目汇总表				6	0	0	0	0	0	0				8	1	0	0	0	0	0	借				7	9	0	0	0	0	0

在实务中，企业会根据具体情况不同而采用不同的账务处理程序，因此总账的登记方法也有所不同，既可以根据记账凭证逐笔直接登记，也可以将记账凭证先汇总编制成汇总记账凭证或科目汇总表，再据此登记总账(详见第 9 章会计核算组织程序)。

登记总账

总账还有多栏式总账，它将全部账户集中在一张账页中登记，但由于登记时篇幅过大，使用不方便，在实践中较少采用。

6.3.2 明细分类账簿

明细分类账簿简称明细账，它是按照总账科目所属二级科目或明细科目设置的账簿。通过明细账的登记，不仅可以详细反映资产、负债、所有者权益、成本、损益等增减变化情况，还可以加强企业财产物资的管理，促进企业债权债务的结算，监督企业的成本、费用开支。明细账通常采用活页式账簿，可以反映账户增减变动的详细情况。明细账对总分类账起补充说明的作用，它提供的资料也是编制会计报表、进行财务分析的依据。

登记明细账

明细账既可以根据审核无误的原始凭证、原始凭证汇总表和记账凭证逐日逐笔登记，也可以根据实际需要汇总进行登记。但财产物资明细账和债权债务明细账应每天登记，以便随时核对库存余额或与对方单位结算。

根据经济活动的特点和反映会计内容的需要，明细分类账的格式可分为 3 种：三栏式明细分类账、数量金额式明细分类账和多栏式明细分类账。

1. 三栏式明细分类账

三栏式明细分类账格式与总账格式基本相同，设置有“借方”“贷方”“余额”3 个基本栏目。三栏式明细分类账一般只登记金额，适合不需要进行数量记录的债权、债务等结算科目的核算，如“应收账款”“应付账款”“短期借款”“长期借款”等科目。基本格式如表 6 - 12 所示。

表 6 - 12 **应收账款明细账**

总页： 分页：

一级科目 ： 1122应收账款 明细科目 ： 01 力达公司

2020年		凭证字号	摘要	借方										贷方										借或贷	余额									
月	日			千	百	十	万	千	百	十	元	角	分	千	百	十	万	千	百	十	元	角	分		千	百	十	万	千	百	十	元	角	分
1	1		承前页																					借				5	0	0	0	0	0	0
1	5	转字1	销货未收款			1	1	6	0	0	0	0	0											借			1	6	6	0	0	0	0	0
1	10	银收1	收回前欠货款														6	0	0	0	0	0	0	借			1	0	6	0	0	0	0	0
1	31		本月合计			1	1	6	0	0	0	0	0				6	0	0	0	0	0	0	借			1	0	6	0	0	0	0	0

2. 数量金额式明细分类账

数量金额式明细分类账同样也采用“借方（或收入）”“贷方（或发出）”“余额（或结存）”三栏为基本结构，但在每栏下面会再分设“数量”“单价”“金额”三小栏，以具体反映财产物资的实物数量和价值量。数量金额式账页适用于既需进行金额计算又需数量核算的财产物资科目的核算，如“原材料”“库存商品”等科目。由于它能提供详细的收、发、存资料，便于企业加强管理。基本格式如表 6 - 13 所示。

各项应收款明细账和各项财产物资明细账的结账

登记数量金额式明细账时，应将财产物资的明细科目名称、编号、规格、存储地点、实物单位等填写在相关栏目里，待经济业务发生后再登记明细科目收发数量、单价、金额情况，最后算出结存余额。

表 6－13　　**原材料明细账**

总页：　　　分页：

最高存量:50吨
最低存量:10吨
类别:　钢材　编号：03　规格:　2*3*2　存储地点:　1号仓库　单位:　吨

2020年		凭证字号	摘要	借方											贷方											借或贷	余额										
月	日			数量	单价	金额									数量	单价	金额										数量	单价	金额								
						百	十	万	千	百	十	元	角	分			百	十	万	千	百	十	元	角	分				百	十	万	千	百	十	元	角	分
2	1		承前页																							借	30	1000			3	0	0	0	0	0	0
2	3	银付5	购入材料入库	1	1000				1	0	0	0	0	0												借	31	1000			3	1	0	0	0	0	0
2	7	转2	发出材料												10	1000			1	0	0	0	0	0	0	借	21	1000									

3. 多栏式明细分类账

多栏式明细分类账是在一张账页内的“借方”或“贷方”下分设若干专栏，用来登记明细项目较多、借贷方向单一的经济业务。这种明细分类账适用于费用、成本、收入、成果类科目的明细核算，如“管理费用”“制造费用”“生产成本”“本年利润”等科目。基本格式如表 6－14 所示。

表 6－14　　**生产成本明细账**

总页：　　　分页：

一级科目：5001生产成本　明细科目：01牛奶饼干

2020年		凭证编号	摘要	借方							贷方							借或贷	余额							(借)方																				
月	日																									1 工资							2 面粉							……						
				万	千	百	十	元	角	分	万	千	百	十	元	角	分		万	千	百	十	元	角	分	万	千	百	十	元	角	分	万	千	百	十	元	角	分	万	千	百	十	元	角	分
2	1		承前页															借		1	0	0	0	0	0																					
2	2	转3	领用材料		6	0	0	0	0	0								借		7	0	0	0	0	0									6	0	0	0	0	0							
2	9	转9	计提工资		2	0	0	0	0	0								借		9	0	0	0	0	0		2	0	0	0	0	0														

在实际工作中，如果设置的专栏只反映借方金额，则在偶尔发生贷方金额时，可以在借方专栏中用红笔登记贷方发生额，表示冲减数目。

■ **课堂练习**

根据第 3 章的阅读案例回答王晨宇提出的问题。

分类
账簿（二）

6.3.3 总分类账与明细分类账的平行登记

总分类账和明细分类账登记的是相同的经济业务，登记的原始依据是相同的，但详细程度不一样，两者作用也不同。总分类账对其所属明细分类账起着统驭和控制的作用，而明细分类账对其所属总分类账起着补充和说明作用。在核算中，两者要采用平行登记的方法。所谓平行登记，就是登记总分类账和明细分类账时，都是独立进行，互不依赖，做到同依据、同时间、同方向、同金额。

（1）同依据，指的是对同一经济业务登记总分类账和明细分类账时，依据的是相同的会计凭证。

（2）同时间，指的是对同一经济业务应该在同一会计期间内，既在总分类账中进行总括登记，又要在明细分类账中进行详细登记。

（3）同方向，指的是对同一经济业务如果在总分类账中登记的是借方，在明细分类账中登记的就应该是借方；如果在总分类账中登记的是贷方，在明细分类账中登记的也应该是贷方。

（4）同金额，指的是对同一经济业务在总分类账中登记的金额，应该与其所属明细分类账中登记的金额合计数相等。

下面以“应收账款”账户为例，说明总分类账簿与明细分类账簿的平行登记，如表 6-15～表 6-17 所示。

表 6-15 **总账**

会计科目名称及编号 ： 1122应收账款

2020年		凭证编号	摘要	借方	贷方	借或贷	余额
月	日			千百十万千百十元角分	千百十万千百十元角分		千百十万千百十元角分
1	1		承前页			借	8000000
1	5	转字1	销货未收款	11600000		借	19600000
1	10	银收1	收回前欠货款		6000000	借	13600000
1	11	银收2	收回前欠货款		2000000	借	11600000
1	31		本月合计	11600000	8000000	借	11600000

根据总分类账户与明细分类账户的关系，可以采用相互核对的方式检查账簿登记是否有错，如不相符，必须查明原因，加以更正。例如，上例中的“应收账款”账户，可以在月末编制本月应收账款发生额和余额的明细表与总分类账直接核对，如表 6-18 所示。

表 6-16　　应收账款——明细账

总页：　　分页：

一级科目 ：1122应收账款　　　明细科目:01力达公司

2020年		凭证字号	摘要	借方										贷方										借或贷	余额									
月	日			千	百	十	万	千	百	十	元	角	分	千	百	十	万	千	百	十	元	角	分		千	百	十	万	千	百	十	元	角	分
1	1		承前页																					借				5	0	0	0	0	0	0
1	5	转字1	销货未收款			1	1	6	0	0	0	0	0											借			1	6	6	0	0	0	0	0
1	10	银收1	收回前欠货款														6	0	0	0	0	0	0	借			1	0	6	0	0	0	0	0
1	31		本月合计			1	1	6	0	0	0	0	0				6	0	0	0	0	0	0	借			1	0	6	0	0	0	0	0

表 6-17　　应收账款——明细账

总页：　　分页：

一级科目：1122应收账款　　　明细科目：02德艺公司

2020年		凭证字号	摘要	借方										贷方										借或贷	余额									
月	日			千	百	十	万	千	百	十	元	角	分	千	百	十	万	千	百	十	元	角	分		千	百	十	万	千	百	十	元	角	分
1	1		承前页																					借				3	0	0	0	0	0	0
1	11	银收2	收回前欠货款														2	0	0	0	0	0	0	借				1	0	0	0	0	0	0
1	31		本月合计														2	0	0	0	0	0	0	借				1	0	0	0	0	0	0

表 6-18　　应收账款本期发生额及余额明细表

2020 年 1 月　　单位：元

明细账户名称	期初余额（借方）	本期发生额		期末余额（借方）
		借方	贷方	
力达公司	50 000	116 000	60 000	106 000
德艺公司	30 000		20 000	10 000
合　计	80 000	116 000	80 000	116 000

6.4 账簿使用规则

账簿的使用是会计核算工作的一个重要环节，企业的会计人员都应该遵守账簿的使用规则，认真做好账簿的设置、登记工作，满足企业的经济管理需求。

账簿的使用规则

6.4.1 账簿的基本内容

在实际工作中，为适应不同经济业务的需要，账簿的种类和格式也是多种多样，但无论何种账簿，都应具有下列基本要素。

1. 封面

封面主要用来表明账簿的名称，如总账、明细账、库存现金日记账及银行存款日记账等。

2. 扉页

扉页主要用来登记账簿启用登记表、账簿目录表。

3. 账页

账页是账簿的主体，由于记录的内容不同，账页的格式也各不相同，但其基本内容应该包括账户名称、“日期”栏、“凭证编号”栏、“摘要”栏、“金额”栏、“页码”栏。

建账

6.4.2 账簿启用规则

为了明确记账责任，确保账簿记录的合法性和账簿资料的完整性，会计人员必须按照一定的规则启用账簿。在启用新的会计账簿时，应在账簿封面上写明账簿名称；在账簿扉页上填写“账簿启用登记表”，内容主要有单位名称、账簿名称、账簿编号、账簿页数、启用日期、财务负责人、启用人员及盖章及单位公章等；会计人员工作变动时，应办理账簿交接手续，在“交接记录”栏内填明交接日期、移交人姓名、接交人姓名，并由交接双方人员签名或盖章；采用购买印花税票方式缴纳印花税的单位，对应缴纳印花税的账簿，应将印花税票粘贴在启用表的右上角，并画线予以注销；对于实行建账监管的地方，单位应在建账前到所在地建账监管机构申请、登记合格后才能建账。账簿启用登记表、账簿目录表格式如表6－19和表6－20所示。

表6－19　　账簿启用登记表

<table>
<tr><td colspan="2">单位名称</td><td colspan="4"></td><td>代码</td><td colspan="3"></td><td>单位公章及财务章</td><td>贴印花处</td></tr>
<tr><td colspan="2">账簿名称</td><td colspan="8"></td><td rowspan="5"></td><td rowspan="12"></td></tr>
<tr><td colspan="2">账簿编号</td><td colspan="8">字第　号第　册共　册</td></tr>
<tr><td colspan="2">账簿页数</td><td colspan="8">本账簿共计　页</td></tr>
<tr><td colspan="2">启用日期</td><td colspan="8">年　月　日</td></tr>
<tr><td colspan="2">财务负责人</td><td colspan="4"></td><td colspan="2">启用人</td><td colspan="2"></td></tr>
<tr><td colspan="2">经管人员</td><td colspan="3">接交</td><td colspan="3">移交</td><td colspan="2">财务负责人</td><td>建账监管登记</td></tr>
<tr><td>姓名</td><td>盖章</td><td>年</td><td>月</td><td>日</td><td>年</td><td>月</td><td>日</td><td>姓名</td><td>盖章</td><td rowspan="5">建账登记号:</td></tr>
<tr><td></td><td></td><td></td><td></td><td></td><td></td><td></td><td></td><td></td><td></td></tr>
<tr><td></td><td></td><td></td><td></td><td></td><td></td><td></td><td></td><td></td><td></td></tr>
<tr><td></td><td></td><td></td><td></td><td></td><td></td><td></td><td></td><td></td><td></td></tr>
<tr><td></td><td></td><td></td><td></td><td></td><td></td><td></td><td></td><td></td><td></td></tr>
</table>

表 6－20　　账簿目录表

账簿目录表								
账户名称	账号	总页码	账户名称	账号	总页码	账户名称	账号	总页码

使用订本式账簿时，应在启用时就按顺序编号，不得跳页和缺号，并填写账簿目录表。使用活页式账簿时，则在使用账页时按账户顺序编号，并定期装订成册，装订后再按实际使用的账页顺序编定页码，最后填写账簿目录表。

6.4.3　账簿登记规则

账簿记录是否正确、完整、及时、清楚，直接影响会计核算工作的顺利进行和会计信息的质量，因此会计人员应遵循下列规则，使用正确的方法登记账簿。

（1）登记账簿时，必须将记账凭证的填写日期、凭证编号、摘要、金额和其他相关资料逐项登入账簿，做到数字准确、摘要清楚、登记及时、字迹工整。同时，在记账凭证上注明账簿的页数或划“√”表示已经入账，防止重复登账或遗漏，也便于查阅、核对。

（2）登记账簿时，必须使用蓝黑墨水或碳素墨水笔书写，不得使用铅笔或圆珠笔，以防止涂改，并保持账簿记录清晰、永久。只有下列情况可以使用红色墨水笔记账：①按照红字冲账的记账凭证，冲销错误记录；②在不设借贷等栏的多栏式账页中，登记减少数；③在三栏式账户的“余额”栏前，如未印明余额方面的，在“余额”栏内登记负数余额；④根据国家统一会计制度的规定可以用红字登记的其他会计记录。

（3）账簿上记录的文字和阿拉伯数字必须工整、规范并保持一定间距，不得满格书写。文字和数字要靠底线书写，约占全格的1/2，即使发生登记错误时，也比较容易更正。

（4）账簿在登记时必须按照编定的页码顺序连续记录，不得跳行、隔页，如不慎发生跳行、隔页，应将空行或空页画线注销。空行的“金额”栏用斜线注销或注明“此行空白”；空页画对角线勾销，注明“此页空白”字样，并由记账人员签名或盖章且不得撕毁。

（5）凡需结余额的账户在结出余额后应在“借或贷”一栏中写明“借”或“贷”。余额为“0”的账户应在“借或贷”一栏中写明“平”，并在余额栏内的元位上写“0”。

（6）每个账户的第一张账页第一行一般填列“上年结转”，当一页账页登记完毕时，应在账页的最末一行结出本页发生额合计数和余额，并在“摘要”栏中注明“过次页”，在次页第一行记入上页的发生额合计数和余额，并在“摘要”栏中注明“承前页”，以保持账页登记的连续性。

(7) 账簿记录发生错误后，必须按规定方法更正，不得使用涂改液、小刀、橡皮、消字灵等涂改、刮擦、挖补和更改字迹，不得撕毁账页。

6.4.4 错账查找的方法

在会计账务处理过程中，无论是手工记录，还是实行会计电算化，都是由人来进行操作，在操作过程中难免发生错误。产生差错的原因可能是重记、漏记、数字颠倒、数字错位、数字记错、科日记错、借贷方向记反等，从而影响会计信息的正确性，应通过试算平衡及时查找，并予以更正。常见的错账查找方法主要有差数法、尾数法、除 2 法、除 9 法。

1. 差数法

差数法是按照错账的差数查找错账的方法，如果在记账过程中只登记了会计分录的借方或贷方，漏记了另一方，会使得试算平衡时借方合计数与贷方合计数不等。例如，会计凭证上记录的是

借：银行存款　　1 130

　　贷：主营业务收入　　1 000

　　　　应交税费——应交增值税（销项税额）　　130

而记账时漏记了应交税费——应交增值税（销项税额）130 元，在进行试算平衡时借方合计数与贷方合计数就会不等，出现总账借方合计数比贷方合计数多 130 元的现象。对于类似差错应由会计人员通过回忆相关金额的记账凭证进行查找。

2. 尾数法

尾数法适用于试算平衡时借方合计数与贷方合计数差数只涉及角、分的差错的情况，可以只查找小数部分，以提高查错的效率。例如，只差 0.03 元，只需查看一下尾数有“0.03”的金额的相关业务分录，看是否已将其登记入账。

3. 除 2 法

除 2 法是将差数除以 2 来查找错账的一种方法。当差数为偶数时，应首先检查记账方向是否发生错误。在记账时，有时由于疏忽，错将借方金额登记到贷方或将贷方金额登记到了借方，必然会出现一方合计数增多而另一方合计数减少的情况，其差额恰是记错方向数字的一倍，且差数是偶数。对于这种错误的检查，可用差数除以 2，得出的商数就是账中记错方向的数字，然后再到账目中寻找差错的数字就有了一定的目标。

例如，会计凭证上记录的是

借：银行存款　　300

　　贷：库存现金　　300

登记总账时，错把银行存款登记入了贷方，总账试算平衡时，就会出现贷方合计数大于借方合计数 600 元的情况，将 600 元除以 2，正好是贷方记错的 300 元。

4. 除9法

除9法是指用差数除以9来查找错账的一种方法，主要适用于下列两种错误的查找。

（1）数字错位错误的查找。在查找错误时，如果差错的数额较大，就应该检查一下是否在记账时发生了数字错位。在登记账目时，有时会把位数看错，把十位数看成百位数，百位数看成了千位数，把小数看大了；也可能把百位看成十位，千位看成百位数，把大数看小了。这种情况下，差错数额一般比较大，可以用除9法进行检查。例如，将30元看成了300元并登记入账，此时在对账时就会出现余额差：

300－30＝270(元)

用270元除以9，商为30元，30元是应该记录的正确的数额。又如，收入银行存款900元，误记为90元，对账结果会出现：

900－90＝810（元）的差值，用810元除以9，商为90元，商数即为你要找的差错数。

（2）相邻数字颠倒错误的查找。在记账时，有时易将相邻的两位数或三位数的数字登记颠倒了，如将76记成67，它的差值数是9，可以被9整除，得出的商为1，连续加11，为12、23、34、45、56、67、78、89，如果有数字“67”的业务就有可能是写颠倒的数字。

如果采用上述方法检查均未发现错误，而对账结果又确实不符，还可以采用顺查、逆查、抽查等方法检查是否有漏记和重记等现象。顺查是指按照账务处理的顺序，从凭证开始到账簿记录为止从头到尾进行普遍的核对。逆查法是指采用与账务处理顺序相反的方法，从尾到头的检查。抽查法是指抽取账簿记录中某些部分进行局部检查的方法。

阅读案例6-1

刘江大学毕业后一直想找一份会计工作，在应聘近20家单位后，刘江被永正会计公司录用了，试用期3个月，工资待遇也不错。可上班不到1个月，刘江就碰到了难题，急得他茶不思饭不想。原来是7月底，李蔷安排刘江编制富强食品公司（简称富强公司）当月的试算平衡表，可刘江编制完后发现，本月的借方发生额合计数和贷方发生额合计数竟然不相等，借方发生额合计数为53 105.30元，而贷方发生额合计数却为53 105.00元，反复计算了几遍还是不相等，他推断一定是记账出错了，可到底是哪笔账错了呢，刘江找了半天也没找出来，他开始后悔读大学时没认真听老师讲课。

问题：

1. 到现在为止，你学习了哪几种查找错账的方法？这些方法分别在什么情况下使用？

2. 你能不能帮帮刘江，用所学查找错账的方法快速找出错误？

富强公司2020年9月公司的经济业务及刘江的记账情况如下：

（1）9月3日，出纳到银行提取现金2 000元，编制记账凭证，如表6-21所示。

表 6-21　　记账凭证

2020年9月3日　　记字01号

摘要	总账科目	明细科目	借方										√	贷方										√
			千	百	十	万	千	百	十	元	角	分		千	百	十	万	千	百	十	元	角	分	
提取现金	库存现金						2	0	0	0	0	0	√											
	银行存款																	2	0	0	0	0	0	√
结算方式:银行转账		合计金额				¥	2	0	0	0	0	0					¥	2	0	0	0	0	0	

附单据1张

会计主管:　　记账:刘江　　审核:张华　　出纳:王明　　制单:刘江　　领(缴)款人:

(2) 9月10日，公司因资金周转困难，向中国建设银行借取短期贷款50 000元，编制记账凭证，如表6-22所示。

表 6-22　　记账凭证

2020年9月10日　　记字02号

摘要	总账科目	明细科目	借方										√	贷方										√
			千	百	十	万	千	百	十	元	角	分		千	百	十	万	千	百	十	元	角	分	
借取短期借款	银行存款					5	0	0	0	0	0	0	√											
	短期借款																5	0	0	0	0	0	0	√
结算方式:银行转账		合计金额			¥	5	0	0	0	0	0	0				¥	5	0	0	0	0	0	0	

附单据1张

会计主管:　　记账:刘江　　审核:张华　　出纳:王明　　制单:刘江　　领(缴)款人:

(3) 9月21日，行政办报销一批办公用品，共计300.30元，直接支付现金，编制记账凭证，如表6-23所示。

表 6-23　　记账凭证

2020年9月21日　　记字03号

摘要	总账科目	明细科目	借方										√	贷方										√
			千	百	十	万	千	百	十	元	角	分		千	百	十	万	千	百	十	元	角	分	
报销办公用品	管理费用							3	0	0	3	0	√											
	库存现金																		3	0	0	0	0	√
结算方式:银行转账		合计金额					¥	3	0	0	3	0						¥	3	0	0	0	0	

附单据1张

会计主管:　　记账:刘江　　审核:张华　　出纳:王明　　制单:刘江　　领(缴)款人:

(4) 9月30日，支付水电费共计805元，编制记账凭证，如表6-24所示。

表6-24　　**记账凭证**

2020年9月30日　　记字04号

摘要	总账科目	明细科目	借方										√	贷方										√
			千	百	十	万	千	百	十	元	角	分		千	百	十	万	千	百	十	元	角	分	
支付水电费	管理费用							8	0	5	0		√											
	银行存款																		8	0	5	0	0	√
结算方式:银行转账		合计金额					¥	8	0	5	0							¥	8	0	5	0	0	

附单据1张

会计主管:　　记账:刘江　　审核:张华　　出纳:王明　　制单:刘江　　领(缴)款人:

(5) 根据以上经济业务登记的有关总账账簿如表6-25～表6-28所示。

表6-25　　**总账**

会计科目名称及编号：　1001库存现金

2020年		凭证编号	摘要	借方										贷方										借或贷	余额									
月	日			千	百	十	万	千	百	十	元	角	分	千	百	十	万	千	百	十	元	角	分		千	百	十	万	千	百	十	元	角	分
9	1		承前页																					借					3	0	0	0	0	0
9	3	记01	提取现金					2	0	0	0	0	0											借					5	0	0	0	0	0
9	21	记03	报销办公用品																3	0	0	0	0	借					4	7	0	0	0	0
			本月合计					2	0	0	0	0	0						3	0	0	0	0	借					4	7	0	0	0	0

表6-26　　**总账**

会计科目名称及编号：　1002银行存款

2020年		凭证编号	摘要	借方										贷方										借或贷	余额									
月	日			千	百	十	万	千	百	十	元	角	分	千	百	十	万	千	百	十	元	角	分		千	百	十	万	千	百	十	元	角	分
9	1		承前页																					借				1	3	0	0	0	0	0
9	3	记01	提取现金															2	0	0	0	0	0	借				1	1	0	0	0	0	0
9	10	记02	借取短期借款				5	0	0	0	0	0	0											借				6	1	0	0	0	0	0
9	30	记04	支付水电费																8	0	5	0	0	借				6	0	1	9	5	0	0
			本月合计				5	0	0	0	0	0	0					3	1	0	5	0	0	借				6	0	1	9	5	0	0

表 6-27　　总账

会计科目名称及编号 ：　2001短期借款

2020年		凭证编号	摘要	借方										贷方										借或贷	余额									
月	日			千	百	十	万	千	百	十	元	角	分	千	百	十	万	千	百	十	元	角	分		千	百	十	万	千	百	十	元	角	分
9	1		承前页																					贷				1	0	0	0	0	0	0
9	10	记03	借取短期借款														5	0	0	0	0	0	0	贷				6	0	0	0	0	0	0
			本月合计														5	0	0	0	0	0	0	贷				6	0	0	0	0	0	0

表 6-28　　总账

会计科目名称及编号 ：　6602管理费用

2020年		凭证编号	摘要	借方										贷方										借或贷	余额									
月	日			千	百	十	万	千	百	十	元	角	分	千	百	十	万	千	百	十	元	角	分		千	百	十	万	千	百	十	元	角	分
9	1		承前页																														0	0
9	21	记03	报销办公用品						3	0	0	3	0											借						3	0	0	3	0
9	30	记04	支付水电费						8	0	5	0	0											借					1	1	0	5	3	0
			本月合计					1	1	0	5	3	0											借					1	1	0	5	3	0

☆ 阅读案例 6-1 分析

在上述案例中，刘江编制试算平衡表时，借方发生额合计数比贷方发生额合计数大0.30。那么，刘江可以先回忆一下当月发生额尾数为0.30的经济业务，由于只有第三笔业务的尾数为0.30，这样就可以重点调查第三笔业务。经仔细检查，就会发现第三笔业务在制单时贷方发生金额填写错误，300.30元误填成了300元，导致后面的账簿登记也出现错误。运用尾数法，很容易就查找出错账。

差数法、尾数法、除2法、除9法等大多数快速查找错账的方法都建立在对经济业务熟悉的基础上，所以要想快速查找出错账，要求财务人员平常多熟悉单位的经济业务及发生金额，否则就只能采用顺查法或逆查法一笔一笔核对了。

6.4.5 错账更正方法

采用上述方法进行检查后，如果是账簿记录发生记账错误时，必须采用正确的方法更正。常用的错账更正方法有画线更正法、红字更正法和补充登记法。

1. 画线更正法

画线更正法适用于记账凭证没错，而账簿记录中的文字或数字有误的情况。

画线更正法是在账簿中错误的文字或数字上画一条红线，再在红线上方空白处用蓝字写上正确的文字或数字，并由更正人在红线的尾端盖章以明确责任。画线时应注意，文字差错可仅画去有差错的文字，但数字差错则应画去全部数字，重新书写正确的数字，不能仅画去书写错误的数字。

【例 6－1】 会计人员李玲在登记原材料的总账时把 1 000 元错登记成 2 000 元，李玲采用画线更正法更正，账簿记录如表 6－29 所示。

表 6－29　　　　　　　　　　　　**总账**

会计科目名称及编号 ： 1403 原材料

2020年		凭证字号	摘要	借方								贷方									借或贷	余额									
月	日			十	万	千	百	十	元	角	分	百	十	万	千	百	十	元	角	分		千	百	十	万	千	百	十	元	角	分
1	1		结转上年																		借							0	0	0	0
			……																												
6	5	汇1	1～5日汇总												1 ~~2~~	0 ~~0~~	0 ~~0~~	0 ~~0~~	0 ~~0~~	0 ~~0~~	李玲				1	9	0	0	0	0	0

红线

更正人签章

2. 红字更正法

红字更正法，又称红字冲销法，适用于记账凭证错误而导致账簿记录错误的情况，有以下两种情形。

（1）登账后，发现记账凭证中的会计科目有误，致使账簿记录错误。更正时，可先用红字填制一张与错误记账凭证完全相同的记账凭证，并据此用红字金额登账，然后用蓝字重新填制一张正确的记账凭证，并据此登账更正。

【例 6－2】 某企业 2020 年 6 月 10 日收到外单位偿还的货款 7 000 元，存入银行。会计人员李玲在登记记账凭证时把分录误编为

借：银行存款　　　　7 000

　　贷：应付账款　　　　7 000

并已据此登账，6 月 11 日李玲现采用红字更正法更正。更正过程如下。

① 原错误凭证填制如表 6－30 所示。

② 根据错误凭证已登账。

③ 红字更正法首先用红字填制冲销凭证（用 字 代表红字），如表 6－31 所示。

表 6-30 记账凭证

2020年6月10日　　　　记字06号

摘要	总账科目	明细科目	借方（千百十万千百十元角分）	√	贷方（千百十万千百十元角分）	√
收到前欠货款	银行存款		700000	√		
	应付账款				700000	√
结算方式:银行转账		合计金额	¥700000		¥700000	

附单据1张

会计主管:　　记账:李玲　　审核:张江　　出纳:王明　　制单:李玲　　领(缴)款人:

表 6-31 记账凭证

2020年6月11日　　　　记字07号

摘要	总账科目	明细科目	借方（千百十万千百十元角分）	√	贷方（千百十万千百十元角分）	√
冲销06号凭证	银行存款		700000	√		
	应付账款				700000	√
结算方式:银行转账		合计金额	¥700000		¥700000	

红字

附单据0张

会计主管:　　记账:李玲　　审核:张江　　出纳:王明　　制单:李玲　　领(缴)款人:

④ 根据审核无误的07号凭证，用红字登账。

⑤ 用蓝字填制正确凭证，如表6-32所示。

表 6-32 记账凭证

2020年6月11日　　　　记字08号

摘要	总账科目	明细科目	借方（千百十万千百十元角分）	√	贷方（千百十万千百十元角分）	√
收到前欠货款	银行存款		700000	√		
	应收账款				700000	√
结算方式:银行转账		合计金额	¥700000		¥700000	

附单据0张

会计主管:　　记账:李玲　　审核:张江　　出纳:王明　　制单:李玲　　领(缴)款人:

⑥ 根据审核无误的 08 号凭证，用蓝字登账。

(2) 登账后，发现记账凭证中的会计科目没错，只是所记金额大于应记金额，导致登账错误。更正时，直接将多记录的金额用红字填制一张记账凭证，以冲销多记金额，并据此用红字登账更正。

【例 6－3】 某企业 2020 年 6 月 12 日收到外单位偿还的货款 1 000 元，存入银行。会计人员李玲在登记记账凭证时把分录误记为

借：银行存款　　3 000

　　贷：应收账款　　3 000

并已据此登账，李玲现采用红字更正法更正，更正过程如下。

① 原错误凭证填制如表 6－33 所示。

表 6－33

记账凭证

2020年6月12日　　记字09号

摘要	总账科目	明细科目	借方										√	贷方										√
			千	百	十	万	千	百	十	元	角	分		千	百	十	万	千	百	十	元	角	分	
收到前欠货款	银行存款						3	0	0	0	0	0	√											
	应收账款																	3	0	0	0	0	0	√
结算方式:银行转账		合计金额				¥	3	0	0	0	0	0					¥	3	0	0	0	0	0	

付单据1张

会计主管:　　记账:李玲　　审核:张江　　出纳:王明　　制单:李玲　　领(缴)款人:

② 根据错误凭证已登账。

③ 红字更正法，用红字填制冲销凭证（用[字]代表红字），如表 6－34 所示。

表 6－34

记账凭证

2020年6月12日　　记字10号

摘要	总账科目	明细科目	借方										√	贷方										√
			千	百	十	万	千	百	十	元	角	分		千	百	十	万	千	百	十	元	角	分	
[冲销09号凭证多记]	[银行存款]						[2	0	0	0	0	0]	√											
[金额]	[应收账款]																	[2	0	0	0	0	0]	√
结算方式:银行转账		合计金额				[¥	2	0	0	0	0	0]					[¥	2	0	0	0	0	0]	

付单据0张

会计主管:　　记账:李玲　　审核:张江　　出纳:王明　　制单:李玲　　领(缴)款人:

④ 根据审核无误的 10 号凭证，用红字登账。

3. 补充登记法

补充登记法，又称补充更正法，适用于记账凭证错误导致账簿记录错误。主要是用于记账凭证中的会计科目没错，只是所记金额小于应记金额，导致登账错误的情况。更正时，直接将少记录的金额填制一张记账凭证，并据此登账更正。

【例 6－4】 某企业 2020 年 6 月 15 日收到外单位偿还的货款 3 000 元，存入银行。会计人员李玲在登记记账凭证时把分录误记为

借：银行存款　　　　1 000

　　贷：应收账款　　　　1 000

并已据此登账，李玲当天发现错误，采用补充登记法更正，更正过程如下。

① 原错误凭证填制如表 6－35 所示。

表 6－35

记账凭证

2020年6月15日　　　　记字16号

摘要	总账科目	明细科目	借方										√	贷方										√
			千	百	十	万	千	百	十	元	角	分		千	百	十	万	千	百	十	元	角	分	
收到前欠货款	银行存款						1	0	0	0	0	0	√											
	应收账款																	1	0	0	0	0	0	√
结算方式:银行转账		合计金额				¥	1	0	0	0	0	0					¥	1	0	0	0	0	0	

付单据0张

会计主管:　　记账:李玲　　审核:张江　　出纳:王明　　制单:李玲　　领(缴)款人:

② 根据错误凭证已登账。

③ 补充登记法，用蓝字填制补充凭证，如表 6－36 所示。

表 6－36

记账凭证

2020年6月15日　　　　记字17号

摘要	总账科目	明细科目	借方										√	贷方										√
			千	百	十	万	千	百	十	元	角	分		千	百	十	万	千	百	十	元	角	分	
补充16号凭证少记	银行存款						2	0	0	0	0	0	√											
金额	应收账款																	2	0	0	0	0	0	√
结算方式:银行转账		合计金额				¥	2	0	0	0	0	0					¥	2	0	0	0	0	0	

付单据0张

会计主管:　　记账:李玲　　审核:张江　　出纳:王明　　制单:李玲　　领(缴)款人:

④ 根据审核无误的 17 号凭证，用蓝字登账。

▩ 阅读案例 6-2

承接“阅读案例 6-1”的内容。

刘江查找出错账后，开始着手修改。他首先用红笔把错误的记账凭证 03 号中填写的贷方金额 300.00 画掉，然后用蓝笔在上方写上正确数字 300.30，接着再把现金总账里的该笔错误记录划掉，并在上方用蓝字修改为正确数字 300.30。

问题：刘江的修改是否正确？如不正确，请帮助刘江运用正确方法修改。

☆阅读案例 6-2 分析

在上述案例中，刘江运用的错账修改方法是不正确的，画线更正法一般只适用于记账凭证没错但账簿记录有错的情况，而“阅读案例 6-1”中刘江犯的错误是因为记账凭证出错而导致账簿登记有误，所以应该使用红字更正法，先用红字填制和原错误凭证内容相同的一张冲销凭证，把原来的错误凭证冲销掉，然后审核该红字凭证，并用红字登记账簿，接着再用蓝字填制一张正确的凭证，凭证审核无误后再用蓝字把凭证内容登记到账簿上去。

■ 课堂练习

根据案例 6-1 和案例 6-2 的资料，帮助刘江按正确的方法进行错账更正，得出答案。

6.5　对账和结账

对账和结账

登记账簿的目的是取得真实有效的会计信息，加强企业经营管理。它是会计核算的专门方法之一，包括登账、对账、结账 3 个工作环节。登账工作可以帮助企业取得有用的会计资料，对账工作可以帮助企业保证账簿记录的正确性，结账工作可以帮助企业定期总结，掌握企业资产、负债、所有者权益、成本、损益情况。在实践工作中，只有把登账、对账、结账工作三者结合起来，才能完成会计资料的整理、汇总工作，保证会计资料能为企业的经营管理决策提供真实、可靠、有用的信息。

6.5.1　对账

期末对账

为保证会计账簿记录资料正确无误，监督企业的经营管理，保证企业的财产安全，企业应当定期对会计账簿记录的有关数字与库存实物、货币资金、有价证券、往来单位或者个人等进行相互核对，保证账证相符、账账相符、账实相符。对账工作每年至少进行一次。

1. 账证核对

账证核对是指将账簿记录和会计凭证进行核对，主要是将总分类账、明细分类账、库存现金日记账、银行存款日记账和记账凭证及所附原始凭证进行核对。检查账簿和凭证记录的时间、凭证编号、内容、金额、方向是否一致。由于记账凭证及所附原始凭证数量众多，账证核对应该在日常工作中进行，使错账不容易发生，减少期末工作量。

2. 账账核对

账账核对是指将账簿记录和账簿记录进行核对，账账核对应该在账证核对后、结账前进行，主要包括以下几点。

(1) 总账有关账户核对，指的是总分类账各账户的本期发生额借方合计数与本期发生额贷方合计数核对，应相等。各账户期末余额借方合计数与贷方合计数核对，也应相等。总账内部核对工作通常采取编制总分类账试算平衡表的方式进行。

(2) 总账和日记账核对，指的是总分类账中“库存现金”账户和“银行存款”账户中的期末余额与库存现金日记账和银行存款日记账中期末余额核对，应相等。按照相关规定，我国的企业必须设置库存现金日记账和银行存款日记账，库存现金日记账必须每天与库存现金核对，银行存款日记账必须定期与银行对账单核对，在此基础上，期末还应进行总账和日记账的核对。

(3) 总账和明细账核对，指的是总分类账各账户的期末余额应与所属明细分类账期末余额之和核对，应相等。

(4) 会计账和实物账核对，指的是会计部门有关财产物资记录的明细账应与财产物资保管部门或使用部门记录的明细账核对，应相符。

3. 账实核对

账实核对是指账簿记录和财产物资实有数核对，其主要包括以下内容。

(1) 库存现金日记账账面余额与库存现金实际数额核对，应相等。

(2) 银行存款日记账账面余额与银行转来的对账单余额核对，应相等。

(3) 财产物资的明细分类账记录与财产物资实有数核对，应相符。

(4) 债权、债务明细分类账的账面记录与债权、债务的单位和个人的记录核对，应相等。

期末结账

6.5.2 结账

结账就是在把一定时期内发生的经济业务全部登记入账的基础上，将各种账簿记录的经济业务结算清楚，并结出本期发生额合计数和期末余额，将余额结转到下期的一项会计核算工作。通过结账，为进一步总结、分析企业的财务状况，及时编制财务会计报告，分清上下期会计记录，并分期继续核算等工作提供了依据。结账工作通常在月末、季末或年末进行。

1. 结账前的准备工作

为做好结账工作，结账前通常应做如下准备工作。

(1) 仔细检查本期发生的所有经济业务是否已经全部记入了相关账簿，有无错记、遗漏。如有错误，应按规定的方法更正或补记。既不允许提前结账，也不能把结账工作有意推迟至下期。

(2) 按权责发生制的要求，合理计算本期应计收入和费用。可以通过编制调整账项，填制凭证登记入账，来真实反映当期财务成果。例如，本期已经发生符合收入确认标准的，但尚未收到款项的商品或劳务，应计入本期收入；固定资产应按一定比例提取累计折旧，计入本期成本或费用。

（3）结转应结转的账目。例如，期末制造费用应结转记入“生产成本”账户；本期完工产品应由“生产成本”账户结转至“库存商品”账户；本期已销产品应由“库存商品”账户结转至“主营业务成本”账户。

（4）检查应由本期清偿的债权、债务是否已办妥清偿手续。例如，已记入“应交税费”账户的欠税，应及时上交；月终催收各项应收款项等。

（5）将损益类科目转入“本年利润”账户，结出本期损益。

（6）结出所有账户本期发生额和期末余额，并认真进行对账工作，使得账证相符、账账相符、账实相符。

2. 结账的方法

结账就是结出每个账户的期末余额，结账工作一般是在月份、季度和年度终了时进行，因此有月结、季结和年结，可采用画线结账法将期末余额结转至下期。

画线结账法就是在本会计期间最后一笔业务下面通栏画一条单红线，表示开始结账，等结完账，再在下面通栏画红线表示结账完毕。画线结账法的具体方法有以下 3 种。

结账

（1）月结。

月结就是在每月月份终了时进行结账。月结的方法：先在本月最后一笔经济业务记录下面通栏画一条单红线，然后在单红线下面一行的“摘要”栏里加盖“本月合计”会计通用章，再将本月借贷方发生额合计数、期末余额数用蓝字写在红线下面一行里。对于一些需要结计累计发生数的明细账户，可在“本月合计”栏下面再增加一栏“本月累计”，结出自年初至本月止的累计发生额，如月末无余额则在“借或贷”栏内则写一个“平”字，余额栏元位里写“0”，最后在“本月合计”或“本月累计”栏下面通栏画一条单红线，以便与下个月份的经济业务划分清楚。有些账户当月未发生经济业务，可不进行月结。

（2）季结。

季结就是在每季季末时进行结账。季结的方法是：在每季最后一月“本月合计”栏月结数字的下面一行的“摘要”栏内加盖“本季合计”和“本季累计”会计通用章，结出本季借贷方发生额合计数、期末余额数和累计发生额；最后在“本季合计”和“本季累计”栏下面通栏画一条单红线。

（3）年结。

年结就是在每年年末时进行结账，年度终了结账时，所有总账账户都应当结出全年发生额和年末余额。年结的方法：在 12 月最后一笔经济业务记录下面通栏画一条单红线，然后结出“本月合计”“本季合计”“本年累计”，最后在“本年累计”栏下面通栏画两条单红线，表示全年业务结束，已经“封账”。年度“封账”后，有余额的账户，要将余额结转到下年，并在“摘要”栏里注明“结转下年”字样。在下一个年度的新账中有关账户的第一行“摘要”栏内注明“上年结转”字样，将上年的年末余额记入新账中的“余额”栏内。基本格式如表 6－37 所示。

表 6-37 　　　　　　　　**总账**

会计科目名称及编号： 1122应收账款

2020年 月	日	凭证字号	摘要	借方	贷方	借或贷	余额
1	1		上年结转			借	1000000
1	10	汇1	1~10日汇总	1000000			
1	20	汇2	11~20日汇总	1000000			
1	31	汇3	21~31日汇总		2000000	借	1000000
			本月合计	2000000	2000000	借	1000000
2	10	汇1	1~10日汇总		3000000		
2	20	汇2	11~20日汇总	1000000			
2	28	汇3	21~28日汇总	3000000	2000000	平	0
			本月合计	4000000	5000000	平	0
			本月累计	6000000	7000000		
3	10	汇1	1~10日汇总	1000000			
3	20	汇2	11~20日汇总		1000000		
3	31	汇3	21~31日汇总	2000000		借	2000000
			本月合计	3000000	1000000	借	2000000
			本季合计	9000000	8000000		
			本季累计	9000000	8000000		
……	……	……	……				
12	10	汇1	1~10日汇总	1000000			
12	20	汇2	11~20日汇总	1000000			
12	31	汇3	21~31日汇总	1000000		借	3000000
			本月合计	3000000		借	3000000
			本季合计	8000000			
			本年累计	26000000	24000000		
			结转下年			借	3000000

（借方、贷方、余额栏分设千、百、十、万、千、百、十、元、角、分各位）

单红线

双红线

6.5.3 账簿的更换与保管

1. 账簿的更换

在每一个新的会计年度开始时，必须将上年度的会计账簿整理归档保管，启用新账簿，并将上年度账簿中的年末余额结转到新账簿中去。账簿更换有利于保持会计账簿资料的连续，清晰地反映各个会计年度的财务状况和经营成果。

一般情况下，对于总分类账、库存现金日记账、银行存款日记账及绝大多数明细分类账，每年都要更换新账。但对于个别采用卡片式的明细账，如固定资产卡片账可以跨年度使用，不必每年更换新账。

启用新账簿时，应在新账中有关账户的第一行“日期”栏内注明“1月1日”，在“摘要”栏内盖上“上年结转”的会计通用章，再将上年的年末余额记入新账中的“余额”栏内，并在

“借或贷”栏内注明余额的方向。启用新账簿，账户余额的结转不需编制记账凭证。

2. 账簿的保管

会计账簿与会计凭证、会计报表一样是单位的重要会计资料，因此，必须按照统一规定保管年限妥善保管，不仅要做好账簿的日常管理，也要做好旧账归档保管。

日常管理中，会计账簿应由专人保管，未经领导和会计负责人批准，非经管人员不得随意翻阅查看会计账簿；年度终了更换并启用新账后，对旧账要整理装订，造册归档，不得丢失和任意销毁。旧账装订时，应注意，账簿装订成册后，要在各种账簿封面上注明单位名称、账簿种类、会计年度、账簿册数、页数等，由经办人员和会计主管人员签名或盖章。然后编制目录，填写移交清单，办理交接手续，归档保管。这样既能保证账簿的安全，又能在需要时迅速找到所需资料。账簿的保管期限一般是15年，保管期满以后，必须按规定程序报经批准后，再行销毁。

本章小结

登记会计账簿是会计核算方法之一，也是会计核算工作的一个重要环节。

本章首先介绍了会计账簿的含义以及账簿的分类。账簿按用途分为序时账簿、分类账簿和备查账簿；按账页格式分为三栏式账簿、多栏式账簿和数量金额式账簿；按其外表形式分为订本式账簿、活页式账簿和卡片式账簿。

其次，重点介绍了序时账簿和分类账簿。序时账簿又称日记账，日记账按其核算和监督的业务范围不同，可以分为普通日记账和特种日记账。特种日记账主要包括库存现金日记账和银行存款日记账。库存现金日记账和银行存款日记账能够逐日逐笔登记库存现金、银行存款的收支情况，及时结计余额，有利于对库存现金、银行存款进行严格控制和监督。

再次，介绍了账簿的启用与登记应遵循的规则以及发生记账错误时的更正方法。常用的错账更正方法有画线更正法、红字更正法、补充登记法。

最后，介绍了对账和结账工作。对账就是在登记账簿时要对相关资料进行检查和核对，使得账证相符、账账相符和账实相符，以保证会计资料的真实性和准确性。

应用案例

企业如何建账之一——一般性问题

企业如何建账之二——工业企业

富强食品有限责任公司1月的会计工作

富强食品有限责任公司财务室仅配备了一名财务工作人员，不符合财政部颁布的《会计基础工作规范》中关于会计人员配备的要求。在李蔷的建议下，总经理吕强又招聘了一名会计专业大学毕业生王玉。王玉缺乏实际工作经验，好在能吃苦耐劳又虚心好学，李蔷也很高兴有这样的部下。王玉很想知道新公司注册后需要开展哪些工作，便虚心请教李蔷，李蔷很耐心地给王玉介绍了一些新公司注册后需注意的事项，具体如下。

(1) 报税。要在新公司注册后10天内到国家税务局、地方税务局报到，领取报税通知书。

(2) 交报表。国家税务局采用查账征收、核定征收的方式，要求于每季度中交所得税申报表；每年7月15日和次年1月15日之前报送财务报表；地方税务局要求所有报表于次年1月30日之前报送。

(3) 进行工商年审。每年12月30日前开办的公司，需于次年1月1日至4月30日年审，年审资料必须在3月15日前报送当地工商行政管理局。

(4) 送交审计报告。每年7月1日至次年6月30日开办的公司，在第三年年审时需向国家工商行政管理局提交审计报告。但若国家工商行政管理局认为财务有问题或根据《公司法》规定需对财务情况进行审计时，可能要求提交审计报告。

(5) 国税、地税、代码证年审。按证件上注明的年审期限办理年审，一般手续都比较简便。

(6) 所得税汇算清缴。每年的1～2月，到所得税所属的税务局进行所得税汇算清缴。

讲完注意事项，李蔷又继续指导王玉根据公司的具体情况开展2020年1月的会计工作。富强食品有限责任公司1月业务如下。

1月2日，吕强向富强食品有限责任公司投入资本400 000元，存入银行。

1月2日，合伙人张江为公司投入估价100 000元的机器设备。

1月5日，开出现金支票一张，到银行提取现金5 000元。

1月6日，用银行存款支付新公司注册相关费用3 000元。

1月8日，向农惠面粉厂购买小麦面粉4 000千克，单价0.5元，共计2 000元，增值税260元，货款尚未支付。

1月12日，以银行存款支付本月厂房租金2 000元。

1月16日，以现金支付购买的办公用品680元。

1月18日，向新辉贸易公司购买白砂糖800千克，单价为1元，共计800元，增值税104元，用银行存款支付货款。

1月30日，采购员蒋建国出差回来报销差旅费600元，以现金支付。

1月31日，用现金支付本月水电费300元。

要求：

1. 编制富强食品有限责任公司上述业务的会计分录。
2. 分别登记库存现金日记账、银行存款日记账、总分类账、明细分类账。
3. 运用正确的方法进行本月的对账和结账工作。
6. 如记账发生错误，请运用正确的方法更正错账。

思考与练习

一、思考题

1. 什么是账簿？设置和登记账簿有什么意义？
2. 会计账簿按用途分类，可以分为几类？
3. 什么是日记账？库存现金日记账、银行存款日记账的格式有哪些？其登记方法如何？
4. 什么是总分类账和明细分类账？二者的常见账页格式有哪些？
5. 总分类账与明细分类账之间的关系是什么？
6. 有哪几种错账更正方法？各适用于什么情况？
7. 什么是对账？对账包括哪些基本内容？

二、单项选择题

1. 采用三栏式账页的明细账是（　　）。

A. 应付账款明细账　　B. 原材料明细账

C. 生产成本明细账　　D. 管理费用明细账

2. 某企业6月1日生产领用材料5 000元，误记为

借：制造费用　　5 000

　　贷：原材料　　5 000

6月2日发现错误时已入账。采用的更正错账的方法是（　　）。

A. 画线更正法　　B. 补充更正法　　C. 红字更正法　　D. 任一更正法

3. 库存现金日记账和银行存款日记账的登记方法是（　　）。

A. 逐日汇总登记　　B. 定期逐笔序时登记

C. 逐日逐笔分类登记　　D. 逐日逐笔序时登记

4.（　　）明细账的基本结构为“收入”“发出”“结存”三栏，每栏分别设“数量”“单价”“金额”三栏。

A. 三栏式　　B. 多栏式　　C. 数量金额式　　D. 横线登记式

5. 根据会计凭证登账时，要在会计凭证上（　　），表示已经登记入账，防止漏记、重记和错记情况的发生。

A. 注明账簿的页数并划“√”号　　B. 注明账簿的名称或划“√”号

C. 注明账簿的页数或划“√”号　　D. 注明账簿的页数或写“已过账”字样

三、多项选择题

1. 以下属于序时账的有（　　）。

A. 库存现金日记账　　B. 银行存款日记账　　C. 现金总账　　D. 物资采购总账

2. 对于库存现金日记账和银行存款日记账，下列说法正确的是（　　）。

A. 一般采用订本式账簿和三栏式账页　　B. 逐日逐笔序时登记

C. 根据审核后的收、付款凭证登记　　D. 由出纳人员登记

3. 采用多栏式明细账的有（　　）。

A. 生产成本明细账　　B. 管理费用明细账　　C. 制造费用明细账　　D. 本年利润明细账

4. 对于总分类账，下列说法正确的是（　　）。

A. 一般为三栏式账页

B. 可采用逐笔登记方式，也可采用汇总登记方式

C. 采用订本式账簿

D. 登记依据可以是记账凭证，也可以是科目汇总表或汇总记账凭证

5. 账账核对包括（　　）。

A. 总账与明细账核对

B. 总账与日记账核对

C. 会计账与保管账核对

D. 各种应收、应付账款明细账面余额与有关债权、债务单位的账目余额核对

四、判断题

1. 备查账簿不是正式账簿，应根据各单位的实际需要确定应设置哪些备查账簿及采

取何种形式。 ( )

2. 每日经济业务登记完毕，应结计库存现金日记账的当日余额，并以账面余额同库存现金的实存额进行核对，核查账实是否相符。 ( )

3. 数量金额式明细账适用于明细项目较多，且要求分别列示的成本、费用、收入、利润和利润分配明细账。 ( )

4. 如果账簿记录发生错误，应根据错误的具体情况，采用规定的方法予以更正，不得涂改、挖补、刮擦或用褪色药水更改字迹。 ( )

5. 年终结账后，总账和日记账应当更换新账，明细账一般也应更换；但有些明细账，如原材料明细账、固定资产明细账可以连续使用，不必每年更换。 ( )

五、业务题

业务题一

目的：练习日记账的登记。

资料：力达公司 2020 年 3 月发生部分经济业务如下。

3 月 1 日，向银行借款 60 000 元，存入“银行存款”账户。

3 月 2 日，提取现金 3 000 元，以备零星使用。

3 月 6 日，开出转账支票 1 000 元，以支付水电费。

3 月 8 日，从银行提取现金 30 000 元，以准备发放职工工资。

3 月 8 日，用现金 30 000 元发放职工工资。

3 月 9 日，用现金 280 元购买办公用品。

3 月 20 日，购买原材料，货款 10 000 元，增值税 1 300 元，原材料验收入库，全部款项已用银行存款付讫。

3 月 21 日，销售产品，货款 20 000 元，增值税 2 600 元，款已收到存入银行。

3 月 22 日，用银行存款偿还上月所欠货款 10 000 元。

3 月 29 日，用现金代垫销售产品的运杂费 200 元。

要求：

1. 解释日记账的格式与登账方法。

2. 根据上述经济业务编制会计分录。

3. 选择合适的日记账格式，并运用正确的登账方法登记本月库存现金日记账和银行存款日记账。

业务题二

目的：练习错账的更正方法。

资料（假定下列错误都在登账后发现）：

1. 以现金 600 元支付办公用品费，编制以下会计分录。

借：管理费用 600

　　贷：库存现金 600

登账时金额误登为 900 元。

2. 以银行存款 1 404 元购买原材料，并已验收入库，编制以下会计分录，并据以登账。

借：原材料 1 200

　　应交税费——应交增值税（进项税额） 156

　　贷：库存现金　　1 356

3. 生产产品领用材料 3 000 元，编制以下会计分录，并据以登账。

借：生产成本　　3 800

　　贷：原材料　　3 800

4. 本月应计提行政管理部门固定资产折旧 10 000 元，编制以下会计分录，并据以登账。

借：生产成本　　1 000

　　贷：累计折旧　　1 000

5. 以现金 601 元支付管理部门电费，编制以下会计分录。

借：管理费用　　601

　　贷：库存现金　　601

登账时误记为 610 元。

要求：

根据以上资料，按规定的错账更正方法进行更正。

六、互联网作业

1. 在互联网上查找 2019 年修订的《会计法》，找出如违反《会计法》关于账簿登记和管理的相关规定时应负的法律责任。

2. 在互联网上查找财政部 1996 年 6 月 17 日发布的《会计基础工作规范》，找出其中对于账簿登记的规定。

3. 在互联网上搜索绵阳南郊机场财会负责人隐匿会计资料，编造虚假会计账簿案例，了解其具体违规行为和处罚结果。

第7章 财产清查

财产清查

学习目标与要求

关键术语

本章的主要内容是“七大”会计核算方法之一的财产清查。财产清查是企事业单位检查本单位财产物资账实相符情况的重要手段，通过账实核对并对清查结果进行处理，可以保证会计信息的真实可靠、保证财产物资的安全完整、保证内部控制的健全有效。本章学习要求学生能对财产清查的重要性和清查程序形成基本的认识，重点掌握货币资金、往来款项、存货、固定资产等重要财产物资的清查方法以及清查结果的账务处理。

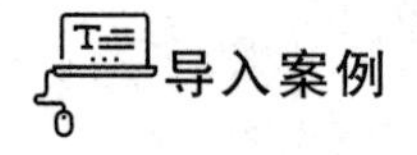

导入案例

獐子岛集团股份有限公司

獐子岛集团股份有限公司，是以海珍品种业、海水增养殖、海洋食品为主业，集冷链物流、渔业装备等相关产业为一体的海洋产业服务商，已构建起包括育种、育苗、养殖、暂养、加工、仓储、流通、贸易等的一体化供应链保障体系。公司于2006年9月28日在深交所上市（股票代码002069），并创造中国农业第一个百元股，曾荣膺“可持续发展的新领军者”典范企业、全球“行业塑造者”等诸多荣誉称号。

问题：

1. 獐子岛集团股份有限公司每年年末进行财产盘点清查，该公司财产清查的对象有哪些？

2. 针对獐子岛集团股份有限公司不同类型的财产物资，要用到哪些财产清查方法？

3. 獐子岛集团股份有限公司会不会存在账实不相符的情况？导致账实不相符现象的原因有哪些？该怎样进行账务处理？

财产清查概述

7.1 财产清查概述

财产清查，是指通过对各种财产物资，如现金资产、实物资产和往来款项的实地盘点、账项核对和查询，查明某一时期的实际结存数并与账面结存数核对，以确定账实相符的一种会计核算方法。

会计循环中，在经济业务和事项发生后，根据审核无误的记账凭证登记账簿，期末通过对账可以保证账簿记录的正确性。但是，由于收发差错、计量误差、自然损耗以及丢失、毁损等各种原因，往往导致账簿记录与实际数额不一致，造成账实不符的现象。导致这种情况出现的原因主要有以下几种。

（1）财产物资的实际收发差错或计量、检验误差。

（2）对财产物资登记入账时出现漏记、重记的现象。

（3）未达账项的存在。

（4）财产物资的自然损耗。

（5）由于营私舞弊、贪污盗窃致使企业财产物资短缺。

（6）财产物资的非正常损失。

（7）管理失控或责任人的过失导致财产物资的丢失、毁损、变质等。

账实不符会影响会计信息的真实性与可靠性，因此，财产清查是在编制财务报表前必需的程序，具有十分重要的意义。

7.1.1 财产清查的意义

财产清查作为会计核算方法之一，通过账实核对确保各项财产物资的账簿记录与实际金额相符，是编制财务报表前必须经过的会计程序，也体现了加强企业内部管理和内部控制的要求。

财产清查的意义主要表现在以下3个方面。

1. 保证会计信息的真实可靠

各项财产物资的增减变动日常均反映在账簿记录中，但是由于各种主观或客观的原因会导致账实不符，如果在编制财务报表前不进行必要的账项调整，就会导致报表上的数据缺乏真实性和可靠性。如对于各项财产物资的盘亏不进行账簿记录的调整，就会导致账存数大于实存数，进而导致资产负债表上列报的各项资产价值虚高，此外由于未对盘亏进行处理，则会导致费用与损失少记，进而导致利润多记、权益虚高，虽然资产负债表仍然平衡，但是错误是存在的，资产和利润都虚列，没有恰当反映会计主体真实的财务状况和经营成果。因此，为了保证财务列报信息的真实准确，应在编制财务报表前进行财产清查以确保账实相符。

2. 保证财产物资的安全完整

企事业单位的财产物资在使用过程中会由于各种正常原因或非正常原因导致期末实际数额与账面记录不一致，通过财产清查可以及时发现是否存在账实不符情况，进而查明原因，及时上报，根据批准意见进行处理。例如通过与银行对账，分析导致银行存款账实不符的原因是属于正常的未达账项还是记账错误、贪污舞弊等非常情形，对于非常原因应及时调整和纠正，保证银行存款的安全完整。又如，通过与债务单位对账，核实企业债权的余额并分析债权回收的可能性，对于债务人长期拖欠的债权应及时采取各种催收措施，保证应收款项的安全完整，确实无法收回的部分应及时计提坏账准备。

3. 保证内部控制的健全有效

企业单位、行政事业单位都需要按照一定的规范建立本单位的内部控制制度，并保证内部控制的有效性。根据《企业内部控制基本规范》要求，企业建立与实施有效的内部控制，应当包括下列5个要素，分别是内部环境、风险评估、控制活动、信息与沟通、监督。其中控制活动中包括财产保护控制，要求企业建立财产日常管理制度和定期清查制度，采取财产记录、实物保管、定期盘点、账实核对等措施，确保财产安全。因此，财产清查是企业内部控制的应有之义，财产清查制度的建立有助于企事业单位内部控制的建立健全和持续有效。

7.1.2 财产清查的种类

财产清查的目的不同，导致清查的时间和范围上表现出差异。按照不同的角度，产生了财产清查的不同分类。

1. 按财产清查的范围不同，可以分为全面清查和局部清查

全面清查，是指对本单位的全部财产物资进行盘点和核对。从对象上来讲，通常包括货币资金、债权债务、存货、固定资产、无形资产、对外投资等。由于全面清查涉及范围广、人员多、时间长、工作量大，因此一般只适用于特定情形：如年终决算前需进行全面清查，以保证会计信息的真实准确；企业关停并转、隶属关系发生改变时需要进行全面清查，以正确地核定企业的价值；单位负责人调离时需进行全面清查，以明确责任。

局部清查，是指对本单位的部分财产物资进行盘点和核对。局部清查的范围小、针对性强，时间上较为灵活，主要是针对敏感的、重要的财产物资进行定期或不定期的清查。如对库存现金每日盘点一次，对银行存款至少每月核对一次，对债权债务经常性的核对，对材料、存货等存货除定期清查外，还需在年内重点抽查。此外，在财产物资的保管人员发生调离更换时，也需要对其所保管的财产物资进行清查。

2. 按财产清查的时间不同，可以分为定期清查和不定期清查

定期清查，是指按照预先的计划安排对财产物资进行清查。通常，定期清查发生在月末季末及年末结账前，何时进行定期清查应在单位的财务管理制度中加以规定。定期清查可以表现为全面清查，也可以表现为局部清查。如年末决算前对各项财产物资的清查，属于定期清查、全面清查，月末银行存款的核对属于定期清查、局部清查。

不定期清查，是指根据特定的需要所进行的临时性清查。不定期清查发生的常见情形包括：更换出纳、财务物资保管员时应进行清查，以明确前后人员的责任；发生自然灾害或被盗、火灾等非常损失时应进行清查，以确定单位的损失金额；单位的隶属关系发生改变时，需对各项财产物资进行清查；上级主管部门或其他监管部门进行的突击性检查等。不定期清查可以表现为全面清查或局部清查，如出纳岗位更换时，为局部清查；单位被兼并时，为全面清查；发生非常损失时，根据受损范围为局部清查或全面清查。

7.2 财产清查的内容和方法

阅读案例 7-1

獐子岛集团股份有限公司产品主要包括鲜活食品，如扇贝、珍蚝、鲍鱼、龙虾、海螺等；冻鲜食品，如鱼类、贝类、虾类、蟹类等；干调食品，干海参、干鲍鱼等深加工产品以及扇贝、虾、三文鱼、鱿鱼等调理调味食品；零食食品，如扇贝、鲍鱼、虾、海螺等休闲产品。

问题：

1. 獐子岛集团股份有限公司年末进行财产清查，应该如何组织盘点清查工作？

2. 獐子岛集团股份有限公司存货种类繁多，对不同种类的产品是否可以用同一种清查方法？如果不是，不同种类的产品应该采用什么样的清查方法？

3. 你认为獐子岛集团股份有限公司的实物资产盘存应该采取哪种盘存制度？为什么？

7.2.1 财产清查方法

1. 财产清查的准备工作

企业在进行财产清查前，应进行必要的准备，包括组织上的准备和业务上的准备，做出科学合理的安排，以便财产清查工作顺利开展，达到预期目的。

组织上而言，财产清查工作涉及财务部门、财产物资的保管部门和使用部门，开展清查前，应做好清查人员的动员工作，成立由各部门人员组成的清查小组，对财产清查的各项安排做出规划，明确清查的范围、时间、方法、人员分工和职责等。对于不定期清查，根据清查目的，组建临时清查小组。财产清查中，各有关部门和人员应积极配合。财产清查结束后，清查小组要将清查结果及时总结，将清查中发现的问题及时上报，

业务上而言，财产清查前，各部门应做好清查前的准备工作。财务部门应将发生的经济业务全部登记入账，结出余额，并保证账证相符、账账相符；财产物资的保管部门应办好财产物资的出入库手续，将各项财产物资排列整齐、挂上标签，以便进行实物盘点；财产清查人员应备好相应的计量工具和必要的清查表格，如现金盘点报告单、财产物资盘存单、账存实存对比表等。

2. 财产清查方法

企业实际进行财产清查的过程中，由于各类财产物资的置存状态不同，应根据不同类别的财产物资，采用相应的清查方法。

(1) 实物资产的清查方法与要求。

实物资产的清查，不仅要确定财产物资的实物数量，也要核实其价值量，因此，应按照一定的方法将各项财产物资的实物数量和价值量进行确定。对于实物资产数量的确定，根据实物资产的形态大小、重量体积、存放方式等特点，采用实地盘点法、技术推算法或

抽样盘点等方法。而对于实物资产价值量的确定，则要采用账面价值法、评估确认法或协商议价等方法。此外，资产质量也是清查中应予关注的，如存货是否存在积压、滞销，生鲜存货是否变质等，对于实物资产的质量检查，应根据不同的实物采用不同的质量检查方法。

① 实地盘点法。实地盘点法是指通过对实物资产进行逐一清点或使用计量工具确定其实际结存数量的方法。其适用的范围较广，多数财产物资清查中都可以采用这种方法。这种方法清查彻底、数字准确，但工作量大。

② 技术推算法。技术推算法对于财产物资不是逐一清点计数，是通过量方、计尺等技术推算财产物资的结存数量。该方法常用于成堆量大而价值又不高的财产物资，如放置在露天的沙石、煤堆等难以逐一清点的实物资产的清查。该方法盘点方法不够准确，但工作量小。

③ 抽样盘点法。抽样盘点法就是对某些价值小、数量多、不便逐一点数的财产，采取从其总体或总量中抽取少量样品、确定其样品的数量，然后再推算其总体数量的方法。

④ 询证核对法。询证核对法是指通过向对方单位发函询证，并与本单位账存数目进行核对的方法，常用于出租的固定资产、委托外单位加工保管的物资等。

⑤ 账面价值法。账面价值法是根据各项财产物资的实有数量和账面价值（单位价值）确定财产物资价值量的方法，一般适用于结账前进行的财产清查。

⑥ 评估确认法。评估确认法是指根据资产评估的价值确定财产物资价值的方法，根据资产的特点，由专门的评估机构依据资产评估方法对有关的财产物资进行评估，以评估确认的价值作为财产物资的价值，一般用于企业改组、隶属关系改变、联营、单位撤销、清产核资等情况。

⑦ 协商议价法。协商议价法是指涉及资产利益的有关各方，按照公平公允、互惠互利的原则，通过协商以确定财产物资价值量的方法，一般用于企业联营投资等情况。

对实物资产进行盘点时，要求实物保管人员和使用人员在场并参与盘点，对于清查过程中发现的异常物资，如腐烂、变质、毁损、不能销售等情况，清查人员应仔细记录并提出处理意见，盘点结束后，应根据盘点结果填写盘点表或盘存单，并由盘点人员和保管、使用人员及有关责任人签章，以明确经济责任。

盘存单是记录财产物资盘点结果的书面证明，是反映财产物资实存数额的原始凭证。盘存单的一般格式如表 7-1 所示。

表 7-1 **盘存单**

单位名称： 盘点时间： 编号：

财产类别： 存放地点：

编号	名称	规格	计量单位	数量	单价	金额	备注

盘点人签章： 保管人签章：

盘点完毕，如果发现账实不符的情况，应根据盘存单和有关账簿资料填制账存实存对比表，以便确定账实不符实物资产的盘盈盘亏情况。账存实存对比表，是用来反映实物资产账实差异的自制原始凭证，可据此来调整账簿记录，一般格式如表 7－2 所示。在实际工作中，为了简化编表工作，账存实存对比表通常只编列账实不符的财产物资情况。

表 7－2 账存实存对比表

单位名称： 年 月 日 编号：

编号	类别名称	计量单位	单价	账存		实存		盘盈		盘亏		备注
				数量	金额	数量	金额	数量	金额	数量	金额	

会计主管（签章）： 复 核（签章）： 制表（签章）：

（2）货币资金的清查方法。

① 库存现金的清查方法。库存现金主要采用实地盘点法，即通过清查人员实地点钞来确定库存现金的实存数，然后将现金实存数与现金日记账的账面余额进行核对，以查明账实是否相符及盈亏情况。

② 银行存款的清查方法。银行存款采用与银行对账的方法进行清查，即将清查单位的银行存款日记账与银行对账单逐笔核对，通过核查是否存在错记、漏记以及未达账项等情况，以确定银行存款是否账实相符。

（3）往来款项的清查方法。

往来款项的清查方法采用询证核对法，即清查单位在保证其各种往来款项记录准确完整的基础上，编制“往来款项对账单”，通过向往来单位发送对账单来核对账目。

7.2.2 财产物资盘存制度

财产物资发出的数量和期末结存的数量如何确定，取决于财产物资的盘存制度。财产物资的盘存制度分为永续盘存制与实地盘存制。在不同盘存制度下，财产物资的结存数量可能不同，盘存的结果也有所不同。

1. 永续盘存制

永续盘存制，也称账面盘存制，是指日常对存货的收、发货均进行记录，期末得到结存存货数量的制度。由于永续盘存制下，先确定发出存货数量，再确定期末结存存货数量，因而称作“以销计存制”或“以耗计存制”。此外，期末需通过实地盘点，将账存数与实存数进行对比，以保证账实相符。

永续盘存制下，能随时掌握存货的发出情况和结存情况，核算较为及时，便于进行日常的存货控制，此外通过期末账实核对能够发现存货是否短缺或毁损。但是，由于对每一次发出存货均需要记录，因此当存货的发出比较频繁时核算工作量较大。

永续盘存制下，期末资产的结存数量可以通过以下公式计算：

期末结存数量＝期初结存数量＋本期增加数量－本期减少数量

【例 7-1】 假设 W 轴承公司存货的盘存制度为永续盘存制。2019 年 11 月月初结存材料（轴承钢）的数量为 6 吨，11 月 3 日购入 10 吨，22 日购入 12 吨，8 日生产领用 8 吨，15 日生产领用 6 吨，27 日生产领用 9 吨。

永续盘存制下，对于每一次材料的发出都需要登记，期末结存材料的数量可以根据日常账面记录得到，计算如下：

期末结存存货数量＝期初结存存货数量＋本期购入存货数量－本期发出存货数量
＝6＋(10＋12)－(8＋6＋9)＝5(吨)

2. 实地盘存制

实地盘存制，也称定期盘存制，是指日常不对存货的发出进行记录，期末通过盘点得出存货的实际结存数量，进而倒挤得出发出存货的数量的制度。因此，实地盘存制下，先确定期末结存数量，再确定发出存货数量，因而称作“以存计销制”或“以存计耗制”。

实地盘存制下，只能在期末获得发出存货的数量，核算不及时，并且由于发出存货的数量是通过倒挤得出的，因此对存货的正常领用与非正常短缺未加区分，不容易发现被盗、毁损等问题，不便于存货的日常控制和管理。但是，由于实地盘存制日常不记录发出存货的数量，因此登账的工作量较小。

采用实地盘存制，本期财产物资减少数计算公式如下：

本期减少数量＝期初结存数量＋本期增加数量－期末结存数量

【例 7-2】 假设 W 轴承公司存货的盘存制度为实地盘存制。2019 年 11 月月初结存材料（轴承钢）的数量为 6 吨，11 月 3 日购入 10 吨，22 日购入 12 吨。月末盘点存货数量为 4.5 吨。

实地盘存制下，日常对于每一次材料的发出不进行登记，期末结存材料的数量通过实地盘点确定，进而倒挤得出本期发出存货数量，具体计算如下：

本期发出存货数量＝期初结存存货数量＋本期购入存货数量－期末结存存货数量
＝6＋(10＋12)－4.5＝23.5(吨)

由此可见，实地盘存制易将存货的非正常损耗也计入发出存货中，不利于加强存货管理。

7.2.3 存货发出计价方法

财产清查
方法（一）

存货的清查中既涉及数量问题，也涉及计价问题。存货的盘存制度不同，发出存货的数量和期末结存存货的数量就不同。存货的流转假设不同，发出存货的计价方法就不同，发出存货的成本和期末结存存货的成本就不同。

为了正确确定期末存货价值和已销、已耗用存货的成本，应该按照一定的方法确定期末存货价值。一般来讲，发出存货的计价方法有 5 种，包括个别计价法、先进先出法、后进先出法、全月一次加权平均法、移动加权平均法。根据我国企业会计准则规定，不允许采用后进先出法。

存货成本的
流转假设

1. 个别计价法

个别计价法，也称个别辨认法，是指对发出存货的购进批次进行逐个辨认，以原购入时的单位成本对发出存货进行计价的方法。该方法下，存货的成本流转与实物流转完全一致，成本计价最为准确。但是由于需要逐个辨认原购进批次，因而在存货收发频繁时工作量较大。个别计价法主要适用于单位价值较高的存货，如珠宝、黄金、船舶等。

2. 先进先出法

先进先出法，是指假设先购入的存货先发出，按最先购入存货的单位成本对发出存货进行计价的方法。该方法下，发出存货的成本按照最早购入存货的单价来确定，期末结存存货的成本按照最晚购入存货的单价来确定。因此，先进先出法下，期末结存存货成本较为接近时价，但是由于发出存货的成本是按较早的价格确定的，并未实现成本与收入的良好配比。

在物价上涨的环境下，采用先进先出法，一方面会导致发出存货计价偏低，进而利润较高，另一方面，期末结存存货成本偏高，资产计价较高。因此，先进先出法在物价上涨时并没有体现谨慎性这一会计信息质量要求。

【例7-3】 W轴承公司2019年11月轴承钢材料的收发资料如表7-3所示。

表7-3　　**材料明细账**

名称及规格：轴承钢 Φ20—100　　计量单位：吨　金额单位：元

2019年		凭证号	摘　要	收　入			发　出			结　存		
月	日			数量	单价	金额	数量	单价	金额	数量	单价	金额
11月	1		期初结存							6	5 000	30 000
	3		购入	10	5 300							
	8		生产领用				8					
	15		生产领用				6					
	22		购入	12	5 500							
	27		生产领用				9					
	30		期末结存									

假设该公司材料的盘存制度为永续盘存制，发出材料的计价方法为先进先出法，则发出材料的成本和期末结存材料的成本如表7-4所示。

表7-4　　**材料明细账**

（先进先出法）

名称及规格：轴承钢 Φ20—100　　计量单位：吨　金额单位：元

2019年		凭证号	摘　要	收　入			发　出			结　存		
月	日			数量	单价	金额	数量	单价	金额	数量	单价	金额
11月	1		期初结存							6	5 000	30 000
	3		购入	10	5 300	53 000				6 10	5 000 5 300	30 000 53 000
	8		生产领用				6 2	5 000 5 300	30 000 10 600	8	5 300	42 400

续表

2019年		凭证号	摘要	收入			发出			结存		
月	日			数量	单价	金额	数量	单价	金额	数量	单价	金额
	15		生产领用				6	5 300	31 800	2	5 300	10 600
	22		购入	12	5 500	66 000				2 12	5 300 5 500	10 600 66 000
	27		生产领用				2 7	5 300 5 500	10 600 38 500	5	5 500	27 500
	30		期末结存							5	5 500	27 500

3. 后进先出法

后进先出法，是指假设后购入的存货先发出，按最后购入存货的单位成本对发出存货进行计价的方法。该方法下，发出存货的成本按照最晚购入存货的单价来确定，期末结存存货的成本按照最早购入存货的单价来确定。因此，后进先出法下，本期发出存货的成本较为接近时价，较好地实现了与收入的配比，但是，期末结存存货的成本与重置成本差异较大。

在物价上涨环境下，采用后进先出法产生的结果是，一方面发出存货计价偏高，进而利润较低，体现了谨慎性原则；但另一方面，期末结存存货成本偏低，资产计价较低，不能准确反映期末存货的价值。

【例7-4】 接例7-3，假设该公司材料的盘存制度为永续盘存制，发出材料的计价方法为后进先出法，则发出材料的成本和期末结存材料的成本如表7-5所示。

表7-5 **材料明细账**

(后进先出法)

名称及规格：轴承钢 Φ20—100 计量单位：吨 金额单位：元

2019年		凭证号	摘要	收入			发出			结存		
月	日			数量	单价	金额	数量	单价	金额	数量	单价	金额
11月	1		期初结存							6	5 000	30 000
	3		购入	10	5 300	53 000				6 10	5 000 5 300	30 000 53 000
	8		生产领用				8	5 300	42 400	6 2	5 000 5 300	30 000 10 600
	15		生产领用				2 4	5 300 5 000	10 600 20 000	2	5 000	10 000
	22		购入	12	5 500	66 000				2 12	5 000 5 500	10 000 66 000
	27		生产领用				9	5 500	49 500	2 3	5 000 5 500	10 000 16 500
	30		期末结存							2 3	5 000 5 500	10 000 16 500

4. 全月一次加权平均法

财产清查方法（二）

全月一次加权平均法，是指在月末通过计算加权平均单价来确定发出存货成本和期末结存存货成本的方法。全月一次加权平均单价的计算如下：

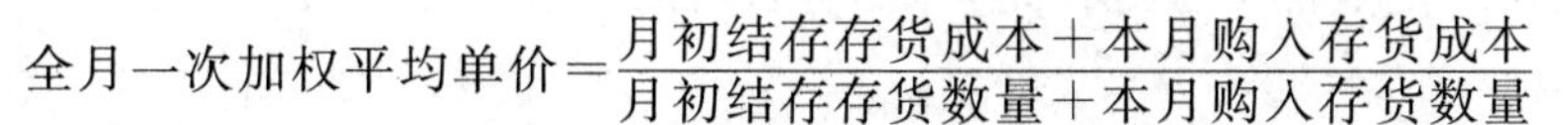

$$全月一次加权平均单价=\frac{月初结存存货成本+本月购入存货成本}{月初结存存货数量+本月购入存货数量}$$

该方法下，发出存货的计价既不是按本月购入存货的最高价，也不是按最低价，而是按照存货数量进行加权得到的平均价，哪个批次购入的数量越多，权重就越大，该加权平均单价就越接近于哪个批次的成本。

由于该方法下，只在月末进行加权平均单价的计算，因而成本计算的及时性受到影响，日常不能取得存货的成本资料。但是，计算较为简单，简化了核算的工作量。此外，采用该方法对资产和利润的影响较为折中，介于先进先出法和后进先出法之间。

【例 7－5】 接例 7－3，假设该公司材料的盘存制度为永续盘存制，发出材料的计价方法为全月一次加权平均法，则发出材料的成本和期末结存材料的成本如表 7－6 所示。

表 7－6　**材料明细账**

（全月一次加权平均法）

名称及规格：轴承钢 Φ20－100　　计量单位：吨　金额单位：元

2019 年		凭证号	摘　要	收　入			发　出			结　存		
月	日			数量	单价	金额	数量	单价	金额	数量	单价	金额
11 月	1		期初结存							6	5 000	30 000
	3		购入	10	5 300	53 000						
	8		生产领用				8					
	15		生产领用				6					
	22		购入	12	5 500	66 000						
	27		生产领用				9					
	30		期末结存									
			合计	22		119 000	23	5 321	122 383	5		26 617①

① 按照全月一次加权平均单价计算得出的月末结存存货成本＝5×5 321＝26 605 元，此处将误差挤入期末结存存货成本。

$$全月一次加权平均单价=\frac{30\ 000+53\ 000+66\ 000}{6+10+12}\approx 5\ 321\ (元)$$

5. 移动加权平均法

移动加权平均法，是指每购入一个批次的存货就要计算一次加权平均单价，进而确定后续发出存货成本和结存存货成本的方法。移动加权平均单价的计算如下：

$$移动加权平均单价=\frac{本次购入前存货成本+本次购入存货成本}{本次购入前存货数量+本次购入存货数量}$$

该方法的特点与全月一次加权平均法类似，采用的既不是最高价，也不是最低价，而是加权平均单价，但是在月内就进行加权平均单价的计算，发出存货的成本和结存存货成本随时可以得到，提高了成本核算的及时性，但是由于每购入一批存货就要重新计算一个加权平均单价，计算工作量较大。

【例 7-6】 接例 7-3，假设该公司材料的盘存制度为永续盘存制，发出材料的计价方法为移动加权平均法，则发出材料的成本和期末结存材料的成本如表 7-7 所示。

表 7-7 **材料明细账**

（移动加权平均法）

名称及规格：轴承钢 Φ20—100　　　　计量单位：吨　金额单位：元

2019 年		凭证号	摘要	收入			发出			结存		
月	日			数量	单价	金额	数量	单价	金额	数量	单价	金额
11月	1		期初结存							6	5 000	30 000
	3		购入	10	5 300	53 000				16	5 187.5	83 000
	8		生产领用				8	5 187.5	41 500	8	5 187.5	41 500
	15		生产领用				6	5 187.5	31 125	2	5 187.5	10 375
	22		购入	12	5 500	66 000				14		76 375
	27		生产领用				9	5 455	49 095	5		27 280
	30		期末结存							5		27 280

$$11\text{ 月 }3\text{ 日购入后，移动加权平均单价}=\frac{30\ 000+53\ 000}{6+10}=5\ 187.5(\text{元})$$

$$11\text{ 月 }22\text{ 日购入后，移动加权平均单价}=\frac{10\ 375+66\ 000}{2+12}\approx 5\ 455(\text{元})$$

企业可以根据企业自身生产经营的特点，在我国企业会计准则允许的范围内采用不同的存货计价方法，但在不同的存货发出计价方法下，发出存货的成本与期末结存的存货成本会有所不同，进而会影响资产负债表中的存货价值、利润表中的利润额以及所得税金额。因此，存货发出计价方法一经确认不得随意变更。

7.2.4 财产清查内容

财产清查的内容主要包括货币资金、往来款项、对外投资、存货、固定资产等项目的清查。具体而言，财产清查的对象包括：①库存现金、银行存款、其他货币资金；②应收账款、应付账款、预收账款和预付账款等往来款项；③股票、债券等有价证券的投资；④原材料、在途物资、在产品、库存商品、包装物、低值易耗品等存货；⑤房屋建筑物、机器设备、运输工具等固定资产以及在建工程。

需要注意的是，清查的对象为实物资产时，应根据所有权来确定清查的范围。所有权归属于本单位的财产物资，即使存放地点不在本单位，也应划归于清查的范围。反之，所有权不归属于本单位的财产物资，即使存放地点在本单位，也不应划归于清查的范围。如委托加工物资、经营租出的固定资产等虽然实物不在本单位，但是也属于本单位的资产，因此，应将其包括在财产清查的范围内。

1. 货币资金的清查

对货币资金的清查包括对库存现金、银行存款、其他货币资金的清查（此处主要介绍库存现金和银行存款的清查）。

（1）库存现金的清查。

现金的清查，主要是确定库存现金实际金额与现金日记账账面余额是否相符，库存现金的清查方法为实地盘点法。为了保证现金资产的安全完整，除进行日常清查外，还需要进行临时突击检查。

出纳每日营业终了，应在当日全部现金收付业务登账完毕后，结出现金日记账余额，进而对库存现金进行盘点，清点不同面额的纸币和硬币数量，计算得到现金的实有余额，并与现金日记账余额进行核对，检查是否发生现金长款或余缺。

对现金进行不定期的突击检查，不应事先通知出纳，但出纳应保证在场，积极配合。重点检查是否存在贪污、挪用、“白条抵库”、私设小金库等违法行为，以及现金是否超过规定的限额，有无“坐支”等现象。

现金盘点结束后，应根据盘点结果填写“现金盘点报告单”，列明现金的实存金额、账存金额，以及盘盈盘亏金额，并由盘点人员和出纳签字盖章，作为现金清查结果处理的原始凭证，据以调整现金账面记录。其一般格式如表7-8所示。

表7-8 现金盘点报告单

年 月 日

实存金额	账存金额	对比结果		备注
		盘盈	盘亏	

盘点人（签章）： 出纳（签章）：

财产清查方法（三）

（2）银行存款的清查。

银行存款清查通过将企业银行存款日记账与银行对账单进行核对来确定是否账实相符。银行对账单反映的是企业在银行开立的账户中一定时期内的收入、支出、结余情况。核对前，应先将银行存款的收付业务全部登记完毕，结出银行存款日记账的余额，在进行银行存款清查时，需要将企业银行存款日记账的记录与银行对账单的记录进行逐笔核对，一致的用“√”标注，不一致的需分析原因。

导致企业银行存款日记账余额与银行对账单余额不符的原因，主要有两个：一是存在未达账项，即由于结算票据和凭证在传递上存在时间差，导致出现企业与银行之间一方已入账而另一方尚未入账的情形；二是存在记账错误，一方有错误或双方都有错误，如多记、少记、错记或漏记等情形。通过逐笔核对银行存款日记账记录与银行对账单记录，可以发现账实不符的原因是属于记账错误还是未达账项。对于记账错误，属于企业的由企业按照错账的更正方法进行更正，属于银行的由企业通知银行进行更正；对于未达账项，由于未达账项导致的银行存款账实不符属于正常原因，则无须进行账簿记录调整。

一般来讲，未达账项是导致银行存款日记账余额与银行对账单余额不相符的主要原因，表现为银行已入账而企业尚未入账或企业已入账而银行尚未入账。具体而言，可以分为如下 4 种情形。

① 银行已记企业存款增加，而企业尚未收到收款通知，尚未记账。如企业委托银行代收款项，银行已收妥入账，但尚未发出收款通知，因而企业尚未登记银行存款日记账。此种情形，导致企业银行存款日记账上的余额小于银行对账单上的余额。

② 银行已记企业存款减少，而企业尚未收到付款通知，尚未记账。如银行对于企业贷款的利息已扣款，但尚未发出利息支付通知单，因而企业尚未登记银行存款日记账。此种情形，导致企业银行存款日记账上的余额大于银行对账单上的余额。

③ 企业已在银行存款日记账上登记银行存款增加，而银行尚未收到款项，尚未记账。如企业收到转账支票，将转账支票连同进账单一并送到银行，已在银行存款日记账登记银行存款增加，但是银行尚未收到付款单位划出的款项，因而尚未入账。此种情形，导致银行存款日记账上的余额大于银行对账单上的余额。

④ 企业已在银行存款日记账上登记银行存款减少，而银行尚未划出款项，尚未记账。如企业开出转账支票，已在日记账登记银行存款减少，但是收款单位尚未到银行办理转账，故银行尚未划出款项。此种情形，导致银行存款日记账上的余额小于银行对账单上的余额。

对于企业与银行的存款金额不一致的情形，需要编制“银行存款余额调节表”进行调节，以初步确定双方的账目是否正确，银行存款余额调节表具体格式如表 7-9 所示。

表 7-9　　银行存款余额调节表

××年××月××日　　单位：元

项目	金额	项目	金额
企业银行存款日记账余额		银行对账单余额	
+ 银收企未收		+ 企收银未收	
− 银付企未付		− 企付银未付	
调节后的余额		调节后的余额	

但是必须指明的是，银行存款余额调节表的作用仅限于调节银行存款的余额，不能作为原始凭证据以入账，企业应待结算凭证实际到达后，再进行相应账务处理。

【例 7-7】 W 轴承公司 2020 年 3 月末银行存款日记账余额为 220 000 元，银行对账单余额为 203 000 元。经过逐笔核对，发现存在如下未达账项。

(1) W 轴承公司于 2020 年 3 月 28 日开出一张转账支票 4 000 元，至月末对方单位尚未将支票送交到银行，款项尚未划出。

(2) W 轴承公司于 2020 年 3 月 29 日收到一张转账支票 18 000 元，于当日连同进账单一并送交到开户银行，但是银行尚未登记入账。

(3) 银行将 W 轴承公司本月的存款利息 6 000 元已划入其账户，但是 W 轴承公司尚未收到收款通知。

(4) 银行将 W 轴承公司本月的电话费 9 000 元从其账户内划出，但是 W 轴承公司尚未收到付款通知。

根据上述资料，编制该公司本月的银行存款余额调节表，如下表 7－10 所示。

表 7－10 **银行存款余额调节表**

2020 年 3 月 31 日 单位：元

项目	金额	项目	金额
企业银行存款日记账余额	220 000	银行对账单余额	203 000
＋ 银收企未收	6 000	＋ 企收银未收	18 000
－ 银付企未付	9 000	－ 企付银未付	4 000
调节后的余额	217 000	调节后的余额	217 000

2. 往来款项的清查

往来款项的清查既包括对债权的清查，如对应收账款和预付账款的清查，也包括对债务的清查，如对应付账款和预收账款的清查。

往来款项的清查方法主要是函证核对法。在保证往来款项账目正确性和完整性的基础上，企业应根据往来明细账账面余额，编制“往来款项对账单”送交对方单位进行核对。对账单一般一式两联，其中一联作为回单，往来单位收到对账单后，应确认与其账簿记录是否一致，并将回联寄回给发出单位，不一致的需由往来单位在回联上注明具体情形。对于有争议的往来款项，应进一步核实，企业应及时采取措施清理往来账务，尽可能减少坏账损失。

往来款项对账单

________________单位：

本公司与贵方业务往来事项如下：截止到____年__月__日贵方在本公司账面应收账款余额为：￥______。

为确保双方账务往来的真实性、可靠性，本公司与贵方应付本公司款项进行核对。请贵方核实，并将回单联回传本公司。如金额不符，请在回单联中列明。

____

单位：（盖章）

年 月 日

沿此虚线剪开，请将以下回单联寄回！

3. 存货的清查

存货清查的内容包括：原材料、辅助材料、燃料、修理用备件、包装物、低值易耗品、在产品、半成品、产成品、在途、外存、外借、委托加工的物资（商品）等。存货的清查方法主要是实地盘点法。盘点存货，企业要认真组织清仓查库，盘点存货物资时，存货保管人员、使用人员应在场并参与盘点工作，以明确经济责任；清查人员应确定好存货的名称、数量及规格，采用合适的方法清查实物数量并对存货质量进行检验，检验是否存在腐烂、变质、损毁等情况，以确定实物的完好程度；对出现盘盈、盘亏及清查出的积压、已毁损或需报废的存货，应查明原因，及时上报，组织相应的技术鉴定，并作出处理意见。企业存货应当定期或不定期进行盘点，每年至少一次。

盘亏存货的价值，根据盘亏存货的账面价值确定。盘盈存货的价值，有历史成本的依据历史成本，没有历史成本的可以采用市场价格法或者类比法定价。

4. 固定资产的清查

固定资产的清查内容包括：房屋及建筑物、机器设备、运输设备、工具器具和土地等。固定资产的清查方法为实地盘点法，通过核对固定资产的账面记录与实物数量，确定固定资产盘盈还是盘亏。具体来讲，固定资产清查时，清查部门应负责核对总账与明细账及固定资产卡片合计金额是否一致，与归口管理部门、使用部门对资产编号、名称、型号规格、原始金额等进行核对，以卡查物，以物对卡，账实核对，并编制固定资产盘点表。

而对于固定资产价值的确定，则要考虑盘亏盘盈两种情况，对于盘亏的固定资产，要根据盘亏固定资产的账面价值扣除相应赔偿以及残值后的净损失入账，对于盘盈的固定资产，则需要按照一定的方法估计其价值加以入账。通常而言，如果该固定资产本身或同类存在活跃市场，则根据该固定资产活跃市场的报价考虑固定资产的新旧程度，按照成新率确定入账价值；如果固定资产本身和同类固定资产都不存在活跃市场，则按照未来现金流量现值确定入账价值。简单而言，重置成本可以作为盘盈的固定资产入账的标准。

财产清查的处理

7.3 财产清查的账务处理

阅读案例 7-2

假设獐子岛集团股份有限公司在财产清查的过程中发现如下问题：(1) 库存现金账实不符，审查结果为出纳员白条抵库借款 2 万元给销售经理张某；(2) 存货账实不符，价值 2 600 万元的扇贝丢失，初步审查结果认定为内部员工监守自盗；(3) 应收账款无法收回，公司应收德天公司 1 200 万元账款超过 5 年尚未收回，经调查，德天公司涉及多笔诉讼，已无其他财产可执行，且该公司法人失联，应收账款难以收回。

问题：

1. 对于獐子岛集团股份有限公司清查发现的以上问题，应该如何进行会计账务处理？

2. 出纳员对销售经理张某颇为信任，已经催促其尽快还款，是否还需要进行账务处理？

3. 如果你可以向企业的管理者提出建议，针对以上问题，你会给出什么样的建议？

7.3.1 账户的设置与运用

通过对各项财产进行清查，确定财产的实有数额，并和账面余额进行比较，账实不符的结果表现为盘盈或盘亏。具体而言，当实存数大于账存数时，为盘盈；反之，当实存数小于账存数时，为盘亏。盘盈或盘亏的原因需进一步查明，根据差异的性质，明确处理意见，及时调整账簿记录，做到账实相符。

财产清查结果的核算，应设置"待处理财产损溢"账户，并根据资产的流动性，具体设置"待处理流动资产损溢"和"待处理固定资产损溢"两个明细科目。该账户反映各项资产实存数与账面结存数的差异，以及相应的转销处理。具体而言，借方反映盘亏批准处理前的金额以及盘盈的转销金额，贷方反映盘盈批准处理前的金额以及盘亏的转销金额。盘亏批准处理前记在该账户的借方，批准处理后从贷方转销；盘盈批准处理前记在该账户的贷方，批准处理后从借方转销。该账户应在期末结账前处理完毕。

盘盈，即账存数小于实存数，只有通过调增资产的账面数才能使得账实相符，因此盘盈在批准处理前，借记"库存现金""库存商品"等资产账户，贷记"待处理财产损溢"账户；针对盘盈，查明具体原因，借记"待处理财产损溢"账户，贷记"其他应付款"等相关账户，无法查明原因的，根据批准意见，借记"待处理财产损溢"账户，贷记"营业外收入""管理费用"等账户。

盘亏，即账存数大于实存数，只有通过调减资产的账面数才能使得账实相符，因此，盘亏在批准处理前，借记"待处理财产损溢"账户，贷记"库存现金""库存商品""固定资产"等账户；针对盘亏，查明具体原因，借记"其他应收款"等账户，贷记"待处理财产损溢"账户，无法查明原因的，根据批准意见，借记"管理费用""营业外支出"等账户，贷记"待处理财产损溢"账户。

但必须要指明的是，银行存款的清查、往来款项的清查，由于清查方法的特殊性，因此对清查结果的处理，往往不通过"待处理财产损溢"账户核算。

7.3.2 货币资金清查结果的账务处理

货币资金的清查主要包括库存现金的清查和银行存款的清查。其中，库存现金的清查结果表现为盘盈或盘亏，其账务处理通过"待处理财产损溢"账户来进行；而银行存款的清查结果表现为单位的银行存款日记账与单位在银行账户内的实有余额（即银行对账单上的余额）可能不一致，进而编制"银行存款余额调节表"，对于由于记账错误导致的不一致需要进行账务处理，而对于未达账项导致的不一致无须进行账务处理。此处，主要介绍库存现金清查结果的账务处理。

库存现金的盘盈，也称为现金长款、溢余，指存放在企业的现金实有金额大于现金日记账的余额，即实存数大于账存数。根据现金盘点报告单上的盘盈数额调整账面记录，借记"库存现金"，贷记"待处理财产损溢——待处理流动资产损溢"。经查明原因，属于应付未付个人的款项，借记"待处理财产损溢——待处理流动资产损溢"，贷记"其他应付款"；无法查明原因的，借记"待处理财产损溢——待处理流动资产损溢"，贷记"营业外收入"。

库存现金的盘亏，也称为现金短款、短缺，指存放在企业的现金实有金额小于现金日记账上的余额，即实存数小于账存数。根据现金盘点报告单上的盘亏数额调整账面记录，借记"待处理财产损溢——待处理流动资产损溢"，贷记"库存现金"。经查明原因，属于应由出纳或其他相关责任人赔偿的部分，借记"其他应收款——××"，贷记"待处理财产损溢——待处理流动资产损溢"；属于应由保险公司赔偿的部分，借记"其他应收款——保险公司"，贷记"待处理财产损溢——待处理流动资产损溢"；无法查明原因的，借记“管理费用”，贷记“待处理财产损溢——待处理流动资产损溢”；因非常事故（如抢劫、自然灾害等）造成的非常损失，除保险公司赔偿的部分，借记“营业外支出”，贷记“待处理财产损溢——待处理流动资产损溢”。

【例 7-8】 W 轴承公司 2019 年 11 月 30 日营业终了对库存现金进行盘点，现金实有数额为 5 000 元，现金日记账余额为 4 700 元。经查，200 元为应付个人王彬的款项，100 元无法查明原因。

W 轴承公司应做的账务处理如下。

借：库存现金　　300

　　贷：待处理财产损溢——待处理流动资产损溢　　300

借：待处理财产损溢——待处理流动资产损溢　　300

　　贷：其他应付款——王彬　　200

　　　　营业外收入　　100

7.3.3 往来款项清查结果的账务处理

根据与往来单位进行对账，及时核实债权债务，正确地确定债权债务价值，根据批准意见进行处理。但应该注意的是，往来款项清查结果的账务处理与其他资产不同，不通过“待处理财产损溢”科目。此处，主要介绍应收账款、应付账款清查结果的账务处理。

1. 应收账款清查结果的账务处理

根据往来账项对账单，企业的应收账款账簿记录与债务人单位提供的债务记录不一致，则应查明原因，是否存在记账错误。此外，企业应以预期信用损失为基础，在每个资产负债表日，计量相关应收款项的预期信用损失，确认相关应收款项的坏账准备，按直接转销法或备抵法处理。直接转销法下，坏账损失实际发生前不做处理，坏账损失实际发生后按照应收债权的价值直接计入当期管理费用；在备抵法下，需要设置应收账款的备抵科目“坏账准备”，其记账方向与应收账款相反，在坏账损失实际发生前按一定方法和比例计提坏账准备，借记“信用减值损失”，贷记“坏账准备”，实际发生坏账损失时冲减坏账准备，借记“坏账准备”，贷记“应收账款”。我国企业会计准则规定企业坏账应采用备抵法进行账务处理。

【例 7-9】 W 轴承公司 2019 年年末应收账款为 300 万元，预计应收账款中 5%无法收回，以前年度未计提坏账准备。

该公司计提坏账的账务处理如下。

借：信用减值损失　　150 000

　　贷：坏账准备　　150 000

【例 7-10】 承上例，经催收后 W 轴承公司收回欠款 285 万元，其余部分已无法收回。

（1）该公司对收回款项的账务处理如下。

借：银行存款　　2 850 000

　　贷：应收账款　　2 850 000

（2）对无法收回的款项应上报审核备案，冲减“坏账准备”账户

借：坏账准备　150 000

　　贷：应收账款　150 000

2. 应付账款清查结果的账务处理

根据往来账项对账单，企业的应付账款账簿记录与债权人单位提供的债权记录不一致时，应及时查明原因，根据批准意见进行处理。由于债权人单位已经撤销等原因导致债务无法偿还，则应将无法偿付的应付账款作为利得，计入“营业外收入”。

7.3.4　存货清查结果的账务处理

存货盘盈，即实存数大于账存数，应先根据盘盈的存货数量以及同类存货的单位成本计价入账，调整账面记录，借记“原材料”“库存商品”等存货，贷记“待处理财产损溢——待处理流动资产损溢”。待原因查明后，由于收发计量差错或管理上的原因，应借记“待处理财产损溢——待处理流动资产损溢”，贷记“管理费用”。

存货盘亏或毁损，即实存数小于账存数，应先根据盘亏或毁损的数量以及同类存货的单位成本计价冲减账面记录，借记“待处理财产损溢——待处理流动资产损溢”，贷记“原材料”“库存商品”等存货。待原因查明后，贷记“待处理财产损溢——待处理流动资产损溢”，属于自然损耗、计量器具不准、管理不规范等日常经营损失的，扣除残料价值的余额计入管理费用；属于自然灾害、火灾、被盗等非常损失，应由保险公司或相关责任人赔偿的部分应记入“其他应收款”账户，其余部分记入“营业外支出”账户。

需要说明的是，按照税法规定，非正常损失的购进货物以及非正常损失的在产品、产成品所耗用的购进货物的进项税额不得抵扣。非正常损失，是指因管理不善造成被盗、丢失、霉烂变质的损失，以及被执法部门依法没收或者强令自行销毁的货物。因此，发生存货非正常损失冲减存货账面记录时需要转出进项税额，贷记“应交税费——应交增值税（进项税额转出）”。

【例7-11】 W轴承公司2019年年末库存商品的账面余额为520万元，实地盘点的结果为523万元，经查明原因为经营管理上的原因。

该公司的账务处理如下。

批准处理前 借：库存商品　30 000

　　贷：待处理财产损溢——待处理流动资产损溢　30 000

批准处理后 借：待处理财产损溢——待处理流动资产损溢　30 000

　　贷：管理费用　30 000

【例7-12】 W轴承公司为一般纳税人，适用增值税税率为13%，2019年年末W轴承公司进行期末盘点，盘点发现原材料的账面余额为520万元，实地盘点的结果为485万元。经查实，盘亏材料中由于管理人员管理不善导致材料丢失，造成的损失为20万元（不含税），其中由管理人员孙某赔偿的金额为3万元，保险公司同意赔偿5万元；另外有一批材料由于火灾被烧毁，价值15万元，其中保险公司答应赔偿10万元。

该公司的账务处理如下。

批准处理前 借：待处理财产损溢——待处理流动资产损溢　376 000

　　贷：原材料　350 000

　　　　应交税费——应交增值税（进项税额转出）　26 000

批准处理后 借：其他应收款——保险公司　150 000
　　　　　　　　　　　　——孙某　30 000
　　　　　　管理费用　146 000
　　　　　　营业外支出　50 000
　　　　　　贷：待处理财产损溢——待处理流动资产损溢　376 000

7.3.5 固定资产清查结果的账务处理

发现账外固定资产为什么不通过“待处理财产损溢”

固定资产盘盈，即发现账外固定资产，按照《企业会计准则第 28 号——会计政策、会计估计变更和差错更正》的规定，属于会计差错，应按照前期差错更正，采用追溯重述法进行处理，除非前期差错累计影响数无法确定。固定资产盘盈，不通过“待处理财产损溢”账户核算，而是通过“以前年度损益调整”核算。借记“固定资产”科目，贷记“以前年度损益调整”科目。

固定资产盘亏，即固定资产实存数小于账存数，应先根据固定资产的账面价值冲减账面记录，借记“待处理财产损溢——待处理固定资产损溢”，借记“累计折旧”“固定资产减值准备”，贷记“固定资产”。查明原因后，根据批准意见，借记“营业外支出”，贷记“待处理财产损溢——待处理固定资产损溢”。

【例 7-13】 W 轴承公司为一般纳税人，适用增值税税率为 13%，2019 年年末 W 轴承公司对固定资产进行清查，发现盘亏一辆 2019 年 6 月购入的卡车，卡车的账面原值为 800 万元，已计提折旧 100 万元。根据批准意见，转为营业外支出。

该公司的账务处理如下。

发现盘亏卡车时

借：待处理财产损溢——待处理固定资产损溢　7 910 000
　　累计折旧　1 000 000
　　贷：固定资产　8 000 000
　　　　应交税费——应交增值税（进项税额转出）　910 000

批准处理后

借：营业外支出——固定资产盘亏损失　7 910 000
　　贷：待处理财产损溢——待处理固定资产损溢　7 910 000

本章小结

本章财产清查是会计核算方法之一，也是单位加强资产管理的体现，有助于保证会计信息的真实可靠、保证资产的安全完整、保证内部控制的健全有效。

本章首先从整体上介绍了财产清查的概念、重要作用以及财产清查的种类。其次，本章介绍了财产清查的方法，包括财产清查内容、清查程序以及不同财产物资的清查方法，财产物资的盘存制度以及存货发出计价方法等。最后，本章阐述了财产清查结果的账务处理，对货币资金、往来款项、存货以及固定资产项目在清查中可能存在的盘盈盘亏情况进行了账务处理举例分析。

通过本章的学习，学生可以将财产清查和其他会计核算方法联系到一起，更好地理解会计核算的基本程序与方法。

企业如何选择存货的计价方法

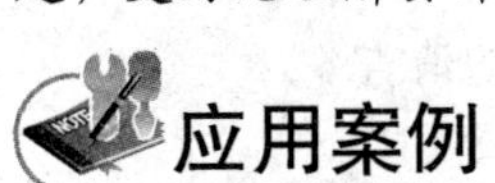

应用案例

獐子岛巨额亏损，扇贝“死亡”上演2.0版

继獐子岛集团股份有限公司（以下简称獐子岛集团）2014年“冷水团事件”之后，再遭“黑天鹅”。2018年1月30日，獐子岛集团发布公告称，公司按制度正在进行底播虾夷扇贝的年末存量盘点，公司年审机构大华会计师事务所同步实施监盘，发现部分海域的底播虾夷扇贝存货异常。2018年2月5日，公司发布年终盘点结果，公司拟对107.16万亩海域成本为57 758.13万元的底播虾夷扇贝存货进行核销处理，对24.3万亩海域成本为12 591.35万元的底播虾夷扇贝存货计提跌价准备5 110.04万元，上述两项合计影响净利润62 868.17万元，全部计入2017年度损益。结合公司情况，预计公司2017年度净利润亏损。

根据公司年终盘点结果显示，扇贝存货出现异常的原因主要包括：降水减少导致扇贝的饵料生物数量下降，养殖规模的大幅扩张更加剧了饵料短缺，再加上海水温度的异常，造成高温期后的扇贝越来越瘦，品质越来越差，长时间处于饥饿状态的扇贝没有得到恢复，最后诱发死亡。此次扇贝存货异常事件与2014年“冷水团事件”有相似之处，2014年公司北黄海遭遇异常冷水团，105.64万亩海洋牧场绝收，7.34亿元底播虾夷扇贝存货进行核销处理，导致全年巨亏。

此次业绩变脸消息一出，市场哗然，根据獐子岛集团2017年10月25日发布的公告，公司秋季底播虾夷扇贝抽测结果正常。可就在2018年1月31日，扇贝却突然大批死亡，这短短的三个多月内到底发生了什么？扇贝真的“饿死了”吗？社会各界质疑不断，扇贝究竟怎么了仍疑云重重。

问题：

1. 利用你所学到的会计知识，写出獐子岛集团的57 758.13万元存货核销（假设保险公司赔偿60%）和5 110.04万元存货跌价准备的会计分录？

2. 假设扇贝绝收的真正原因不是“饿死了”，而是由于企业管理不善，那么上面关于存货核销业务的会计分录是否需要变动？（不考虑相关税费）如果需要，请做会计分录。

思考与练习

一、思考题

1. 财产清查的意义是什么？与其他核算方法之间的联系如何体现？
2. 财产清查的方法有哪些？分别适用于哪些资产的清查？
3. 财产清查结果的处理主要通过哪个账户来进行？该账户的性质与内容是什么？
4. 银行存款日记账余额与银行对账单余额不一致的原因有哪些？
5. 实地盘存制与账面盘存制有何区别？

二、单项选择题

1. 下列不属于全面清查的是（　　）。

A. 更换财产物资保管员时的清查　　B. 更换单位负责人时的清查

C. 年终决算时的清查　　D. 企业破产清算时的清查

2. 下列不属于财产清查意义的是（　　）。

A. 保证财务报表列报信息的真实可靠　　B. 保证资产的安全完整

C. 保证单位内部控制的健全有效　　D. 保证实现企业的利润目标

3. 财产清查前应进行的准备工作不包括（　　）。

A. 会计人员将所有的经济业务登记入账，结出各项财产物资的账面余额

B. 保管部门将财产物资排列整齐，挂上标签

C. 清查人员准备好计量器具和清查表格

D. 清查小组将各项财产物资的盘点结果记入盘点报告单

4. 固定资产的盘盈需通过（　　）账户核算。

A. 营业外收入　B. 待处理财产损溢　C. 长期待摊费用　D. 以前年度损益调整

5. 无法偿付的应付账款应计入（　　）。

A. 营业外支出　B. 管理费用　C. 营业外收入　D. 其他业务收入

三、多项选择题

1. 不定期清查通常发生在（　　）。

A. 年末决算时　B. 更换出纳员时　C. 企业被兼并时　D. 发生非常损失时

2. 待处理财产损溢科目的借方反映的内容包括（　　）。

A. 财产清查时发现的盘盈金额　　B. 财产清查时发现的盘亏金额

C. 转销的盘盈金额　　D. 转销的盘亏金额

3. 关于实地盘存制与账面盘存制的说法，正确的有（　　）。

A. 实地盘存制下，先确定期末结存存货数量，再确定发出存货数量

B. 账面盘存制下，先确定发出存货数量，再确定期末结存存货数量

C. 实地盘存制更有利于进行存货的日常控制

D. 账面盘存制下，期末通过账实核对有助于加强存货管理

4. 未达账项包括的情形有（　　）。

A. 企收银未收　B. 企付银未付　C. 银收企未收　D. 银付企未付

5. 下列属于发出存货的计价方法的有（　　）。

A. 个别计价法　B. 后进先出法　C. 先进先出法　D. 加权平均法

四、判断题

1. 存货、银行存款的盘盈盘亏均通过“待处理财产损溢”科目核算。（　　）

2. 无法查明原因的现金短款应计入营业外支出，无法查明原因的现金长款应计入营业外收入。（　　）

3. 企业在期末应编制银行存款余额调节表，并据以登记账簿。（　　）

4. 库存现金、存货、固定资产的清查方法通常为实地盘点法。（　　）

5. 物价上涨时，采用先进先出法可以体现谨慎性会计质量要求。（　　）

五、业务题

业务题一

目的：练习资产盘盈盘亏的账务处理。

资料：力达股份有限公司（以下简称力达公司）是一家机械制造生产企业，2019 年 12 月份进行年终财产清查，清查结果如下。

1. 盘亏乙种材料一批，价值 2 600 元。经查盘亏材料是由于仓库管理人员保管不善造成，管理员张强负全部赔偿责任。

2. 应收平安公司款项 8 000 元已确定无法收回。力达公司已为该项应收账款计提 2 000元坏账准备。

3. 发现盘亏生产设备一台，其账面原值为 14 000 元，账面已提折旧 4 000 元。将上述盘亏结果上报，经审核批准，可将净损失转为“营业外支出”处理。

4. 发现短缺甲种材料一批，价值 2 500 元。经查盘亏材料中属于定额内的自然损耗价值 300 元；由于管理人员保管不当造成损失 500 元；另有 1 000 元的材料是在一次火灾中烧毁的，其中保险公司答应赔偿 700 元；剩余价值 700 元的盘亏材料属于一般经营损失。清查结果上报审核批复后，应依据不同的原因分别转账，进行会计处理。

5. 发现库存现金短缺 1 000 元。经查其中因出纳员赵清工作疏忽造成的损失 400 元；保险公司负责赔偿 300 元；其他短款无法查明原因。

要求：

1. 根据上述财产清查结果编制相应的会计分录，并写出相应明细科目。公司为一般纳税人，增值税税率 13％。

2. 计算力达公司 2019 年财产清查结果的净损益。

业务题二

目的：练习银行存款余额调节表的编制。

资料：力达公司 2019 年 10 月 31 日银行存款日记账余额为 78 500 元，银行转来对账单的余额为 135 500 元。经逐笔核对，发现以下未达账项。

（1）公司送存转账支票 68 000 元，并已登记银行存款增加，但银行尚未记账。

（2）公司开出转账支票一张，金额为 45 000 元，并已登记银行存款减少，但持票单位尚未到银行办理转账，银行尚未记账。

（3）公司委托银行代收某企业购货款 83 000 元，银行已收妥并登记入账，但企业尚未收到收款通知，尚未记账。

（4）银行代企业支付电话费 3 000 元，银行已登记企业银行存款减少，但企业未收到银行付款通知，尚未记账。

要求：根据上述资料编制该公司 2019 年 10 月份的银行存款余额调节表。

六、互联网作业

1. 在互联网上搜索獐子岛扇贝事件，了解该企业的财产清查制度，思考该企业是否存在管理上的问题？如果存在，都有哪些问题？

2. 在互联网上搜索选择几家不同行业的上市公司，了解他们的财产清查制度并比较其不同。

第7章
在线题库

财务报表

学习目标与要求

编制财务报表是“七大”会计核算方法之一，也是本书介绍的最后一种会计核算方法。在掌握了填制会计凭证、登记会计账簿的基本技能之后，另一个技术性、操作性很强的方法就是编制财务报表。通过本章的学习，要求学生在明确财务报表的种类、设计原则和编制要求的基础上，理解财务报表的作用、结构、内容和编制方法，了解财务报表的报送、汇总和审批，掌握资产负债表和利润表的编制方法。启发学生思考“七大”会计核算方法的循序渐进过程，以及方法之间的紧密联系。理解财务报表对会计信息使用者的意义，以及财务报表的作用与会计目标的一致性。

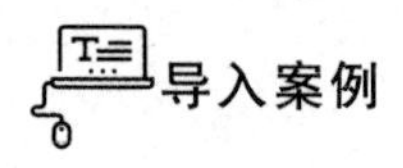

导入案例

Fire Bird 公司

海楠的 Fire Bird 公司主要生产经营礼品火柴。2019 年 12 月 31 日，海楠自己投入资金 30 000 元作为注册资本，又向朋友借入 10 000 元，约定一年以后归还，他父母为了支持他创业，向他捐赠了 10 000 元。公司用银行存款购入办公用设备 10 000 元，2020 年 1 月 1 日，公司正式营业。

Fire Bird 公司产品成本中，原材料成本大约占 60%，由于原材料价格连续上涨，半年来公司的经济效益一直不佳，2020 年一季度还出现了亏损。5 月下旬，市场的原材料价格出现了明显下降，采购员王瑞建议利用此机会大量购入；但会计宋菲认为，这将会占压大量资金，而且需要向银行借款并负担利息，因此会增加下年的费用和亏损。海楠发现 6 月末公司附近的几所大学有大批毕业生即将毕业离校，他决定推出以各学院标志性建筑装饰的“学院系列”礼品火柴，供毕业生购买作为离校留念。因此他同意多购买一些原材料。

问题：

1. 你同意王瑞的建议还是宋菲的建议？为什么？
2. 海楠同意多购买原材料，应考虑哪些因素？
3. 王瑞和宋菲的建议各自更注重哪张财务报表？
4. 你能通过上述资料为 Fire Bird 公司编制 2020 年 1 月 1 日的资产负债表吗？
5. 如果要你为 Fire Bird 公司编制资产负债表和利润表，你还应该获取哪些资料数据？

本章是关于财务报表的介绍。财务报表是指企业对外提供的反映企业某一特定日期的财务状况和某一会计期间的经营成果、现金流量等会计信息的文件。企业会计通过填制凭证、登记账簿、财产清查等会计核算过程，在保证账证相符、账账相符、账实相符的基础上需要为会计信息使用者提供完整、系统、重要的会计信息，借以实现财务报告的目标（即会计目标），这就要求企业按照《企业会计准则第30号——财务报表列报》的要求，编制并报送财务报表。

8.1 财务报表概述

财务报表概述

企业在日常的会计核算中，利用各种会计核算方法，按照一定的会计核算程序，把全部相关的经济业务分门别类地登记在相应的会计账簿中，使会计信息在日常的会计记录中得以反映。尽管账簿中记录的会计信息要比会计凭证中记录的会计信息更系统、更完整，但是，对于信息使用者而言，反映在会计凭证和账簿中的信息仍然存在以下不足：首先，日常会计记录中的会计信息数量太多且分散。日常会计处理中积累了大量的凭证和账簿资料，不仅数量太多不便于利用，而且每个账户记录的经济业务，只能个别地、分散地反映某项经济业务，不能全面、总括地反映企业的财务状况和经营成果。数量多和分散更不利于对外报送和提供会计信息。其次，日常会计记录中的会计信息不能揭示会计信息之间的内在联系。会计凭证和账簿中的会计信息只能反映某类经济业务或某个项目的状况，而不能反映企业经济活动的全貌。信息使用者无法利用其全面了解企业的财务状况和经营成果，也无法通过对会计信息的综合分析做出正确的决策。由于日常会计核算资料有上述不足，在定期对日常核算资料进行整理、分类、计算和汇总的基础上编制财务报表就成为企业会计核算的一种专门方法，也是企业会计的一项重要工作。

8.1.1 财务报表的概念与作用

财务报表不仅可以全面、综合地提供财务会计信息，而且可以通过报表各项目的增减变动情况充分揭示财务会计信息之间的内在联系。定期、合理、客观地编制财务报表对于提高会计信息的使用价值及利用程度，实现会计目标有重要作用。

（1）财务报表提供的会计信息是企业内部改善经营管理，做出正确决策的重要依据。定期编制的财务报表利用数字和文字的形式将企业的财务状况、经营成果、现金流量等情况全面展示出来。企业管理者可以利用这些信息，考核和分析各项计划目标、预算方案和有关方针政策的执行情况，了解成本、费用的节约情况，收益的取得情况，及时发现经营活动中存在的问题和取得的成绩，并采取相应措施，以加强经济核算，改善经营管理，也为未来各项经营目标和经营计划的制订提供依据。

（2）财务报表提供的会计信息是企业的上级主管部门和国家宏观管理部门进行宏观管理的重要依据。企业上级主管部门通过对财务报表的逐级汇总，了解各企业有关方针政策的执行情况，加强对企业的监督和指导，也为综合管理部门制订计划、进行综合平衡提供依据。

国家宏观管理部门可以利用财务报表提供的会计信息，及时掌握企业的财务状况和经营成果，考核、监督企业的经营活动。国家财政部门可以利用各企业提供的财务报表信息了解企业资金的使用情况，检查监督各项法规、制度的执行情况；税务部门利用财务报表信息了解企业的经营所得、纳税情况；各金融机构利用财务报表信息了解信贷资金的使用情况，监督各项银行结算纪律的执行情况。国家宏观管理部门利用企业的财务报表信息检查和评价各项方针政策的制定是否科学合理，发现国民经济运行存在的问题，为国民经济的宏观管理做出正确决策。

(3) 财务报表提供的会计信息是企业的投资者和债权人进行正确决策的依据。企业的投资者和债权人虽然不直接参与企业的经营活动，但是他们与企业有着直接的利益关系，为了自身的利益，为了做出正确的投资决策和借贷决策，要随时了解并掌握企业的盈利能力、偿债能力及经营状况，所以，也要求企业及时提供有关财务状况、经营成果和现金流量的相关会计信息。

8.1.2 财务报表的编制要求

编制财务报表的目的就是为报表使用者提供会计信息，而会计信息的基本质量要求是客观真实、易于理解、内容完整、及时相关等。所以，为了保证会计信息的质量，发挥财务报表的作用，财务报表的编制应符合以下要求。

1. 数字真实

财务报表所提供的数字必须真实可靠、计算准确，如实地反映企业的经营活动，不能以估计数代替实际数，更不能弄虚作假，这是财务会计客观性原则的要求。如果财务报表提供不真实的会计信息，会使信息使用者决策失误，不能发挥会计信息应有的作用。

为了保证财务报表数字真实、计算准确，必须要保证会计期内所有经济业务按时入账、按期结账、认真对账和进行财产清查，保证账证、账账、账实相符。在此基础上编制财务报表，做到账表相符，同时报表附注及财务情况说明书都要以真实的数据资料为依据，以保证会计信息的真实可信。

2. 内容完整

财务报表要全面综合地反映企业的财务状况、经营成果和现金流量信息，一方面，要求企业按照规定的种类、项目和内容编制财务报表；另一方面，要求财务报表能够反映企业生产经营活动的全貌。

为了保证财务报表的内容完整，财务报表必须按规定的格式、时间和内容编报齐全，各项指标、补充资料必须按有关规定和制度填列，不得漏编漏报，对于重要的会计事项要在财务报表附注中进行说明。这是财务会计重要性原则的要求。只有提供全面完整的会计信息才能满足报表使用者的需要。

3. 便于理解

企业提供的财务报表要能让使用者读懂，易于理解，这是财务会计明晰性原则的要求。因此，在编制财务报表时要力求简明清晰。

4. 相关可比

财务报表所提供的会计信息应是与使用者的需要相关的、有用的而且是可比的会计信息，这也是财务会计相关性和可比性原则的要求。

为了保证财务报表的相关可比，要求企业在会计核算过程中应遵循一贯性原则和可比性原则，不能随意变更会计政策，使报表资料不仅在企业不同时期有可比性，而且在企业之间也能够相互可比，才能满足会计信息使用者对会计资料进行相互对比、分析、判断，从而做出正确决策的需要。

5. 编报及时

企业的财务报表要求按期编制，及时提供，以保证会计信息的时效性。时过境迁的会计信息不但不能满足使用者的需要，甚至会误导使用者进行决策。

为了保证财务报表的编报及时，企业应按规定的期限编制财务报表，过时的会计信息会降低其使用价值，也不利于使用者及时利用会计信息。因此，企业要按科学的账务组织程序进行日常会计核算工作，做到日清月结，使财务报表能够及时、高质量提供给使用者。

8.1.3 财务报表的种类

1. 财务报表按编制的时间分类

财务报表按编制的时间可以分为年度财务报表和中期财务报表。

（1）年度财务报表是指以年度为基础编制的，反映企业全年的财务状况、经营成果和现金流量信息的财务报表。

（2）中期财务报表是指以中期为基础编制的，反映企业中期财务状况、经营成果和现金流量信息的财务报表。中期财务报表一般包括半年度报表、季度报表和月份报表。

2. 财务报表按编制的单位分类

财务报表按编制的单位分为单位财务报表和汇总财务报表。

（1）单位财务报表（基层财务报表）是指由各单独会计主体在自身会计核算的基础上编制的反映企业本身经营成果、财务状况和现金流量信息的财务报表。

（2）汇总财务报表是指上级主管部门根据所属单位报送的单位财务报表，连同本单位财务报表汇总编制的财务报表。

3. 财务报表按会计主体分类

财务报表按会计主体分为个别财务报表和合并财务报表。

（1）个别财务报表是指由企业集团内母公司和各子公司作为独立的会计主体单独编制的，反映单个企业经营成果、财务状况和现金流量信息的财务报表。

（2）合并财务报表是指由母公司以单独编制的个别财务报表为基础编制的，综合反映由母公司和子公司组成的企业集团作为会计主体的总体财务状况、经营成果和现金流量信息的财务报表。

4. 财务报表按报送的对象分类

财务报表按报送的对象分为外部报表和内部报表。

（1）外部报表是指企业向外部有关部门提供的财务报表，包括资产负债表、利润表、现金流量表和所有者权益变动表。

(2) 内部报表是指企业为内部生产经营管理服务提供的财务报表。内部报表是企业根据内部管理需要设计和编制的，一般不对外公开。而外部报表同时也为企业内部管理服务。

5. 财务报表按反映的经济内容分类

XBRL财务报告简介

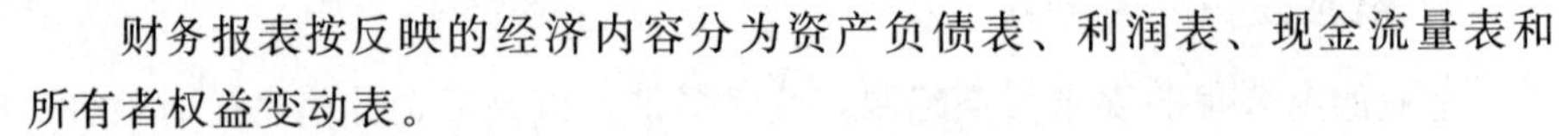
财务报表按反映的经济内容分为资产负债表、利润表、现金流量表和所有者权益变动表。

(1) 资产负债表是反映企业在某一特定日期财务状况的财务报表。

(2) 利润表是反映企业一定会计期间经营成果的财务报表。

(3) 现金流量表是反映企业在一定会计期间现金和现金等价物流入和流出情况的财务报表。

(4) 所有者权益变动表是反映构成所有者权益的各组成部分当期的增减变动情况的财务报表。

期末账项调整与结转

8.2 期末账项调整与结转

8.2.1 权责发生制

在持续经营的前提下划分会计期间，分期结算账目和编制财务报表，不仅可以及时地反映当期的经营成果与财务状况，而且可以为比较当期与前期的财务状况变动和分析持续经营过程中的经营成果提供会计信息。在划分会计期间的前提下进行分期核算，为使当期收入与费用合理配比，正确计算企业盈利，还要依据合适的收入与费用确认原则。目前，针对分期核算，国际上广泛采用权责发生制作为记账基础，我国企业会计准则中也规定会计核算以权责发生制为基础。然而，在日常会计核算过程中，往往需要在现金收支行为发生时记录相应的经济业务，这种做法对于预收、预付以及应收、应付业务的处理不符合权责发生制的要求。为了合理确认当期的收入与费用，通过正确配比计算当期利润，可通过期末账项调整来解决上述问题。

采用权责发生制作为记账基础，在每个会计期末均需对预收、预付以及某些应计项目进行期末账项调整，通过当期确认的收入和费用进行配比来确认净收入。与收付实现制相比，权责发生制在会计循环的核算过程中增加了期末账项调整这样一个环节，使调整后的收入与费用配比，真实地反映企业的经营成果并提高了企业每期财务报告的可比性。

阅读案例8-1

李薇在艺超公司工作已经半年了，2020年年底，老王让李薇参与了年末结账工作，以使她能够熟悉会计工作的全过程。面对年末结账前大量的调账和结转业务，李薇显得力不从心，她想起自己在大学里学会计时更多地关注了如何按日常发生的业务做会计分录，对期末账项调整掌握得不好，为了不使自己在工作中过于被动，李薇利用业余时间翻看了她在大学里学过的基础会计学教材中的期末账项调整和期末账项结转。为了不像李薇那样临阵磨枪，请同学们关注以下内容。

8.2.2　期末账项调整

按照权责发生制的要求，在每一会计期末，对影响一个以上会计期间的经济业务的收入和费用给予调整的行为，称为期末账项调整。

在市场经济环境中，商业信誉广泛存在，除钱货两清的现销现购活动外，还有大量经济活动是通过赊销、赊购、预收和预付来实现的，为了方便，会计上通常是在现金收付时或业务发生时就记录下了这些经济业务，因而出现了预收、预付款项，应收、应付账款以及对某些收入和费用分期递延分摊现象。在权责发生制下，为了合理确认当期收入与费用，准确计算当期损益，通过财务报告及时向人们提供有用的会计信息，在每一会计期末，要对影响多个会计期间的经济业务所取得的收入和费用进行调整，以保证用于报表的各账户期末余额的合理性和报表数据的有用性。

企业在期末编制财务报表前，必须在日常会计记录的基础上，按照权责发生制的原则，确切地反映本期的收入、费用，如有些款项虽已收到入账，但它不属于本期的收入，有些款项虽已支付，但它不属于本期的费用，因此，在结账前，必须进行必要的调整，为调整所做的会计分录，称为调整分录。通过调整，可合理确定各期的收支，并通过配比，正确计算各期的经营成果。

期末需调整账项的内容和数量取决于企业的类型、规模和业务量的大小。一般地讲，账项调整的内容包括4类：预收收入、预付费用、应计收入、应计费用。

下面以某生产制造企业A企业的经济业务为例，分别说明以上4种类型的账项调整及调整分录的编制。

（1）预收收入。

预收收入是指企业已经收到现金，但尚未提供商品或劳务的收入。在某些情况下，客户常为以后会计期间取得商品或得到服务而提前支付现金，权责发生制要求企业在未向客户提供商品或劳务的情况下不能把客户提前支付的现金作为当期收入，只有在企业履行相应责任后，方可将预收收入作为本期收入入账。如需要经过多个会计期间提供商品或劳务来履行相应责任，可在每期把与已履行责任对应的那部分预收收入转为当期实现的收入。因此，在会计期末，要对预收收入进行账项调整，将应得的那部分收入分配记入本期，未实现部分作为递延收入到下期处理。

【例8-1】A企业和B企业签订一项提供技术与咨询服务的合约，合同规定A企业从2019年8月1日起连续向B企业提供服务半年，B企业8月1日一次预付服务费12 000元，A企业收到款项后记录如下。

借：银行存款	12 000	
贷：预收款项		12 000

A企业预收12 000元服务费后，要连续向B企业提供6个月的服务，每月提供劳务后，A企业应从预收的服务费中转出一部分作为本期已实现的收入。假设每月平均分配服务收入，为反映并记录本月提供技术咨询服务已取得的2 000元收入，在8月31日应做如

下调整分录。

借：预收款项　　2 000

　　贷：其他业务收入　　2 000

对于这笔账项调整，在以后5个月的每月月末做与上述相同的调整分录。

（2）预付费用。

预付费用是指在发生或受益之前提前支付的费用。其特点是支付在先，受益在后。如果预付费用受益期超出当前会计期间，这种费用支出被视为资产，随着这种资产被使用与消耗，它将被转化为费用，因此，每一个会计期末需要对当期受益的预付费用进行调整。无形资产摊销、计提固定资产折旧、长期待摊费用的摊销均属于这种类型。

【例8-2】 A企业2019年1月以经营租赁方式租入门市一间，并对其进行装修，共发生装修支出120 000元，该门市租期为5年。发生装修支出时A企业做如下会计分录。

借：长期待摊费用　　120 000

　　贷：银行存款　　120 000

A企业在以后5年内每月末摊销装修支出2 000（120 000÷5÷12）元，作为当期已耗用且受益的费用，其调整分录如下。

借：销售费用　　2 000

　　贷：长期待摊费用　　2 000

（3）应计收入。

应计收入是指在某一会计期间已经赚得，但由于付款日期未到而不能得到款项的收入。例如，银行存款利息收入以及其他先提供资产的使用或先提供劳务而后付款的业务常形成应计收入。在权责发生制的基础上，对于本期已实现的收入，无论款项是否收到，都应作为本期收入入账。因而，每一会计期末需要通过借记“应收账款”账户、贷记相关收入账户，对应计收入项目进行调整并登记入账。

【例8-3】 A企业2019年第四季度出租房屋，每月租金20 000元，合同约定租金于季末结算，则该企业于10月月末应确认这笔租金收入，做如下调整分录。

借：其他应收款　　20 000

　　贷：其他业务收入　　20 000

（4）应计费用。

会计期间内发生的大多数费用都在支付时记录入账。然而，在会计期末由于支付日未到，往往有一些费用虽已发生，但未记录入账。这种由于支付日未到而未支付和记录的费用被称为应计费用。在权责发生制基础上，根据配比原则，在会计期末需要对应计费用进行调整并记录入账。在对应计费用进行调整入账时，借记有关费用科目，同时贷记负债科目。

权责发生制的优缺点

【例8-4】 A企业2019年12月1日向银行取得一笔3年期长期借款50万元，借款年利率6%，借款合同规定到期一次还本付息。因此，该笔长期借款2019年12月的应计利息为2 500元。该项应计费用的调整分录如下。

借：财务费用　　2 500

　　贷：长期借款　　2 500

8.2.3 期末账项结转

会计期末，要进行调账、对账、结账、编制财务报表以及为保证会计数据的正确而进行的账项调整前后的试算平衡等一系列工作。期末账项结转包括以下两项内容。

（1）结平损益类账户。

企业日常发生的各项收益和成本、费用与损失，通过损益类账户分别进行了登记。期末，应将各损益类账户的本期发生额进行加计，并结转到“本年利润”账户，将各损益类账户结平。结转时，应将各项收益账户的贷方发生额通过借方结转到“本年利润”账户的贷方，将各成本、费用与损失账户的借方发生额通过贷方结转到“本年利润”账户的借方。结转后，“本年利润”账户的结转前余额就是本期的净利润或净亏损。

（2）结平“本年利润”账户和“利润分配”账户。

结平“本年利润”账户和“利润分配”账户下除了“未分配利润”明细账户以外的其他明细账。年末，除进行上述账项结转外，还要将“本年利润”结转至“利润分配——未分配利润”明细账，结平“本年利润”账户；再将“利润分配”账户所属各个明细账户的余额结转，即将“利润分配——未分配利润”明细账户以外其他明细账户的余额转入“未分配利润”明细账户，与从“本年利润”账户转来的利润或亏损对冲后，只保留“利润分配——未分配利润”明细账户有余额，反映年末未分配利润或未弥补亏损，“利润分配”的其他明细账户均被结平，没有余额。这些内容在第3章已举例进行了详细说明，不再重复。

2018年6月16日，财政部正式发布了《关于修订印发2018年度一般企业财务报表格式的通知》（财会〔2018〕15号），针对2018年1月1日起分阶段实施的新金融准则和新收入准则，以及企业会计准则实施中的有关情况，对一般企业财务报表格式进行了修订。并分别就尚未执行新金融准则和新收入准则的企业、已执行新金融准则或新收入准则的企业的财务报表格式提供了模板。

企业对不存在相应业务的报表项目可结合本企业的实际情况进行必要删减，企业根据重要性原则并结合本企业的实际情况可以对确需单独列示的内容增加报表项目。执行企业会计准则的金融企业应当根据金融企业经营活动的性质和要求，比照一般企业财务报表格式进行相应调整。

本书本着发展的眼光看问题，选用了财政部提供的“已执行新金融准则或新收入准则企业的财务报表格式”模板进行介绍。

8.3 资产负债表

■ 阅读案例8-2

经过几天的繁忙工作，李薇和同事们顺利地完成了期末结账和对账工作，相关账目做到了账证相符、账账相符、账实相符。工作中李薇感觉到自己学到了很多知识，她知道接下来的会计报表编制主要是由老王负责，于是她提出参与和协助老王编制艺超公司2020年度的会计报表，李薇在半年的会计工作中一直非常努力而且勤学肯干，得到了同事的好评，也得到了领导的认可，老王同意了李薇的工作请求，并向她提出了如下问题：

1. 企业的年度会计报表主要包括哪几种？

2. 报表编制过程是否有编制顺序？一般应该先编制哪张报表？

3. “利润表”与“本年利润”会计科目有什么关系？

如果你是李薇，你能正确回答上述问题吗？在年报编制中李薇将会用到哪些会计知识？

资产负债表（一）

8.3.1 资产负债表的概念与作用

资产负债表是反映企业在某一特定日期财务状况的财务报表，是以“资产＝负债＋所有者权益”这一会计恒等式为基础，将资产、负债、所有者权益三大会计要素按照一定的分类标准和顺序排列，分项列示资产负债表的各项目，并在日常会计核算资料的基础上经高度汇总概括编制而成的财务报表，用以反映企业在某一会计期末所拥有的资产总额、所负担的债务、企业所有者对企业净资产的要求权及企业财务状况的全貌。

企业的财务状况是以资产负债表和财务报表附注予以揭示的，因此，本表又称为财务状况表，而且是从静态（时点）的角度反映企业的财务状况。资产负债表为报表的不同使用者了解与分析企业财务状况，据以做出各自的经济决策，提供了重要的财务信息。其重要作用主要表现在以下几方面。

（1）通过资产负债表列示的资产项目，了解企业在特定日期所掌握的各种经济资源及其分布与结构。这些资产包括货币、实物资产及无形资产，它们既是企业开展生产经营活动的物资条件，又能预期为企业带来经济利益的能力。了解和分析这些信息，可以发现企业现在的偿债能力和营运能力，也可以预测企业未来经营前景。

（2）通过资产负债表列示的负债项目，了解企业尚未偿付的债务数额，并判断将需要多少资产或劳务用以偿付债务，从而分析企业的偿债能力，了解企业的财务风险，评价企业的财务状况。

（3）通过资产负债表列示的所有者权益项目，了解企业所有者权益的结构情况，分析企业的筹资情况及所有者权益的增减变动，通过所有者权益在企业资产中所占的比重、留存收益的增减变化情况，从而对企业的举债能力及盈利能力做出判断。

8.3.2 资产负债表的结构与内容

资产负债表的结构是指表中各项目的分类、排列顺序及报表的格式。资产负债表的格式有报告式和账户式。我国资产负债表采用账户式，其基本格式如表 8-3 所示。

1. 资产负债表上各项目的分类和排列

我国的资产负债表是按各项目的流动性排列的，资产和负债应当分别按流动资产和非流动资产、流动负债和非流动负债列示。

资产按其流动性期限由短到长的顺序排列，即先流动资产后非流动资产。资产满足下列条件之一的，应当归类为流动资产：①预计在一个正常营业周期中变现、出售或耗用；②主要为交易目的而持有；③预计在资产负债表日起一年内（含一年，下同）变现；④自资产负债表日起一年内，交换其他资产或清偿负债的能力不受限制的现金或现金等价物。流动资产以外的资产应当归类为非流动资产，并应按其性质分类列示。

负债按其偿债时间由近到远的顺序排列，即先流动负债后非流动负债。负债满足下列条件之一的，应当归类为流动负债：①预计在一个正常营业周期中清偿；②主要为交易目的而持有；③自资产负债表日起一年内到期应予以清偿；④企业无权自主地将清偿推迟至资产负债表日后一年以上。流动负债以外的负债应当归类为非流动负债，并应按其性质分类列示。

所有者权益按其重要性的顺序排列，至少应当单独列示反映下列信息的项目：实收资本（或股本）、资本公积、盈余公积和未分配利润。

2. 资产负债表的内容

资产负债表中各项目具体内容分类说明如下。

(1) 流动资产。

流动资产是指包括现金和其他可以在一年以内或一个正常经营周期以内变现、出售或耗用的全部资产。在资产负债表上按其变现能力排列顺序一般为货币资金、交易性金融资产、应收票据及应收账款、预付款项、其他应收款、存货、合同资产等。

(2) 非流动资产。

非流动资产是指流动资产以外的资产。在资产负债表上按其性质分类列示：债权投资、其他债权投资、长期应收款、长期股权投资、其他权益工具投资、其他非流动金融资产、投资性房地产、固定资产、在建工程、无形资产等。其中一年内到期的非流动资产，应在流动资产中单独列示。

(3) 流动负债。

流动负债是指企业需在一年以内或一个正常经营周期内偿还的债务，包括短期借款、交易性金融负债、应付票据及应付账款、预收款项、合同负债、应付职工薪酬、应交税费、其他应付款等。

(4) 非流动负债。

非流动负债是指偿还期在一年以上的各种债务。在资产负债表上排列顺序是长期借款、应付债券、长期应付款、预计负债、其他非流动负债等。其中一年内到期的非流动负债，应在流动负债中单独列示。

(5) 所有者权益（或股东权益）。

所有者权益是指企业所有者（或股东）对企业净资产的所有权。在资产负债表上一般按照实收资本（或股本）、其他权益工具、资本公积、其他综合收益、盈余公积、未分配利润项目分别列示。

资产负债表中资产类项目金额合计与负债和所有者权益项目金额合计必须相等。各项资产与负债的金额一般不应相互抵销。

8.3.3 资产负债表的编制方法

资产负债表（二）

资产负债表是从静态角度反映企业某一时点财务状况的报表，具体表现在它是通过资产、负债和所有者权益各项目的余额来揭示企业在这个特定时点的财务状况。通过期初、期末余额的比较，反映企业前后期财务状况的变化趋势。因此，资产负债表的编制要利用企业日常核算资料的相关记录，即资产类账户的期末余额、负债类账户的期末余额和所有者权益类账户的期末余额进行填列。

1. 报表中“期末余额”栏的填列方法

资产负债表中“期末余额”栏内各项数字根据月报、季报、年报的不同，分别填列各项目的月末余额、季末余额、半年末余额或年末余额。要总括反映会计报告期末的资产、负债和所有者权益的详细情况，因此，它主要根据总分类账簿（也有明细分类账）记录中的期末余额来编制。“期末余额”栏内各项数据具体可以通过以下不同方式取得。

（1）根据几个总分类账户的期末余额计算填列。

资产负债表某些项目需要根据若干个总分类账户的期末余额计算填列。这些项目有货币资金、存货、其他应收款、其他应付款等。其中，货币资金项目是根据“库存现金”“银行存款”“其他货币资金”总账账户的期末余额合计填列；其他应收款项目是根据“应收利息”“应收股利”“其他应收款”总账账户的期末余额合计填列；存货项目是根据“原材料”“库存商品”“生产成本（在产品）”“自制半成品”“材料成本差异”“委托代销商品”“分期收款发出商品”“周转材料”“委托加工物资”等总账账户的期末余额计算填列；其他应付款项目是根据“应付利息”“应付股利”“其他应付款”总账账户的期末余额合计填列。

（2）根据有关明细分类账户的期末余额计算填列。

资产负债表某些项目，需要根据有关账户所属的相关明细分类账户的期末余额计算填列。这些项目有“应收票据及应收账款”“预收款项”“应付票据及应付账款”“预付款项”等。其中，“应收账款”是根据“应收账款”和“预收账款”所属明细分类账户的期末借方余额合计，减去“坏账准备”科目中有关应收账款计提的坏账准备期末余额后的金额填列；“预收账款”是根据“应收账款”和“预收账款”所属明细分类账户的期末贷方余额合计填列；“预付账款”是根据“应付账款”和“预付账款”所属明细分类账户的期末借方余额合计填列；“应付账款”是根据“应付账款”和“预付账款”所属明细分类账户的期末贷方余额合计填列。

（3）根据总分类账户和所属明细分类账户期末余额分析计算填列。

资产负债表中的某些项目，需要根据总分类账户和明细分类账户余额分析计算填列，如“长期应收款”“长期借款”“应付债券”“长期应付款”等项目。其中，“长期应收款”项目，根据“长期应收款”总分类账户余额减去“未实现融资收益”总分类账户余额，再扣除其所属的明细分类账户中反映的将于一年内到期的长期应收款部分计算填列；非流动负债各项目，根据“长期借款”“应付债券”“长期应付款”总分类账户余额扣除其所属的明细分类账户中反映的将于一年内到期的非流动负债部分计算填列。一年内到期的非流动资产列入流动资产，一年内到期的非流动负债列入流动负债。

（4）根据总分类账户余额减去其备抵项目后的净额填列。

资产负债表上的资产类有关项目与其减值准备相抵后填列，如“应收账款及应收票据”“其他应收款”“存货”“债权投资”“长期股权投资”“固定资产”“在建工程”“无形资产”等项目。根据这些总分类账户的期末余额减去其相应的“减值准备”账户的余额后的净额填列。其中“固定资产”项目，应当根据“固定资产”总分类账户的期末余额减去

“累计折旧”和“固定资产减值准备”总分类账户的期末余额后的金额以及“固定资产清理”账户的期末余额填列。填列“无形资产”项目，应当根据“无形资产”总分类账户的期末余额减去“累计摊销”和“无形资产减值准备”总分类账户的期末余额后的金额填列。

(5) 根据有关总分类账户的期末余额直接填列。

资产负债表中，除上述项目外，很多项目可直接根据有关总分类账户期末余额填列，如“交易性金融资产”、“交易性金融负债”、“短期借款”、“应付账款及应付票据”中的“应付票据”、“应付职工薪酬”、“应交税费”、“实收资本”、“资本公积”等项目。

2. 报表中“年初余额”栏的填列方法

资产负债表中“年初余额”栏内各项数字，应根据上年年末资产负债表“期末余额”栏内所列数字填列。如果本年度资产负债表规定的各项目名称和内容与上年度不相一致，应对上年年末资产负债表各项目的名称和数字按照本年度的规定进行调整，按调整后的数字填入报表中的“年初余额”栏内。

【例 8-5】 艺超股份有限公司为增值税一般纳税人，增值税税率为 13%，所得税税率为 25%，存货采用实际成本计价核算。2019 年 12 月 31 日有关账户的余额如表 8-1 所示。

表 8-1 **科目余额表 1**

2019 年 12 月 31 日

单位：元

账户名称	借方余额	账户名称	贷方余额
库存现金	5 000	短期借款	550 000
银行存款	1 600 000	应付票据	90 000
其他货币资金	50 000	应付账款	97 000
应收票据	225 000	预收款项	80 000
应收账款	300 000	其他应付款	14 000
坏账准备	−9 000	应付职工薪酬	0
预付款项	18 000	应交税费	30 400
其他应收款	6 000	长期借款	1 300 000
原材料	50 000	股本	6 000 000
库存商品	920 000	资本公积	80 000
长期股权投资	550 000	盈余公积	200 000
固定资产	3 980 000	未分配利润	203 600
累计折旧	−150 000		
无形资产	1 100 000		
合　计	8 645 000	合　计	8 645 000

根据该公司 2020 年发生的经济业务，编制会计分录。

(1) 从银行提取现金 20 000 元，备用。

借：库存现金　　20 000

　　贷：银行存款　　20 000

(2) 以银行存款发放工资 299 000 元。

借：应付职工薪酬　　299 000

　　贷：银行存款　　299 000

(3) 出售给大商公司产品一批，货款 390 000 元，增值税 50 700 元，款项尚未收到。

借：应收账款　　440 700

　　贷：主营业务收入　　390 000

　　　　应交税费——应交增值税（销项税额）　　50 700

(4) 以银行存款支付广告费 20 000 元。

借：销售费用　　20 000

　　贷：银行存款　　20 000

(5) 向银行取得短期借款 300 000 元，存入银行。

借：银行存款　　300 000

　　贷：短期借款　　300 000

(6) 从北纺公司购入材料一批，专用发票注明货款 20 000 元，增值税 2 600 元，款项尚未支付，材料已验收入库。

借：原材料　　20 000

　　应交税费——应交增值税（进项税额）　　2 600

　　贷：应付账款　　22 600

(7) 报废设备一台，价款 70 000 元存入银行。该设备原值 120 000 元，已提折旧 40 000元。

借：固定资产清理　　80 000

　　累计折旧　　40 000

　　贷：固定资产　　120 000

借：银行存款　　70 000

　　贷：固定资产清理　　70 000

借：营业外支出　　10 000

　　贷：固定资产清理　　10 000

(8) 出口西装一批，出售价款 410 000 元，增值税 53 300 元，款项已通过银行收取。

借：银行存款　　463 300

　　贷：主营业务收入　　410 000

　　　　应交税费——应交增值税（销项税额）　　53 300

(9) 工资费用分配如下：生产工人工资 200 000 元，车间管理人员工资 9 000 元，企业行政管理人员工资 40 000 元，在建工程工人工资 50 000 元。

借：生产成本　　200 000

　　制造费用　　9 000

　　管理费用　　40 000

　　在建工程　　50 000

　　贷：应付职工薪酬　　299 000

(10) 按规定计提固定资产折旧 380 000 元，其中：生产车间固定资产折旧 343 600

元，行政管理部门固定资产折旧 36 400 元。

借：制造费用　343 600

　　管理费用　36 400

　　贷：累计折旧　380 000

(11) 以银行存款偿还短期借款 400 000 元。

借：短期借款　400 000

　　贷：银行存款　400 000

(12) 以银行存款支付借款利息 2 000 元。

借：财务费用　2 000

　　贷：银行存款　2 000

(13) 对逾期应收账款计提坏账准备 7 000 元。

借：信用减值损失　7 000

　　贷：坏账准备　7 000

(14) 结转本期产品销售成本 400 000 元。

借：主营业务成本　400 000

　　贷：库存商品　400 000

(15) 计算应交的教育费附加 3 000 元。

借：税金及附加　3 000

　　贷：应交税费——应交教育费附加　3 000

(16) 将收入、费用、成本等损益类账户的余额结转至“本年利润”账户，并计算利润总额。

借：本年利润　518 400

　　贷：主营业务成本　400 000

　　　　税金及附加　3 000

　　　　管理费用　76 400

　　　　销售费用　20 000

　　　　财务费用　2 000

　　　　信用减值损失　7 000

　　　　营业外支出　10 000

借：主营业务收入　800 000

　　贷：本年利润　800 000

利润总额＝800 000－518 400＝281 600 (元)

(17) 按实际利润总额的 25%计算结转应交所得税（假设无纳税调整事项），计算并结转净利润。

应交所得税＝281 600×25%＝70 400(元)

借：所得税费用　70 400

　　贷：应交税费——应交所得税　70 400

借：本年利润　70 400

　　贷：所得税费用　70 400

净利润＝281 600－70 400＝211 200(元)

借：本年利润　　211 200

　　贷：利润分配——未分配利润　　211 200

根据上述资料，编制艺超公司2020年12月31日的资产负债表。

① 编制2020年12月31日科目余额表，如表8－2所示。

表8－2　　**科目余额表2**

2020年12月31日　　单位：元

账户名称	借方余额	账户名称	贷方余额
库存现金	25 000	短期借款	450 000
银行存款	1692 300	应付票据	90 000
其他货币资金	50 000	应付账款	119 600
应收票据	225 000	预收款项	80 000
应收账款	740 700	其他应付款	14 000
坏账准备	－16 000	应付职工薪酬	0
预付款项	18 000	应交税费	205 200
其他应收款	6 000	长期借款	1 300 000
原材料	70 000	股本	6 000 000
库存商品	520 000	资本公积	80 000
生产成本	200 000	盈余公积	200 000
制造费用	352 600	未分配利润	414 800
长期股权投资	550 000		
固定资产	3 860 000		
在建工程	50 000		
累计折旧	－490 000		
无形资产	1 100 000		
合　　计	8 953 600	合　　计	8 953 600

② 编制2020年12月31日资产负债表，如表8－3所示。

表8－3　　**资产负债表**

会企01表

编制单位：艺超公司　　2020年12月31日　　单位：元

资　　产	行次	期末余额	年初余额	负债和所有者权益	行次	期末余额	年初余额
流动资产：				流动负债：			
货币资金	1	1 767 300	1 655 000	短期借款	41	450 000	550 000
交易性金融资产	2	0	0	交易性金融负债	42	0	0
应收票据及应收账款	4	949 700	516 000	应付票据及应付账款	44	209 600	187000
预付款项	5	18 000	18 000	预收款项	45	80 000	80 000
其他应收款	6	6 000	6 000	合同负债	46	0	0

续表

资　产	行次	期末余额	年初余额	负债和所有者权益	行次	期末余额	年初余额
存货	8	1 142 600	970 000	应付职工薪酬	47	0	0
合同资产	9	0	0	应交税费	48	205 200	30 400
持有待售资产	10	0	0	其他应付款	49	14 000	14 000
一年内到期的非流动资产	11	0	0	持有待售负债	50	0	0
其他流动资产	12	0	0	一年内到期的非流动负债	51	0	0
流动资产合计	13	3 883 600	3 165 000	其他流动负债	52	0	0
非流动资产：				流动负债合计	53	958 800	861 400
债权投资	15	0	0	非流动负债：	54		
其他债权投资	16	0	0	长期借款	55	1 300 000	1 300 000
长期应收款	18	0	0	应付债券	56	0	0
长期股权投资	20	550 000	550 000	其中：优先股	57	0	0
其他权益工具投资	21	0	0	永续债	58	0	0
其他非流动金融资产	22	0	0	长期应付款	59	0	0
投资性房地产	23	0	0	预计负债	60	0	0
固定资产	24	3 370 000	3 830 000	递延收益	61	0	0
在建工程	25	50 000	0	递延所得税负债	62	0	0
无形资产	27	1 100 000	1 100 000	其他非流动负债	63	0	0
开发支出	28	0	0	非流动负债合计	64	1 300 000	1 300 000
商誉	29	0	0	负债合计	65	2 258 800	2 161 400
长期待摊费用	30	0	0	所有者权益(或股东权益)：			
递延所得税资产	31	0	0	实收资本（或股本）	66	6 000 000	6 000 000
其他非流动资产	32	0	0	其他权益工具	67	0	0
非流动资产合计	33	5 070 000	5 480 000	其中：优先股	68	0	0
				永续债	69	0	0
				资本公积	70	80 000	80 000
				减：库存股	71	0	0
				其他综合收益	72	0	0
				盈余公积	73	200 000	200 000
				未分配利润	74	414 800	203 600
				所有者权益(股东权益)合计	75	6 694 800	6 483 600
资产总计	40	8 953 600	8 645 000	负债和所有者权益（或股东权益）总计	76	8 953 600	8 645 000

8.4 利润表

8.4.1 利润表的概念与作用

利润表是反映企业在一定会计期间经营成果的报表。它根据收入、费用与利润之间的关系，按利润构成的各项目分项列示，反映企业某一会计期间营业收入和营业费用，以及这一期间和利润形成情况的财务报表，是以“收入－费用＝利润”这一会计方程式为基础而编制的。利润表所提供的信息，能反映企业实现其盈利目的的程度和能力，这些信息往往是报表使用者最为关注的。具体来讲，编制利润表有如下作用。

（1）利用利润表提供的本期各项收入与成本费用项目，通过各类收入与费用的配比，了解企业当期的收益情况，评价企业在一定期间的经济活动效益及其盈利质量。

（2）利用利润表提供的企业各类利润的构成信息，了解企业利润的结构，并通过不同时期数字的比较，分析企业的盈利能力和盈利水平，预测企业的盈利趋势。

8.4.2 利润表的结构与内容

利润表主要反映各项利润指标的计算和形成，由于计算利润的方法不同，利润表中各项目的排列方法不完全一致，利润表的结构一般有单步式与多步式。我国利润表采用多步式，其基本格式如表 8－4 所示。

利润表中利润额的计算主要有以下几步。

营业利润＝营业收入－营业成本－税金及附加－销售费用－管理费用－研发费用－财务费用－资产减值损失－信用减值损失＋其他收益＋投资收益（损失以“－”号填列）＋公允价值变动收益（损失以“－”号填列）＋资产处置收益（损失以“－”号填列）

利润总额＝营业利润＋营业外收入－营业外支出

净利润＝利润总额－所得税费用

8.4.3 利润表的编制方法

1. 报表各项目的填列方法

报表中各项目数字一般都是根据有关收入、费用账户的本期发生额分析计算填列的。

（1）“营业收入”项目，应根据“主营业务收入”账户和“其他业务收入”账户的发生额分析计算填列。

（2）“营业成本”项目，应根据“主营业务成本”账户和“其他业务成本”账户的发生额分析计算填列。

（3）“税金及附加”项目，反映企业销售产品、提供劳务等主营业务和其他业务应负担的消费税、城市维护建设税、资源税和教育费附加等。本项目应根据“税金及附加”账户的发生额分析填列。

（4）“销售费用”项目，反映企业在销售产品或提供劳务等主要经营业务过程中所发生的各项销售费用。本项目应根据“销售费用”账户发生额分析填列。

(5)“管理费用”项目，反映企业管理部门发生的各种管理费用。本项目应根据“管理费用”账户发生额分析填列。

(6)“研发费用”项目，反映企业进行研究与开发过程中发生的费用化支出。该项目应根据“管理费用”科目下的“研发费用”明细科目的发生额分析填列。

(7)“财务费用”项目，反映企业发生的借款利息等筹资费用。本项目应根据“财务费用”账户发生额分析填列。

(8)“资产减值损失”项目，反映企业计提各项资产减值准备形成的损失。本项目应根据“资产减值损失”账户发生额分析填列。

(9)“信用减值损失”项目，反映企业按照《企业会计准则第 22 号——金融工具确认和计量》(2019 年修订) 的要求计提的各项金融工具减值准备所形成的预期信用损失。该项目应根据“信用减值损失”科目的发生额分析填列。

(10)“其他收益”项目，反映计入其他收益的政府补助等。该项目应根据“其他收益”科目的发生额分析填列。

(11)“投资收益”项目，反映企业以各种方式对外投资所取得的收益，其中包括分得的投资利润、债券投资的利息收入以及认购股票应得的股利以及收回投资时发生的收益等。本项目应根据“投资收益”账户发生额分析填列。如为投资损失，应以“-”号填列。

(12)“公允价值变动收益”反映企业核算交易性金融资产、交易性金融负债以及采用公允价值模式计量的投资性房地产、衍生工具、套期保值业务等公允价值变动形成的应计入当期损益的利得或损失。本项目应根据“公允价值变动收益”账户的发生额分析填列。如为公允价值变动损失，应以“-”号填列。

(13)“资产处置收益”项目，反映企业出售划分为持有待售的非流动资产（金融工具、长期股权投资和投资性房地产除外）或处置组（子公司和业务除外）时确认的处置利得或损失，以及处置未划分为持有待售的固定资产、在建工程、生产性生物资产及无形资产而产生的处置利得或损失。债务重组中因处置非流动资产产生的利得或损失和非货币性资产交换中换出非流动资产产生的利得或损失也包括在本项目内。该项目应根据“资产处置损益”科目的发生额分析填列；如为处置损失，以“-”号填列。

(14)“营业外收入”项目，反映企业发生的除营业利润以外的收益，主要包括债务重组利得、与企业日常活动无关的政府补助、盘盈利得、捐赠利得等。该项目应根据“营业外收入”科目的发生额分析填列。

(15)“营业外支出”项目，反映企业发生的除营业利润以外的支出，主要包括债务重组损失、公益性捐赠支出、非常损失、盘亏损失、非流动资产毁损报废损失等。该项目应根据“营业外支出”科目的发生额分析填列。

(16)“利润总额”项目，反映企业实现的利润。如为亏损，以“-”号填列。

(17)“所得税费用”项目，反映企业从当年损益中扣除的所得税额。本项目应根据“所得税费用”账户的发生额分析填列。

(18)“净利润”项目，反映企业交纳所得税后的净利润，如为净亏损以“-”号填列。

需要说明的是，利润表中除上述项目外的其他项目行不在本书中解释，留待以后学习“财务会计”课程进一步学习。

2. 报表中的“本期金额”和“上期金额”栏的填列方法

按照我国现行会计制度规定对企业利润表格式的要求，利润表一般设有“本期金额”和“上期金额”两栏，其具体填列方法如下。

（1）报表中的“本期金额”栏反映各项目的本期实际发生数，应根据有关损益类账户的本期发生额分析填列。

（2）报表中的“上期金额”栏内各项数据，根据上年度该期利润表“本期金额”栏内的相关数据填列。如果上年度利润表的项目名称和内容与本年度同期利润表不相一致，应对上年度报表项目的名称和数字按本年度的规定进行调整。

【例 8-6】 依据例 8-5 的资料，编制艺超公司 2020 年度的利润表如表 8-4 所示。

表 8-4　　利润表

会企 02 表

编制单位：艺超公司　　2020 年　　单位：元

项　　目	行次	本期金额	上期金额
一、营业收入	1	800 000	（略）
减：营业成本	2	400 000	
税金及附加	3	3 000	
销售费用	4	20 000	
管理费用	5	76 400	
研发费用	6	0	
财务费用	8	2 000	
其中：利息费用	9	2 000	
利息收入	10	0	
资产减值损失	11	0	
信用减值损失	12	7 000	
加：其他收益	14	0	
投资收益（损失以“－”号填列）	15	0	
其中：对联营企业和合营企业的投资收益	16	0	
公允价值变动收益（损失以“－”号填列）	17	0	
资产处置收益（损失以“－”号填列）	18	0	
二、营业利润（亏损以“－”号填列）	20	291 600	
加：营业外收入	21	0	
减：营业外支出	22	10 000	
三、利润总额（亏损总额以“－”号填列）	23	281 600	

续表

项　　目	行次	本期金额	上期金额
减：所得税费用	24	70 400	
四、净利润（净亏损以“－”号填列）	25	211 200	
（一）持续经营净利润（净亏损以“－”号填列）	26	211 200	
（二）终止经营净利润（净亏损以“－”号填列）	27	0	
五、其他综合收益的税后净额	28	（略）	
（略）	30		
六、综合收益总额	42		
七、每股收益	43		
其中：基本每股收益	44		
稀释每股收益	45		

8.5　现金流量表

现金流量表

8.5.1　现金流量表的概念与作用

现金流量表是反映企业在一定会计期间现金和现金等价物流入和流出信息的报表，是反映企业会计期间内经营活动、投资活动和筹资活动等对现金及等价物产生影响的财务报表。从广义的角度看，现金流量表是以现金为基础编制的财务状况变动表。

从国际惯例和国际会计看，现金流量表是用以向报表使用者提供一份以收付实现制为基础编制的财务报表，其目的是帮助报表使用者在剔除了权责发生制所存在的缺陷的基础上，更真实地评价企业的财务状况。具体讲现金流量表有如下作用。

(1) 准确反映企业在未来期间产生现金流量的能力，借以评价企业的偿债能力和支付能力。

(2) 通过分类的现金流量信息，了解企业的经营活动、投资活动和筹资活动对现金净流量的影响程度。

(3) 分析企业净收益与经营活动现金净流量的差额及其原因，评价企业经营活动对现金流量的影响。

8.5.2　现金流量表的编制基础

现金流量表是以现金和现金等价物为基础编制的反映企业财务状况变动的报表，表明企业获得现金和现金等价物（除特别说明外，以下所称的现金均包括现金等价物）的能力。

1. 现金

现金是指企业的库存现金以及可以随时用于支付的存款，具体包括以下几个方面。

(1) 库存现金。

库存现金是指企业持有可随时用于支付的现金限额，即与会计核算中“现金”科目所包括的内容一致。

(2) 银行存款。

银行存款是指企业存在金融企业随时可以用于支付的存款，即与会计核算中“银行存款”科目所包括的内容基本一致，区别在于：如果存在金融企业的款项中不能随时用于支付的存款，如不能随时支取的定期存款，不作为现金流量表中的现金，但提前通知金融企业便可支取的定期存款，则包括在现金流量表中的现金范围内。

(3) 其他货币资金。

其他货币资金是指企业存在金融企业有特定用途的资金，如外埠存款、银行汇票存款、银行本票存款、信用证存款、信用卡存款等。

2. 现金等价物

现金等价物是指企业持有的期限短、流动性高、易于转换为已知金额的现金、价值变动风险很小的投资。现金等价物虽然不是现金，但其支付能力与现金的差别不大，可视为现金。现金等价物通常指购买在 3 个月或更短时间内即到期或即可转换为现金的投资。例如，企业于 2019 年 12 月 1 日购入 2017 年 1 月 1 日发行的期限为 3 年的国债，购买时还有 1 个月到期，则这项短期投资视为现金等价物。是否作为现金等价物的主要标志是购入日至到期日在 3 个月或更短时间内转换为已知现金金额的投资。

哪些短期投资视为现金等价物，应依据其定义确定。企业应当根据经营特点等具体情况，确定现金等价物的范围，并在财务报表附注中披露确定现金等价物的会计政策，并一贯性地保持其划分标准。这种政策的改变应视为会计政策的变更。

8.5.3 现金流量的分类

编制现金流量表的目的是为财务报表使用者提供企业一定会计期间内有关现金流入和流出的信息。因此，首先要对企业经济活动过程各项业务产生的现金流量进行合理的分类，通常划分为经营活动、投资活动、筹资活动等产生的现金流量。

1. 经营活动产生的现金流量

经营活动是指企业投资活动和筹资活动以外的所有交易和事项，包括销售商品或提供劳务、经营性租赁、购买货物、接受劳务、制造产品、广告宣传、推销产品、交纳税款等。经营活动过程产生的现金流入流出量即为经营活动产生的现金流量。

企业一定时期内现金流入和流出是由各种因素产生的，由于企业所处的行业特点不同，在对经营活动的认定上存在一定差异。编制现金流量表时，应根据企业的实际情况，对现金流量进行合理的归类。

2. 投资活动产生的现金流量

投资活动是指企业非流动资产的购建和不包括在现金等价物范围内的投资及其处置活动。这里的投资活动，既包括对外进行的长期或短期的权益性投资或债权性投资，也包括对内购建和处置各类非流动资产，如购建和处置固定资产、无形资产等。投资活动过程产生的现金流入流出量即为投资活动产生的现金流量。

3. 筹资活动产生的现金流量

筹资活动是指导致企业资本及债务规模和构成发生变化的活动，包括接受投资或发行股票、取得或偿还银行借款、发行或偿还公司债券、分配现金股利或利润等。筹资活动过程产生的现金流入流出量即为筹资活动产生的现金流量。

在现金流量表中，对于未特别指明的现金流量，应按照现金流量表的分类方法和重要性原则，判断某项交易或事项应当归属的类别或项目，对于重要的项目应单独列示，对于企业日常活动之外的，不经常发生的特殊项目，如自然灾害损失、保险赔款、捐赠等，应根据其性质分别归并到相关类别中反映。

8.5.4 现金流量表的结构与内容

我国现金流量表包括正表和补充资料两部分。

1. 现金流量表正表

现金流量表正表是该表的主体部分，正表采用报告式的结构，按照现金流量的性质依次分类反映企业经营活动现金流量、投资活动现金流量和筹资活动现金流量。其基本格式如表 8－5 所示。

表 8－5　　现金流量表

会企 03 表

编制单位：　　　　年　　　　单位：元

项　　目	行次	本期金额	上期金额
一、经营活动产生的现金流量	1		
销售商品、提供劳务收到的现金	2		
收到的税费返还	3		
收到的其他与经营活动有关的现金	8		
经营活动现金流入小计	9		
购买商品、接受劳务支付的现金	10		
支付给职工以及为职工支付的现金	12		
支付的各项税费	13		
支付的其他与经营活动有关的现金	18		
经营活动现金流出小计	20		
经营活动产生的现金流量净额	21		
二、投资活动产生的现金流量	22		
收回投资收到的现金	23		
取得投资收益收到的现金	24		
处置固定资产、无形资产和其他长期资产而收回的现金净额	25		

续表

项　　目	行次	本期金额	上期金额
处置子公司及其他营业单位收到的现金净额	26		
收到其他与投资活动有关的现金	28		
投资活动现金流入小计	29		
购建固定资产、无形资产和其他长期资产支付的现金	30		
投资支付的现金	31		
取得子公司及其他营业单位支付的现金净额	32		
支付的其他与投资活动有关的现金	35		
投资活动现金流出小计	36		
投资活动产生的现金流量净额	37		
三、筹资活动产生的现金流量	38		
吸收投资收到的现金	39		
取得借款收到的现金	40		
收到的其他与筹资活动有关的现金	43		
筹资活动现金流入小计	44		
偿还债务所支付的现金	45		
分配股利、利润或偿付利息支付的现金	46		
支付的其他与筹资活动有关的现金	52		
筹资活动现金流出小计	53		
筹资活动产生的现金流量净额	54		
四、汇率变动对现金及现金等价物的影响	55		
五、现金及现金等价物净增加额	56		
加：期初现金及现金等价物余额	57		
六、期末现金及现金等价物余额	58		

2. 现金流量表补充资料

现金流量表补充资料是以净利润为起点，通过对一些项目的调整，将权责发生制原则确认的净利润调节为按收付实现制确认的经营活动现金流量。其基本格式如表 8-6 所示。

表 8-6　　现金流量表补充资料

单位：元

补充资料	行次	本期金额	上期金额
1. 将净利润调节为经营活动现金流量	1		
净利润	2		

续表

补充资料	行次	本期金额	上期金额
加：资产减值准备	3		
固定资产折旧	4		
无形资产摊销	5		
长期待摊费用摊销	6		
处置固定资产、无形资产和其他长期资产的损失（收益以“－”号填列）	7		
固定资产报废损失（收益以“－”号填列）	8		
公允价值变动损失（收益以“－”号填列）	9		
财务费用（收益以“－”号填列）	10		
投资损失（收益以“－”号填列）	11		
递延所得税资产减少（增加以“－”号填列）	12		
递延所得税负债增加（减少以“－”号填列）	13		
存货的减少（增加以“－”号填列）	14		
经营性应收项目的减少（增加以“－”号填列）	15		
经营性应付项目的增加（减少以“－”号填列）	16		
其他	17		
经营活动产生的现金流量净额	18		
2. 不涉及现金收支的重大投资和筹资活动	19		
债务转为资本	20		
一年内到期的可转换公司债券	21		
融资租入固定资产	22		
3. 现金及现金等价物净变动情况	23		
现金的期末余额	24		
减：现金的期初余额	25		
加：现金等价物的期末余额	26		
减：现金等价物的期初余额	27		
现金及现金等价物净增加额	28		

■ 课堂练习

根据阅读案例8-2的资料，请你回答老王提出的问题。

8.6　财务报表的报送与审核

8.6.1　财务报表的报送

每个会计期末，企业按照规定编制的财务报表，应经过注册会计师的审计并出具审计报告后，定期及时报送当地财政部门、开户银行、税务部门及主管部门等，上市公司应同时报送证券管理部门，国有企业的年度报表应同时报送同级国有资产管理部门等，以满足企业的投资者、债权人以及企业管理部门对财务报表信息的需求。上级主管部门对上报的财务报表应及时组织审查、汇总，编制汇总财务报表。上级主管部门及政府有关部门对报送的财务报表应及时组织审核、批复。财务报表的报送、审批和汇总的具体方法，因各企业、单位的隶属关系、业务活动性质以及经济关系不同而异。

企业在财务报表编制完成对外报送之前应对财务报表依次编定页数，加具封面，装订成册，加盖公章。封面上应注明：企业名称、地址、报表所属年度、月份及送出日期等，并由企业领导、总会计师和会计主管人员签名并盖章。

财务报表的报送期限应能保证及时满足报表使用者的需要。《企业会计准则》规定企业的财务报表应包括中期报表（按月、按季、按半年或短于一年编制的财务报表）和年度报表，月报应于月度终了后 6 天内对外提供；季报应于季度终了后 15 天内对外提供；半年度报应于年度中期结束后 60 天内对外提供；年报应于年度终了后 4 个月内对外提供。法律、法规另有规定者从其规定。

8.6.2　财务报表的审核

企业主管部门对所属企业上报的财务报表应及时组织审批，其审核的主要内容包括报表内容方面的审核，如会计指标所反映的内容是否符合会计准则和国家有关法律、法规的规定。报表技术方面的审核，如财务报表的种类和格式有无漏编、漏报，报表的项目是否填列齐全，各有关数字计算是否正确。报表附注及财务情况明说书是否清楚明了，符合要求等。在审核中如发现报表有错或不符合规定，应通知填报企业查明更正，如发现有违反法律、法规或违反会计准则、财务制度方面的问题，应查明原因、及时纠正、及时处理。

经审核并确认正确的财务报表，应按规定的格式和内容进行汇总。汇总财务报表的各个报表项目，应根据所属单位的财务报表与汇编单位本身的财务报表，经过分析计算、汇总编制而成。各级企业主管部门汇总的年度财务报表由同级财政部门审批；基层企业的财务报表由企业主管部门审批。

由各级主管部门编制的汇总财务报表，要逐级报送同级财政、税务、计划等部门，满足国家宏观管理对会计信息的需要。

本 章 小 结

本章内容是“七大”会计核算方法的最后一种方法——编制财务报表，也是会计程序中的最终环节——会计报告。同时，学习本章要与第1章会计基本理论中的“会计目标”联系起来理解，思考会计的目标是如何通过提供财务报表实现的。

本章首先概括介绍了财务报表的作用和种类，要求学习者了解财务报表对会计信息使用者的意义，以及财务报表的作用与会计目标的一致性。

其次，分别具体阐述了资产负债表、利润表、现金流量表的概念、作用、结构及内容，重点对资产负债表和利润表的编制方法做了详细说明，要求学习者掌握其编制方法。

最后，概括介绍了财务报表的报送与审核，并对财务报表报送的时间要求做出了说明。

应用案例

财务报告的演变

Fire Bird公司的会计报表

经过半年的经营以后，海楠想对Fire Bird公司2020年上半年的经营成果进行分析，他也想知道公司在2020年6月30日的财务状况，以便对公司未来的发展前景进行预测，并做出2020年下半年生产经营的计划安排。于是海楠把公司半年来发生的以下经营业务提供给永正会计公司，要求为Fire Bird公司编制一张资产负债表和一张利润表。Fire Bird公司是小规模纳税企业，增值税征收率为3%。第一年免缴所得税。

1月12日，用银行存款5 000元购买生产用原材料。

1月20日，以银行存款购买办公用品1 200元。

1月30日，以银行存款支付本月房租2 000元。

1月31日，从银行提取现金3 000元，发放职工工资，其中：生产人员工资2 000元，管理人员工资1 000元。

2月3日，销售“车标系列”火柴200盒，每盒售价20元，货款尚未收到。同时结转产品的生产成本每盒8元。

3月30日，以银行存款支付水电费1 500元。

3月31日，销售“车标系列”火柴100盒，每盒售价20元，收到货款存入银行。同时结转产品的生产成本每盒8元。

4月6日，收到2月3日销售货款2 000元，存入银行。

4月11日，销售“运动系列”火柴300盒，每盒售价22元，货款收到存入银行。同时结转产品的生产成本每盒10元。

5月25日，用银行存款购买原材料6 000元。

5月28日，销售“学院系列”火柴500盒，每盒售价20元，货款收到存入银行。同时结转产品的生产成本每盒10元。

6月20日，销售“学院系列”火柴1 000盒，每盒售价20元，货款收到存入银行。同时结转产品的生产成本每盒10元。

6月30日，提取现金5 000元，发放职工工资，其中：生产人员工资4 000元，管理人员工资1 000元。

6月30日，采用表结法计算上半年利润额。

问题：

1. 结合案例8-1所给资料，为Fire Bird公司编制2020年6月30日的资产负债表和

2020 年上半年的利润表。

2. 你认为 Fire Bird 公司的经营业绩如何？

3. 你能为海楠下一步的经营计划提供哪些建议？

思考与练习

一、思考题

1. 什么是资产负债表？资产负债表有哪些作用？

2. 资产负债表各项目如何填列？

3. 什么是利润表？利润表有哪些作用？

4. 什么是现金流量表？其编制的基础是什么？

5. 现金流量分为哪三类？各自的含义是什么？

6. 你认为资产负债表的结构和内容与资产、负债、所有者权益三大会计要素，与会计恒等式有什么联系？如何理解各自的作用？

7. 你认为利润表的格式和内容与收入、费用、利润三大会计要素，与“本年利润”账户，与计算利润的公式有什么联系？如何理解各自的作用？

二、单项选择题

1. “应收账款”的明细账户若有贷方余额，应将其列入资产负债表中的（　　）项目反映。

A. “应收账款”　B. “预收款项”　C. “应付账款”　D. “其他应付款”

2. 发行公司债券引起的现金流量属于（　　）产生的现金流量。

A. 筹资活动　B. 投资活动　C. 经营活动　D. 汇率变动

3. 资产负债表的下列项目中，需要根据若干个总账账户余额合计数填列的项目是（　　）。

A. “累计折旧”　B. “存货”　C. “预收款项”　D. “短期投资”

4. 编制会计报表的直接依据是（　　）。

A. 原始凭证　B. 记账凭证　C. 科目汇总表　D. 账簿记录

5. 资产负债表是反映企业财务状况的会计报表，它的时间特征是（　　）。

A. 某一特定的日期　B. 一定时期内　C. 某一年度内　D. 某一月份内

三、多项选择题

1. 资产负债表的“货币资金”项目，应根据（　　）账户的余额合计数填列。

A. “短期借款”　B. “其他货币资金”

C. “库存现金”　D. “银行存款”

2. 企业将一项投资确认为现金等价物应当满足的条件有（　　）。

A. 期限短　B. 可以流通　C. 流动性强　D. 价值变动风险

3. 会计报表按反映的经济内容分类，有（　　）。

A. 资产负债表　B. 利润表　C. 现金流量表　D. 股东权益变动表

4. 现金流量表的编制基础有（　　）。

A. 库存现金　B. 银行存款　C. 其他货币资金　D. 现金等价物

5. 现金流量表中的现金流量分为（　　）。

A. 经营活动的现金流量　B. 投资活动的现金流量

C. 生产活动的现金流量　　　　　　　　D. 筹资活动的现金流量

四、判断题

1. 资产负债表中确认的资产都是企业所拥有的。（　）

2. 利润表是反映企业在一定会计期间经营成果的会计报表。（　）

3. 资产负债表是根据有关账户的本期发生额填列的。（　）

4. 按照权责发生制的要求，在每一会计期末，对影响一个以上会计期间的经济业务收入和费用给予调整的行为，称为期末账项调整。（　）

5. 资产负债表中的存货项目是根据“原材料”和“库存商品”两个明细账户的余额合计填列的。（　）

五、业务题

业务题一

目的：练习资产负债表的编制。

资料：A 公司 2019 年 3 月 31 日有关账户余额如表 8-7 所示。

表 8-7　　A 公司有关账户余额

单位：元

账户名称	余额	
	借　方	贷　方
原材料	213 460	
库存商品	63 750	
生产成本	37 260	
应收账款	45 000	
其中：——甲厂		30 000
——乙厂	75 000	
应付账款		60 000
其中：——丙厂		80 000
——丁厂	20 000	
固定资产	500 000	
累计折旧		100 000

要求：根据上述资料填列表 8-8 的部分项目。

表 8-8　　资产负债表（部分项目）

计量单位：元

资　产	期末余额	负债及所有者权益	期末余额
应收票据及应收账款		应付票据及应付账款	
预付款项		预收款项	
存货			
固定资产			

业务题二

目的：练习利润表的编制。

资料：大力公司为增值税一般纳税人，增值税税率为13%，所得税税率为25%，原材料按实际成本核算。2019年7月发生下列经济业务。

(1) 1日收到国家投入资本200 000元，存入银行。

(2) 2日购入原材料150 000元已验收入库，货款和增值税款，以及运输公司运杂费900元，全部以银行存款支付。

(3) 5日以银行存款交纳上月欠交的税金70 000元。

(4) 6日仓库发出A、B两种材料分别为6 600元、14 000元投入甲产品生产。

(5) 12日向达华公司出售甲产品2 000件，每件售价1 000元，货款和发票上增值税款尚未收到。

(6) 14日向银行借入短期借款120 000元，存入银行。

(7) 15日以银行支付本月职工工资80 000元。

(8) 16日以现金支付行政管理部门零星办公用品费800元。

(9) 20日以银行存款支付销售甲产品的广告费用18 000元。

(10) 31日以银行存款支付短期借款利息4 000元。

(11) 31日计提本月固定资产折旧40 000元，其中：生产车间应负担的折旧费用26 000元，行政管理部门应负担的折旧费用14 000元。

(12) 31日结转本月职工工资80 000元，其中：生产工人的工资50 000元，车间管理人员的工资10 000元，行政管理人员的工资20 000元。

(13) 31日将本月发生的制造费用36 000元转入甲产品生产成本。

(14) 31日结转本月完工甲产品500件，每件单位生产成本650元。

(15) 31日结转本月已销售的2 000件甲产品的生产成本。

(16) 将损益类账户余额结转“本年利润”账户。

(17) 按规定计算结转应交所得税（假设无纳税调整事项）。

(18) 按税后利润10%提取盈余公积金。

要求：

1. 根据大力公司以上业务编制会计分录。

2. 编制大力公司2019年7月的利润表。

六、互联网作业

1. 在互联网上搜索一两家上市公司的财务报表，了解上市公司财务报表的种类及信息披露的主要内容。

2. 在互联网上查找《企业财务会计报告条例》，了解其颁布实施的时间及主要内容。

3. 登录财政部网站，查找《企业会计准则第30号——财务报表列报》并了解其主要内容。

第9章

会计核算组织程序

学习目标与要求

会计凭证、账簿、报表的有机结合形成了会计核算组织程序。会计核算组织程序通常包括记账凭证核算组织程序、科目汇总表核算组织程序、汇总记账凭证核算组织程序、多栏式日记账核算组织程序和日记总账核算组织程序。各种核算组织程序最主要的区别是根据总账的依据不同。

通过本章的学习，要求学生理解会计核算组织程序的意义，了解会计核算组织程序的基本流程，知悉会计核算组织程序的种类及各自的优缺点及适用范围，具备记账凭证核算组织程序、科目汇总表核算组织程序，记账凭证核算组织程序的操作技能。

导入案例

乐维电脑公司

王磊自幼喜欢电脑，本科专业为网络工程，热心的他在读大学期间经常利用课余时间给师生义务维修电脑，在大众创业、万众创新的时代热潮下，2016年毕业后自主创业开设了一家名为“乐维”的小型电脑公司，主营电脑及相关硬件、软件的销售，并提供电脑维修服务，凭借良好的口碑和顾客至上的服务理念，公司规模不断扩大，业务量逐渐增多。

王磊经营小型电脑公司期间，只聘用了1名销售人员，未雇用专门的财务人员，他凭借大学期间学习到的财务知识并进一步深入学习，自修通过了会计从业资格考试和初级会计职称考试。公司规模扩大后，聘请了专职的财务人员，专门处理财务和税务事宜。

问题：

1. 王磊经营的小型电脑公司应采取哪种会计核算组织程序？
2. 公司规模扩大、业务量增加后，可以采取哪种会计核算组织程序？

会计核算组织程序就是指会计凭证、会计账簿和记账程序、记账方法相互结合的形式。各种核算组织程序的主要差异在于登记总账的依据不同。会计凭证、会计账簿如何组织，如何登记账簿形成了不同的会计核算组织程序。

会计作为一个信息系统，系统内部如何组织、流程如何设计，构成了各种核算组织程序之间的差异，但是最终的产成品都是会计报表。不同的核算组织程序下基本流程是一致的，周而复始，形成了会计循环。

会计核算组织程序的选择与单位规模大小、业务量多少以及内部财务机构的设置和人员的分工等密切相关，关系到单位财务人员分工是否合理、财务工作是否具有效率，具有重要意义。

会计核算组织程序（一）

9.1 会计核算组织程序概述

会计核算组织程序，又称账务处理程序，是指会计凭证、会计账簿组织与会计记账程序、记账方法相结合处理会计交易或事项的方式。会计凭证、会计账簿采用何种格式，总账如何登记，凭证与凭证之间、凭证与账簿之间、账簿与账簿之间关系如何，形成了不同的会计核算组织程序。企业规模大小、业务量多少，都会影响会计核算组织程序的选择。

9.1.1 会计核算组织程序的意义

会计核算组织程序是会计工作开展的必要流程，体现为从取得原始凭证到编制财务报表一系列会计核算工作的方法和步骤。会计核算核算组织程序的作用主要可以归纳为如下几个方面。

(1) 合理的会计核算组织程序有助于提高单位会计工作效率。每个单位的规模大小不同，业务性质不同，一定会计期间内的业务量也不同，应根据本单位的特点和实际情况，选择合理的会计核算组织程序，有助于提高会计工作效率。

(2) 合理的会计核算组织程序有助于保证会计信息质量。一个完整的会计循环从取得原始凭证开始，进而编制记账凭证、登记明细账和总账，期末对账和试算平衡后，编制会计报表。对决策有用的信息才具有价值。会计信息质量的高低取决于程序是否正确，合理的会计核算组织程序有助于保证生成的会计信息满足一定的质量要求。

共享中心"业财一体化"那些事

(3) 合理的会计核算组织程序有助于充分实现业财融合。会计核算的对象是业务，会计信息是账务处理的结果，也是业务的反映。合理的会计核算组织程序有助于实现业务与财务的融合，提高会计信息的有用性，提升会计工作的价值。

9.1.2 会计核算组织程序的基本特征

会计核算组织程序虽然各有差异，但是基本的流程是相同的，核算的起点和终点都是相同的。不论哪类核算组织程序均从原始凭证开始，以会计报表为终点。各类核算组织程序包含的内容是一致的。基本流程如图 9.1 所示。

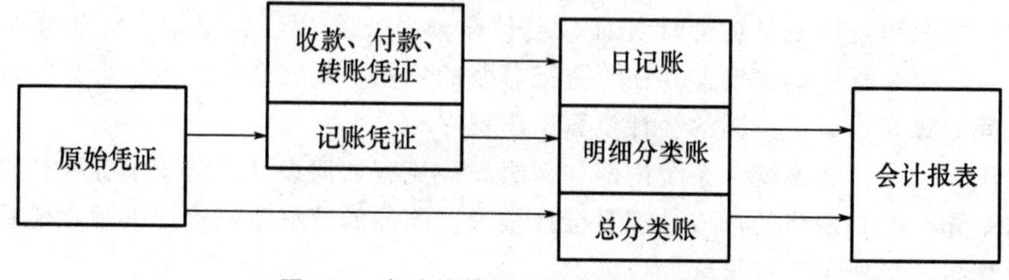

图 9.1 会计核算组织程序的基本流程

从图9.1可以看出，会计核算组织程序均以取得原始凭证为起点，进而编制记账凭证，登记账簿，最终编制会计报表。其中，记账凭证按照反映经济业务的不同分为收款凭证、付款凭证和转账凭证；账簿包括日记账、明细分类账和总分类账。原始凭证是记账凭证的依据，记账凭证和原始凭证是登记账簿的依据，信息一步一步被加工整理，最后被高度概括为会计报表。不同的核算组织程序均按照上述基本流程展开。

9.1.3　会计核算组织程序的种类

会计凭证类别不同，账簿格式不同，记账程序和记账方法不同，凭证、账簿与记账程序的相互结合产生了不同的核算组织程序。

实务工作中，常用的会计核算组织程序包括如下几种：记账凭证核算组织程序、科目汇总表核算组织程序、汇总记账凭证核算组织程序、日记总账核算组织程序。其中，最基本的核算组织程序是记账凭证核算组织程序。

各种会计核算组织程序的基本流程一致，主要的差异在于总账的登记方法不同，按照登记总账的方法，可以将上述的核算组织程序概括为两类。

一类是直接登记。总账根据记账凭证直接登记，该类核算组织程序比较简单，主要适用于经济业务不多、核算工作量不大的单位。记账凭证核算组织程序和日记总账核算组织程序均属于此类。

另一类是汇总登记。将记账凭证汇总后，再据以登记总分类账，该类核算组织程序在基本流程中增加了汇总的步骤，但可以起到简化登记总账工作量的作用，主要适用于经济业务较多，核算工作量较大的单位。科目汇总表和汇总记账凭证核算组织程序均属于此类。

9.1.4　会计核算组织程序的设计原则

合理的会计核算组织程序能提高工作效率，保证会计信息质量，更有效地促进业财融合。为了保证会计核算组织程序设计的合理性，应遵循以下原则。

（1）与单位实际情况相适应。不同的会计核算组织程序具有不同的特点，应根据单位规模、经济业务性质及业务量的多少来进行选择。

（2）有利于会计人员的分工，提高效率。会计核算组织程序包括了会计信息生成的若干步骤，核算组织程序的设计应考虑会计人员的岗位分工，合理安排，相互协作，提高会计工作效率。

（3）遵循成本效益原则。会计核算是需要发生成本的，会计信息是为管理而服务的，成本效益原则应贯穿到会计核算组织程序的设计中，在保证会计信息质量的前提下，尽量简化核算手续，减少核算费用。

（4）融入内部控制理念。核算手续的简化与核算费用的减少，绝不意味着核算程序的简化。会计核算组织程序包括不同的步骤，上一个环节的结果是下一个环节的基础，环环相扣，相互印证。尤其是会计期末需要进行对账，总账与日记账的核对，总账与明细账的核对，各岗位之间相互牵制，共同保证会计信息的质量。

阅读案例

幸福咖啡店坐落于“青年汇”小型商业区，经营各种咖啡、甜点、西餐，每日客流量较多，店内有1名出纳小王、1名会计小李。小李认为记账凭证核算组织程序较为简单，且总账与明细账平行登记，能够很好地起到控制作用，故一直采用。

问题：

1. 小李的看法是否正确？

2. 该咖啡店采用记账凭证核算组织程序是否合理？请提出你的建议。

9.2 记账凭证核算组织程序

9.2.1 记账凭证核算组织程序的概念及特点

记账凭证核算组织程序是指根据记账凭证直接登记总分类账的一种核算组织程序。其特点在于根据记账凭证逐笔登记总账，简单明了，易于理解，是最基本的会计核算组织程序，其他几种核算组织程序都是在其基础上发展形成的。

记账凭证核算组织程序下，凭证和账簿的格式通常如下：记账凭证通常按照经济业务的不同分为三类：收款凭证、付款凭证和转账凭证；日记账需要分设借、贷、余三栏式的现金日记账和银行存款日记账；明细分类账根据核算内容以及单位实际情况和管理需要，分别采用三栏式、多栏式、数量金额式等；总分类账的格式一般采用借、贷、余三栏式。

9.2.2 记账凭证核算组织程序的步骤

记账凭证核算组织程序是其他核算组织程序的基础。核算流程较为简单，如图9.2所示。

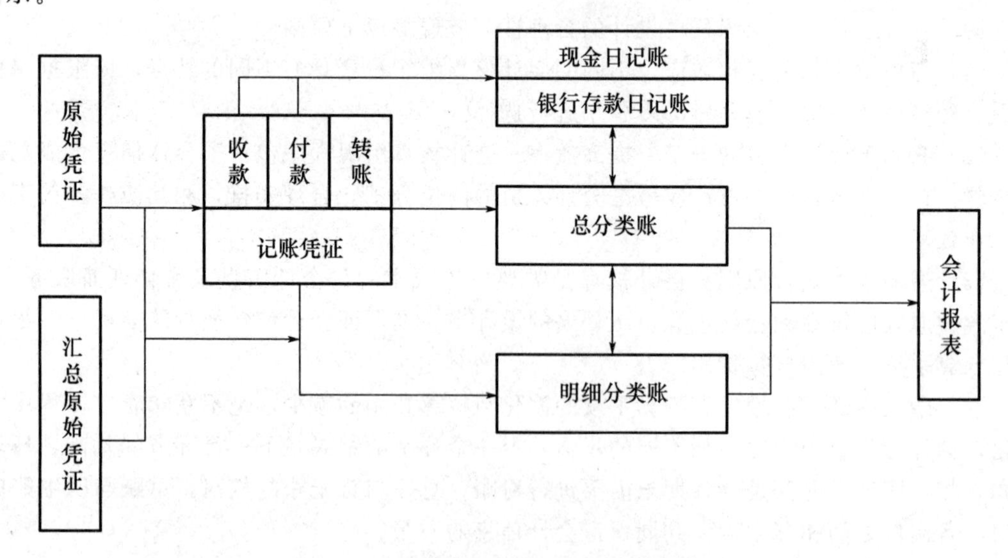

图9.2 记账凭证核算组织程序的流程

记账凭证核算组织程序包括如下步骤。

（1）根据原始凭证或汇总原始凭证填制记账凭证。

（2）根据收款凭证、付款凭证逐日逐笔登记现金、银行存款日记账。

（3）根据原始凭证或汇总原始凭证、记账凭证登记各种明细分类账。

（4）根据各种记账凭证登记总分类账。

（5）月末，将总分类账余额与现金、银行存款日记账、明细分类账余额进行核对。

（6）月末，根据审核无误的总分类账和明细分类账相关资料，编制会计报表。

9.2.3　记账凭证核算组织程序的评价

记账凭证核算组织程序最大的特点是逐笔登记总账，优点在于核算明了，手续简便，易于理解和掌握，能够满足基本的核算需要和简单的业务分析。缺点在于月末业务量较大时逐笔登记总账，会导致工作量较大，总分类核算和明细分类核算的区别不大。因此，该类核算组织程序主要适用于规模相对较小、业务较为单一、业务量不大的单位。

9.2.4　记账凭证组织程序举例

【例9-1】 绅淑服装有限公司为增值税一般纳税人，适用的增值税税率为13%，所得税税率为25%。存货采用实际成本法核算。该公司主要生产风衣、大衣、裤子及裙子等。该公司2019年4月末总分类账户余额如表9-1所示。

表9-1　　账户期初余额表

单位：元

账户名称	借方余额	账户名称	贷方余额
库存现金	7 000	短期借款	3 140 000
银行存款	600 000	应付账款	800 000
应收账款	400 000	应交税费	100 000
——金辉商行	300 000	其他应付款	31 000
——丽影商场	100 000	实收资本	4 016 000
其他应收款	20 000	盈余公积	300 000
原材料	1 800 000	本年利润	600 000
库存商品	1 200 000	利润分配	−500 000
固定资产	5 860 000		
累计折旧	−2 000 000		
生产成本	600 000		

5月份发生下列业务。

（1）5日，从鸿运纺织品公司购进毛涤精纺200米，单价每米400元，增值税10 400元，材料已到验收入库，货款已由银行存款支付。

（2）8日，从京都毛纺厂购入棉涤800米，单价每米150元，增值税15 600元，材料已到验收入库，货款尚未支付。

(3) 10 日，仓库发出材料，发出材料汇总表如表 9 - 2 所示。

表 9 - 2　　发出材料汇总表

项　　目	毛涤精纺		棉涤		合计
	数量/米	金额/元	数量/米	金额/元	金额/元
风衣耗用	100	40 000	400	60 000	100 000
裙子耗用	100	40 000	400	60 000	100 000
车间一般性耗用	40	16 000	100	15 000	31 000
管理部门耗用	20	8 000			8 000
合计	260	104 000	900	135 000	239 000

(4) 14 日，以现金支付管理部门的零星开支 4 000 元。

(5) 15 日，以银行存款支付下一季度的房租 24 000 元。

(6) 15 日，以银行存款发放工资 100 000 元。

(7) 18 日，以银行存款 16 000 元支付水电费，其中风衣耗用 7 000 元，裙子耗用 4 000元，车间一般耗用 2 000 元，厂部耗用 3 000 元。

(8) 18 日，销售友谊商城风衣 200 件，单价 1 800 元，货款 360 000 元，增值税 46 800元，款项收到存入银行。

(9) 20 日，销售金辉商行裙子 400 条，单价 500 元，货款 200 000 元，增值税 26 000 元，收回 200 条的货款 113 000 元存入银行，其余部分暂欠。

(10) 22 日，以银行存款支付广告费 6 000 元。

(11) 23 日，从银行借入 100 000 元，期限为 6 个月，年利率为 4%。

(12) 24 日，技术员朱刚出差预借款 2 500 元，以现金支付。

(13) 26 日，银行通知，收到保险公司理赔款 20 000 元。

(14) 31 日，分配本月工资，其中生产风衣工人的工资 50 000 元，生产裙子工人的工资 25 000 元，车间管理人员工资 15 000 元，行政管理人员工资 10 000 元。

(15) 31 日，计提固定资产折旧 12 000 元，其中车间负担 10 000 元，行政管理部门负担 2 000 元。

(16) 31 日，分配本月发生的制造费用 58 000 元，其中风衣 38 667 元，裙子 19 333元。

(17) 结转本月完工产品成本，其中风衣完工 360 件，金额 432 000 元，裙子完工 600 条，金额 240 000 元。

(18) 31 日，计算本月应交增值税为 46 800 元，应交城市维护建设税 3 276 元，教育费附加 1 404 元。

(19) 结转本月销售收入 560 000 元，其中：风衣 360 000 元，裙子 200 000 元。

(20) 结转本月已销产品成本 400 000 元，其中：风衣 240 000 元，裙子 160 000 元。

(21) 结转本月各项费用。

(22) 按本月利润总额的 25%，计算所得税费用，并结转。(假设不考虑纳税调整事项)

假设该公司采用记账凭证核算组织程序，具体核算步骤如下。

1. 根据3月份发生的经济业务，编制收款凭证、付款凭证和转账凭证。如表9-3～表9-26所示。

表9-3 付款凭证

贷方科目：银行存款　　2019年5月5日　　凭证编号：1

摘要	借方科目		金额/元
	总账科目	明细科目	
购入毛涤精纺	原材料	毛涤精纺	80 000
	应交税费	应交增值税（进项税额）	10 400
合计			¥90 400

表9-4 转账凭证

2019年5月8日　　凭证编号：2

摘要	借方科目		贷方科目		金额/元
	总账科目	明细科目	总账科目	明细科目	
购入棉涤	原材料	棉涤			120 000
	应交税费	应交增值税（进项税额）			15 600
			应付账款	京都毛纺厂	135 600
合计					¥135 600

表9-5 转账凭证

2019年5月10日　　凭证编号：3

摘要	借方科目		贷方科目		金额/元
	总账科目	明细科目	总账科目	明细科目	
领用材料	生产成本	风衣			100 000
	生产成本	裙子			100 000
	制造费用				31 000
	管理费用				8 000
			原材料	毛涤精纺	104 000
				棉涤	135 000
合计					¥239 000

表9-6 付款凭证

贷方科目：库存现金　　2019年5月14日　　凭证编号：4

摘要	借方科目		金额/元
	总账科目	明细科目	
支付日常零星开支	管理费用	日常零用	4 000
合计			¥4 000

表 9－7

付款凭证

贷方科目：银行存款　　2019 年 5 月 15 日　　凭证编号：5

摘 要	借方科目		金额/元
	总账科目	明细科目	
预付房租	其他应收款	预付房租	24 000
合 计			￥24 000

表 9－8

付款凭证

贷方科目：银行存款　　2019 年 5 月 15 日　　凭证编号：6

摘 要	借方科目		金额/元
	总账科目	明细科目	
发工资	应付职工薪酬	工资	100 000
合 计			￥100 000

表 9－9

付款凭证

贷方科目：银行存款　　2019 年 5 月 18 日　　凭证编号：7

摘 要	借方科目		金额/元
	总账科目	明细科目	
支付本月水电费	生产成本	风衣	7 000
	生产成本	裙子	4 000
	制造费用	水电费	2 000
	管理费用	水电费	3 000
合 计			￥16 000

表 9－10

收款凭证

借方科目：银行存款　　2019 年 5 月 18 日　　凭证编号：8

摘 要	贷方科目		金额/元
	总账科目	明细科目	
销售风衣	主营业务收入	风衣	360 000
	应交税费	应交增值税（销项税额）	46 800
合 计			￥406 800

表 9－11

收款凭证

借方科目：银行存款　　2019 年 5 月 20 日　　凭证编号：9

摘 要	贷方科目		金额/元
	总账科目	明细科目	
销售裙子	主营业务收入	裙子	100 000
	应交税费	应交增值税（销项税额）	13 000
合 计			￥113 000

表 9-12　　转账凭证

2019 年 5 月 20 日　　凭证编号：10

摘 要	借方科目		贷方科目		金额/元
	总账科目	明细科目	总账科目	明细科目	
销售裙子	应收账款	金辉商行			113 000
			主营业务收入	裙子	100 000
			应交税费	应交增值税（销项税额）	13 000
合 计					¥113 000

表 9-13　　付款凭证

贷方科目：银行存款　　2019 年 5 月 22 日　　凭证编号：11

摘 要	借方科目		金额/元
	总账科目	明细科目	
支付广告费	销售费用	广告费	6 000
合 计			¥6 000

表 9-14　　收款凭证

借方科目：银行存款　　2019 年 5 月 23 日　　凭证编号：12

摘 要	贷方科目		金额/元
	总账科目	明细科目	
从银行借款	短期借款		100 000
合 计			¥100 000

表 9-15　　付款凭证

贷方科目：库存现金　　2019 年 5 月 24 日　　凭证编号：13

摘 要	借方科目		金额/元
	总账科目	明细科目	
朱刚预借差旅费	其他应收款	差旅费	2 500
合 计			¥2 500

表 9-16　　收款凭证

借方科目：银行存款　　2019 年 5 月 26 日　　凭证编号：14

摘 要	贷方科目		金额/元
	总账科目	明细科目	
收到保险公司赔款	其他应收款	保险公司	20 000
合 计			¥20 000

表 9-17

转账凭证

2019 年 5 月 31 日　　　　凭证编号：15

摘 要	借方科目		贷方科目		金额/元
	总账科目	明细科目	总账科目	明细科目	
分配本月工资	生产成本	风衣			50 000
	生产成本	裙子			25 000
	制造费用	工资			15 000
	管理费用	工资			10 000
			应付职工薪酬		100 000
合 计					￥100 000

表 9-18

转账凭证

2019 年 5 月 31 日　　　　凭证编号：16

摘 要	借方科目		贷方科目		金额/元
	总账科目	明细科目	总账科目	明细科目	
计提固定资产折旧	制造费用	折旧费			10 000
	管理费用	折旧费			2 000
			累计折旧		12 000
合 计					￥12 000

表 9-19

转账凭证

2019 年 5 月 31 日　　　　凭证编号：17

摘 要	借方科目		贷方科目		金额/元
	总账科目	明细科目	总账科目	明细科目	
分配制造费用	生产成本	风衣			38 667
	生产成本	裙子			19 333
			制造费用		58 000
合 计					￥58 000

表 9-20

转账凭证

2019 年 5 月 31 日　　　　凭证编号：18

摘 要	借方科目		贷方科目		金额/元
	总账科目	明细科目	总账科目	明细科目	
结转完工产品成本	库存商品	风衣			432 000
	库存商品	裙子			240 000
			生产成本	风衣	432 000
			生产成本	裙子	240 000
合 计					￥672 000

表 9－21 转账凭证

2019 年 5 月 31 日 凭证编号：19

摘要	借方科目		贷方科目		金额/元
	总账科目	明细科目	总账科目	明细科目	
计算城建税及教育费附加	税金及附加				4 680
			应交税费	应交城市维护建设税	3 276
				应交教育费附加	1 404
合计					￥4 680

表 9－22 转账凭证

2019 年 5 月 31 日 凭证编号：20

摘要	借方科目		贷方科目		金额/元
	总账科目	明细科目	总账科目	明细科目	
结转本月销售收入	主营业务收入	风衣			360 000
		裙子			200 000
			本年利润		560 000
合计					￥560 000

表 9－23 转账凭证

2019 年 5 月 31 日 凭证编号：21

摘要	借方科目		贷方科目		金额/元
	总账科目	明细科目	总账科目	明细科目	
结转本月销售成本	主营业务成本	风衣			240 000
		裙子			160 000
			库存商品	风衣	240 000
				裙子	160 000
合计					￥400 000

表 9－24 转账凭证

2019 年 5 月 31 日 凭证编号：22

摘要	借方科目		贷方科目		金额/元
	总账科目	明细科目	总账科目	明细科目	
结转本月费用	本年利润				437 680
			主营业务成本		400 000
			税金及附加		4 680
			销售费用		6 000
			管理费用		27 000
合计					￥437 680

表 9-25　转账凭证

2019年5月31日　凭证编号：23

摘要	借方科目		贷方科目		金额/元
	总账科目	明细科目	总账科目	明细科目	
计算所得税费用	所得税费用				30 580
			应交税费	应交所得税	30 580
合计					¥30 580

表 9-26　转账凭证

2019年5月31日　凭证编号：24

摘要	借方科目		贷方科目		金额/元
	总账科目	明细科目	总账科目	明细科目	
结转所得税	本年利润				30 580
			所得税费用		30 580
合计					¥30 580

2. 根据收款凭证、付款凭证登记现金日记账和银行存款日记账，如表 9-27 和表 9-28 所示。

表 9-27　库存现金日记账

单位：元

2019年		凭证号	摘要	对应账户	借方金额	贷方金额	余额
月	日						
5	1		期初余额				7 000
	14	4	零星开支	管理费用		4 000	3 000
	24	13	朱刚预借差旅费	其他应收款		2 500	500
			本月合计			6 500	500

表 9-28　银行存款日记账

单位：元

2019年		凭证号	摘要	对应账户	借方金额	贷方金额	余额
月	日						
5	1		期初余额				600 000
	5	1	购进材料	原材料		80 000	520 000
				应交税费		10 400	509 600
	15	5	预付房租费	其他应收款		24 000	485 600
	15	6	发放工资	应付职工薪酬		100 000	385 600
	18	7	支付水电费	生产成本		11 000	
				制造费用		2 000	
				管理费用		3 000	369 600

续表

2019年		凭证号	摘　要	对应账户	借方金额	贷方金额	余　额
月	日						
	18	8	销售风衣	主营业务收入	360 000		
				应交税费	46 800		776 400
	20	9	销售裙子	主营业务收入	100 000		
				应交税费	13 000		889 400
	22	11	支付广告费	销售费用		6 000	883 400
	23	12	取得银行借款	短期借款	100 000		983 400
	26	14	收到保险公司赔款		20 000		1 003 400
	31		本月合计		639 800	236 400	1 003 400

3. 根据原始凭证和记账凭证各种明细账（略）。

4. 根据记账凭证逐笔登记总分类账，如表9－29～表9－52所示。

表9－29　　总分类账

账户名称：库存现金　　单位：元

2019年		凭证号	摘　要	借　方	贷　方	借或贷	余　额
月	日						
5	1		期初余额			借	7 000
	12	4	零星开支		4 000	借	3 000
	24	13	朱刚预借差旅费		2 500	借	500
			本月合计		6 500	借	500

表9－30　　总分类账

账户名称：银行存款　　单位：元

2019年		凭证号	摘　要	借　方	贷　方	借或贷	余　额
月	日						
5	1		期初余额			借	600 000
	4	1	购进材料		90 400	借	509 600
	14	5	预付房租费		24 000	借	485 600
	15	6	发放工资		100 000	借	385 600
	18	7	支付水电费		16 000	借	369 600
	18	8	销售风衣	406 800		借	776 400
	20	9	销售裙子	113 000		借	889 400
	22	11	支付广告费		6 000	借	883 400
	23	12	取得银行借款	100 000		借	983 400
	26	14	收到保险公司赔款	20 000		借	1 003 400
	31		本月合计	639 800	236 400	借	1 003 400

表 9-31　　总分类账

账户名称：应收账款　　单位：元

2019年 月	日	凭证号	摘　要	借 方	贷 方	借或贷	余 额
5	1		期初余额			借	400 000
	20	10	销售裙子	113 000		借	513 000
	31		本月合计	113 000		借	513 000

表 9-32　　总分类账

账户名称：其他应收款　　单位：元

2019年 月	日	凭证号	摘　要	借 方	贷 方	借或贷	余 额
5	1		期初余额			借	20 000
	15	5	预付房租费	24 000		借	44 000
	24	13	朱刚预借差旅费	2 500		借	46 500
	26	14	收保险公司赔款		20 000	借	26 500
	31		本月合计	26 500	20 000	借	26 500

表 9-33　　总分类账

账户名称：原材料　　单位：元

2019年 月	日	凭证号	摘　要	借 方	贷 方	借或贷	余 额
5	1		期初余额			借	1 800 000
	5	1	材料（毛涤精纺）入库	80 000		借	1 880 000
	8	2	材料（棉涤）入库	120 000		借	2 000 000
	10	3	领用材料		239 000	借	1 761 000
	31		本月合计	200 000	239 000	借	1 761 000

表 9-34　　总分类账

账户名称：库存商品　　单位：元

2019年 月	日	凭证号	摘　要	借 方	贷 方	借或贷	余 额
5	1		期初余额			借	1 200 000
	31	18	结转完工产品，入库	672 000		借	1 872 000
	31	2	结转产品成本		400 000	借	1 472 000
	31		本月合计	672 000	400 000	借	1 472 000

表 9-35 **总分类账**

账户名称：固定资产 单位：元

2019 年		凭证号	摘要	借方	贷方	借或贷	余额
月	日						
5	1		期初余额			借	5 860 000
	31		本月合计	0	0	借	5 860 000

表 9-36 **总分类账**

账户名称：累计折旧 单位：元

2019 年		凭证号	摘要	借方	贷方	借或贷	余额
月	日						
5	1		期初余额			贷	2 000 000
	31	16	计提折旧		12 000	贷	2 012 000
	31		本月合计	0	12 000	贷	2 012 000

表 9-37 **总分类账**

账户名称：短期借款 单位：元

2019 年		凭证号	摘要	借方	贷方	借或贷	余额
月	日						
5	1		期初余额			贷	3 140 000
	23	12	取得借款		100 000	贷	3 240 000
	31		本月合计	0	100 000	贷	3 240 000

表 9-38 **总分类账**

账户名称：应付账款 单位：元

2019 年		凭证号	摘要	借方	贷方	借或贷	余额
月	日						
5	1		期初余额			贷	800 000
	8	2	购买材料未付款		135 600	贷	935 600
	31		本月合计	0	135 600	贷	935 600

表 9-39 **总分类账**

账户名称：应付职工薪酬 单位：元

2019 年		凭证号	摘要	借方	贷方	借或贷	余额
月	日						
5	15	6	发放工资	100 000		借	100 000
	31	15	分配工资		100 000	平	0
	31		本月合计	100 000	100 000	平	0

表 9-40　　总分类账

账户名称：其他应付款　　单位：元

2019年		凭证号	摘　要	借　方	贷　方	借或贷	余　额
月	日						
5	1		期初余额			贷	31 000
	31		本月合计	0	0	贷	31 000

表 9-41　　总分类账

账户名称：应交税费　　单位：元

2019年		凭证号	摘　要	借　方	贷　方	借或贷	余　额
月	日						
5	1		期初余额			贷	100 000
	4	1	购进材料	10 400		贷	89 600
	8	2	购进材料	15 600		贷	74 000
	18	8	销售商品		46 800	贷	120 800
	20	9	销售商品		13 000	贷	133 800
	20	10	销售商品		13 000	贷	146 800
	31	19	计算应交城建税		3 276	贷	150 076
	31	19	计算应交教育费附加		1 404	贷	151 480
	31	24	计算所得税		30 580	贷	182 060
	31		本月合计	26 000	108 060	贷	182 060

表 9-42　　总分类账

账户名称：实收资本　　单位：元

2019年		凭证号	摘　要	借　方	贷　方	借或贷	余　额
月	日						
5	1		期初余额			贷	4 016 000
	31		本月合计	0	0	贷	4 016 000

表 9-43　　总分类账

账户名称：盈余公积　　单位：元

2019年		凭证号	摘　要	借　方	贷　方	借或贷	余　额
月	日						
5	1		期初余额			贷	300 000
	31		本月合计	0	0	贷	300 000

表 9-44　　总分类账

账户名称：本年利润　　单位：元

2019 年		凭证号	摘　要	借 方	贷 方	借或贷	余 额
月	日						
5	1		期初余额			贷	600 000
	31	20	结转收入		560 000	贷	1 160 000
	31	22	结转费用	437 680		贷	722 320
	31	24	结转所得税费用	30 580		贷	750 660
	31		本月合计	468 260	560 000	贷	691 740

表 9-45　　总分类账

账户名称：生产成本　　单位：元

2019 年		凭证号	摘　要	借 方	贷 方	借或贷	余 额
月	日						
5	1		期初余额			借	600 000
	10	3	耗用材料	200 000		借	800 000
	18	7	支付水电费	11 000		借	811 000
	31	15	分配工资	75 000		借	886 000
	31	17	分配制造费用	58 000		借	944 000
	31	18	完工产品结转		672 000	借	272 000
	31		本月合计	344 000	672 000	借	272 000

表 9-46　　总分类账

账户名称：制造费用　　单位：元

2019 年		凭证号	摘　要	借 方	贷 方	借或贷	余 额
月	日						
5	10	3	耗用材料	31 000		借	31 000
	18	7	支付水电费	2 000		借	33 000
	31	15	分配工资	15 000		借	48 000
	31	16	计提折旧	10 000		借	58 000
	31	17	分配制造费用		58 000	平	0
	31		本月合计	58 000	58 000	平	0

表 9-47　　总分类账

账户名称：主营业务收入　　单位：元

2019 年		凭证号	摘　要	借 方	贷 方	借或贷	余 额
月	日						
5	18	8	销售商品		360 000	贷	360 000
	20	9	销售商品		100 000	贷	460 000
	20	9	销售商品		100 000	贷	560 000
	31	20	结转利润	560 000		平	0
	31		本月合计	560 000	560 000	平	0

表 9-48

总分类账

账户名称：主营业务成本

单位：元

2019年		凭证号	摘要	借方	贷方	借或贷	余额
月	日						
5	31	21	结转销售商品成本		400 000	贷	400 000
	31	22	结转利润	400 000		平	0
	31		本月合计	400 000	400 000	平	0

表 9-49

总分类账

账户名称：税金及附加

单位：元

2019年		凭证号	摘要	借方	贷方	借或贷	余额
月	日						
5	31	19	计算税金及附加		4 680	贷	4 680
	31	22	结转利润	4 680		平	0
	31		本月合计	4 680	4 680	平	0

表 9-50

总分类账

账户名称：销售费用

单位：元

2019年		凭证号	摘要	借方	贷方	借或贷	余额
月	日						
5	22	11	支付广告费	6 000		借	6 000
	31	22	结转利润		6 000	平	0
	31		本月合计	6 000	6 000	平	0

表 9-51

总分类账

账户名称：管理费用

单位：元

2019年		凭证号	摘要	借方	贷方	借或贷	余额
月	日						
5	10	3	耗用材料	8 000		借	8 000
	14	4	支付日常零星开支	4 000		借	12 000
	18	7	支付水电费	3 000		借	15 000
	31	15	分配工资	10 000		借	25 000
	31	16	计提折旧	2 000		借	27 000
	31	22	结转利润		27 000	平	0
	31		本月合计	27 000	27 000	平	0

表 9－52

总分类账

账户名称：所得税费用

单位：元

2019 年		凭证号	摘　　要	借 方	贷 方	借或贷	余 额
月	日						
5	31	23	计算所得税费用	30 580		借	30 580
	31	24	结转利润		30 580	平	0
	31		本月合计	30 580	30 580	平	0

5. 根据总分类账编制试算平衡表，见表 9－53。

表 9－53

试算平衡表

单位：元

会计科目	期初余额		本期发生额		期末余额	
	借方	贷方	借方	贷方	借方	贷方
库存现金	7 000		0	6 500	500	
银行存款	600 000		639 800	236 400	1 003 400	
应收账款	400 000		113 000	0	513 000	
其他应收款	20 000		26 500	20 000	26 500	
原材料	1 800 000		200 000	239 000	1 761 000	
库存商品	1 200 000		672 000	400 000	1 472 000	
固定资产	5 860 000		0	0	5 860 000	
累计折旧		2 000 000	0	12 000		2 012 000
短期借款		3 140 000	0	100 000		3 240 000
应付账款		800 000	0	135 600		935 600
其他应付款		31 000	0	0		31 000
应付职工薪酬			100 000	100 000		0
应交税费		100 000	26 000	108 060		182 060
实收资本		4 016 000	0	0		4 016 000
盈余公积		300 000	0	0		300 000
本年利润		600 000	468 260	560 000		691 740
利润分配	500 000		0	0	500 000	
制造费用			58 000	58 000		
生产成本	600 000		344 000	672 000	272 000	
主营业务收入			560 000	560 000		
主营业务成本			400 000	400 000		
税金及附加			4 680	4 680		
销售费用			6 000	6 000		
管理费用			27 000	27 000		
所得税费用			30 580	30 580		
合 计	10 987 000	10 987 000	3 675 820	3 675 820	11 408 400	11 408 400

6. 根据总分类账和明细分类账的记录编制会计报表，如表 9 - 54 和表 9 - 55 所示。

表 9 - 54 资产负债表

2019 年 5 月 31 日 单位：元

资　产	期末余额	年初余额	负债和所有者权益	期末余额	年初余额
流动资产：		略	流动负债：		略
货币资金	1 003 900		短期借款	3 240 000	
交易性金融资产	0		交易性金融负债	0	
应收票据及应收账款	513 000		衍生金融负债	0	
预付款项	0		应付票据及应付账款	935 600	
其他应收款	26 500		预收款项	0	
存货	3 505 000		合同负债	0	
合同资产	0		应付职工薪酬	0	
持有待售资产	0		应交税费	182 060	
一年内到期的非流动资产	0		其他应付款	31 000	
其他流动资产	0		持有待售负债	0	
流动资产合计	5 048 400		一年内到期的非流动负债	0	
非流动资产：			其他非流动负债	0	
债权投资	0		流动负债合计	4 388 660	
其他债权投资	0		非流动负债：		
长期应收款	0		长期借款	0	
长期股权投资	0		应付债券	0	
其他权益工具投资	0		长期应付款	0	
其他非流动金融资产	0		预计负债	0	
投资性房地产	0		递延收益	0	
固定资产	3 848 000		递延所得税负债	0	
在建工程	0		其他非流动负债	0	
生产性生物资产	0		非流动负债合计	0	
油气资产	0		负债合计	4 388 660	
无形资产	0		所有者权益（或股东权益）：		
开发支出	0		实收资本（或股本）	4 016 000	
商誉	0		其他权益工具		
长期待摊费用	0		其中：优先股		
递延所得税资产	0		永续债		
其他非流动资产	0		资本公积	0	
非流动资产合计	3 848 000		减：库存股	0	
资产合计	8 896 400		其他综合收益		
			盈余公积	300 000	
			未分配利润	191 740	
			所有者权益(或股东权益)合计	4 507 740	
			负债和所有者权益合计	8 896 400	

表 9－55 **利润表**

2019 年 5 月 单位：元

项　　目	本期金额	上期金额
一、营业收入	560 000	略
减：营业成本	400 000	
税金及附加	4 680	
销售费用	6 000	
管理费用	27 000	
财务费用	0	
其中：利息费用	0	
利息收入	0	
资产减值损失	0	
信用减值损失	0	
加：其他收益	0	
投资收益（损失以“—”号填列）	0	
其中：联营企业和合营企业的投资收益	0	
净敞口套期收益（损失以“—”号填列）	0	
公允价值变动收益（损失以“—”号填列）	0	
资产处置收益（损失以“—”号填列）	0	
二：营业利润（亏损以“—”号填列）	122 320	
加：营业外收入	0	
减：营业外支出	0	
三、利润总额（亏损以“—”号填列）	122 320	
减：所得税费用	30 580	
四、净利润（净亏损以“—”号填列）	91 740	
（一）持续经营净利润（净亏损以“—”号填列）	0	
（二）终止经营净利润（净亏损以“—”号填列）	0	
五、其他综合收益的税后净额	0	
（一）不能重分类进损益的其他综合收益	0	
（二）将重分类进损益的其他综合收益	0	
六、综合收益总额	91 740	
七、每股收益	略	
其中：基本每股收益	略	
稀释每股收益	略	

9.3 科目汇总表核算组织程序

9.3.1 科目汇总表核算组织程序的概念及特点

科目汇总表核算组织程序是指定期根据记账凭证编制科目汇总表，并根据科目汇总表登记总分类账的一种会计核算组织程序。该类核算组织程序的特点是“先汇总，再登记”。总分类账的登记依据是科目汇总表，而不是根据记账凭证直接登记。

科目汇总表核算组织程序下，凭证和账簿的格式与记账凭证核算组织程序有相同之处，记账凭证同样采用收款凭证、付款凭证和转账凭证三种格式；日记账分设现金日记账和银行存款日记账，格式为借、贷、余三栏式；明细分类账可以根据核算内容以及单位实际情况和管理需要，分别采用三栏式、多栏式、数量金额式等；总分类账的格式一般采用借、贷、余三栏式。不同之处在于，该类核算组织程序下需要增设“科目汇总表”。

科目汇总表是按照相同会计科目对一定会计期间内的借方发生额和贷方发生额进行汇总的一种工具。通常定期（5天、10天、15天或1个月）根据所编制的记账凭证，对相同会计科目按照借方发生额和贷方发生额进行汇总。具体格式如表9-56所示。

9.3.2 科目汇总表核算组织程序的步骤

与记账凭证核算组织程序相比，科目汇总表核算组织程序基本类似，只是增加了填列“科目汇总表”的环节，流程如图9.3所示。

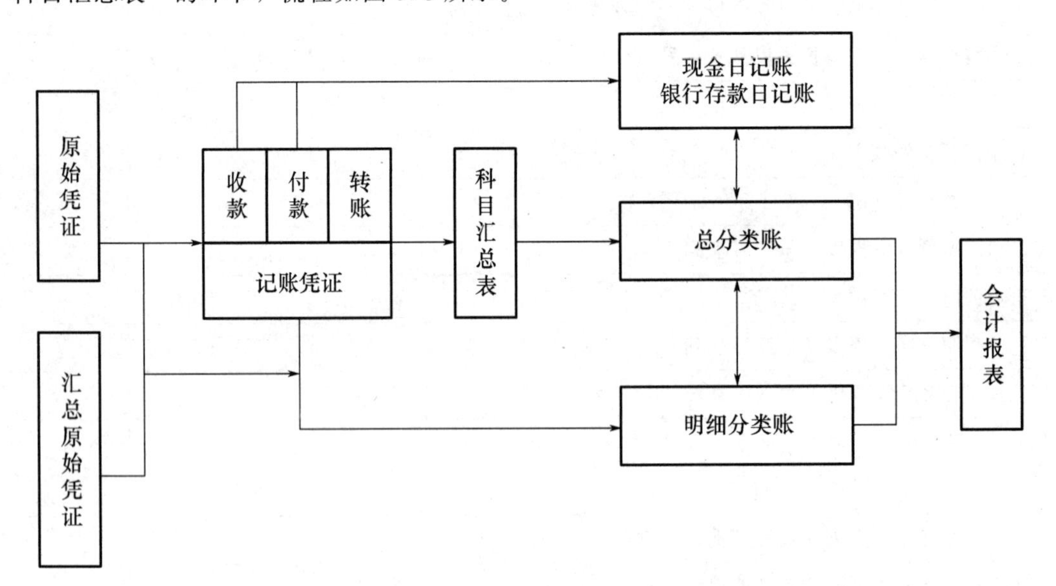

图9.3 科目汇总表核算组织程序的流程

科目汇总表核算组织程序包括如下步骤。

（1）根据原始凭证或汇总原始凭证填制记账凭证。

（2）根据收款凭证、付款凭证逐日逐笔登记现金、银行存款日记账。

（3）根据原始凭证或汇总原始凭证、记账凭证登记各种明细分类账。

（4）根据各种记账凭证编制科目汇总表。

（5）根据科目汇总表登记总分类账。

（6）月末，将总分类账余额与现金、银行存款日记账、明细分类账余额进行核对。

（7）月末，根据审核无误的总分类账和明细分类账相关资料，编制会计报表。

9.3.3 科目汇总表核算组织程序的评价

科目汇总表核算组织程序不同于记账凭证核算组织程序，最大的特点是将本期发生额先汇总再登记总账，其优点主要体现在两个方面：一是大大减轻了登记总账的工作量，提高了会计工作效率；二是起到了试算平衡的作用，减少了会计差错的发生。缺点在于科目汇总表只是发生额的汇总，不能体现对应关系，不便于查对账目。

从适用范围来看，科目汇总表核算组织程序主要适用于规模相对较大、业务量较多的单位。

9.3.4 科目汇总表核算组织程序举例

资料见实例【9-1】，月末根据记账凭证编制科目汇总表，如表9-56所示。

表9-56 科目汇总表

2019年5月1日 至31日 凭证号：汇1 单位：元

会计科目	本期发生额		总账页次
	借　方	贷　方	
库存现金	0	6 500	
银行存款	639 800	236 400	
应收账款	113 000	0	
其他应收款	26 500	20 000	
原材料	200 000	239 000	
库存商品	672 000	400 000	
固定资产	0	0	
累计折旧	0	12 000	
短期借款	0	100 000	
应付账款	0	135 600	
其他应付款	0	0	
应付职工薪酬	100 000	100 000	
应交税费	26 000	108 060	
实收资本	0	0	
盈余公积	0	0	
本年利润	468 260	560 000	

续表

会计科目	本期发生额		总账页次
	借 方	贷 方	
利润分配	0	0	
制造费用	58 000	58 000	
生产成本	344 000	672 000	
主营业务收入	560 000	560 000	
主营业务成本	400 000	400 000	
税金及附加	4 680	4 680	
管理费用	27 000	27 000	
销售费用	6 000	6 000	
所得税费用	30 580	30 580	
合 计	3 675 820	3 675 820	

月末，根据科目汇总表登记总账，如表 9-57～表 9-80 所示。

表 9-57 **总分类账**

账户名称：库存现金 单位：元

2019 年		凭证号	摘 要	借 方	贷 方	借或贷	余 额
月	日						
5	1		期初余额			借	7 000
	31	汇 1	汇总 1-31 日业务	0	6 500		
			本月合计	0	6 500	借	500

表 9-58 **总分类账**

账户名称：银行存款 单位：元

2019 年		凭证号	摘 要	借 方	贷 方	借或贷	余 额
月	日						
5	1		期初余额			借	600 000
	31	汇 1	汇总 1-31 日业务	639 800	236 400		
	31		本月合计	639 800	236 400	借	1 003 400

表 9-59 **总分类账**

账户名称：应收账款 单位：元

2019 年		凭证号	摘 要	借 方	贷 方	借或贷	余 额
月	日						
5	1		期初余额			借	400 000
	31	汇 1	汇总 1-31 日业务	113 000	0		
	31		本月合计	113 000	0	借	513 000

表 9-60　　**总分类账**

账户名称：其他应收款　　单位：元

2019 年		凭证号	摘　要	借 方	贷 方	借或贷	余 额
月	日						
5	1		期初余额			借	20 000
	31	汇 1	汇总 1-31 日业务	26 500	20 000		
	31		本月合计	26 500	20 000	借	26 500

表 9-61　　**总分类账**

账户名称：原材料　　单位：元

2019 年		凭证号	摘　要	借 方	贷 方	借或贷	余 额
月	日						
5	1		期初余额			借	1 800 000
	31	汇 1	汇总 1-31 日业务	200 000	239 000		
	31		本月合计	200 000	239 000	借	1 761 000

表 9-62　　**总分类账**

账户名称：库存商品　　单位：元

2019 年		凭证号	摘　要	借 方	贷 方	借或贷	余 额
月	日						
5	1		期初余额			借	1 200 000
	31	汇 1	汇总 1-31 日业务	672 000	400 000		
	31		本月合计	672 000	400 000	借	1 472 000

表 9-63　　**总分类账**

账户名称：固定资产　　单位：元

2019 年		凭证号	摘　要	借 方	贷 方	借或贷	余 额
月	日						
5	1		期初余额			借	5 860 000
	31		本月合计	0	0	借	5 860 000

表 9-64　　**总分类账**

账户名称：累计折旧　　单位：元

2019 年		凭证号	摘　要	借 方	贷 方	借或贷	余 额
月	日						
5	1		期初余额			贷	2 000 000
	31	汇 1	汇总 1-31 日业务		12 000		
	31		本月合计	0	12 000	贷	2 012 000

表 9-65 **总分类账**

账户名称：短期借款 单位：元

2019年		凭证号	摘　　要	借 方	贷 方	借或贷	余 额
月	日						
5	1		期初余额			贷	3 140 000
	31	汇1	汇总1-31日业务	0	100 000		
	31		本月合计	0	100 000	贷	3 240 000

表 9-66 **总分类账**

账户名称：应付账款 单位：元

2019年		凭证号	摘　　要	借 方	贷 方	借或贷	余 额
月	日						
5	1		期初余额			贷	800 000
	31	汇1	汇总1-31日业务	0	135 600		
	31		本月合计	0	135 600	贷	935 600

表 9-67 **总分类账**

账户名称：应付职工薪酬 单位：元

2019年		凭证号	摘　　要	借 方	贷 方	借或贷	余 额
月	日						
5	31	汇1	汇总1-31日业务	100 000	100 000		
	31		本月合计	100 000	100 000	平	0

表 9-68 **总分类账**

账户名称：其他应付款 单位：元

2019年		凭证号	摘　　要	借 方	贷 方	借或贷	余 额
月	日						
5	1		期初余额			贷	31 000
	31		本月合计	0	0	贷	31 000

表 9-69 **总分类账**

账户名称：应交税费 单位：元

2019年		凭证号	摘　　要	借 方	贷 方	借或贷	余 额
月	日						
5	1		期初余额			贷	100 000
	31	汇1	汇总1-31日业务	26 000	108 060		
	31		本月合计	26 000	108 060	贷	182 060

表 9-70 总分类账

账户名称：实收资本 单位：元

2019 年		凭证号	摘　　要	借 方	贷 方	借或贷	余 额
月	日						
5	1		期初余额			贷	4 016 000
	31		本月合计	0	0	贷	4 016 000

表 9-71 总分类账

账户名称：盈余公积 单位：元

2018 年		凭证号	摘　　要	借 方	贷 方	借或贷	余 额
月	日						
3	1		期初余额			贷	300 000
	31		本月合计	0	0	贷	300 000

表 9-72 总分类账

账户名称：本年利润 单位：元

2019 年		凭证号	摘　　要	借 方	贷 方	借或贷	余 额
月	日						
5	1		期初余额			贷	600 000
	31	汇 1	汇总 1-31 日业务	468 260	560 000		
	31		本月合计	468 260	560 000	贷	691 740

表 9-73 总分类账

账户名称：生产成本 单位：元

2019 年		凭证号	摘　　要	借 方	贷 方	借或贷	余 额
月	日						
5	1		期初余额			借	600 000
	31	汇 1	汇总 1-31 日业务	344 000	672 000		
	31		本月合计	344 000	672 000	借	272 000

表 9-74 总分类账

账户名称：制造费用 单位：元

2019 年		凭证号	摘　　要	借 方	贷 方	借或贷	余 额
月	日						
5	31	汇 1	汇总 1-31 日业务	58 000	58 000		
	31		本月合计	58 000	58 000	平	0

表 9-75 总分类账

账户名称：主营业务收入 单位：元

2019 年		凭证号	摘　　要	借 方	贷 方	借或贷	余 额
月	日						
5	31	汇 1	汇总 1-31 日业务	560 000	560 000		
	31		本月合计	560 000	560 000	平	0

表 9-76 总分类账

账户名称：主营业务成本 单位：元

2019 年		凭证号	摘　　要	借 方	贷 方	借或贷	余 额
月	日						
5	31	汇 1	汇总 1-31 日业务	400 000	400 000		
	31		本月合计	400 000	400 000	平	0

表 9-77 总分类账

账户名称：税金及附加 单位：元

2019 年		凭证号	摘　　要	借 方	贷 方	借或贷	余 额
月	日						
5	31	汇 1	汇总 1-31 日业务	4 680	4 680		
	31		本月合计	4 680	4 680	平	0

表 9-78 总分类账

账户名称：销售费用 单位：元

2019 年		凭证号	摘　　要	借 方	贷 方	借或贷	余 额
月	日						
5	31	汇 1	汇总 1-31 日业务	6 000	6 000		
	31		本月合计	6 000	6 000	平	0

表 9-79 总分类账

账户名称：管理费用 单位：元

2019 年		凭证号	摘　　要	借 方	贷 方	借或贷	余 额
月	日						
5	31	汇 1	汇总 1-31 日业务	27 000	27 000		
	31		本月合计	27 000	27 000	平	0

表 9-80 总分类账

账户名称：所得税费用 单位：元

2019 年		凭证号	摘　　要	借 方	贷 方	借或贷	余 额
月	日						
5	31	汇 1	汇总 1-31 日业务	30 580	30 580		
	31		本月合计	30 580	30 580	平	0

根据总分类账和明细分类账的记录编制会计报表，见表 9－54 和表 9－55。

会计核算组织程序（三）

9.4 汇总记账凭证核算组织程序

9.4.1 汇总记账凭证核算组织程序的概念及特点

汇总记账凭证核算组织程序是指定期根据记账凭证编制汇总记账凭证，并根据汇总记账凭证登记总分类账的一种会计核算组织程序。与科目汇总表核算组织程序类似，具有“先汇总，再登记”的特点。总分类账的登记依据是汇总记账凭证，而不是根据记账凭证直接登记。

汇总记账凭证核算组织程序下，凭证和账簿的格式具有如下要求：记账凭证必须采用收款凭证、付款凭证和转账凭证三种格式，定期汇总分别编制汇总收款凭证、汇总付款凭证和汇总转账凭证。汇总记账凭证是将一定会计期间内的记账凭证进行分类汇总的结果。按照经济业务的不同，分为汇总收款凭证、汇总付款凭证和汇总转账凭证。基本格式如表 9－81 所示。总账格式应需要设置“对方科目”栏次，以清晰地反映账户对应关系。

表 9－81 汇总收款凭证

借方科目：库存现金　　2019 年 5 月　　汇收第 1 号

贷方科目	金额				总账页码	
	1－10 日 付款凭证共　张	11－20 日 付款凭证共　张	21－31 日 付款凭证共　张	合计	借方	贷方
合计						

汇总收款凭证反映收款业务，包括库存现金和银行存款两类。因此，以库存现金或银行存款为借方科目，将对应的贷方科目进行汇总。月末结算出贷方科目的合计数，作为登记总账的依据。

汇总付款凭证反映付款业务，包括库存现金和银行存款付款两类。因此，以库存现金或银行存款为贷方科目，将对应的借方科目进行汇总。月末结算出借方科目的合计数，作为登记总账的依据。

汇总转账凭证反映不涉及货币资金的业务。通常按贷方科目进行设置，将借方科目的发生额进行汇总，月末结算出借方科目的合计数，作为登记总账的依据。需要注意的是，为了便于填制汇总转账凭证，平时填制转账凭证时，一般应编制“一借一贷”或“多借一贷”的会计分录，对于“多借一贷”或“多借多贷”的会计分录可以将金额进行分拆，既保证了对应关系的明晰，也便于进行汇总。对于某一贷方账户的转账业务不多时，可以不编制汇总转账凭证，直接根据转账凭证登记总账。

9.4.2 汇总记账凭证核算组织程序的步骤

与科目汇总表核算组织程序基本类似，在基本的会计核算组织程序中增加汇总的环节。填制“汇总记账凭证”是该类组织程序的特点，流程如图 9.4 所示。

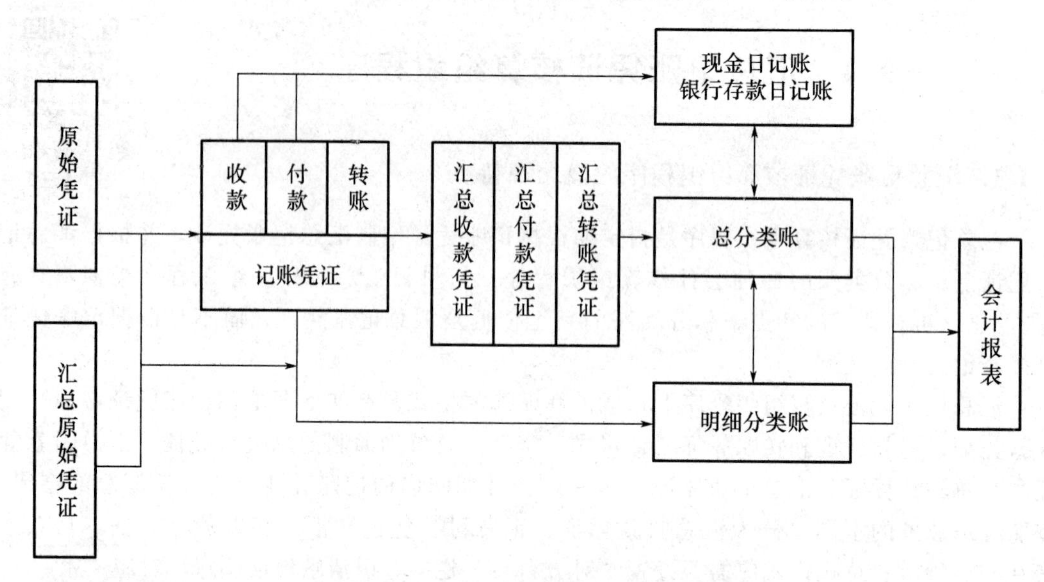

图 9.4 汇总记账凭证核算组织程序的流程

汇总记账凭证核算组织程序包括如下步骤。

(1) 根据原始凭证或汇总原始凭证填制记账凭证。

(2) 根据收款凭证、付款凭证逐日逐笔登记现金、银行存款日记账。

(3) 根据原始凭证或汇总原始凭证、记账凭证登记各种明细分类账。

(4) 根据各种记账凭证编制汇总记账凭证。

(5) 根据汇总记账凭证登记总分类账。

(6) 月末，将总分类账余额与现金、银行存款日记账、明细分类账余额进行核对。

(7) 月末，根据审核无误的总分类账和明细分类账相关资料，编制会计报表。

9.4.3 汇总记账凭证核算组织程序的评价

汇总记账凭证核算组织程序不同于记账凭证核算组织程序，也不同于科目汇总表核算组织程序。具有较为明显的特征，避免了按照记账凭证直接登记总账导致工作量大的缺点，同时又避免了科目汇总表不能很好体现对应关系的缺点。因而，汇总记账凭证核算组织程序的优点主要体现在两个方面：一是大大减轻了登记总账的工作量，提高会计工作的效率；二是账户对应关系比较明显，便于查对账目。缺点在于，汇总转账凭证是按贷方科目设置、归类的，不便于日常核算工作的合理分工，同时编制汇总记账凭证的工作量也较大。

从适用范围来看，汇总记账凭证核算组织程序主要适用于规模较大、业务量较多且会计分工较细的单位，特别是转账业务较少而收付款业务较多的单位。

9.4.4 汇总记账凭证核算组织程序举例

基本资料见实例【9-1】，月末根据记账凭证编制汇总记账凭证。由于该公司本期内未发生库存现金收款业务，因此只编制银行存款汇总收款凭证（表 9-82）、银行存款汇总付款凭证（表 9-83 和表 9-84）以及部分汇总转账凭证（表 9-85 和表 9-86）。

表 9-82

汇总收款凭证

借方科目：银行存款　　2019 年 5 月　　汇收第 1 号

贷方科目	金额/元				总账页码	
	1-10 日 收款凭证共　张	11-20 日 收款凭证共 2 张	21-31 日 收款凭证共 2 张	合计	借方	贷方
主营业务收入		460 000		460 000		
应交税费		59 800		59 800		
短期借款			100 000	100 000		
其他应收款			20 000	20 000		
合　计		519 800	120 000	639 800		

表 9-83

汇总付款凭证

贷方科目：库存现金　　2019 年 5 月　　汇付第 1 号

借方科目	金额/元				总账页码	
	1-10 日 付款凭证共　张	11-20 日 付款凭证共 1 张	21-31 日 付款凭证共 1 张	合计	借方	贷方
管理费用		4 000		4 000		
其他应收款			2 500	2 500		
合　计		4 000	2 500	6 500		

表 9-84

汇总付款凭证

贷方科目：银行存款　　2019 年 5 月　　汇付第 2 号

贷方科目	金额/元				总账页码	
	1-10 日 付款凭证共 1 张	11-20 日 付款凭证共 3 张	21-31 日 付款凭证共 1 张	合计	借方	贷方
原材料	80 000			80 000		
应交税费	10 400			10 400		
其他应收款		24 000		24 000		
应付职工薪酬		100 000		100 000		
生产成本		11 000		11 000		
制造费用		2 000		2 000		
管理费用		3 000		3 000		
销售费用			6 000	6 000		
合　计	90 400	140 000	6 000	236 400		

表 9-85

汇总转账凭证

贷方科目：应付账款　　2019 年 5 月　　汇转第 1 号

贷方科目	金额/元				总账页码	
	1-10 日 转账凭证共 1 张	11-20 日 转账凭证共　张	21-31 日 转账凭证共　张	合计	借方	贷方
原材料	120 000					
应交税费	15 600					
合　计	135 600					

表 9-86

汇总转账凭证

贷方科目：应交税费　　2019 年 5 月　　汇转第 4 号

贷方科目	金额/元				总账页码	
	1-10 日 付款凭证共　张	11-20 日 付款凭证共 1 张	21-31 日 付款凭证共 2 张	合计	借方	贷方
应收账款		13 000		13 000		
税金及附加			4 680	4 680		
所得税费用			30 580	30 580		
合　计		13 000	35 260	48 260		

期末根据汇总记账凭证登记总账，以应交税费总分类账为例，如表 9-87 所示。

表 9-87

总分类账

账户名称：应交税费　　单位：元

2019 年		凭证号	摘　要	对方账户	借　方	贷　方	借或贷	余　额
月	日							
4	30		月 结				贷	100 000
5	31	汇收 1	1 日—31 日汇总	银行存款		59 800		
		汇付 2	1 日—31 日汇总	银行存款	10 400			
		汇转 1	1 日—31 日汇总	应付账款	15 600			
		汇转 4	1 日—31 日汇总	应收账款		13 000		
				税金及附加		4 680		
				所得税费用		30 580		
5	31		月　结		26 000	108 060	贷	182 060

根据总分类账和明细分类账的记录编制会计报表，见表 9-54 和表 9-55。

9.5　多栏式日记账核算组织程序

9.5.1　多栏式日记账核算组织程序的概念及特点

多栏式日记账核算组织程序是指设置多栏式日记账，并根据多栏式日记账和转账凭证登记总分类账的一种会计核算组织程序。对于收付款业务，具有“先汇总，再登记”的特点，现金和银行存款总账的登记依据是多栏式日记账。

多栏式日记账核算组织程序下，凭证和账簿的格式具有如下要求：记账凭证采用收款凭证、付款凭证和转账凭证三种格式，日记账不是简单的三栏式，而应是多栏式，即在“收入”“付出”栏下根据发生较为频繁的会计科目设置若干专栏，基本格式见表9-88。记账方法如下：针对收付款业务，根据多栏式日记账登记总账，针对转账业务，直接根据转账凭证登记，或根据转账凭证科目汇总表登记总账。

表9-88　　多栏式库存现金（银行存款）日记账

单位：元

年		凭证号	摘要	贷方科目（收入）					借方科目（付出）					余额
月	日			预收账款	短期借款	主营业务收入	……	借方合计	原材料	管理费用	应付账款	……	贷方合计	

9.5.2　多栏式日记账核算组织程序的步骤

多栏式日记账核算组织程序与记账凭证核算组织程序类似，不同之处在于日记账采用的多栏式格式，流程如图9.5所示。

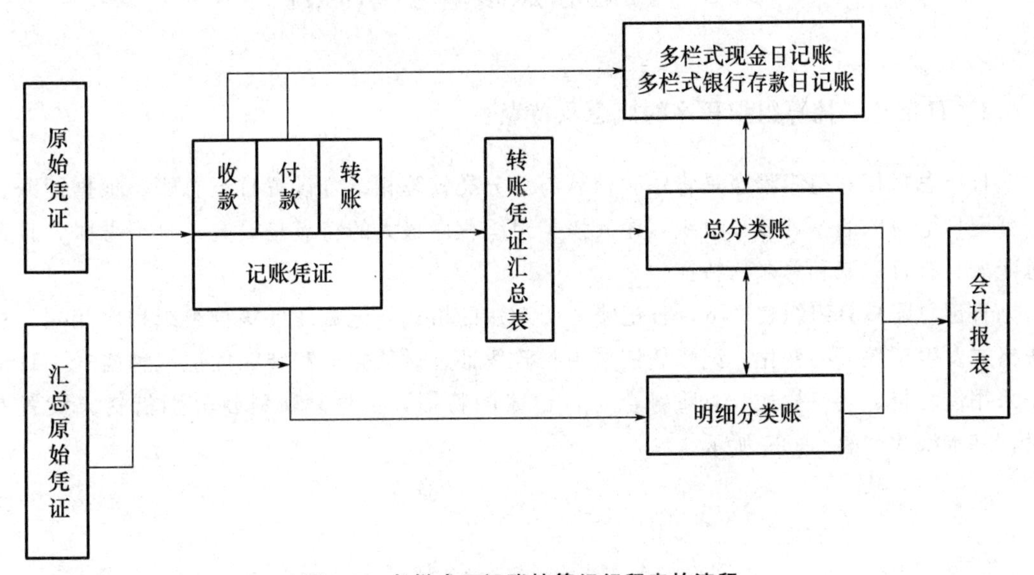

图9.5　多栏式日记账核算组织程序的流程

多栏式日记账核算组织程序的步骤如下。

(1) 根据原始凭证和汇总原始凭证编制记账凭证。

(2) 根据收款凭证和付款凭证登记多栏式现金日记账和多栏式银行存款日记账。

(3) 根据原始凭证、原始凭证汇总表和记账凭证登记各种明细分类账。

(4) 根据转账凭证编制转账凭证汇总表（转账业务不多的单位可不必编制科目汇总表）。

(5) 期末，根据多栏式现金日记账和多栏式银行存款日记账及转账凭证汇总表（或转账凭证），登记总分类账。

(6) 期末，按照对账的具体要求进行总分类账与日记账、明细账之间的核对。

(7) 期末，根据总分类账和明细分类账的记录编制会计报表。

9.5.3 多栏式日记账核算组织程序的评价

多栏式日记账核算组织程序最大的特点在于设置多栏式日记账，日记账提供的信息更多。其优点主要体现在以下两个方面：一是由于现金和银行存款总账是根据多栏式日记账汇总登记，因此简化了登记总账的工作量，尤其是收付款业务较多的单位体现得更为明显；二是由于日记账采用多栏式，根据对应科目来设置专栏，因而账户对应关系能够清晰地反映出来，便于核对账目。但是缺点也随之产生，由于日记账采用多栏式，因此经济业务较为复杂、对应科目较多时，日记账账页会比较长，不便于会计人员记账。此外，由于现金和银行存款总账采用汇总登记，实质上无法起到总账的控制作用，使得期末总账与日记账核对的意义不大。

从适用范围来看，多栏式日记账核算组织程序主要适用于经济业务较为简单，运用会计科目较少、收付款业务较多的单位。

9.6 日记总账核算组织程序

9.6.1 日记总账核算组织程序的概念及特点

日记总账核算组织程序是将序时核算与总分类核算相结合设置日记总账，根据记账凭证登记日记总账的一种核算组织程序。该类组织程序最大的特点是设置了日记总账，日记总账兼具有日记账和总账的特征。

日记总账核算组织程序下，日记账、明细账的格式与记账凭证核算组织程序相同，总账格式发生了较大的变化。记账凭证采用收款凭证、付款凭证和转账凭证三种格式，日记账采用借、贷、余三栏式，总账融合了日记账的特征，根据总账科目分别借贷方设置专栏，基本格式如表 9－89 所示。

表 9-89　　日记总账

年		凭证号	摘要	库存现金		银行存款		原材料		库存商品		短期借款		应交税费		主营业务收入		主营业务成本		管理费用		销售费用		本年利润	
月	日			借方	贷方																				

9.6.2 日记总账核算组织程序的步骤

日记总账核算组织程序与记账凭证核算组织程序类似，不同之处在于总账为日记总账，流程如图 9.6 所示。

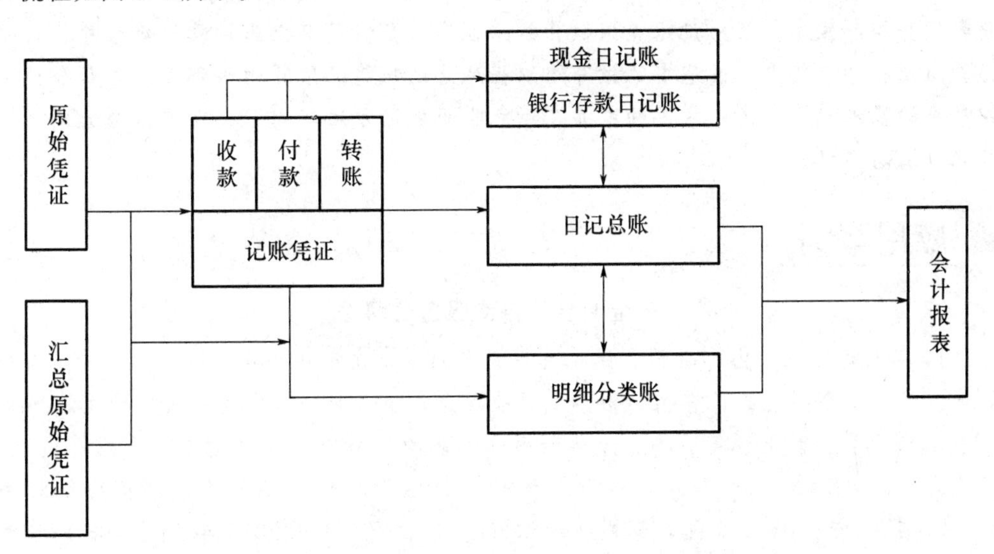

图 9.6　日记总账核算组织程序的流程

日记总账核算组织程序的步骤如下。

(1) 根据原始凭证和汇总原始凭证编制记账凭证。

(2) 根据收款凭证和付款凭证登记现金日记账和银行存款日记账。

(3) 根据原始凭证、原始凭证汇总表和记账凭证登记各种明细分类账。

(4) 根据记账凭证登记日记总账。

(5) 期末，将日记账、明细账余额与日记总账的余额进行核对。

(6) 期末，根据日记总账和明细账的记录编制会计报表。

9.6.3 日记总账核算组织程序的评价

日记总账核算组织程序的特点在于设置日记总账，根据记账凭证直接登记日记总账。其优点主要体现在以下两个方面：一是由于所有总账科目体现在一张账页上，一目了然，因而过账时手续得以简化；二是由于一笔经济业务的借贷方科目在同一行显示，因而账户对应关系较为清晰，便于会计检查。但是，日记总账的缺点也较为明显，若单位业务涉及的会计科目较多，账页会较长，不便于记账和账簿管理。

从适用范围来看，日记总账核算组织程序主要适用于经济业务较为简单，业务量较少、运用会计科目较少的单位。

从"账房先生"到企业的"数字神经网络"

本章小结

会计核算组织程序是会计工作开展的必要流程。合理的会计核算组织程序有助于提高单位会计工作效率，保证会计信息质量，也有助于充分实现业财融合。会计核算组织程序的基本流程是取得原始凭证，编制记账凭证，登记账簿，最终编制会计报表。

实务工作中，常用的会计核算组织程序包括如下几种：记账凭证核算组织程序、科目汇总表核算组织程序，汇总记账凭证核算组织程序、多栏式日记账核算组织程序、日记总账核算组织程序。其中，最基本的核算组织程序是记账凭证核算组织程序。各种会计核算组织程序的基本流程一致，主要的差异在于总账的登记方法不同，大致可以分为两类：直接登记、汇总登记。

应用案例

金诚会计咨询服务公司

2014年9月1日，由陈心怡、姚家辉等9名同学，在毕业6年的校友冬雪指导与帮助下，成立了一个小型的会计咨询公司，主要业务是为小企业进行代理记账、纳税筹划等。

现承接的第一单业务来了，是大学生自主创业的一个取名为"适空茶书吧"的茶吧，由三人出资组建，每人出资10 000元。该茶吧暂定为小规模纳税人，增值税征收率为3%。又从银行借款10 000元，期限1年（2014年9月1日—2015年9月1日）年利率4%，利息每季度支付。从学校实验中心租赁经营用房一套，位于校园内，由于学校给予扶持，故年租金仅收6 000元（每月支付），承租桌椅共10套，年租金2 400元（每月支付），租金从营业的10月开始交付。假设第一年各种税金暂时减免。

适空茶书吧自2014年9月开始筹建，发生业务如下。

1. 9月9日，支付装修费8 000元，开业后分20个月摊销。

2. 9月10日，购买货架2组，单价1 000元；柜台1套，单价2 000元。

3. 9月15日，购买榨汁机2台，单价350元；碎冰机1台，单价860元；微波炉1台，单价820元，电水壶2个，单价90元；电冰箱1台，3 510元。

4. 9月20日，购买茶具4套，单价310元。

5. 9月25日，购买包装材料：纸杯4 000个，每个0.35元，塑料吸管3 000套，每套单价0.04元，包装袋3 000个，单价0.09元。

10月开始试营业，发生下列业务。

6. 10月2日，从网上购买各种原材料及辅料发票汇总如下表9-90所示。

表9-90　原材料及辅料明细表

品名	数量	单价/元	金额/元
奶茶粉	8袋	26.00	208.00
浓缩果汁	5瓶	35.00	175.00
蜂蜜	5瓶	60.00	300.00
雀巢咖啡粉	5瓶	85.00	425.00
可可粉	5袋	40.00	200.00
奶粉	5袋	30.00	150.00
巧克力奶粉	5袋	34.00	170.00
各种果酱	10瓶	24.00	240.00
绿茶	2盒	120.00	240.00
花茶	2盒	90.00	180.00
红茶	2盒	150.00	300.00
普洱茶	2盒	110.00	220.00
合计			2 808.00

通过银行卡（现金）支付。

7. 10月4日，购买水果发票汇总如表9-91所示。

表9-91　水果明细表

品名	数量/斤	单价/元	金额/元
苹果	120	5.00	600.00
橙子	150	3.90	585.00
香蕉	100	3.30	330.00
西瓜	100	2.90	290.00
柠檬	40	17.00	680.00
合计			2 485.00

通过现金支付。

8. 10月5日，购买香甜甜品牌的各种面包2 520个，单价2.8元，计7 056元，通过银行卡支付。

9. 10月5日，购买大桶矿泉水6桶，单价29元，计174元。

10. 10月6日，购买收款机一台，价款1 800元。

11. 10月31日，本月销售情况如表9-92所示。

表 9-92　　销售明细表

品 名	数 量	单价 (含包装物)/元	金额/元
奶茶	1 540 杯	6.00	9 240.00
沙冰果汁	1 000 杯	5.00	5 000.00
鲜榨果汁	680 杯	11.00	7 480.00
茶水	42 壶	15.00	630.00
面包	2500 个	3.500	8 750.00
合计			31 100.00

12. 10 月 31 日，支付水电费总计 385 元。

13. 10 月 31 日，邮费及补付发票税费 246 元

14. 10 月 31 日，支付工资 6 800 元，其中：临时工工资 2 000 元。

15. 10 月 31 日，支付代理记账费 600 元。

16. 10 月 31 日，固定资产（货架、柜台、电冰箱、收款机）均按五年平均计提折旧，不考虑残值。

17. 10 月 31 日，存货期末库存盘点如表 9-93 所示。

表 9-93　　存货盘点表

品 名	数 量	单价/元	金额/元
奶茶粉	1.8 袋	26.00	46.80
蜂蜜	1 瓶	60.00	60.00
雀巢咖啡粉	0.5 瓶	85.00	42.50
各种果酱	2 瓶	24.00	48.00
绿茶	1.8 盒	120.00	216.00
花茶	1.7 盒	90.00	153.00
红茶	1.7 盒	150.00	255.00
普洱茶	1.9 盒	110.00	209.00
纸杯	770 个	0.35	269.5
合 计			1 299.80

问题：

请你帮会计咨询公司为适空茶书吧进行代理记账。

(1) 编制会计分录（9 月份和 10 月份）。

(2) 10 月末，按权责发生制进行账项调整。

(3) 开设分类账户（总账和明细账）。

(4) 按记账凭证会计核算组织程序登记总账。

(5) 根据账簿记录编制 9～10 月份的利润表及 10 月末的资产负债表。

思考与练习

一、思考题

1. 什么是会计核算组织程序？主要有哪些种类？
2. 如何设计合理的会计核算组织程序？
3. 各种会计核算组织程序的区别是什么？
4. 简述记账凭证核算组织程序的特点、程序步骤及适用范围。
5. 简述科目汇总表核算组织程序的特点、程序步骤及适用范围。
6. 多栏式日记账核算组织程序与日记总账核算组织程序有什么相同点与不同点？

二、单项选择题

1. 各种会计核算组织程序之间的主要区别在于（　　）。

A. 总账的格式不同　　B. 登记总账的依据和方法不同
C. 会计凭证的种类不同　　D. 根据总账编制会计报表的方法不同

2. 科目汇总表核算组织程序的主要缺点在于（　　）。

A. 不能反映账户之间的科目关系　　B. 编制会计报表的方法较复杂
C. 登记总账的工作量较大　　D. 登记明细分类账的工作量较大

3. 在各种不同的会计核算组织程序中，不能作为登记总账依据的是（　　）。

A. 科目汇总表　　B. 记账凭证
C. 汇总记账凭证　　D. 汇总原始凭证

4. 科目汇总表定期汇总的是（　　）。

A. 每一账户的本期借方发生额　　B. 每一账户的本期贷方发生额
C. 每一账户的本期借方、贷方发生额　　D. 每一账户的本期借方、贷方余额

5. 关于汇总记账凭证核算组织程序，下列说法中错误的是（　　）。

A. 根据记账凭证定期编制汇总记账凭证
B. 根据原始凭证或原始凭证汇总表登记总账
C. 根据汇总记账凭证登记总账
D. 汇总转账凭证应当按照每一账户的贷方分别设置，归类汇总

三、多项选择题

1. 科目汇总表的优点主要有（　　）。

A. 起到试算平衡的作用　　B. 反映各科目的借、贷方本期发生额
C. 反映各科目之间的对应关系　　D. 简化登记总分类账的工作量

2. 会计核算组织程序又称账务处理程序，它是指（　　）相互结合的方式。

A. 会计账簿　　B. 记账方法
C. 会计凭证　　D. 会计科目

3. 多栏式日记账会计核算组织程序的优点（　　）。

A. 手续简便　　B. 适宜于使用较多会计科目的单位
C. 效率较高　　D. 能反映账户的对应关系

4. 记账凭证核算组织程序、科目汇总表核算组织程序和汇总记账凭证核算组织程序应共同遵循的程序有（　　）。

A. 根据原始凭证或原始凭证汇总表和记账凭证登记各种明细账

B. 根据汇总记账凭证登记总账

C. 期末，总账与明细账、日记账进行核对

D. 期末，根据总分类账和明细分类账的记录编制会计报表

5. 在各种会计核算组织程序中，登记总分类账的依据可以是（　　）。

A. 明细账　　　　B. 汇总记账凭证

C. 科目汇总表　　D. 记账凭证

四、判断题

1. 同一单位可以同时采用几种不同的会计核算组织程序。（　　）

2. 科目汇总表核算组织程序的主要特点是根据记账凭证编制科目汇总表，并根据科目汇总表编制会计报表。（　　）

3. 多栏式日记账核算组织程序一般适用于规模较大、收支业务较少的单位。（　　）

4. 各种会计核算组织程序之间的主要区别在于编制会计报表的依据和方法不同。（　　）

5. 汇总记账凭证核算组织程序和科目汇总表核算组织程序都适用于经济业务较多的单位。（　　）

五、业务题

目的：练习记账凭证核算组织程序。

资料：

相普公司是一个电子元件生产企业，企业为增值税一般纳税人，材料日常核算采用实际成本法，发出存货采用先进先出法。2019 年 10 月 30 日相关账户余额如表 9 - 94～表 9 - 96 所示。

表 9 - 94　　总分类账户余额表

单位：元

账户名称	借方余额	账户名称	贷方余额
库存现金	3 000	短期借款	300 000
银行存款	858 500	应付账款	78 000
应收账款	20 000	应付职工薪酬	171 000
预付账款	80 000	应交税费	49 700
原材料	40 000	实收资本	1 000 000
库存商品	232 000	盈余公积	0
生产成本	68 000	本年利润	480 000
固定资产	537 700	利润分配	0
累计折旧	－25 500		

续表

账户名称	借方余额	账户名称	贷方余额
无形资产	300 000		
累计摊销	－35 000		
合 计	2 078 700		2 078 700

表 9－95 材料明细分类账户余额表

项目	数量/公斤	单价/元	金额/元
甲材料	3 200	5	16 000
乙材料	2 000	12	24 000
合计			40 000

表 9－96 库存商品明细分类账户余额表

项目	数量/件	单位成本/元	金额/元
Q－1 产品	400	300	120 000
R－2 产品	350	320	112 000
合 计			232 000

11 月份发生下列经济业务。

(1) 1 日，收到海运公司投入的货币资金 200 000 元，存入银行；设备一台，价值 50 000元；专利权一项，价值 80 000 元。

(2) 3 日，向银行借入期限 3 个月的生产周转借款 100 000 元，款项存入银行。

(3) 4 日，公司采购员高力向财务处预借 2 000 元现金，以备出差之用。

(4) 5 日，向东化公司购买甲材料 2 000 公斤，单价每公斤 5 元，价款共计 10 000 元，增值税 1 300 元，款项已通过支付，材料已验收入库。

(5) 6 日，从京津公司购买乙材料 1 000 公斤，单价每公斤 9.60 元，金额 9 600 元，增值税 1 248 元，运杂费 400 元，材料已验收入库，货款暂欠。

(6) 8 日，高力出差回来，报销差旅费 2 150 元。

(7) 9 日，销售给荣欣公司 Q－1 产品 300 件，每件售价 400 元，货款计 120 000 元，增值税 15 600 元，货税款合计 139 200 元，已通过银行收讫。

(8) 10 日，以现金支付销售产品的搬运费 300 元。

(9) 11 日，支付上月所欠增值税 35 000 元，所得税 14 700 元。

(10) 13 日，发放工资 171 000 元。

(11) 15 日，收到现金 1 000 元，为职工王明违反生产规程罚款。

(12) 17 日，开出支票向希望工程捐款 10 000 元。

(13) 19 日，银行通知，上月麦加公司所欠货款 15 000 元已到账。

(14) 24 日，销售给凯商公司 Q－1 产品 200 件，每件售价 400 元，货款计 80 000 元，增值税 10 400 元，价税款合计 92 800 元，款项尚未收到。

（15）25 日，本月仓库发出材料汇总如表 9－97 所示。

表 9－97 **相普公司发料汇总表**

项 目	甲材料			乙材料			合计/元
	数量/公斤	单价/元	金额/元	数量/公斤	单价/元	金额/元	
Q－1 产品耗用	2 000	5.00	10 000	1 000	12.00	12 000	22 000
R－2 产品耗用	2 200	5.00	11 000	1 500	12.00	18 000	29 000
车间一般耗用	500	5.00	2 500	200	12.00	2 400	4 900
管理部门耗用				50	12.00	600	600
合 计	4 700	—	23 500	2 750	—	33 000	565 000

（16）26 日，本月通过银行支付水电费 24 000 元，其中：车间 20 000 元，管理部门 4 000元。

（17）28 日，销售 R－2 产品 600 件，售价 500 元，计 300 000 元，增值税 39 000 元，货款已收到。

（18）31 日，分配本月工资 171 000 元，其中，生产 Q－1 工人工资 80 000 元，生产 R－2工人工资 22 600 元，车间管理人员 34 200 元，厂部管理人员 34 200 元。

（19）31 日，计提本月固定资产折旧 20 000 元，其中：车间生产用固定资产折旧 15 000元，企业管理部门 5 000 元。

（20）31 日，结转本月发生的制造费用，按生产工时分配，其中 Q－1 生产工时 3 000 小时，R－2 生产工时 2 000 小时。

（21）31 日，本月 Q－1 产品 500 件，R－2 产品 200 件全部完工，结转完工产品成本并入成品库。

（22）31 日，计算应交增值税，按 7%计算应交城市维护建设税，按 3%计算教育费附加。

（23）31 日，计算并结转本月销售产品成本。其中 Q－1 已销商品成本为 149 292 元，R－2 已销商品成本为 132 310 元。

（24）31 日，将损益类账户转入本年利润。

（25）31 日，计算所得税费用。

（26）31 日，将所得税费用转入本年利润。

要求：

（1）开设总分类账户并过入期初余额。

（2）开设有关明细账户并过入期初余额。

（3）运用记账凭证核算组织程序进行日常账务处理。

（4）根据有关总账和明细账户余额编制资产负债表（只填写期末数）。

（5）根据有关账户发生额编制利润表。

六、互联网作业

1. 在互联网上查找会计信息系统的发展历程。

2. 在互联网上搜索对我国会计核算组织程序改革的探讨。

第10章 会计工作规范与信息化

学习目标与要求

会计工作规范是一种标准，其主要作用是实现会计信息生产的标准化。通过本章的学习，要求了解会计法规体系及其构成和会计机构，了解会计工作的组织形式和岗位责任，掌握会计人员的职责、权限，理解会计人员应遵守的职业道德，了解我国会计基础工作规范以及会计信息化等内容，为今后学习会计学专业课程和从事会计工作奠定基础，适应法制社会和信息时代对会计人员基本素质的要求。

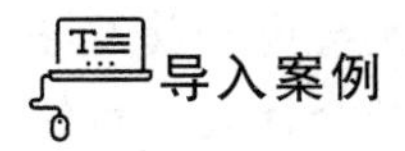

导入案例

利华服装制造有限公司发生的会计事项

2019年12月，利华服装制造有限公司（以下简称利华公司）发生以下事项。

1. 5日，为节约公司历史档案管理费用支出，公司会计科会同档案科销毁了一批保管期限已满的会计档案，未编造会计档案销毁清册，也未报经公司总经理批准。销毁后未履行任何手续。

2. 16日，公司会计人员肖某脱产学习两个星期，会计科科长张某指定出纳李某兼管肖某的债权债务账目的登记工作，未办理会计工作交接手续。

3. 20日，公司会计科预计2019年度将亏损40万元。会计科科长张某对此深感年度会计报告数据不漂亮，对不起公司领导对会计工作的关心和支持，就授意会计人员采取伪造会计凭证等手段调整公司的财务会计报告，将本年度利润调整为盈利50万元，并将调整后的公司财务会计报告经公司总经理及有关人员签名、盖章后向有关单位报送。

问题：

1. 利华公司会计科会同档案科销毁保管期满的会计档案在程序上是否符合规定？为什么？

2. 出纳李某临时兼管肖某的债权债务账目的登记工作是否符合规定？

3. 会计人员肖某脱产学习两个星期，是否需要办理会计工作交接手续？

4. 公司总经理对会计科科长张某授意会计人员采取伪造会计凭证等手段调整企业财务会计报告的行为是否应承担法律责任？为什么？

10.1 会计法规体系

会计法规体系是由国家和地方立法机关及各级政府和行政部门制定颁发的有关会计方面的法律、法规、制度、办法和规定的总和。这些法律、法规、制度、办法和规定是贯彻国家有关方针、政策和加强会计工作的重要工具，是处理会计工作的规范。

10.1.1 会计法规体系概述

1. 会计法规体系的意义

不论在何种经济条件下，会计主要是为会计信息使用者提供信息的，而提供会计信息就必须要规范信息提供者的行为。因此，会计规范是一种标准，其主要作用是实现会计信息生产的标准化，即在会计领域内对会计确认、计量、记录、报告等会计行为进行规范，其内容包括法规、准则等。将所有属于会计法规的内容按照一定逻辑顺序，层次分明、有机地联系起来并综合在一起表示，就构成了一个体系，即会计法规体系。建立健全会计法规体系，是做好会计工作的前提条件，也是解决会计信息失真问题的措施之一。具体而言，会计法规体系的作用主要包括以下几个方面。

第一，会计法规体系是会计人员从事会计工作提供会计信息的基本依据。会计信息的生产不能是随意和无规则的，否则，会计信息对于使用者就毫无意义，甚至会由于其误导而危害社会。因此，会计法规体系为设计合理有效的会计工作与行为模式及会计人员对外提供有效的会计信息提供了依据。

第二，会计法规体系为评价会计行为确定了客观标准。由于会计信息的生产与有关各方的经济利益密切相关，会计信息使用者必然关注会计工作的质量，会计法规恰是会计信息使用者评价会计工作和会计信息质量的基本依据，有助于其对特定的会计行为及其结果做出评价。

第三，会计法规体系是维护社会经济秩序的一项重要工作。会计法规体系作为市场经济运行规则的一个组成部分，不仅有利于社会各方从事与企业有关的经济活动并做出相应经济决策，而且有利于国家维护和保证财政利益，进行宏观调控，管理国有资产等。

2. 会计法规体系的内容

新中国成立以来，随着国民经济的发展，国家和有关部门陆续制定了大量会计法规，并且不断改进、充实和完善，已逐步形成具有中国特色的社会主义会计法规体系。会计法规体系可以从法律上划分为下列 3 个层次：一是会计法律，即《会计法》。它是调整我国经济生活中会计关系的法律规范。《会计法》是会计法律制度中层次最高的法律规范，是制定其他会计法规的依据，也是指导会计工作的最高准则。二是会计行政法规。它是调整经济生活中某些方面会计关系的法律规范。会计行政法规由国务院制定发布或者国务院有关部门拟订经国务院批准发布，制定依据是《会计法》。如：《总会计师条例》，《企业会计准则》等。三是会计规章，是指由主管全国会计工作的行政部门——财政部就会计工作中某些方面内容所制定的规范性文件。国务院有关部门根据其职责制定的会计方面的规范性文件，如实施国家统一的会计制度的具体办法等，也属于会计规章，但必须报财政部审核批准。会计规章依据会计法律和会计行政法规制定，如财政部发布的《股份有限公司会计制度》《会计基础工作规范》，财政部与国家档案局联合发布的《会计档案管理办法》等。各省、自治区、直辖市人民代表大会及其常委会在同宪法和会计法律、行政法规不相抵触的前提下制定发布的会计规范性文件，也是我国会计法律制度的重要组成部分。

10.1.2　会计法律

《会计法》是我国会计工作的基本大法，是会计行为的最高法律规范。1985 年 1 月 21 日第六届全国人民代表大会常务委员会第九次会议审议通过了《会计法》，自 1985 年 5 月 1 日起施行。这是我国第一部《会计法》。《会计法》是适应经济管理需要和经济体制改革要求的一项重要经济立法，是我国自 1949 年以来工作经验和会计理论研究成果的集中体现，是会计工作的一个纲领性文件，是从事会计工作所必须遵循的最高行为准则。制定和修订《会计法》，是完善我国会计法律制度，规范会计行为，提高会计工作质量，发挥会计在社会主义市场经济建设中作用的重要举措。

自 1985 年我国《会计法》颁布实施以来，我国先后三次对《会计法》进行了重大的修改和修订，使《会计法》得以不断完善。1993 年 12 月 29 日第八届全国人民代表大会常务委员会第五次会议通过了第一次修改的《会计法》，自公布之日起施行。这次对《会计法》的部分条款做了修改，主要是将《会计法》的适用范围由原来规定只适用于国有企业事业单位，扩大到适用于包括集体、私营和外商投资企业在内的所有企业事业单位，把各类市场主体都纳入了《会计法》的适用范围，并对会计核算、会计监督以及会计机构和会计人员的规定，也做了相应的修改。1999 年 10 月 31 日，第九届全国人民代表大会常务委员会第十二次会议审议通过第二次修订的《会计法》，公布修订后的《会计法》自 2000 年 7 月 1 日起施行。本次修订的《会计法》突出规范会计行为，保证会计资料质量的立法宗旨；强调单位负责人对本单位会计工作和会计资料真实性、完整性的责任；进一步完善会计核算规则；对公司、企业会计核算做出特别规定；进一步加强会计监督制度；规定国有大中型企业必须设置总会计师；对会计从业资格管理做出规定；法律责任更加明确、更具可操作性。2017 年 11 月 4 日，第十二届全国人民代表大会常务委员会第三十次会议决定，通过对《会计法》做出修改，公布修改后的《会计法》自 2017 年 11 月 5 日起施行。此次修改的《会计法》取消会计从业资格证，将从事会计工作所需要的专业能力、法律意识、风险意识与会计职业道德相结合。

10.1.3　会计行政法规

会计行政法规是指国务院制定并发布，或者国务院有关部门拟定并经过国务院批准发布，调整经济生活中某些方面会计关系的法律规范。国务院制定的行政法规，其权威性和法律效力仅次于由全国人民代表大会及其常务委员会制定的法律，是一种重要的法律形式。会计行政法规制定的依据是《会计法》，会计行政法规的效力仅次于会计基本法。如 1990 年 12 月 31 日国务院发布的《总会计师条例》、2000 年 6 月 21 日国务院颁布并于 2001 年 1 月 1 日施行的《企业财务会计报告条例》等。

10.1.4　会计准则

会计准则是会计人员从事会计工作必须遵循的基本原则，是会计核算工作的规范。它就经济业务的具体会计处理做出规定，以指导和规范企业的会计核算，保证会计信息的质量。

我国企业会计准则由财政部制定并发布实施，属于部门规章范畴。我国企业会计准则体系包括基本准则、具体准则和应用指南3个部分。其中，基本准则是纲，它在整个企业会计准则体系中起着统驭作用。基本准则包括总则、会计信息质量要求、财务会计报表要素、会计计量、财务会计报告等内容。具体准则是目，是在基本准则的指导下，处理会计具体业务标准的规范。其具体内容可分为一般业务准则、特殊行业和特殊业务准则、财务报告准则3大类。一般业务准则是规范普遍适用的一般经济业务的确认、计量要求，如存货、固定资产、无形资产、职工薪酬、所得税等。特殊行业和特殊业务准则是对特殊行业的特定业务的会计问题做出的处理规范，如生物资产、金融资产转移、套期保值、原保险合同、合并会计报表等。财务会计报告准则主要规范各类企业通用的报告类准则，如财务报表列报、现金流量表、合并财务报表、中期财务报告、分部报告等。应用指南是补充，从不同角度对企业具体准则进行强化，解决实务操作，包括具体准则解释部分、会计科目和财务报表部分。2006年2月15日财政部发布的企业会计准则体系，包括1项基本准则和38项具体准则，自2007年1月1日起在上市公司范围内施行，鼓励其他企业执行。至此，中国建成与国际财务报告准则实质性趋同的新会计准则体系，实现与国际财务报告准则的实质性趋同。2006年10月30日，财政部制定并发布《企业会计准则——应用指南》，该应用指南自2007年1月1日起在上市公司范围内施行。2014年财政部正式修订5项企业会计准则、新增3项企业会计准则，发布1项准则解释，并修改《企业会计准则——基本准则》中关于公允价值计量的表述。此后至2017年，财政部陆续发布6项企业会计准则解释、4项会计处理规定，修订5项企业会计准则、新增1项企业会计准则，至此，中国的《企业会计准则》由一项基本准则，42项具体准则构成，进一步保持了中国企业会计准则与国际财务报告准则的持续趋同。

10.1.5 会计制度

会计制度通常包括两个层次的含义：一是由基层会计主体自行制定或委托社会会计服务机构制定的基层单位内部会计制度，是指对商业交易和财务往来在账簿中进行分类、登录、归总，并进行分析、核实和上报结果的制度，是进行会计工作所应遵循的规则、方法、程序的总称；二是由财政部制定颁布的国家统一的会计制度，是指国务院财政部门(即财政部)根据会计法制定的关于会计核算、会计监督、会计机构和会计人员以及会计工作管理的制度。根据《会计法》的规定，国家统一的会计制度，由国务院所属财政部制定；各省、自治区、直辖市以及国务院业务主管部门，在与会计法和国家统一会计制度不相抵触的前提下，可以制定本地区、本部门的会计制度或者补充规定。

会计制度主要包括会计凭证的种类和格式以及编制、传递、审核、整理、汇总的方法和程序；会计科目的编号、名称及其核算内容；账簿的组织和记账方法；记账程序和记账规则；成本计算方法；财产清查方法；财务报表的种类、格式和编制方法、报送程序；会计资料的分析和利用；会计检查的程序和方法；电子计算在会计中的应用，会计档案的保管和销毁办法；会计机构的组织；会计工作岗位的职责等。

2000年12月29日，财政部发布《企业会计制度》。该《企业会计制度》打破了不同行业、所有制、组织形式等的局限，将除金融保险企业、小企业之外的所有企业纳入统一核算体系，自2001年1月1日起暂在股份有限公司施行。从2003年1月1日起，除小企业和金融企业以外的所有企业施行。该会计制度的制定依据《会计法》、企业会计基本准则和具体准则。《企业会计制度》主要由会计核算一般规定、会计科目及其运用、财务报告等内容组成，是对《企业财务会计报告条例》的具体运用。

10.2 会计基础工作规范

会计基础工作是会计工作的基本环节，也是经济管理工作的重要基础。为了加强会计基础工作，建立规范的会计工作秩序，提高会计工作水平，根据《会计法》的有关规定，财政部制定《会计基础工作规范》（以下简称《规范》）。会计基础工作主要包括会计工作管理体制、经济组织或单位会计机构的设置、会计人员的配备与聘用、会计工作岗位设置、会计职业道德、会计监督、会计凭证、会计账簿与报告的技术性规范、单位内部会计制度的建立、会计交接和会计档案管理等方面的工作内容，本节主要阐述会计人员的工作交接和会计档案管理的基本内容。

10.2.1 会计基础工作规范的意义

随着改革开放的深入和社会主义市场经济的发展，许多单位认识到会计基础工作的重要性，把会计基础工作与改善经营管理、建立现代企业制度等结合起来，积极采取措施改善和加强会计基础工作，使会计工作逐步规范，水平稳步提高，也使会计工作在单位经营管理中发挥越来越大的作用。会计基础工作规范意义重大。

1. 建立健全完善会计管理制度

建立健全完善会计管理制度，制定规范本单位本企业的制度、措施与方法。确定单位内部的会计核算组织形式，明确岗位责任制度，规定账务处理程序等，这就从会计核算组织与人员框架上保证了有专门的机构和人员来履行会计的核算与监督职能。

2. 有利于加强企业的财务管理

会计基础工作完善与规范后能对各项支出做出准确、及时的反映和有效的控制，它所提供的各种信息，既反映了企业的财务收支活动、预算的执行情况，又为管理者提供了决策的依据，加强了企业的财务管理。

3. 改善会计工作质量提高经济效益

会计基础工作通过收集、处理、利用和提供会计信息，对经济活动进行核算和监督，从而为改进和加强经营管理服务，有效地维护了会计管理制度体系的完整性与协调性，是提高经济效益的重要策略。

10.2.2 会计基础工作规范的内容

会计基础工作中有关工作管理体制，经济组织或单位会计机构的设置，会计人员的配备，会计工作岗位设置，会计职业道德，会计监督，会计凭证、会计账簿与报告的技术性规范等内容在本章后几节和本书的会计凭证、会计账簿及会计报表等相关章节讲述，这里就不再赘述。下面仅简要阐述有关会计工作交接和会计档案管理的问题。

1. 会计工作交接

会计工作交接制度，是会计工作的一项重要制度，也是会计基础工作的重要内容。办理好会计工作交接，有利于保持会计工作的连续性，有利于明确责任。会计工作交接制度的要求，《会计法》以及其会计法规、规章都做出了原则性规定，《规范》在此基础上对会计工作交接的具体要求进一步做出规定，主要内容有以下方面。

（1）会计人员工作调动或者因故离职必须将本人所经管的会计工作全部移交给接替人员，没有办清交接手续不得调动或者离职。在实际工作中，有些应当办理移交手续的会计人员借故不办理移交手续，或者迟迟不移交所经管的会计工作，使正常的会计工作受到影响，这是制度上所不允许的，单位领导人应当督促经办人员及时办理移交手续。

（2）会计人员在办理移交手续前必须及时办理完毕未了的会计事项，包括：对已经受理的经济业务尚未填制会计凭证的，应当填制完毕；尚未登记的账目，应当登记完毕，并在最后一笔余额后加盖经办人员印章；整理应该移交的各项资料，对未了事项写出书面证明等。同时，编制移交清册，列明应当移交的会计凭证、会计账簿、会计报表、现金、有价证券、印章以及其他会计用品等。会计机构负责人、会计主管人员移交时，还应将全部财务会计工作、重大财务收支问题和会计人员的情况等，向接替人员介绍清楚；需要移交的遗留问题，应当写出书面材料。

（3）交接双方要按照移交清册列明的内容，进行逐项交接，其中：现金要根据会计账簿记录余额进行点交，不得短缺；有价证券的数量要与会计账簿记录一致，由于一些有价证券如债券、国库券等面额与发行价格可能会不一致，因此，在对这些有价证券的实际发行价格、利（股）息等按照会计账簿余额进行交接的同时，应当对上述有价证券的数量（如张数等）也按照有关会计账簿记录点交清楚；所有会计资料必须完整无缺，如有短缺，必须查明原因，并在移交清册中注明，由移交人负责；银行存款账户余额要与银行对账单核对，各种财产物资和债权债务的明细账户余额要与总账有关账户余额核对，核对清楚后，才能交接；移交人员经管的票据、印章及其他会计用品等，也必须交接清楚，特别是实行会计电算化的单位，对有关电子数据应当在电子计算机上进行实际操作，以检查电子数据的运行和有关数字的情况。交接工作结束后，交接双方和监交人要在移交清册上签名或者盖章，以明确责任；同时，移交清册由交接双方以及单位各执一份，以供备查。

（4）在办理会计工作交接手续时，要有专人负责监交，以保证交接工作的顺利进行。一般会计人员办理交接手续，由单位的会计机构负责人、会计主管人员负责监交；会计机构负责人、会计主管人员办理交接手续，由单位领导人负责监交，必要时可由上级主管部门派人会同监交。所谓必要时由上级主管部门派人会同监交，是指交接双方需要上级主管单位监交或者上级主管单位认为需要参与监交。通常有3种情况：一是所属单位领导人不能监交，需要由上级主管单位派人代表主管单位监交的，如因单位撤并而办理交接手续等；二是所属单位领导人不能尽快监交，需要由上级主管单位派人督促监交的，如上级主管单位责成所属单位撤换不合格的会计机构负责人、会计主管人员，所属单位领导人以种种借口拖延不办理交接手续时，上级主管单位就应派人督促会同监交等；三是不宜由所属单位领导人单独监交，而需要上级主管单位会同监交的，如所属单位领导人与办理交接手续的会计机构负责人、会计主管人员有矛盾，交接时需要上级主管单位派人会同监交，以防可能发生单位领导人借机刁难等情况。此外，上级主管单位认为交接中存在某种问题需要派人监交的，也可以派人会同监交。

（5）对于会计人员临时离职或者因病暂时不能工作，需要有人接替或者代理工作的，也应当按照《规范》的规定办理交接手续，同样，临时离职或者因病暂时离岗的会计人员恢复工作的，也要与临时接替或者代理人员办理交接手续，目的是保持会计工作的连续和分清责任。对于移交人员因病或者其他特殊原因不能亲自办理移交的，《规范》规定，在这种情况下，经单位领导人批准，可以由移交人员委托他人代办移交手续，但委托人应当对所移交的会计工作和相关资料承担责任，不得借口委托他人代办交接而推脱责任。

（6）移交人员对自己经办且已经移交的会计资料的合法性、真实性，要承担法律责任，不能因为会计资料已经移交而推脱责任。

2. 会计档案管理

（1）会计档案的概念与内容。

会计档案是指会计凭证、会计账簿和财务报告等会计核算专业资料，是记录和反映企事业单位经济业务发生情况的重要史料和证据，属于单位的重要经济档案，是检查企事业单位过去经济活动的重要依据。

会计档案的内容一般指会计凭证、会计账簿、会计报表以及其他会计核算资料等4个部分。会计凭证包括自制原始凭证、外来原始凭证、原始凭证汇总表、记账凭证（收款凭证、付款凭证、转账凭证3种）、记账凭证汇总表、银行存款（借款）对账单、银行存款余额调节表等内容。会计账簿包括按会计科目设置的总分类账、各类明细分类账、现金日记账、银行存款日记账及辅助登记备查簿等。会计报表包括资产负债表、损益表、财务情况说明书等。其他会计核算资料属于经济业务范畴，与会计核算、会计监督紧密相关的，由会计部门负责办理的有关数据资料。如：经济合同、财务数据统计资料、财务清查汇总资料、核定资金定额的数据资料、会计档案移交清册、会计档案保管清册、会计档案销毁清册等。实行会计电算化单位存贮在磁性介质上的会计数据、程序文件及其他会计核算资料均应视同会计档案一并管理。

（2）会计档案的保管。

会计年度终了后，对会计资料进行归档整理立卷。会计档案的整理一般采用“三统一”的办法，即：分类标准统一、档案形成统一、管理要求统一，并分门别类按各卷顺序编号。分类标准统一：一般将财务会计资料分成一类账簿，二类凭证，三类报表，四类文字资料及其他。档案形成统一：案册封面、档案卡夹、存放柜和存放序列统一。管理要求统一：建立财务会计资料档案簿、会计资料档案目录；会计凭证装订成册，报表和文字资料分类立卷，其他零星资料按年度排序汇编装订成册。

《会计档案管理办法》规定：“当年形成的会计档案，在会计年度终了后，可由单位会计管理机构临时保管一年，再移交单位档案管理机构保管。”根据上述规定，会计档案的保管要求主要有以下几个方面。

① 会计档案的移交手续。财务会计部门在将会计档案移交本单位档案部门时，应按下列程序进行：开列清册，填写交接清单；在账簿使用日期栏填写移交日期；交接人员按移交清册和交接清单项目核查无误后签章。

② 会计档案的保管要求。会计档案室应选择在干燥防水的地方，并远离易燃品堆放地，周围应备有适应的防火器材；采用透明塑料膜作防尘罩、防尘布，遮盖所有档案架和堵塞鼠洞；会计档案室内应经常用消毒药剂喷洒，经常保持清洁卫生，以防虫蛀；会计档

案室保持通风透光，并有适当的空间、通道和查阅地方，以利查阅，并防止潮湿；设置归档登记簿、档案目录登记簿、档案借阅登记簿，严防毁坏损失、散失和泄密；会计电算化档案保管要注意防盗、防磁等安全措施。

③ 会计档案的借阅。会计档案为本单位提供利用，原则上不得借出，有特殊需要须经上级主管单位或单位领导、会计主管人员批准；外部借阅会计档案时，应持有单位正式介绍信，经会计主管人员或单位领导人批准后，方可办理借阅手续；单位内部人员借阅会计档案时，应经会计主管人员或单位领导人批准后，办理借阅手续。借阅人应认真填写档案借阅登记簿，将借阅人姓名、单位、日期、数量、内容、归期等情况登记清楚；借阅会计档案人员不得在案卷中乱画、标记，拆散原卷册，也不得涂改抽换、携带外出或复制原件（如有特殊情况，须经领导批准后方能携带外出或复制原件）；借出的会计档案，会计档案管理人员要按期如数收回，并办理注销借阅手续。

④ 会计档案的保管期限。会计档案的保管期限分为永久保管和定期保管两类，其中年度财务会计报告（决算）、会计档案保管清册、会计档案销毁清册要永久保存；各种会计凭证和会计账簿至少要保存 30 年，但是固定资产卡片报废清理后保管 5 年；月、季度财务会计报告（包括文字分析）要保存 10 年；会计档案移交清册至少保管 30 年；银行存款余额调节表、银行对账单和纳税申报表一般要保存 10 年。会计档案的保管期限是从会计年度终了后的第一天算起。

为了全面反映会计档案情况，档案保管部门应设置“会计档案备查表”及时记载会计档案的保存数、借阅数和归档数，做到心中有数、不出差错。

（3）会计档案的销毁。

会计档案保管期满，需要销毁时由本单位档案机构会同会计机构共同提出销毁意见，会同财务会计部门共同鉴定、严格审查，编造会计档案销毁清册。机关、团体、事业单位和非国有企业会计档案要销毁时，报本单位领导批准后销毁；国有企业经企业领导审查，报请上级主管单位批准后销毁。会计档案保管期满，但其中未了结的债权债务的原始凭证，应单独抽出，另行立卷，由档案部门保管到结清债权债务时为止；建设单位在建设期间的会计档案，不得销毁。销毁档案前，应按会计档案销毁清册所列的项目逐一清查核对；各单位销毁会计档案时应由档案部门和财会部门共同派员监销；各级主管部门销毁会计档案时，应由同级财政部门、审计部门派员参加监销；财务部门销毁会计档案时，应由同级审计部门派员参加监销；会计档案销毁后经办人在“销毁清册”上签章，注明“已销毁”字样和销毁日期，以示负责，同时将监销情况写出书面报告一式两份，一份报本单位领导，一份归入档案备查。

10.3 会计人员和会计职业道德

10.3.1 会计人员

会计人员是指根据《会计法》的规定，在国家机关、社会团体、企业、事业单位和其他组织（以下统称单位）中从事会计核算、实行会计监督等会计工作的人员。配备适当的会计人员，是各单位会计工作得以正常开展的重要条件。

1. 会计人员的职责

会计人员的职责是考核会计人员工作质量的重要标准，主要包括以下几个方面。

(1) 进行会计核算。会计人员要以实际发生的经济业务为依据，记账、算账、报账，做到手续完备、内容真实、数字准确、账目清楚、日清月结、按期报账，如实反映财务状况、经营成果和财务收支情况。进行会计核算，及时地提供真实可靠的、能满足各方需要的会计信息，是会计人员最基本的职责。

(2) 实行会计监督。各单位的会计机构、会计人员对本单位实行会计监督。会计人员对不真实、不合法的原始凭证，不予受理；对记载不准确、不完整的原始凭证，予以退回，要求更正补充；发现账簿记录与实物、款项不符的时候，应当按照有关规定进行处理；无权自行处理的，应当立即向本单位行政领导人报告，请求查明原因，做出处理；对违反国家统一的财政制度、财务制度规定的收支，不予办理。

(3) 按照国家各项政策和制度规定，认真编制并严格执行财务计划、预算、定期检查和分析财务计划、预算的执行情况。遵守各项收支制度，费用开支范围和开支标准，合理使用资金，考核资金的使用效果等。

(4) 拟订本单位办理会计事务的具体办法。根据国家的会计法规、财政经济方针、政策和上级的有关的规定以及本单位的具体情况，拟定本单位办理会计事务的具体办法，如会计人员岗位责任制、内部牵制和稽核制度、财产清查制度、成本计算办法及费用开支报销手续办法等。

(5) 办理其他会计事务。例如，协助企业其他管理部门做好企业管理的基础工作；对上级机关、财政、税务、银行等部门来本单位检查工作，要负责提供有关资料，如实反映情况等。

2. 会计人员的权限

国家赋予会计人员相应的权限，用以保证其更好地履行职责。《会计法》和《会计人员职权条例》中规定的会计人员权限如下。

(1) 有权要求本单位有关部门、人员认真执行国家批准的计划、预算，遵守国家财经纪律和财务制度，如有违反，会计人员有权拒绝付款，拒绝报销，拒绝执行，并向单位领导报告。对于弄虚作假、营私舞弊、欺骗上级等违法乱纪行为，会计人员必须坚决拒绝执行，并向本单位领导或上级机关、财政部门报告。对于违反制度法令的事项，会计人员不拒绝执行又不向领导或有关部门报告的，应同有关人员负连带责任。

(2) 有权参与本单位编制计划，制定定额，签订经济合同，参加有关的生产经营管理会议。单位领导和有关部门对会计人员提出的有关财务开支和经济效益方面的问题和意见，要认真考虑，合理的意见要采纳。

(3) 有权监督检查本单位有关部门的财务收支、资金使用和财产保管、收发、计量、检验等情况，有关部门要提供资料，如实反映情况。

(4) 会计人员享有继续受教育的权利。按照财政部发布的《会计人员继续教育规定》，会计人员享有继续受教育的权利和接受继续教育的义务。会计人员应当接受继续教育，每年接受培训（面授）的时间累计不得少于 24 小时。会计人员的继续教育的内容主要包括会计理论，政策法规，业务知识培训和技能训练，职业道德等。会计人员按照要求接受培训，考核合格并取得相关证明后，应在 90 天内持《会计人员从业资格证书》及相关证明向继续教育主管部门办理继续教育事项登记。

3. 会计人员的专业技术职务

会计专业技术职务是区分会计人员从事业务工作的技术等级。会计专业技术职务分为高级会计师、会计师、初级会计师、会计员。其中，高级会计师为高级职务，会计师为中级职务，初级会计师与会计员为初级职务。

(1) 会计员的基本条件：初步掌握财务会计知识和技能，熟悉并能遵照执行有关会计法规和财务会计制度，能担任一个岗位的财务会计工作。大学专科或中等专业学校毕业，在财务会计工作岗位上见习 1 年期满。

(2) 初级会计师的基本条件：掌握一般的财务会计基础理论和专业知识；熟悉并能正确执行有关的财经方针、政策和财务会计法规、制度；能担负一个方面或某个重要岗位的财务会计工作；除具备以上基本条件外，还必须具备教育部门认可的高中毕业以上学历，并通过初级会计师专业技术职务资格考试。

(3) 会计师的基本条件：较系统地掌握财务会计基础理论和专业知识，掌握并能正确贯彻执行有关的财经方针、政策和财务会计法规、制度，具有一定的财务会计工作经验，能解释国家财经制度，担负一个单位、地区、部门或系统某个方面的财务会计工作。取得博士学位并具有履行会计师职责的能力；取得硕士学位，从事会计工作满 1 年；取得双学士学位或研究生班毕业，从事会计工作满 2 年；取得大学本科学历，从事会计工作满 4 年；取得大学专科学历，从事会计工作满 5 年，并通过会计师专业技术职务资格考试。

(4) 高级会计师的基本条件：较系统地掌握经济、财务会计理论和专业知识，具有较高的政策水平和丰富的财务会计工作经验，能担负一个地区、一个部门或一个系统的财务会计管理工作。取得博士学位，并担任会计师职务 2～3 年；或取得硕士学位、第二学士学位或研究生班结业证书，或大学本科毕业并担任会计师职务 5 年以上；较熟练地掌握一门外语。

4. 会计人员应具备的基本素质

会计活动贯穿于单位开展工作的始终，随着经济社会的发展财务工作在单位中的作用越发重要，财务数据信息的客观、准确、及时，财务分析的透彻，财务管理的到位等都对单位正常有序推进工作举足轻重，这就对从事财务工作的会计人员基本素质提出了高严要求。

(1) 要有扎实、过硬的专业知识，专业能力。财务工作涉及面广、专业性与实践性强、业务繁杂，法律制度规范较多。因此，要求会计人员必须具备专业基本功，掌握全面的财经法规理论。随着经济社会的发展，会计规范和专业知识不断更新，工作不断提出挑战，对于会计人员来说，就要不断地努力地工作和学习。可通过参加会计知识再教育、会计初级或中级技术职称考试等。也可增进行业经验、促进专业交流。强化会计人员互相沟通交流、学习，取长补短，不断更新专业知识结构和层次，不断充实提高自身素质，达到岗位要求。

(2) 要有强烈的事业心和责任感。高度的事业心、责任感是做好一切工作的前提条件，也是广大会计人员最核心的基本素质，因为只有想干事，才能去干事，干好事，只有牢记责任，才能谈得上尽心尽力，尽职尽责。作为一名会计人员，就是要牢固树立尽好责，理好财的思想，热爱本职，忠诚事业。具有认认真真、勤勤恳恳、任劳任怨的工作作风和工作态度，以熟练的业务技能，提供准确而具有价值的数据。

（3）要有高尚的职业道德。会计人员应当以诚信为本严谨务实。会计人员应当以诚信为本，在工作中本着实事求是的态度，以客观公正地反映会计内容为己任，按照《会计法》等相关会计从业人员应当遵守的法规和要求，提供完整真实的会计信息。以严谨务实，开拓进取的工作精神进行会计工作。要严于律己，宽以待人，爱岗敬业，扎扎实实地工作，真实准确地反映单位活动。遵守会计纪律，保持清醒的头脑，分析会计信息，并充分运用会计信息的有效性为单位服务。

（4）具有良好的协调与沟通能力。会计人员要主动配合和支持领导工作，当好参谋和助手，要多向领导请示汇报，按时报送财务报表，结合实际提出合理化建议。要与同事团结友好相处，牢固树立团队意识。工作态度要热情主动，多提供快捷的服务，大到财务付款，后勤保障，小到财务账务的查询，在不违背财务原则的情况下，是否能办理一定要讲清道理，所办事情都要给对方回复。会计人员还要和银行、财政、税务等部门搞好公关与协调工作。有些涉外业务活动需要会计人员的参与，可能会和金融机构、审计部门、财政部门和税务部门接洽交流，此时除要将企业真实的经营情况和财务状况反映给相关部门外，还要靠会计人员有效的沟通、诚恳的态度以及与相关部门人员积极配合才能顺利完成会计任务。

5. 总会计师

总会计师是在单位主要领导人领导下，主管经济核算和财务会计工作的负责人。在一些大、中型国有企业实行总会计师制度，有利于加强经济核算和会计管理。

总会计师不是一种专业技术职务，也不是会计机构的负责人或会计主管人员，而是一种行政职务。总会计师必须是取得会计师任职资格后，主管一个单位或者单位内一个重要方面的财务会计工作时间不少于3年的会计人员。企业的总会计师由本单位主要行政领导提名，政府主管部门任命或者聘任；免职或者解聘程序与任命或者聘任程序相同。

我国1985年颁布实施的《会计法》，首次以法律的形式明确设置总会计师的要求，充分肯定总会计师制度，从而大大推动我国总会计师制度的发展。1990年12月，国务院发布施行《总会计师条例》。该条例明确规定，总会计师是单位行政领导成员，协助单位主要行政领导工作，直接对单位主要行政领导负责；总会计师组织领导本单位的财务管理、成本管理、预算管理、会计核算和会计监督等方面的工作，参与本单位重要经济问题的分析和决策，并具体组织本单位执行国家有关财经法律、法规、方针、政策和制度，保护国家财产。1999年12月修订的《会计法》再次明确规定，国有的和国有资产占控制地位或者主导地位的大中型企业必须设置总会计师。总会计师的任职资格、任免程序、职责权限由国务院规定。

6. 会计人员回避制度

回避制度，是指为了保证执法或者执业的公正性，对可能影响其公正性的执法或者执业的人员实行职务回避和业务回避的一种制度。国家机关、国有企业、事业单位任用会计人员应当实行回避制度。单位领导人的直系亲属不得担任本单位的会计机构负责人、会计主管人员。会计机构负责人、会计主管人员的直系亲属不得在本单位会计机构中担任出纳工作。直系亲属包括夫妻关系、直系血亲关系（父母，子女）、三代以内旁系血亲（兄弟姐妹）以及配偶亲关系。

10.3.2 会计职业道德

会计职业道德，是指在会计职业活动中应当遵循的、体现会计职业特征的、调整会计职业关系的各种经济关系的职业行为准则和规范。会计职业道德是一般社会公德在会计工作中的具体体现，引导、制约会计行为，调整会计人员与社会、会计人员与不同利益集团以及会计人员之间关系的社会规范。它贯穿于会计工作的所有领域和整个过程，体现社会要求与个性发展的统一，着眼于人际关系的调整，以是否合乎情理、善与恶为评价标准，并以社会评价（荣誉）和个人评价（良心）为主要制约手段，是一种通过将外在的要求转化为内在的非强制性规范。会计职业道德规范的主要内容包括以下8项。

1. 爱岗敬业

爱岗敬业是指忠于职守的事业精神，这是会计职业道德的基础。爱岗就是会计人员应该热爱自己的本职工作，安心于本职岗位。敬业就是会计人员应该充分认识本职工作在社会经济活动中的地位和作用，认识本职工作的社会意义和道德价值，具有会计职业的荣誉感和自豪感，在职业活动中具有高度的劳动热情和创造性，以强烈的事业心、责任感，从事会计工作。爱岗敬业的基本要求：正确认识会计职业，树立职业荣誉感；热爱会计工作，敬重会计职业；安心工作，任劳任怨；严肃认真，一丝不苟；忠于职守，尽职尽责。

2. 诚实守信

诚实是指言行和内心思想一致，不弄虚作假，不欺上瞒下，做老实人，说老实话，办老实事。守信就是遵守自己所做出的承诺，讲信用、重信用，信守诺言，保守秘密。诚实守信的基本要求：做老实人，说老实话，办老实事，不搞虚假；保密守信，不为利益所诱惑。所谓保守秘密就是指会计人员在履行自己的职责时，应树立保密观念，做到保守商业秘密，对机密资料不外传、不外泄，守口如瓶。

3. 廉洁自律

廉洁就是不贪污钱财，不收受贿赂，保持清白。自律是指自律主体按照一定的标准，自己约束自己、自己控制自己的言行和思想的过程。廉洁自律的基本要求：树立正确的人生观和价值观；公私分明，不贪不占；遵纪守法，尽职尽责。会计人员不仅要遵纪守法，不违法乱纪、以权谋私，做到廉洁自律；而且要敢于、善于运用法律所赋予的权利，尽职尽责，勇于承担职业责任，履行职业义务，保证廉洁自律。

4. 客观公正

对于会计职业活动而言，客观主要包括两层含义：一是真实性，即以实际发生的经济活动为依据，对会计事项进行确认、计量、记录和报告；二是可靠性，即会计核算要准确，记录要可靠，凭证要合法。公正就是要求各企、事业单位管理层和会计人员不仅应当具备诚实的品质，而且应公正地开展会计核算和会计监督工作，即在履行会计职能时，摒弃单位、个人私利，公平公正，不偏不倚地对待相关利益各方。作为注册会计师在进行审计鉴证时，应以超然独立的姿态，进行公平公正的判断和评价，出具客观、适当的审计意见。客观公正的基本要求：端正态度，依法办事，实事求是，不偏不倚，保持独立性。保持独立性，对于注册会计师行业尤为重要。

5. 坚持准则

坚持准则是指会计人员在处理业务过程中，要严格按照会计法律制度办事，不为主观或他人意志左右。这里所说的“准则”不仅指会计准则，而且包括会计法律、法规、国家统一的会计制度以及与会计工作相关的法律制度。坚持准则的基本要求：熟悉准则，指会计人员应了解和掌握《会计法》和国家统一的会计制度及与会计相关的法律制度，这是遵循准则，坚持准则的前提；遵循准则，即执行准则；坚持准则，敢于和违法行为做斗争。

6. 提高技能

会计工作是专业性和技术性很强的工作，只有具有一定的专业知识和技能，才能胜任会计工作。提高技能就是指会计人员通过学习、培训和实践等途径，持续提高职业技能，以达到和维持足够的专业胜任能力的活动。提高技能的基本要求：具有不断提高会计专业技能的意识和愿望；具有勤学苦练的精神和科学的学习方法。

7. 参与管理

参与管理简单地讲就是参加管理活动，为管理者当参谋，为管理活动服务。参与管理的基本要求：努力钻研业务，熟悉财经法规和相关制度，提高业务技能，为参与管理打下坚实的基础；熟悉服务对象的经营活动和业务流程，使管理活动更具针对性和有效性。

8. 强化服务

强化服务就是要求会计人员具有文明的服务态度、强烈的服务意识和优良的服务质量。强化服务的基本要求：强化服务意识。会计人员要树立强烈的服务意识，为管理者服务、为所有者服务、为社会公众服务、为人民服务，提高服务质量。

10.4　会计信息化

10.4.1　会计信息化的意义

会计信息化是会计与信息技术的结合，是信息社会对企业财务信息管理提出的一个新要求，是企业会计顺应信息化浪潮所做出的必要举措。实现会计信息化，把会计工作的重点从事后记账、算账转移到事前预测、事前决策、事中监督控制中来，对我国经济的发展和企业管理水平的提高都具有十分重要的意义，主要表现在以下几个方面。

1. 提高会计工作效率，促进会计工作职能的转变

随着国民经济的不断发展，企业的会计数据与会计信息越来越多，原来的手工处理方式已经满足不了企业生产经营管理工作和决策的需要。实现会计信息化后，会计人员只要把记账凭证输入计算机，大量的记账、算账、报账等工作都由计算机自动完成，使会计人员从繁重的日常事务性工作中解放出来，而把精力放在监督和控制上来，从而大大提高了会计工作的效率，实现了会计工作职能的转变。

2. 促进会计核算规范化，提高会计核算水平

实现会计信息化后，要从原始凭证中接受或获取会计的原始数据。为了适应电子计算

机的要求，必须对输入的数据进行标准化、规范化处理。同时，数据处理方式的集中化、自动化，确保了数据处理的及时性、准确性、可靠性，从而克服了手工处理固有的局限性，使会计工作质量得到进一步的保证，同时也提高了会计核算的水平。

3. 扩展了会计数据的领域，为企业管理现代化奠定了基础

在手工会计下，会计数据处理主要集中在记账凭证以后的阶段。而在计算机系统中，会计数据的处理主要集中在记账凭证以前的原始凭证方面，通过电子计算机处理和存储数据的强大功能，可及时为管理提供反馈信息，预测未来各种经营活动方案，反映市场变化趋势，尤其是通过计算机网络可以迅速了解各种经济指标，极大地提高了经济信息的使用价值，为企业管理手段现代化奠定了重要基础。

4. 提高了会计人员素质

会计信息化的开展，一方面由于许多工作是由计算机完成的，可以提供许多学习新知识的时间，使会计人员有脱产培训的机会；另一方面要求广大会计人员学习掌握有关会计信息化的新知识，以便适应工作要求并争取主动，从而使广大会计人员知识结构得以更新，素质不断提高。

5. 促进会计理论和技术的发展，推动会计管理制度的改革

会计信息化不仅仅是会计核算手段或会计信息处理技术的改变，而且必将对会计核算方法、程序、内容以及会计理论的研究产生深远的影响，并推动会计制度的变革。

10.4.2 会计信息化的内容

会计信息化将会计信息作为管理信息资源，全面运用计算机、网络和远程通信为主的信息技术对会计信息进行搜集、加工、传输、存储和应用，为企业经营管理、控制决策和社会经济运行提供充足、实时的信息。它用现代信息技术，对传统会计模型进行重整，在重整的基础上建立技术与会计高度融合的、开放的现代会计信息系统。会计信息系统的基本功能是会计数据的采集、存贮和加工，会计信息的传输和输出。整个会计信息系统，从系统目标的制定，数据的输入，信息的加工处理到数据输出的过程，均反映了企业运营的重要内容。会计信息系统由三大系统组成，即财务系统、购销存系统、管理分析系统。每个系统又进一步分解为若干子系统。

1. 财务系统

财务系统主要包括总账子系统、工资子系统、固定资产子系统、应收子系统、应付子系统、成本子系统、报表子系统、资金管理子系统等。

（1）总账子系统。

总账子系统是以凭证为原始数据，通过凭证输入和处理，完成记账和结账，银行对账，账簿查询及打印输出，以及系统服务和数据管理等工作。近年来，随着用户对会计信息系统的需求不断提高和软件开发公司对总账子系统的不断完善，目前许多商品化总账子系统还增加了个人往来款核算和管理、部门核算和管理、项目核算和管理及现金银行管理等功能。

（2）工资子系统。

工资子系统是以职工个人的原始工资数据为基础，完成职工工资的计算，工资费用的

汇总和分配，计算个人所得税，查询、统计和打印各种工资表，自动编制工资费用分配转账凭证传递给账务处理等功能。工资子系统实现对企业人力资源的部分管理。

(3) 固定资产子系统。

固定资产子系统主要是对设备进行管理，即存储和管理固定资产卡片，灵活地进行增加、删除、修改、查询、打印、统计与汇总；进行固定资产的变动核算，输入固定资产增减变动或项目内容变化的原始凭证后，自动登记固定资产明细账，更新固定资产卡片；完成计提折旧和分配，产生“折旧计提及分配明细表”“固定资产综合指标统计表”等；费用分配转账凭证可自动转入账务处理等子系统，可灵活地查询、统计和打印各种账表。

(4) 应收子系统。

应收子系统完成对各种应收账款的登记、核销工作；动态反映各客户信息及应收账款信息；进行账龄分析和坏账估计；提供详细的客户和产品的统计分析，帮助会计人员有效地管理应收款。

(5) 应付子系统。

应付子系统完成对各种应付账款的登记、核销以及应付账款的分析预测工作；及时分析各种流动负债的数额及偿还流动负债所需的资金；提供详细的客户和产品的统计分析，帮助会计人员有效地管理应付账款。

(6) 成本子系统。

成本子系统是根据成本核算的要求，通过用户对成本核算对象的定义，对成本核算方法的选择，以及对各种费用分配方法的选择，自动对从其他系统传递的数据或用户手工录入的数据汇总计算，输出用户需要的成本核算结果或其他统计资料。

随着企业成本管理意识的增强，目前，很多商品化成本子系统还增加了成本分析和成本预测功能，以满足会计核算的事前预测、事中控制和事后分析的需要。成本分析功能可以对分批核算的产品进行追踪分析，计算部门的内部利润，与历史数据对比分析，分析计划成本与实际成本的差异。成本预测功能运用移动平均、年度平均增长率，对部门总成本和任意产量的产品成本进行预测，满足企业经营决策的需要。

(7) 报表子系统。

报表子系统主要根据会计核算数据（如账务处理子系统产生的总账及明细账等数据）完成各种会计报表的编制与汇总工作；生成各种内部报表、外部报表及汇总报表；根据报表数据生成各种分析表和分析图等。

随着网络技术的发展，报表子系统能够利用现代网络通信技术，为行业型、集团型用户解决远程报表的汇总、数据传输、检索查询和分析处理等功能，既可用于主管单位，又可用于基层单位，支持多级单位逐级上报、汇总的应用。

(8) 资金管理子系统。

随着市场经济的不断发展，资金管理越来越受到企业采购管理者的重视，为了满足资金管理的需求，目前有些商品化软件提供了资金管理子系统。资金管理子系统实现工业企业或商业企业、事业单位等对资金管理的需求。以银行提供的单据、企业内部单据、凭证等为依据，记录资金业务以及其他涉及资金管理方面的业务；处理对内、对外的收款、付款、转账等业务；提供逐笔计息管理功能，实现每笔资金的管理；提供积数计息管理功能，实现往来存贷资金的管理；提供各单据的动态查询情况以及各类统计分析报表。

2. 购销存系统

对工业企业而言，购销存系统包括采购子系统、存货子系统、销售子系统。

（1）采购子系统。

采购子系统是根据企业采购业务管理和采购成本核算的实际需要，制订采购计划，对采购订单、采购到货以及入库状况进行全程管理，为采购部门和财务部门提供准确及时的信息，辅助管理决策。有很多商品化会计软件将采购子系统和应付子系统合并为一个子系统——采购与应付子系统，以更好地实现采购与应付业务的无缝连接。

（2）存货子系统。

存货子系统主要针对企业存货的收发存业务进行核算，掌握存货的耗用情况，及时准确地把各类存货成本归集到各成本项目和成本对象上，为企业的成本核算提供基础数据；动态反映存货资金的增减变动，提供存货资金周转和占用的分析，为降低库存，减少资金积压，加速资金周转提供决策依据。

（3）销售子系统。

销售子系统是以销售业务为主线，兼顾辅助业务管理，实现销售业务管理与核算一体化。销售子系统一般和存货中的产成品核算相联系，实现对销售收入、销售成本、销售费用、销售税金、销售利润的核算；生成产成品收发结存汇总表等表格；生成产品销售明细账等账簿；自动编制机制凭证供总账子系统使用。有很多商品化会计软件将销售子系统和应收子系统合并为一个子系统——销售与应收子系统，以更好地实现销售与应收的无缝连接。

3. 管理分析系统

随着会计管理理论的不断发展和会计管理理论在企业会计实务中的不断应用，人们越来越意识到会计管理的重要性，对会计信息系统提出了更高的要求，它不仅能够满足会计核算的需要，还应该满足会计管理的需要，即在经济活动的全过程进行事前预测、事中控制、事后分析，为企业管理和决策提供支持。管理分析系统一般包括财务分析、流动资金管理、投资决策、筹资决策、利润分析和销售预测、财务计划、领导查询、决策支持等子系统。目前，我国商品化管理分析系统并不完善，很多子系统的开发仍处于研究开发阶段。因此，下面简单介绍几个基本子系统的功能。

（1）财务分析子系统。

财务分析子系统的功能是从会计数据库中提取数据，运用各种专门的分析方法对财务数据做进一步的加工，生成各种分析和评价企业财务状况和经营成果的信息；编制预算和计划，并考核预算计划的执行情况。

（2）领导查询子系统。

领导查询子系统是企业管理人员科学、实用、有效地进行企业管理和决策的一个重要帮手。它可以从各子系统中提取数据，并将数据进一步加工、整理、分析和研究，按照领导的要求提取有用信息（如资金快报、现金流量表、费用分析表、计划执行情况报告、信息统计表、部门收支分析表等），并以最直观的表格和图形显示。在网络计算机会计信息系统中，领导还可以在自己办公室的计算机中及时、全面了解企业的财务状况和经营成果。

（3）决策支持子系统。

决策支持子系统是利用现代计算机、通信技术和决策分析方法，通过建立数据库和决策模型，利用模型向企业的决策者提供及时、可靠的财务、业务等信息，帮助决策者对未来经营方向和目标进行量化分析和论证，从而对企业生产经营活动做出科学的决策。

10.4.3　会计信息化的实施

1. 企业实施会计信息化的原则

企业实施会计信息化不是随心所欲的，它必须考虑会计工作的特点和企业的现状，以及有关法律制度，遵循一定的原则，才能使企业实施会计信息化达到其最终目标。一般地，应考虑如下几项基本原则。

(1) 合法性原则。

合法性原则即企业实施会计信息化的各项工作，都必须以有关法律制度为原则。实施会计信息化，必须遵循我国的会计制度、财务制度及有关法律；遵循财政、财务部门会计信息化管理制度；还要遵循本企业的财务制度，以保证机构设置的合法性，岗位分工和人员职责的合法性，操作使用的合法性，输入、输出及内部处理的合法性，输入数据的合法性及输出信息及格式的合法性。

(2) 效益性原则。

提高经济效益，是会计信息化的最终目的。提高经济效益，也要从两方面考虑，一是直接经济效益，即直接投入直接产出的效益；二是间接经济效益，即由于会计信息化而引起企业的现代化，产生的非直接经济效益。

(3) 系统性原则。

系统性原则也就是以包括整体观点，关联观点，发展观点，最优观点在内的系统观点来进行会计信息化实施工作。要注意以下两点：第一，内部与外部相联系。会计部门作为企业管理中的一个重要部门，与其他职能部门是密切联系的，因此实施会计信息化时，应考虑包括各职能部门在内的企业整个管理工作的信息化工作，把会计信息系统作为企业管理信息系统中的一个子系统，既要分清各子系统的界面，又要留好各子系统之间的接口，并在数据结构设计上做到信息共享，减少数据冗余。第二，局部目标与整体目标相结合。信息化会计信息系统仍可分许多子系统，实施会计信息化，不可能一次全部完成各子系统，必须分阶段进行。这样，在进行部分子系统设计实施时，必须有全局的观点，考虑到与其他子系统的联接性，使逐个实施的子系统全部完工后能组成高质量的整个会计信息系统，而不能只考虑局部的优化，以致影响整个系统的完美组合和高质量性。

(4) 规范性原则。

规范性原则包括系统设计的规范性，管理制度的规范性，数据信息的规范性等。这些规范性的要求，可以使系统实施避免二义性，避免由于人的主观因素而造成的系统实施的偏差，从而避免会计信息化工作失败的可能性。

(5) 可靠性原则。

可靠性是会计信息化系统能否实际使用的前提。影响系统可靠性的因素很多，主要考虑以下 3 个方面。第一，准确性，即输入数据及操作的准确性，在易出现错误和失误的地方，建立尽可能完善的检错和纠错系统，进行重点防护，保证输入数据及操作的准确性。第二，安全性，要求有一套完善的管理制度和技术方法，防止系统被非法使用，数据丢失及非法改动，此外还应有系统破坏后的恢复功能等。第三，易扩充性，即整个系统在运行周期内，由于环境条件的变化，从而要求系统随之进行改变的难易程度，易扩充性要求对系统的修改和扩充能够非常容易地进行。

(6) 易用性原则。

易用性也就是易操作性。会计信息系统的使用者是会计人员，因此系统必须尽可能地方便用户，要具有友好的界面，准确简明的操作提示，简单方便的操作过程，并要求尽可能地使用会计术语，使会计人员一学就会。

2. 企业实施会计信息化的条件

会计信息化是一项复杂的系统工程，会计信息系统是一个人机系统，因此企业实施会计信息化，必须有先决条件，企业具备了这些条件，就可以很好地开展会计信息化工作。这些条件主要如下。

(1) 企业的客观需要。

企业对会计信息化的客观需要，决定了企业会计信息化的目标、任务，是当前开展会计信息化工作的前提。其实，在开发信息化会计信息系统之前，企业会计信息系统也存在，是否要开发新的信息化会计信息系统，取决于原信息系统能否满足企业的需要。对多数企业来说，原来的手工会计信息系统越来越不适应市场经济的新情况，迫切需要进行会计信息化，但是也有一部分小企业，由于其业务量不大，手工系统亦能很好地满足企业的需求，因此也就没有必要强迫它实施会计信息化，否则既浪费了人财物，对企业的经济效益也不会有什么提高。

(2) 领导的重视。

企业实施会计信息化，几乎涉及企业的所有部门和人员，同时还涉及管理机构及管理体制的变动，这都需要企业领导出面组织和协调。没有领导的重视与支持，企业实施会计信息化所遇到的问题，如人员配置，资金问题，部门间的合作与协调，配套改革等，将很难得到解决。因此，在会计信息化工作中企业财务部门负责人应该领导该项工作，有条件时还可吸收有关部门领导组成信息化领导小组，领导整个企业的会计信息化工作。

(3) 良好的管理基础工作，尤其是会计基础工作。

管理基础主要指有一套比较全面、规范的管理制度和方法，以及较完整的规范化的数据；会计基础工作主要指会计制度是否健全，核算规程是否规范，基础数据是否准确、完整等，这是搞好信息化工作的重要保证。这是因为计算机处理会计业务，必须是事先设置好的处理方法，因而要求会计数据输入、业务处理及有关制度都必须规范化、标准化，才能使信息化会计信息系统顺利进行。没有很好的基础工作，信息化会计信息系统无法处理无规律、不规范的会计数据，信息化工作的开展将遇到重重困难。对于基础较差的企业，应不急于开展会计信息化工作，应首先提高管理水平，规范会计、财务制度，改善基础工作，为开展会计信息化工作积极创造条件。

(4) 专业人员的合理配置。

实施会计信息化，将改变原手工会计信息系统的岗位分工与职能，单纯的会计人员，已不能满足会计信息化后的工作需要，必须另外配置与信息化工作有关的专业人员，以负责会计信息化工作的管理以及项目开发和系统运行、维护等。

第一，要配备一名会计信息化工作的管理人员，负责会计信息化工作的规划、项目开发、计划、组织和运行管理，这是会计信息化工作顺利进行的保证。

第二，应配备硬件维护员，负责整个信息化系统硬件的维护、维修工作，考虑到有些企业信息化工作范围较小等特点，硬件维护员可以是兼职的。

第三，无论是自选开发，或者购买软件，都需要配备既懂计算机又熟悉财会业务的专门人才，他们可以参与系统设计开发，又负责系统运行的一些维护工作，使信息化会计信息系统一般的维护工作能够由企业自己处理，保证会计信息化工作的顺利进行。

(5) 经费保证。

实施会计信息化工作需要专门人才，也需要软件及硬件设备，这些都需要有一定的投资，为了保证会计信息化工作的顺利开展，所需经费必须有来源，所需数额也必须控制确定。会计信息化所需的费用分初期投资费用和日常费用两种。初期投资费用包括，购买硬件及系统软件所需费用，应用软件取得所需费用，基建费用，人员培训费用等。日常费用主要包括，所需消耗品费用和日常维护费用。会计信息化所需费用，根据信息化会计信息系统的建立方法和规模不同，数额也不相同，甚至相关很大，要具体情况具体分析，使所需经费必须确有保证，并且又不浪费。

本章小结

本章主要阐述有关会计工作规范与信息化的问题。首先介绍了建设我国会计法规体系的意义，解释了会计法律、会计行政规章的内容及其关系，说明了会计准则与会计制度的主要内容。通过阐述会计法规体系的建立、健全的意义及其构成内容，为未来的会计人员依法进行会计工作奠定法规政策基础。

其次，介绍了会计基础工作规范的意义和内容。

再次，主要阐述了从事会计工作，处理会计业务，完成会计任务的人员的职责、权限、任职资格、职业道德、会计工作交接和会计档案管理等问题。让未来的会计人员明确自己将从事的工作的职权及胜任工作应具备的职业能力与修养。

最后，阐述了会计信息化的意义与内容以及如何实施会计信息化等基本知识和方法，旨在为学生进一步学习会计信息化和将来运用计算机从事会计工作打下基础。

应用案例

会计信息系统的发展历程

张虹的会计岗位

2017 年 12 月，东风有限责任公司李明总经理，以加强对公司财务部管理为由，将自己朋友的女儿张虹，调入该公司财务部担任出纳，登记现金和银行存款日记账，并兼管会计档案工作。张虹到公司财务部工作后，经过两年的努力，取得了初级会计师专业技术职务。2018 年 2 月，李明总经理即任命张虹为该公司财务部经理，全面主持该公司财务部工作。

问题：

请指出上述情况中，哪些行为不符合国家规定？并说明理由。

思考与练习

一、思考题

1. 简述我国现行会计法规体系的构成。

2. 会计基础工作规范有什么意义？

3. 企业会计机构设置有哪些要求？

4. 会计工作有哪些组织形式？

5. 会计人员的权限和职责分别包括哪些内容？

6. 各级会计人员的专业技术职务需要什么条件？

7. 会计人员应具备哪些基本素质？

8. 会计职业道德包括哪些内容？

9. 什么是会计人员回避制度？

二、单项选择题

1. 下列部门中有权制定国家统一的会计制度的部门是（　　）。

A. 证监会　　B. 国家发改委　　C. 财政部　　D. 海关

2. 一般会计人员办理交接手续，由单位的（　　）负责监交。

A. 出纳　　B. 会计机构负责人或会计主管人员

C. 会计　　D. 企业负责人

3. 下列有关会计机构内部核算组织形式的说法不正确的是（　　）。

A. 对于一个企业而言，可以对某些业务采用集中核算而对另外的业务采用分散非集中核算

B. 无论是集中核算还是分散非集中核算，总分类核算都是由会计部门进行的

C. 在分散非集中核算形式下，企业采购材料物资、销售商品、结算债权债务、现金往来等对外业务可以由采购部门和销售部门办理

D. 集中核算的缺点是各部门领导不能随时利用核算资料检查和控制本部门的工作

4. 会计人员按会计专业职务的不同可以分为四类，以下不属于这四类的是（　　）。

A. 出纳员　　B. 会计员　　C. 会计师　　D. 初级会计师

E. 高级会计师

5.（　　）是会计信息化的初级阶段，是会计信息化的基础工作。

A. 会计电算化　　B. ERP　　C. 专业会计核算　　D. 手工记账

三、多项选择题

1. 在我国的会计规范体系中，属于会计行政法规的有（　　）。

A.《企业财务会计报告条例》　　B.《总会计师条例》

C.《注册会计师法》　　D.《企业会计准则》

2. 一个单位是否单独设置会计机构，其决定因素包括（　　）。

A. 会计核算　　B. 经济业务和财务收支的繁简

C. 经营管理的要求　　D. 上级主管部门的要求

3. 建立会计人员岗位责任制度，其主要内容包括（　　）。

A. 会计人员的工作岗位设置　　B. 各会计工作岗位的职责和标准

C. 各会计工作岗位的人员和具体分工　　D. 会计工作岗位轮换办法

4. 使用会计人员应当实行回避制度的有（　　）。

A. 私营企业　　B. 国有企业

C. 国家机关　　D. 事业单位

5. 会计法规定（　　）必须设置总会计师。

A. 国家机关

B. 事业单位

C. 国有企业

D. 国有资产占控制地位或者主导地位的大中型企业

四、判断题

1.《企业财务会计报告条例》的法律效力高于《企业会计准则——基本准则》。（　　）

2. 会计工作岗位，可以一人一岗，一人多岗或一岗多人。（　　）

3. 所有的企业都应当设置会计主管和总会计师职位。（　　）

4. 会计机构和会计人员应当按照国家统一的会计制度的规定对原始凭证进行审核，对不真实不合法的进行更正、补充。（　　）

5. 会计信息化是会计与信息技术的结合，是信息社会对企业财务信息管理提出的一个新要求，是企业会计顺应信息化浪潮所做出的必要举措。（　　）

五、业务题

业务题一

目的：了解会计法的相关问题。

资料：某市财政局在2017年4月《会计法》执法检查中，发现某小型企业为节省开支，只任用了两名会计，其中一名已取得会计师专业技术职务的王某被单位负责人指定为会计主管人员，负责登记总账，编制财务会计报告和稽核工作，另一名未取得任何会计专业技术职务的张某被单位负责人指定担任出纳工作，兼记日记账、各种明细账和会计档案的保管。该企业出纳员在单位负责人的授意下，将收到的下脚料销售款5 000元另行存放不入账，以便负责人日常应酬。会计主管王某发现后，向上级主管部门举报，上级主管部门将检举材料一并转给该企业，责令其自行纠正。该企业负责人遂以工作需要为由，将会计主管王某调离会计工作岗位，另外聘用一名应届大学经济管理专业毕业生担任会计主管人员。由于该会计主管人员经验不足使该单位会计管理混乱，会计处理方法随意改变，会计核算中时有多报、漏记的会计差错发生，并仍秉承单位负责人意图，私设小金库。

要求：

请逐项分析上述哪些行为违反了《会计法》的规定？

业务题二

目的：了解会计工作交接的相关问题。

资料：兴盛公司2018年发生如下事项

1月，由于公司原出纳李维辞职，办公室的普通文员张超被调到财务科担任出纳。张超与李维在办理会计工作交接手续时，会计科长因在外地出差，由财务科另外一名会计负责监交工作。随后，张超、李维及监交人在移交清册上签字并盖章。

4月，张超在办理报销过程中，发现有1张发票更改了用途，另1张发票更改了金额，但更改处均有甲公司经办人员的印章。并且2张发票都已通过公司总经理、部门经理的签字审批，张超均予以报销。

10月，公司在进行内部审计时，发现公司原出纳李维在经办出纳工作期间的有关账目存在一些问题，而接替者张超在交接时并未发现。审计人员在了解情况时，原出纳李维认为："已经办理了会计交接手续，自己不再承担任何责任。"

要求：

根据会计法律制度的有关规定，回答下列问题

1. 张超担任出纳，与李维办理会计工作交接中是否有不符合规定之处，简要说明理由。

2. 张超对2张更改的发票予以报销的做法是否符合规定，应如何处理？

3. 原出纳李维关于"已经办理了会计交接手续，自己不再承担任何责任"的说法是否符合规定，简要说明理由。

业务题三

目的：了解会计职业道德。

资料：2018年7月，伟业公司会计人员刘广在上半年的工作总结中提道：《会计法》规定了公司领导对单位会计信息的真实性负责，作为一般会计人员应该服从领导的安排，领导让干啥就干啥，公司的一些业务也没有必要去问个明白，领导签字同意就给报销，只要两袖清风，不贪不占，就能把会计工作做好。

要求：

从会计职业道德角度，分析说明刘广在工作总结中的观点是否正确。

六、互联网作业

1. 登录财政部网站，查阅《中华人民共和国会计法》。

2. 登录财政部网站，查阅《企业会计准则》及其最新变化。

参 考 文 献

[1] 陈安．会计学原理［M］．北京：高等教育出版社，2016.

[2] 陈国辉，迟旭升．基础会计［M］．6版．大连：东北财经大学出版社．2018.

[3] 陈艳利．会计学基础［M］．2版．北京：高等教育出版社，2017.

[4] 贾兴飞，张先治．会计观念、薪酬契约与管理层决策行为——会计准则变革非预期效应的经验证据［J］．会计研究，2016（10）.

[5] 李向华，翟小勇．共享中心“业财一体化”那些事［J］．新理财，2018，303（11）.

[6] 李占国．基础会计学［M］．3版．北京：高等教育出版社．2017.

[7] 石本仁，谭小平．会计学原理［M］．4版．北京：人民邮电出版社．2018.

[8] 于玉林．基础会计［M］．上海：格致出版社，上海人民出版社，2008.

[9] 张世程．简析电子发票对企业会计核算影响［J］．财会学习，2018（26）.

[10] 中华人民共和国财政部．企业会计准则［S］．北京：经济科学出版社，2020.

[11] 朱小平，周华，秦玉熙．初级会计学［M］．10版．北京：中国人民大学出版社．2019.